Six Sigma

Groupe Eyrolles
61, bd Saint-Germain
75240 Paris Cedex 05

www.editions-eyrolles.com

© Groupe Eyrolles, 2013
ISBN : 978-2-212-55710-7

Maurice PILLET

Six Sigma

Comment l'appliquer

EYROLLES

Sommaire

Chapitre 1

Six Sigma

1. Six Sigma et démarches de progrès

Depuis plusieurs décennies maintenant, Six Sigma a fait son apparition dans les entreprises. Son succès ne s'est pas démenti et les nombreuses réussites rencontrées dans une grande variété d'entreprises continuent à entretenir cette *success story*.

Une approche bien conduite de Six Sigma amène des résultats spectaculaires sur le niveau de qualité des produits, la profitabilité de l'entreprise et son intégration dans l'environnement. Six Sigma est un moteur de progrès... à condition d'en respecter l'esprit, la démarche, la méthode et les outils. L'objectif de ce livre est justement de donner les clefs de Six Sigma en détaillant tous les aspects de cette approche.

Le terme « Six Sigma » englobe plusieurs concepts : c'est un objectif qualité, un regard différent sur la variabilité des processus, une démarche de résolution de problèmes. Au-delà, c'est d'abord une approche globale qui permet de réaliser une percée pour la performance de l'entreprise. L'amélioration continue peut être conduite avec des approches légères et intuitives, que l'on trouve généralement dans toutes les démarches de résolution de problème, mais l'amélioration par percée nécessite d'aller plus loin.

Lorsque l'on doit obtenir un niveau de qualité jamais atteint sur un produit, lorsqu'un processus doit atteindre des performances au-delà de ce que l'on sait faire, il est illusoire de penser que des outils purement méthodologiques tels qu'un 5 Pourquoi, un QQOQCP (Qui, Quoi, Où, Quand, Comment, Pourquoi) suffiront à relever un tel challenge. Malgré leur puissance, les outils purement méthodologiques ne permettent pas une connaissance suffisante des produits et des procédés pour réaliser des progrès significatifs. Pour faire une rupture, il ne suffit pas de « faire parler les ingénieurs », il faut « faire parler les produits et les processus ». Et cela ne peut se faire sans une représentation du comportement du système que nous appellerons « fonction de transfert ». Rechercher cette fonction de transfert permet d'identifier parfaitement le Y du problème (les paramètres de sortie du processus) et les X

(les paramètres potentiellement influents). Cela permet également de rechercher les relations entre les *Y* et les *X*, et ainsi de trouver les clefs de l'amélioration.

Pour atteindre cette « fonction de transfert », il est nécessaire d'avoir recours à une analyse statistique du système étudié. On ne peut pas faire un projet Six Sigma sans faire de statistique. On peut résoudre un problème sans faire de statistique, c'est ce que font fort bien des démarches telles que 8D, A3 report... mais ce n'est pas du Six Sigma. Pour bien comprendre l'interconnexion entre les différentes démarches de progrès dans l'entreprise, il est nécessaire de les situer les unes par rapport aux autres et de les cartographier.

1.1. De la non-qualité aux perturbations

1.1.1. Les sources de progrès

Faire une rupture dans la performance, c'est résoudre un problème. Mais avant de parler de démarche de résolution de problèmes, il est nécessaire de définir ce qu'est un « problème ». Il est courant de définir un problème comme un écart qui s'établit entre une situation existante et une situation souhaitée. Cet écart révèle une source de progrès qu'il faut d'abord identifier à partir d'une situation de perte financière, d'insatisfaction client ou encore d'inconfort des collaborateurs. Plusieurs termes sont couramment utilisés pour dénommer ces sources de progrès. On parle souvent de réduction de non-qualités, d'aléas, de gaspillages (les « Mudas », « Muris », « Muras » sous leurs dénominations japonaises), mais aussi de réduction de perturbations.

Les sources des progrès peuvent également provenir de réussites aléatoires ou éphémères que l'on souhaite voir se pérenniser. La Figure 1.1 permet de distinguer (de façon non exhaustive) cinq catégories de sources de progrès : trois internes et deux externes.

- Celles se rapportant aux perturbations de l'entreprise, mais qui sont très rarement captées et qui sont difficilement visibles au-delà des « 10 m² » dans lesquels elles se produisent.

- Celles qui ne sont pas visibles directement depuis le système d'information, mais qui nécessitent une investigation pour les découvrir (par exemple à l'aide d'une VSM, d'un audit). Cette catégorie de sources de progrès correspond bien à la réduction des gaspillages.

- Celles captées par le système d'information, et parmi lesquelles on distingue les aléas sur le flux de production et la non-qualité sur les produits.

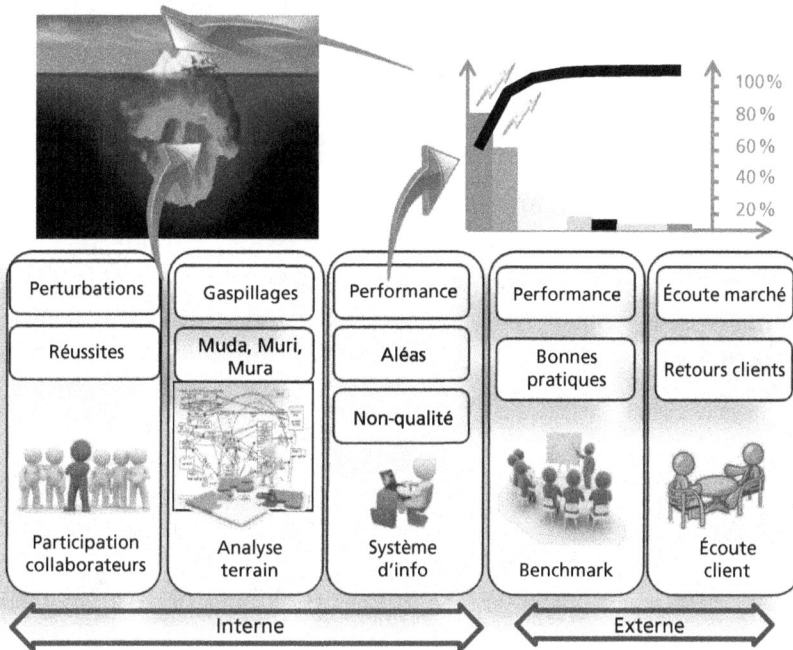

Figure 1.1. Classification des sources de progrès

• Celles qui proviennent de la confrontation avec les autres entreprises. Il est nécessaire d'être ouvert pour voir les choses sous d'autres angles de vision. Le benchmarking est une source de progrès considérable.

• Celles qui proviennent de l'écoute client en s'appuyant sur l'écoute du marché comme les notes de qualité sur Internet, les retours clients…

Les cinq catégories proposées ici n'ont pas vocation à couvrir de manière exhaustive l'ensemble des sources de progrès possibles. Il existe encore d'autres sources de progrès que l'on ne peut pas classer dans l'une de ces catégories, comme bien sûr l'adaptation à la législation par exemple. Toutefois, dans un souci de clarté, nous nous limiterons dans ce chapitre aux cinq catégories listées.

1.1.2. Le paradoxe du Pareto

Un graphique de Pareto est fait à partir de données issues du système d'information de l'entreprise. Une bonne pratique consiste à choisir les chantiers prioritaires d'amélioration en regardant le Pareto des coûts. Pourtant, lorsqu'une entreprise décide de réduire ses coûts en s'attaquant aux têtes de Pareto, tout au plus parvient-elle à les maintenir, rarement à les réduire. C'est le paradoxe du Pareto. En effet, dans un monde parfait, si la première cause des coûts de non-qualité disparaît, la seconde devient la première, et ainsi de suite. Mais dans la réalité industrielle, lorsqu'une tête de Pareto disparaît, c'est souvent une nouvelle tête de Pareto qui apparaît alors qu'elle n'était peut-être même pas présente parmi les queues de Pareto trois mois plus tôt !

Les actions sur les têtes de Pareto s'attaquent à ce qui est visible, la partie émergée de l'iceberg. Une action efficace sur la performance doit prendre en considération l'ensemble des cinq sources de progrès évoquées ci-dessus selon le principe de proportionnalité sur lequel nous reviendrons.

1.1.3. Alimenter la démarche de progrès

L'analyse des sources de progrès doit être structurée autour des cinq activités : perturbations et réussites, analyse de terrain, système d'information, benchmarking, écoute client. Chacune d'entre elles doit faire l'objet d'une animation spécifique. Le système de management du progrès continu dans une entreprise doit formaliser ces animations.

Récolte des perturbations et des réussites
• Mise en place d'une animation de la performance à intervalle court (jour/ semaine/mois).

Analyse de terrain
• Audits.
• Cartographie des processus, VSM...
• Sollicitation des collaborateurs pour identifier les écarts aux standards...

Système d'information
• Analyse des coûts de non-qualité.
• Analyse des taux de service et aléas de production.
• Analyse des indicateurs de sécurité.
• Analyse des indicateurs de performance TRS...

Benchmarking
• Comparaison avec d'autres entreprises.
• Participation à des communautés de pratiques.
• Formation permanente...

Écoute client

- Analyse des retours qualité.
- Écoute du marché.
- Analyse de la concurrence…

De nombreuses entreprises ne déploient pas encore l'ensemble de ces cinq axes et se privent ainsi de sources de progrès considérables. Il n'est pas rare de voir des entreprises ayant bien couvert les axes deux et trois, mais qui ne sollicite pas ou peu les collaborateurs. Ou encore d'autres entreprises qui se contentent d'audits et ne réalisent pas de cartographie.

Chaque fois qu'une source de progrès est identifiée, il est nécessaire de rentrer dans un cycle de résolution de problème que nous détaillons dans la partie suivante.

1.2. Différentes démarches de progrès

1.2.1. Les principales démarches

Il est peu réaliste d'espérer pouvoir faire l'inventaire de toutes les démarches de résolution de problèmes actuellement existantes. Nous limiterons notre étude à celles les plus utilisées (Figure 1.2).

Les démarches de résolution de problèmes sont constituées, pour la plupart, de plusieurs briques élémentaires communes que l'on peut énumérer de la façon suivante :

- *l'animation d'équipe,* allant de la création de l'équipe à l'évaluation de la démarche ;
- *la définition du problème,* systématiquement présente dans toutes les démarches ;
- *le confinement,* présent de façon explicite uniquement dans la démarche 8D et qui s'applique bien aux problèmes de perte de performance par rapport à une situation standard ;
- *la récolte d'information,* indispensable pour pouvoir avoir des données à analyser ;
- *l'analyse des causes racines,* présente dans toutes les démarches de façon explicite, sauf dans la démarche PDCA (c'est pourtant l'étape essentielle dans la résolution d'un problème) ;
- *l'identification des actions correctives,* souvent associée à l'analyse préventive des risques ;
- *la réalisation des améliorations,* évidemment présente dans toutes les démarches ;

PDCA (Deming)	DMAIC (Six Sigma)	7 Steps (Shoji Shiba)	8D (Ford)	Shainin	9 Steps
Plan	Définir le problème	Définir le problème	Former une équipe	Définir le problème	Définir le problème
Do	Mesurer Récolter des données	Récolter des données	Définir le problème	Définir le processus de mesure adapté	Récolter des faits
Check	Analyser les causes racines	Analyser les causes racines	Prendre les actions de confinement	Générer des indices	Identifier le vrai problème
Act	Innover Actions correctives	Identifier les actions correctives et les implémenter	Identifier les causes racines	Établir la liste des variables suspectes	Générer des solutions possibles
	Contrôler	Évaluer les effets	Identifier les actions correctives	Expérimenter	Évaluer les solutions
		Standardiser	Implanter les actions et valider	Déterminer les spécifications	Sélectionner la meilleure alternative
	Évaluer le processus de RP	Prévenir la récurrence	Maîtrise statistique des processus	Identifier et évaluer les risques
			Féliciter l'équipe	Validation des résultats	Prendre la décision
					Mettre en œuvre la solution
					Évaluer le résultat

Figure 1.2. Principales méthodes de résolution de problèmes

- *la validation des résultats obtenus* présente également dans toutes les démarches ;
- *la pérennisation pour éviter la récurrence,* présente dans toutes les démarches, sauf dans la démarche 9 Steps.

Lorsque l'on examine toutes ces démarches, on comprend bien que leur création a été guidée par une typologie bien particulière de problèmes à résoudre. Certaines situations nécessitent de privilégier certaines étapes plus que d'autres. Il paraît illusoire de penser trouver une démarche universelle de résolution de problèmes. Il nous paraît plus intéressant de s'intéresser au croisement entre la typologie du problème rencontré et les briques élémentaires à réunir pour résoudre ce problème.

1.2.2. Cartographie des démarches de résolution de problèmes

Pour limiter le périmètre de notre étude, nous avons retenu quatre situations classiques de résolution de problèmes. Si l'on définit un problème comme un écart entre une situation actuelle et une situation souhaitée, on peut dissocier deux cas (Figure 1.3).

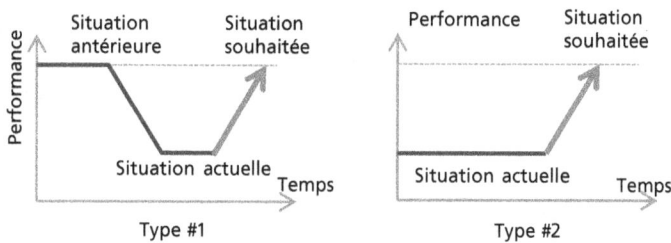

Figure 1.3. Deux types de problèmes

Dans le premier cas, la situation actuelle montre une dégradation par rapport à la situation antérieure, l'objectif de la résolution de problèmes étant de revenir à la situation antérieure. Dans le second cas, la situation actuelle n'est pas satisfaisante et l'on souhaite atteindre un niveau de performance plus élevé. Le second cas est évidemment plus difficile que le précédent car le niveau souhaité n'a jamais encore été atteint.

Pour cartographier les principales situations de résolution de problèmes, nous proposons d'utiliser deux axes :

- un axe lié à la complexité et au périmètre du problème, ce périmètre étant à la fois géographique et fonctionnel ;
- un axe lié au temps nécessaire à la résolution du problème.

La Figure 1.4 fait apparaître quatre situations de résolution de problèmes. La zone 5 n'a pas de démarche adaptée puisqu'il semble illusoire de penser pouvoir résoudre un problème très complexe dans un temps très court. De même, la zone 6 est inutile,

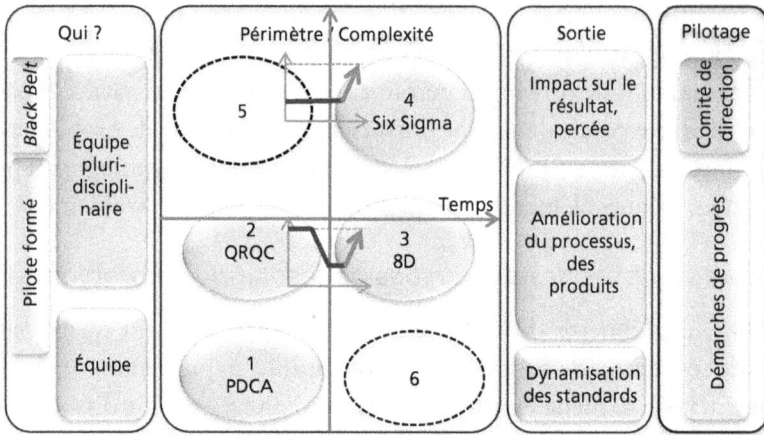

Figure 1.4. Cartographie des démarches de résolution de problème

un problème simple devant être traité rapidement et directement par l'équipe. Les zones 1 à 4 correspondent, quant à elles, aux quatre situations classiques de résolution de problèmes rencontrées en entreprise.

Situation 1

Un problème survient dans une équipe, la solution est relativement évidente. Les compétences et l'expérience de l'équipe suffisent à résoudre le problème. Dans ce cas, les briques de récolte d'informations et d'analyse de causes racines sont sans doute inutiles. La situation ne requiert que cinq briques : la définition du problème, la recherche de solution(s), la mise en application, la vérification de l'efficacité et la prise en compte des changements dans les standards. On est ici très proche de la démarche de PDCA de Deming.

Situation 2

Un problème survient dans une équipe, mais il ne peut être résolu directement par les membres de l'équipe. La résolution nécessite la présence de collaborateurs issus d'autres services, voire d'autres entreprises. La prise de décision doit être rapide, mais nécessite la coordination entre toutes les parties prenantes. Le niveau de complexité est donc supérieur par cette gestion de la diversité, mais pas nécessairement par la profondeur de l'analyse à réaliser. Cette situation peut passer à la situation 3 si la gestion du problème nécessite du temps.

Situation 3

Le problème est d'un niveau relativement complexe, mais le savoir-faire est *a priori* présent. Il s'agit d'une chute de performance qui est observée. La gestion du problème nécessite du temps pour analyser les causes racines qui ne sont pas évidentes à identifier. Il est donc nécessaire d'agir en deux temps, d'une part prendre des actions de confinement pour protéger le client, d'autre part identifier et agir sur les causes racines. Le niveau de complexité étant plus élevé que dans la situation 1, il est nécessaire d'avoir recours à des outils méthodologiques pour résoudre le problème. Une démarche telle que le 8D est particulièrement bien adaptée à cette situation.

Situation 4

Le problème est très complexe. On cherche à atteindre un niveau de performance encore jamais atteint ou bien c'est l'environnement de la situation qui a changé, rendant ainsi obsolètes les solutions passées pour atteindre le niveau souhaité. Le problème implique par nature plusieurs personnes ou même plusieurs services. Dans ce cas, les actions de confinement ne sont pas nécessaires (ou ont été prises depuis longtemps) mais l'analyse des causes racines est complexe. Elle ne peut se faire sans effectuer une collecte d'informations solide fondée sur des mesures de qualité. La démarche Six Sigma est particulièrement adaptée à cette situation.

La Figure 1.5 montre une façon d'organiser les 4 types de résolution de problèmes en respectant le principe de proportionnalité que nous détaillons ci-après avec une profondeur d'analyse adaptée aux enjeux du problème. Pour chaque niveau, on note globalement une démarche populaire bien adaptée comme PDCA pour les niveaux 1 et 2, 8D pour le niveau 3 et DMAIC pour le niveau 4.

1.3. Démarches de progrès et principes culturels européens

Pour développer une démarche d'amélioration continue efficace dans une entreprise européenne, il est nécessaire que celle-ci s'appuie sur des valeurs fortes de la culture européenne. De nombreux outils ont été imaginés aux États-Unis ou au Japon, l'appropriation de ces outils s'effectuant en prenant en compte la culture des personnes impliquées dans la démarche. La longue histoire de l'Europe a fait émerger un certain nombre de principes sur lesquels nous construisons aujourd'hui l'Union européenne, mais qui avait déjà guidé la construction d'États fédéraux, telle la Confédération helvétique par exemple. Les travaux pour la rédaction de la Constitution européenne, puis du traité de Lisbonne, ont été un moment privilégié pour

Briques élémentaires	Situations						
	1	2	PDCA	3	8D	4	6σ
Créer l'équipe				X	D1	X	D
Définir le problème	X	X		X	D2	X	
Prendre les actions de confinement	Si nécessaire		P	X	D3		
Valider la mesure						X	
Récolter des informations				Si nécessaire	D4	X	M
Analyser, identifier les causes racines		X	P	X		X	A
Identifier les actions	X	X	P	X	D5	X	
Analyser les risques						X	I
Réaliser l'action	X	X	D	X	D6	X	
Vérifier l'efficacité	X	X	C	X		X	
Mettre la solution sous contrôle						X	
Adapter les standards	X	X	A	X	D7	X	C
Déployer la solution						X	
Féliciter l'équipe				X	D8	X	

Figure 1.5. Principales méthodes de résolution de problèmes

formaliser ce qui constituait cette culture européenne. Snyder[1] identifie notamment treize principes fondamentaux qui ont guidé l'écriture de la Constitution européenne, puis du traité. Parmi ceux-ci, quatre principes trouvent parfaitement leur place dans une démarche d'amélioration continue : l'humanisme, la subsidiarité, la suppléance et la proportionnalité. Respecter ces principes dans la conception d'une démarche managériale, c'est se garantir une appropriation compatible avec la culture des hommes qui grandissent et vivent en Europe.

---

1. Snyder, F., « The Unfinished Constitution of the European Union : Principles, Processes and Culture » *European Constitutionalism beyond the State*, pp. 55-73, 2003.

Principe d'humanisme

Ce principe, à la base des démocraties européennes, consiste à valoriser l'homme, à le placer au centre de son univers et à valoriser l'épanouissement de son esprit. Avant d'avoir deux bras, le collaborateur d'une entreprise a d'abord un cerveau !

Principe de subsidiarité

La responsabilité d'une action, lorsqu'elle est nécessaire, doit être allouée à la plus petite entité capable de résoudre le problème d'elle-même.

Principe de suppléance

Lorsque les problèmes excèdent les capacités d'une petite entité, l'échelon supérieur a le devoir de la soutenir, dans les limites du principe de subsidiarité.

Principe de proportionnalité

C'est un principe d'adéquation des moyens à un but recherché.

Ces quatre principes s'intègrent bien dans la démarche proposée par la Figure 1.4. Le principe d'*humanisme* identifie clairement le niveau 1 qui s'appuie sur chacun des collaborateurs. Les principes d'humanisme et de subsidiarité impliquent de fonder l'amélioration continue sur la participation active de chaque collaborateur. Chacun à son poste doit contribuer à faire progresser les standards de l'entreprise. Le principe de proportionnalité est le fondement de la Figure 1.5. Il n'y a pas de méthode universelle de résolution de problèmes, mais plusieurs démarches adaptées aux enjeux. Le principe de suppléance est le nécessaire pendant du principe de subsidiarité. Il doit notamment parfaitement définir les règles de passage d'un niveau à un autre dans les démarches de résolution de problèmes, et doit permettre les arbitrages pour garantir l'optimum global.

Enfin il serait sans doute utile de rajouter un principe qui n'est pas intégré de manière claire à la culture européenne. C'est le principe d'harmonie qui permet une vie en commun efficace, sans accrochage inutile.

Très clairement Six Sigma, tel que nous le présentons dans cet ouvrage, a vocation à être au niveau 4 de la Figure 1.4. Six Sigma n'est pas un outil de résolution de problèmes de niveau 1, 2 ou 3. Il est possible d'appliquer la démarche DMAIC pour ces niveaux, mais DMAIC n'est pas Six Sigma.

Mais couvrir le niveau 4 n'est pas assez, il ne suffit pas de s'attaquer aux têtes de Pareto ! Six Sigma doit s'intégrer dans une démarche de progrès globale qui intègre les quatre niveaux décrits précédemment. Les situations 1 et 2 doivent pouvoir être traitées avec une approche qui privilégie la rapidité de traitement tout en respectant la subsidiarité (traitement au plus bas niveau), l'humanisme (tous les collaborateurs sans distinction de grade) mais également les règles de management visuel.

Une bonne pratique souvent rencontrée dans les entreprises consiste à utiliser un tableau dans chaque secteur réservé au traitement local des problèmes. Ce tableau contient différents secteurs (Figure 1.6). Chaque problème fait l'objet d'une fiche positionnée sur l'étape courante de la résolution de problèmes. Chaque mois ayant une couleur différente, il est ainsi facile de voir l'avancement des sujets par rapport à leur date de lancement (couleur) et le nombre de problèmes à chaque étape.

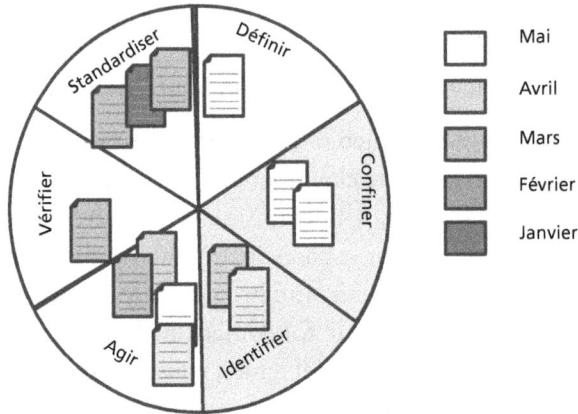

Figure 1.6. Subsidiarité et animation de résolution de problèmes

Le traitement et le suivi des problèmes sont réalisés directement par le groupe de collaborateurs dans leur périmètre d'action et dans un temps délimité. Ce qui est simple doit être traité simplement.

Il doit y avoir un équilibre entre les actions d'amélioration continue et les actions d'amélioration par percée. La variance globale du système – et donc son inertie – repose sur la somme de très nombreux facteurs de variabilité tout au long du processus. Toutes les petites améliorations apportées semblent souvent insignifiantes au regard des enjeux stratégiques de l'entreprise. Pourtant, l'addition de petites améliorations, mais en nombre très important, contribue à diminuer les facteurs de variabilité du processus et agit finalement de façon considérable sur les coûts et sur les délais. De plus ces petites améliorations sont souvent sans coût, voire contribuent à la diminution des coûts et des gaspillages. Dans la phase « Mesurer » de Six Sigma, on utilisera d'ailleurs largement ce principe des petites améliorations simples pour améliorer très rapidement le processus (*Quick Win*).

Le plus à même d'améliorer le poste de travail est souvent l'opérateur lui-même. C'est le principe du Kaizen : mettre en œuvre un processus d'amélioration permanente en utilisant les réflexions et les énergies de tous les personnels. « Lorsque l'on emploie un collaborateur, on emploie une force musculaire mais aussi une force intellectuelle. Si vous vous contentez d'exploiter la force musculaire, quel gâchis ! » Cette réflexion, qui nous a été faite par un responsable de l'entreprise Suzuki au Japon, est révélatrice d'une grande différence dans la façon de concevoir le rôle du personnel opérationnel entre une entreprise performante et une entreprise traditionnelle.

2. Les objectifs de Six Sigma

2.1. Objectif économique

Six Sigma a été initié aux États-Unis dans les années 1980 chez Motorola. Cette démarche a tout d'abord consisté en l'application des concepts de la Maîtrise Statistique de Processus (MSP/SPC) et s'est ensuite largement étoffée en intégrant tous les aspects de la maîtrise de la variabilité. Au fur et à mesure de sa diffusion dans les autres entreprises (notamment General Electric), la démarche s'est également structurée en intégrant davantage des éléments managériaux et stratégiques. C'est aujourd'hui une approche globale de l'amélioration de la satisfaction aux clients, ce qui n'est pas tout à fait la même chose que l'amélioration de la qualité. Se fondant sur cette meilleure satisfaction du client, Six Sigma est source d'accroissement de la rentabilité pour l'entreprise en cumulant les effets suivants :

- de meilleures parts de marché consécutives à l'amélioration de la qualité des produits, à la meilleure prise en compte du besoin et de la satisfaction des clients ;
- la réduction des frais d'exploitation grâce à une diminution des rebuts, retouches, et plus généralement, des coûts de non-qualité ;
- la minimisation des capitaux engagés par l'entreprise, grâce à la réduction des stocks, des délais.
- l'amélioration de la productivité par l'amélioration de la disponibilité des machines et du Taux de Rendement Synthétique (TRS) ;

Ainsi l'application de Six Sigma a une influence directe sur un des indicateurs clés des entreprises : le *Return On Capital Employed* (ROCE).

$$ROCE = \frac{\text{Résultat d'exploitation}(1 - T_{Impôts})}{\text{Montant des capitaux employés}}$$

Six Sigma contribue à augmenter le numérateur et à diminuer le dénominateur. Il est aujourd'hui difficile pour une entreprise, qu'elle soit industrielle ou de service, d'ignorer Six Sigma. Il est possible de choisir – en connaissance de cause – de ne pas appliquer dans son entreprise cette démarche mais on doit en connaître les fondements.

2.2. Objectif qualité

Un des principes de base de Six Sigma est la réduction de la variabilité. En effet, l'insatisfaction d'un client vient toujours d'un écart entre une situation attendue et une situation réelle. Cet écart provient en grande partie de la variabilité des processus qui trouve son origine dans :

- les variabilités sur les matériaux ;
- les variabilités dans les procédures ;
- les variabilités sur les conditions dans lesquelles évolue le processus...

Ces variabilités font partie de la nature même du vivant. Ce sont elles qui donnent cette formidable diversité qui nous entoure. Dans le travail d'un artiste, on recherchera cette folle variabilité qui donnera l'unicité de l'œuvre. Mais d'un point de vue industriel, on doit lutter contre ces incidences et cela demande un effort considérable et structuré. L'objectif de Six Sigma sera de concentrer les caractéristiques du produit vendu autour de la cible attendue par le client (Figure 1.7).

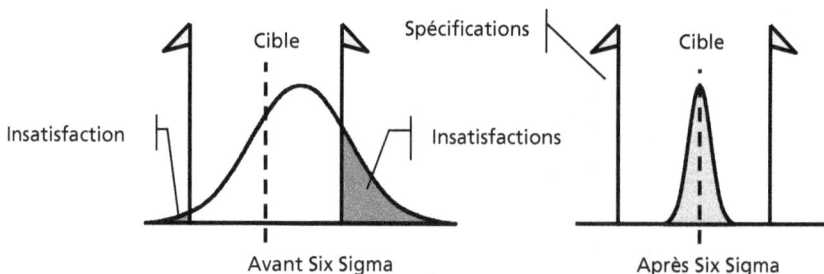

Figure 1.7. Six Sigma et la réduction de la variabilité

Cette approche globale se décline de plusieurs façons. Six Sigma, c'est :

- une certaine philosophie de la qualité tournée vers la satisfaction totale du client ;

- un indicateur de performance permettant de savoir où se situe l'entreprise en matière de qualité ;

- une méthode de résolution de problèmes en quatre à huit étapes suivant les auteurs[1] : (*Recognize*), (Définir), Mesurer, Analyser, Inover/Améliorer, Contrôler, (Standardiser), (Intégrer). Cette approche permet de réduire la variabilité et d'atteindre la cible sur les produits ou dans les services ;

- une organisation des compétences et des responsabilités des hommes de l'entreprise ;

- un mode de management par la qualité qui s'appuie fortement sur une gestion par projet.

Pour comprendre Six Sigma, on doit bien cerner ces différents aspects. En effet, l'application de Six Sigma peut prendre différentes dimensions, de la simple démarche de résolution de problèmes à une véritable stratégie pour l'entreprise. La différence entre ces deux applications extrêmes réside dans la démultiplication de la démarche et la structure mise en place pour organiser et piloter les chantiers.

Le premier point que l'on doit avoir à l'esprit dans une démarche Six Sigma est la satisfaction du client. Un projet Six Sigma doit apporter une amélioration significative au client. Pour cela, on doit s'intéresser à ce que souhaite réellement le client, non pas à ce qu'on pense qu'il souhaite. Il faut être capable de déterminer les caractéristiques critiques pour la qualité (CTQ) afin de fixer une cible et une plage de tolérance.

Atteindre un niveau de qualité satisfaisant la demande des clients est, bien entendu, l'objectif de toutes les entreprises. Mais comment mesure-t-on la façon dont on atteint cet objectif ? Un des principes de Six Sigma est que l'on ne connaît pas grand-chose d'un système si l'on ne sait pas le mesurer. C'est donc l'une des premières étapes que l'on devra franchir : mesurer le niveau avec lequel les CTQ (*Critical To Quality*) atteignent leur objectif en mesurant le z du processus. Ce z que nous définirons dans cet ouvrage nous permettra de mesurer le degré de satisfaction des clients (Figure 1.8). Plus le z est élevé, plus la satisfaction est grande. Une démarche

---

1. Par exemple, la version Six Sigma de M. Harry en 1997 dans *The Vision of Six Sigma*, comportait 4 étapes. Le même auteur étend ces 4 étapes à 8 dans *Six Sigma : The Breakthrough Management Strategy*, M. Harry., Ph D. et R. Schroeder, Crown Business, 2006.

Six Sigma projette d'atteindre avoir un niveau de z qui dépasse 6, cela correspond à moins de 3,4 défauts par million d'opportunités.

On considère généralement qu'une entreprise traditionnelle a un niveau de qualité $z = 4$, ce qui correspond à 6 210 défauts par million d'opportunités ! L'amélioration visée par la démarche Six Sigma sera de ramener ce nombre de défauts à moins de 3,4 défauts par million d'opportunités sur les défauts critiques pour le client. On conçoit aisément l'amélioration de l'image de marque qui s'en suit, et l'accroissement des profits qui en résultera.

Niveau de qualité z	Nombre de non-conformités par million d'opportunités
1	697 672
2	308 770
3	66 811
4	6 210
5	233
6	3,4
7	0,019

Figure 1.8. Niveau z de la qualité

Pour atteindre cet objectif, on utilisera une démarche de résolution de problèmes bien cadrée. La formalisation d'une démarche structurée à l'intérieur d'une entreprise offre plusieurs avantages :

- elle permet de servir de guide dans l'avancement de la résolution du problèmes ;
- elle permet de se doter d'un langage commun à tous les acteurs de l'entreprise ;
- elle favorise la démultiplication des actions à un coût de formation réduit.

La démarche de résolution de problème DMAICS (Définir, Mesurer, Analyser, Innover, Contrôler et Standardiser) sert de gestion de projet dans un projet Six Sigma. Cependant, la profondeur de l'analyse nécessaire à la percée que l'on souhaite implique d'aller au-delà d'un simple projet bien géré. Il faut des outils d'analyse relativement élaborés et des hommes capables de manipuler avec aisance ces outils. C'est pour cela que nous développerons dans cet ouvrage une panoplie importante d'outils statistiques à même de permettre d'identifier la « fonction de transfert » du processus.

Toutefois, le fait de mieux formaliser une démarche de résolution de problèmes ne suffit pas à créer une stratégie d'entreprise. Les hommes sont évidemment au centre des préoccupations de Six Sigma. On ne peut pas conduire efficacement un projet si l'on ne maîtrise pas les outils de statistique descriptive et de statistique inférentielle. Les hommes ayant prouvé leur compétence dans la conduite de projet seront donc reconnus au travers de certifications *Green Belt* et *Black Belt* sur lesquelles nous reviendrons. Il faut également être capable de démultiplier les chantiers pour atteindre l'aspect stratégique. Six Sigma intègre donc tous les aspects de cette démultiplication au travers :

- du rôle et de la formation des hommes ;
- de la formalisation de la démarche ;
- de la gestion de projets ;
- des objectifs stratégiques qui seront fixés.

3. Six Sigma dans son environnement

3.1. L'environnement « Lean Management »

Le Lean Management a pour objectif d'améliorer la performance industrielle tout en dépensant moins. Le problème est un peu le même que pour un sportif qui cherche à obtenir la performance maximale en réduisant le plus possible l'énergie consommée. Pour illustrer cette comparaison, prenons le cas d'un débutant en ski de fond sur un « pas de skating ». Maîtrisant mal son équilibre, il va dépenser une énergie considérable qui ne se traduira pas en vitesse d'avancement et il sera épuisé après quelques kilomètres. Au fur et à mesure de ses progrès dans la justesse de ses gestes, dans son équilibre, dans la lecture de la piste, il va pouvoir concentrer son énergie sur la seule performance utile : sa vitesse d'avancement. Au total, pour la même dépense énergétique on peut facilement multiplier sa vitesse par un facteur 3, simplement en éliminant les gaspillages énergétiques. Le même problème se pose pour les entreprises industrielles : comment améliorer la performance sans consommer plus d'énergie ?

Pour atteindre ce niveau dans une entreprise, on doit s'appuyer sur un certain nombre de points clés :

- le respect des standards qui font l'histoire et le savoir-faire de l'entreprise ;
- la suppression de tous les gaspillages ;
- une production en flux optimisés ;

- une gestion de la qualité favorisant l'amélioration continue et l'amélioration par percée ;
- une maîtrise de la qualité des produits et des processus ;
- la réduction des cycles de développement des produits ;
- une attitude prospective vis-à-vis de ses clients.

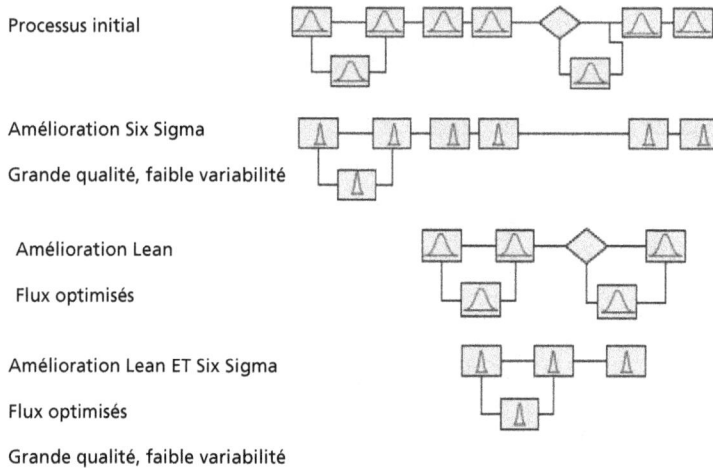

Figure 1.9. Complémentarité Lean et Six Sigma

Indiscutablement, les objectifs du Lean et les objectifs de Six Sigma ont une intersection non nulle. Certaines entreprises ont adopté Lean Six Sigma comme démarche globale. Cela consiste à adopter le Lean Management combiné avec la logique et la dynamique de progrès fournie par Six Sigma. L'approche Six Sigma apporte la méthodologie rigoureuse dans l'approche de l'amélioration des délais de production et de réduction des gaspillages. Elle apporte également la structure managériale qui fait la force de Six Sigma. En effet, comme nous l'avons souligné au paragraphe 1, Six Sigma n'est pas qu'une méthode, c'est aussi une façon d'organiser l'entreprise pour être capable de réaliser des percées.

Faut-il pour autant parler de la fusion entre le Lean et le Six Sigma ? Ce n'est pas notre point de vue. Résoudre un problème complexe avec Six Sigma ne nécessite pas les mêmes compétences que mettre en place une démarche Lean. Les deux sont utiles (indispensables ?) aux entreprises mais, pour être efficaces, doivent être conduites par des personnes de compétences complémentaires. Adopter une démarche Lean Six Sigma d'un point de vue managérial est sans doute une bonne idée. Mais la multiplication des certifications « Lean Six Sigma » a créé une ambiguïté dans les esprits. Il nous est arrivé malheureusement trop souvent d'assister à des conférences où l'orateur nous explique que l'on peut faire du Six Sigma sans faire de statistique. Dans notre esprit, ce n'est pas vrai ; on peut adopter une démarche structurée de projet DMAICS sans faire de statistique, et cela est incontestablement bénéfique, mais DMAICS n'est pas Six Sigma, et cette ambiguïté entre conduire un projet en DMAICS et réellement faire un projet Six Sigma peut, à terme, porter atteinte à l'esprit et à la lettre de Six Sigma.

Lean et Six Sigma sont ainsi fortement complémentaires, c'est également vrai avec les approches de théorie des contraintes ; mais dire que des approches sont complémentaires ne devrait pas se traduire par le plus petit dénominateur commun. Chacune de ces approches apporte des spécificités, il faut manager leurs complémentarités sans en réduire le périmètre.

3.2. Intégrer Six Sigma dans une démarche de performance

On vient de voir que Six Sigma s'intègre parfaitement dans un environnement de performance industrielle, dans un environnement Lean Production, et même dans un environnement *Supply Chain*. Aujourd'hui, pour continuer de jouer son rôle, l'entreprise doit être sans arrêt en mouvement, s'adapter aux conditions changeantes, améliorer son niveau de qualité. Elle doit s'attaquer aux problèmes majeurs, éteindre des incendies, préparer les produits de demain, mais avec des ressources limitées.

Pour réussir ce pari, il faut donc être « lean » dans l'organisation. Il faut améliorer la productivité dans la conduite d'actions de progrès. Comment résoudre rapidement tous ces problèmes qui se posent ? Comment gérer l'ensemble des projets qui sont conduits dans l'entreprise ? Comment coordonner tous ces projets afin qu'ils restent cohérents avec la stratégie de l'entreprise ? Répondre à toutes ces questions est précisément un des objectifs de la mise en place d'un programme Six Sigma.

Toutefois, pour réussir, il est important que les entreprises comprennent à quel point les valeurs et la philosophie de Six Sigma peuvent être différentes des croyances, valeurs et priorités sur lesquelles on porte l'accent avant le déploiement de Six Sigma. Pour implémenter Six Sigma, il faut être ouvert, prêt au changement, avide d'apprendre.

On ne change pas la culture par des incantations ; les valeurs reposent sur des croyances, et pour changer les valeurs il faut changer les croyances. Le cycle de changement commence par la mesure. Harry[1] nous dit : « De nouvelles mesures apportent de nouvelles données, de nouvelles données apportent de nouvelles connaissances, de nouvelles connaissances apportent de nouvelles croyances et de nouvelles croyances apportent de nouvelles valeurs. » C'est en se fondant sur ces nouvelles valeurs que l'on pourra créer les changements profonds, capables de mettre l'entreprise sur le chemin de la performance industrielle.

---

1. *Six Sigma : The Breakthrough Management Strategy, op. cit.*

Chapitre 2

Les concepts de Six Sigma

Après avoir détaillé dans le premier chapitre les aspects culturels qui conduisent les entreprises à mettre en œuvre une démarche Six Sigma, nous nous proposons dans ce deuxième chapitre de faire un tour d'horizon relativement complet des concepts de Six Sigma.

Ce chapitre est volontairement dépourvu de calculs statistiques afin que le lecteur se consacre à l'essentiel : la compréhension des principes de base. Nous profiterons des chapitres suivants pour approfondir les différentes notions.

Comprendre Six Sigma, c'est comprendre les multiples facettes d'une approche d'amélioration de la performance de l'entreprise résolument tournée vers la satisfaction des clients dans un but affiché d'une meilleure rentabilité économique de l'entreprise. Nous aborderons donc ces différentes facettes afin d'avoir une vue globale de Six Sigma avant de se plonger dans les détails de la conduite d'un chantier.

Six Sigma c'est :

- une certaine philosophie de la qualité tournée vers la satisfaction totale du client ;

- une démarche pour atteindre un niveau de performance en rupture avec l'état actuel ;

- une approche visant à réduire la variabilité dans les processus ;

- un indicateur de performance permettant de **mesurer** où se situe l'entreprise en matière de qualité ;

- une méthode de résolution de problèmes DMAICS (Définir, Mesurer, Analyser, Innover/Améliorer, Contrôler, Standardiser/Pérenniser) permettant de réduire la variabilité sur les produits ;

- une organisation des compétences et des responsabilités des hommes de l'entreprise ;

- un mode de management par la qualité qui s'appuie fortement sur une gestion par projet.

1. Une philosophie de la qualité tournée vers la satisfaction du client

Six Sigma a pour objectif de concilier deux éléments :

- une plus grande profitabilité de l'entreprise ;
- une plus grande satisfaction du client.

D'un premier abord, c'est assez facile et on comprend bien qu'une plus grande satisfaction des clients permettra d'abord de conserver nos clients et d'en conquérir de nouveaux. Cette augmentation des parts de marché se concrétisera par une amélioration de la profitabilité.

D'un point de vue pratique, ce n'est pourtant pas aussi évident. Il ne faut pas que les améliorations de qualité sur lesquelles on porte son effort soient plus coûteuses que ce qu'elles rapportent. Il faut aussi que l'on ne se trompe pas d'objectif en matière de satisfaction du client.

Une démarche Six Sigma doit ainsi nécessairement commencer par la recherche des CTQ qui seront les éléments essentiels de réussite d'un projet. Les CTQ se déclinent en au moins trois types :

- Les CTC (*Critical To Customers*) : que veut réellement le client ? Quelles sont ses attentes ? Quel est son niveau d'exigence ?
- Les CTB (*Critical To Business*) : quels sont les éléments critiques de rentabilité pour l'entreprise ? Quels sont les éléments qui garantissent sa pérennité ?
- Les CTS (*Critical To Social*). Une entreprise doit satisfaire ses clients et être profitable, mais ce n'est pas suffisant. L'entreprise s'insère dans un environnement, elle emploie des hommes et des femmes qui imposent des éléments à respecter. Les CTS s'intéresseront donc aux conditions de travail (ergonomie, sécurité...) à l'environnement (rejet, intégration dans le voisinage...), mais aussi aux aspects sociétaux du projet le cas échéant.

Toutes ces questions doivent être posées dès le début d'un chantier Six Sigma. Elles font partie intégrante de la première étape, comme nous le verrons plus loin. De nombreuses entreprises dépensent des sommes considérables pour améliorer un produit sur des critères peu ou pas utiles, mais qui sont des rêves de technicien, et oublient des éléments, pourtant simples, réellement demandés par le client. Par exemple, seuls les fours de cuisson relativement haut de gamme sont équipés de la fonction « maintien au chaud » alors qu'elle devrait être une fonction de base.

Le moteur de Six Sigma est la démarche DMAICS (Définir, Mesurer, Analyser, Innover/Améliorer, Contrôler, Standardiser). On verra que la première étape est essentiellement consacrée à bien définir ce qu'attendent le client, l'entreprise, l'environnement, les collaborateurs, et quelles sont les exigences de chacune des parties.

2. Une démarche pour atteindre un niveau de performance en rupture avec l'état actuel

Six Sigma est une démarche de progrès qui va au-delà de la résolution de problèmes courants. Dans le premier chapitre nous avons situé la place de Six Sigma dans les différentes démarches de progrès. L'objectif est de faire un progrès significatif, atteindre des performances en rupture avec l'état actuel.

Contrairement aux démarches essais erreurs, la démarche Six Sigma ne modifie le système étudié qu'à partir de la phase « Innover ». Nous verrons ci-dessous que cette étape est précédée de trois autres étapes (Définir, Mesurer et Analyser). Pour atteindre la rupture, il faut comprendre en profondeur le système, être capable de mettre en relation les sorties CTQ du système (les Y) avec les paramètres influents (les X). Cela ne peut se faire que si l'on sait mesurer les X et les Y, si l'on est capable de comprendre leur variation, et si l'on sait analyser les relations de dépendance qui existent entre eux.

Pour mener à bien cette tâche, il faut bien sûr que l'on y consacre le temps nécessaire et que l'on dispose des compétences adaptées. La certification *Black Belt,* sur laquelle nous reviendrons, vise justement à certifier les compétences prouvées des collaborateurs capables de conduire de tels projets. Pour être certifié, il ne suffit pas d'avoir suivi le cursus de formation, il faut également avoir prouvé par la réussite d'un projet la capacité à suivre la démarche avec succès.

La rupture ne s'obtient pas (ou difficilement) si l'on n'a pas la disponibilité pour conduire les analyses nécessaires. Pour disposer de ce temps, les projets Six Sigma doivent être pilotés au niveau du comité de direction de l'entreprise qui doit allouer les ressources nécessaires à la réussite du projet. Nous reviendrons en détail sur le pilotage des projets qui est un point clé de la réussite de Six Sigma.

3. Réduire la variabilité

La variabilité est l'ennemi de la qualité. Lorsqu'un ingénieur vient de fabriquer un produit qui donne entière satisfaction, son rêve est de pouvoir le cloner à l'identique afin que chaque produit conserve les mêmes qualités. Ce n'est malheureusement pas possible, il y aura toujours une petite différence entre des produits réputés identiques, et ce sont ces petites différences qui conduisent à la non-qualité. Il en est de même pour les services qu'il est impossible de fournir deux fois dans des conditions parfaitement identiques.

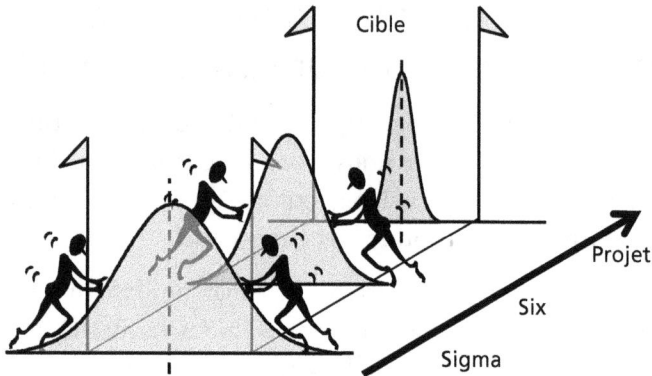

Figure 2.1. Réduire la variabilité

Exemple

Pour illustrer cette notion de variabilité, prenons l'exemple d'un joueur de foot qui doit tirer un coup franc décisif. La cible est la lucarne de la cage adverse. C'est un joueur professionnel qui a répété des centaines de fois ce geste à l'entraînement et les conditions sont idéales pour réussir le but. Mais la balle passe à quelques centimètres de la barre. Ce but manqué est le résultat de la variabilité dans le processus de tir.

Citons quelques éléments de cette variabilité :
- le joueur est dans un état de fatigue et de stress qui modifie son tir ;
- les irrégularités de la pelouse modifient la course d'élan ;
- la sphéricité du ballon n'est pas parfaite, ce qui modifie sa trajectoire ;
- le vent souffle légèrement au moment du tir ;
- le mur adverse n'est pas positionné comme à l'entraînement.

Dans les processus industriels ou de service, le problème est le même. Nous sommes confrontés à une grande variabilité des éléments qui contribuent à nous faire manquer le but. Mais lorsqu'il s'agit de la satisfaction de nos clients, nous n'avons pas le droit de manquer ce but. Pour cela, nous devons tout faire pour réduire cette variabilité.

Les quatre sources primaires de la variabilité sont :

- une conception pas assez robuste, très sensible aux perturbations extérieures ;
- des matières premières et pièces élémentaires instables ;
- une capabilité des processus insuffisante ;
- des standards de conduite du processus inadaptés.

C'est contre ces quatre sources de variabilité que nous devons lutter pour atteindre le niveau de qualité Six Sigma. Pour satisfaire ses clients, une entreprise doit réduire cette variabilité par tous les moyens. Cependant, il n'est pas facile d'agir sur la variabilité d'un processus ; il faut mesurer, analyser, améliorer le processus. À cet effet il faut avoir recours aux outils statistiques pour d'une part analyser le comportement des Y (CTQ du projet) et des X (facteurs potentiellement influents), et d'autre part être capable de démontrer la relation existant entre les Y et les X. Cela nécessite d'avoir recours à de nombreux outils statistiques tels que les analyses de capabilité et les cartes de contrôle pour analyser le comportement ou encore les tests de comparaison, les analyses de la variance, les plans d'expériences pour mettre en relation les Y et les X.

L'utilisation de tous ces outils doit être couplée à une démarche de résolution de problèmes. Si quelques experts sont capables de suivre une telle démarche de manière intuitive, il n'en est pas de même de la grande majorité des ingénieurs et techniciens qui ont besoin d'un guide méthodologique pour s'y retrouver au travers de l'ensemble des outils qualité mis à leur disposition. C'est le premier rôle de Six Sigma : démocratiser, vulgariser les méthodes et outils de la qualité en fournissant un guide d'utilisation pour permettre au plus grand nombre de réduire la variabilité des processus.

La démarche DMAICS fournira le guide méthodologique qui permettra de trouver le chemin de la réduction de variabilité. Cependant, cette démarche ne peut fournir de résultat que si elle est utilisée par des personnes compétentes. C'est pourquoi on devra associer la mise en place de la démarche DMAICS à une solide formation des hommes et à une gestion efficace des compétences.

4. Mesurer le niveau de qualité

Pour pouvoir progresser il faut mesurer le niveau de qualité actuel et pouvoir se donner un objectif vérifiable. Six Sigma signifie donc un niveau de qualité que l'on souhaite atteindre (z du processus). Une qualité sera d'autant plus grande que le nombre de sigma sera élevé. Ainsi une qualité « 3 sigma » donnera 6,68 % de non-conformités, une qualité « 6 sigma » donnera 3,4 DPMO (défauts par million d'opportunités). Le but de la méthode Six Sigma est donc d'atteindre au moins le niveau Six Sigma, donc d'avoir moins de 3,4 DPMO comme taux de non-conformités. Voyons maintenant comment on mesure le nombre de sigma (le z du processus, la capabilité du processus).

4.1. La notion d'opportunité de défaut

Lorsque l'on parle d'un produit qui peut être bon ou mauvais, la notion d'opportunité de défaut est très simple : chaque fois que l'on a un produit, on a une opportunité de défaut. Mais si l'on prend le cas des accidents de la route, quelle est l'opportunité de défauts : le nombre d'automobilistes ? Le nombre d'habitants du pays ? Le nombre de kilomètres parcourus ?

Dans ce cas, si l'on veut pouvoir comparer plusieurs pays entre eux pour faire un benchmarking, le plus simple consisterait à prendre le nombre d'habitants. Ainsi en France en l'an 2012 il y a eu *60 500* accidents corporels répertoriés pour *60* millions d'habitants, cela fait un *DPMO* de *1 008*. La lecture du tableau des DPMO avec un décalage de *1,5* (voir le tableau T1 en fin d'ouvrage) donne un z voisin de *4,6*.

z	Ppm centré dans les tolérances	DPMO avec un décalage de 1,5
1	317 310,52	697 672,15
2	45 500,12	308 770,21
3	2 699,93	66 810,63
4	63,37	6 209,70
5	0,57	232,67
6	0,00	3,40
7	0,00	0,02

Figure 2.2. Tableau du nombre de non-conformités en fonction de sigma

On peut également retrouver la relation entre le *DPMO* et le *z* en appliquant la relation :

$$z = 0,8406 + \sqrt{29,37 - 2,221x \ln(DPMO)}$$

$$z = 0,8406 + \sqrt{29,37 - 2,221x \ln(1008)} = 4,58$$

4.2. L'origine des 3,4 ppm

Nous l'avons dit, Six Sigma vise un niveau de qualité avec un DPMO inférieur à 3,4. Ce calcul de l'objectif des *3,4 ppm* résulte d'un calcul de pourcentage théorique de défauts dans le cas d'une loi normale.

Dans le cas des produits mesurables, la capabilité du processus se mesure en établissant le ratio entre la tolérance et la dispersion du processus (le lecteur pourra se référer utilement au chapitre 4 pour plus de détails sur les calculs de capabilité).

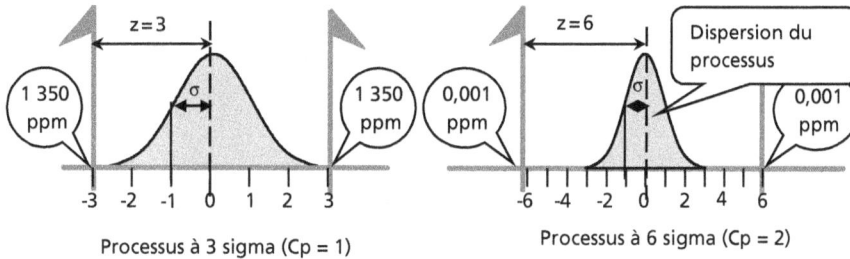

Figure 2.3. Niveau Six Sigma

L'objectif Six Sigma consiste à améliorer la variabilité du processus de sorte à avoir une tolérance deux fois plus importante que la dispersion court terme. Dans ces conditions, la spécification est à six écarts-types de la moyenne (*z* = 6). La proportion de produits défectueux est alors de *0,002 ppm* lorsque le processus est parfaitement centré. Lorsque le processus est à un niveau de trois sigma (*z* = 3) la proportion de défaut est alors de *2 700 ppm*.

Cependant, on montre facilement que même si le processus est parfaitement sous contrôle, il n'est pas possible de détecter les petits décentrages du processus. Le plus petit décalage détectable est de *1,5 sigma*[1]. Dans ces conditions, la proportion de défauts sera de *3,4 ppm*.

---

1. Ce décentrage est expliqué par l'efficacité des cartes de contrôle. On pourra se reporter à l'ouvrage, *Appliquer la Maîtrise Statistique des Procédés — MSP/SPC*, Éditions d'Organisation, 4ᵉ édition, 2005.

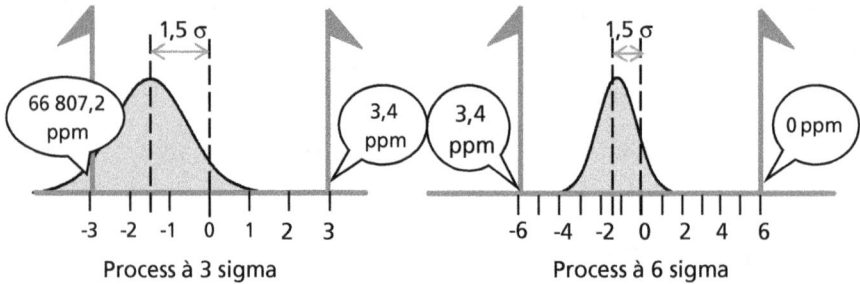

Figure 2.4. Décalage de 1,5 sigma

Il s'agit donc d'une estimation d'un pourcentage de non-conformes dans une situation donnée. Le z permet d'estimer le niveau de qualité d'un processus ; c'est un outil de communication. En aucun cas il ne remplace l'analyse complète de la chute des capabilités comme nous le verrons dans le chapitre 4 « Mesurer ».

5. Six Sigma : une méthode de maîtrise de la variabilité DMAICS

5.1. La démarche DMAICS

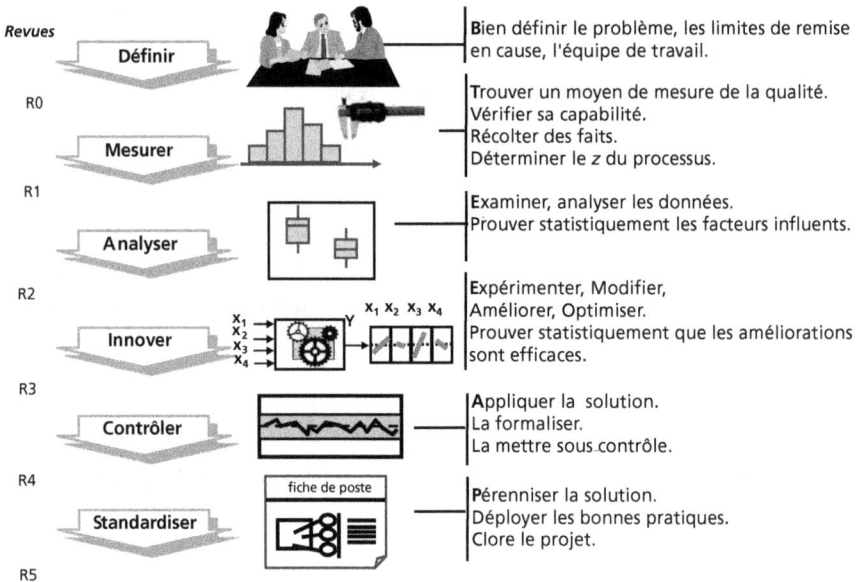

Figure 2.5. Les six étapes DMAICS de la démarche Six Sigma

© Groupe Eyrolles

Étapes	Objectifs/Tâches	Résultats	Outils principaux
D Définir	• Définir le projet : les gains attendus pour le client, pour l'entreprise, le périmètre du projet, les responsabilités	• Charte du projet • Cartographie générale du processus • Planning et affectation des ressources	• Diagramme CQT • QQOQCP • QFD • Diagramme de Kano • Benchmarking • Cartographie • SIPOC
M Mesurer	• Définir et valider les moyens de mesure. • Mesurer les variables de sortie, les variables d'état et les variables d'entrée du processus • Collecter les données • Connaître le z du processus	• Cartographie détaillée du processus • Capabilité des moyens de mesure • Capabilité du processus	• Analyse processus, logigramme • Répétabilité et reproductibilité • Analyse des 5M • Matrice Causes/Effets • Feuille de relevés • Maîtrise statistique des procédés (SPC)
A Analyser	• Analyser les données • Établir les relations entre les variables d'entrée et de sortie du processus • Identifier les variables clés du processus	• Établissement de la preuve statistique • Compréhension du processus	• Statistique descriptive • Statistique inférentielle • Plans d'expériences
I Innover/ Améliorer	• Imaginer des solutions • Sélectionner les pistes de progrès les plus prometteuses • Tester les améliorations	• Processus pilote • Amélioration du z • Détermination des caractéristiques à mettre sous contrôle	• Méthode de créativité • Vote pondéré • Plans d'expériences • AMDEC
C Contrôler	• Mettre sous contrôle la solution retenue • Formaliser le processus	• Rédaction de modes opératoires • Cartes de contrôle	• Automaîtrise • Maîtrise statistique des procédés (SPC)
S Standardiser	• Pérenniser les solutions (cale anti-retour) • Diffuser les bonnes pratiques • Clore le projet	• Indicateurs de performance • Tableau de bord • Plan d'audit • Bilan de fin de projet	• Automaîtrise • Audit • Benchmarking • Bonnes pratiques

Figure 2.6. DMAICS

Pour obtenir les niveaux de capabilité exigés par Six Sigma, il est absolument néces-saire d'utiliser des outils, et plus particulièrement des outils statistiques. Dans l'ap-proche Six Sigma, tous les outils utilisés sont connus, il n'y a pas d'outils nouveaux. Ce qui est intéressant, dans l'approche Six Sigma, c'est la structuration dans l'utili-sation des différents outils.

Six Sigma se décline en six étapes DMAICS (Définir, Mesurer, Analyser, Innover/ Améliorer, Contrôler, Standardiser). En suivant scrupuleusement ces six étapes, le technicien, même s'il n'est pas expert en statistique, pourra avec un minimum de formation atteindre l'objectif de variabilité fixé.

Pour passer d'une étape à une autre, il faudra valider au travers d'une revue que les objectifs de l'étape ont bien été atteints. Cette revue est réalisée entre le responsable du projet (le *Black Belt*[1]) et le responsable du déploiement de Six Sigma (le *Champion*) qui est un responsable de l'entreprise.

5.2. Étape 1 – « Définir »

5.2.1. But de l'étape

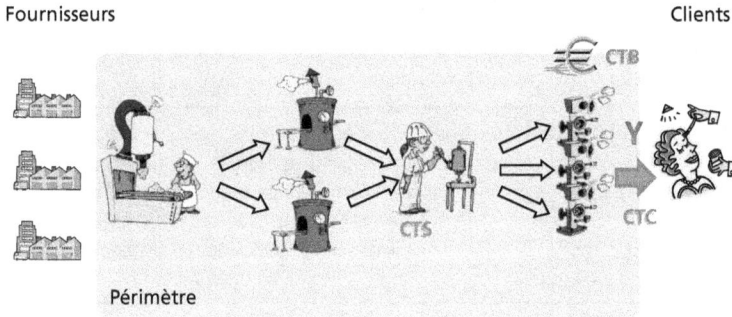

Figure 2.7. Étape « Définir »

En fait, dans cette étape il y a deux sous-étapes majeures. La première consiste à déter-miner le sujet de travail le plus adapté dans le cadre de la stratégie de l'entreprise. La seconde consiste, une fois le sujet sélectionné, à réaliser un état des lieux en se posant clairement les questions :

- Quel est l'objectif que l'on recherche ?
- Quels sont les *Y* critiques pour le Client, le Business, le Social (CTC, CTB, CTS) ?

---

1. *Black Belt* : « ceinture noire ». Cette appellation a été popularisée par l'entreprise General Electric. Nous définirons plus complète-ment les différents rôles des acteurs du projet au paragraphe 5 ci-après ainsi que dans le chapitre 9 « Le management Six Sigma ».

- Quel est le périmètre du projet ?
- Qui doit travailler sur ce projet ?
- Quels sont les gains et les coûts ?
- Quel est le planning du projet ?
- ...

Cette étape doit permettre de rédiger la charte du projet qui définit clairement les acteurs du projet, le cadre du projet et les objectifs à atteindre. Elle peut durer entre une semaine (lorsque le problème est évident) et un mois.

5.2.2.   La conduite de l'étape

Prédéfinition du projet

Pour résoudre un problème, il faut d'abord l'avoir parfaitement défini. Il faut identifier :

- **un vrai problème**, soit un écart notable entre des performances attendues et mesurées ;
- **un vrai client**, autrement dit, un client motivé par la réduction de l'écart ;
- **des gains significatifs** justifiant le temps et l'énergie que l'on va dépenser ;
- **un périmètre limité** garantissant une durée d'action entre six mois et un an.

La prédéfinition du projet consiste à identifier dans le secteur de l'entreprise concerné les projets susceptibles d'être conduits. Il s'agit ensuite de les classer en fonction du potentiel de gain et de la difficulté qu'ils présentent *a priori* pour aboutir. La question à laquelle on doit répondre est la suivante : cela vaut-il le coup (le coût) d'y aller ?

On sélectionne un bon projet en recourant à un vote pondéré en fonction d'un certain nombre de critères qui sont en adéquation avec la stratégie de l'entreprise (Figure 2.8).

Objectifs de l'entreprise	Poids	Projet 1	Projet 2	Projet 3	Projet 4
Accroître les ventes	0,3	4	3	2	2
Diminuer les coûts de production	0,3	2	0	2	9
Diminuer le nombre de réclamations clients	0,2	0	3	9	9
Améliorer le cadre de travail de nos collaborateurs	0,2	2	0	2	0
Moyenne pondérée des projets potentiels		**2,2**	**1,5**	**3,4**	**5,1**

Figure 2.8. Évaluation des projets

Définition du projet

Après avoir sélectionné le problème sur lequel on doit se pencher, on cherchera dans cette étape à parfaitement décrire qui est le client, quelle est son insatisfaction et quelle est la grandeur *Y* qui permet de traduire cette insatisfaction. Ce travail doit impliquer le plus rapidement possible l'équipe du projet. La première phase de la définition sera donc la formation de l'équipe.

Définir et former l'équipe

Il faut, le plus tôt possible, créer une équipe de travail et identifier les différents acteurs du projet.

Les acteurs principaux seront :

- le *Black Belt* ou « Pilote » qui aura en charge la conduite du projet. Outre ses connaissances sur la méthode Six Sigma, il est souhaitable qu'il ait des connaissances opérationnelles sur le sujet ;
- le *Champion* qui a en charge le déploiement de Six Sigma et doit pouvoir libérer les ressources nécessaires ;
- le « propriétaire » du processus qui sera la référence en matière de connaissances opérationnelles ;
- le comptable du projet qui doit suivre les gains et les coûts du projet ;
- l'équipe composée de personnes formées à la méthode Six Sigma.

Dès le début, il faut impliquer tous les acteurs en les formant par une introduction à la méthode, l'exposé des différents outils qui seront utilisés et des revues qui seront réalisées entre chaque étape.

Chaque membre de l'équipe devra consacrer une partie de son temps au projet. Il est important d'estimer le plus tôt possible l'importance de cette contribution afin de pouvoir se concerter avec l'encadrement des personnes ressources.

Identifier les caractéristiques clés (CTQ)

À cette étape, le projet est défini, mais il faut identifier les points critiques du projet (CTQ) qui se déclinent en CTC (*Critical To Customers*), CTB (*Critical To Business*), CTS (*Critical To Social*) :

- Quelles sont les caractéristiques critiques pour le client (CTC), leurs cibles, leurs limites ?
- Quels sont les paramètres économiques à prendre en compte (CTB) ?

- Quels sont les éléments sociaux et environnementaux qui peuvent contraindre le projet (CTS) ?
- Quelles sont la situation actuelle et la situation espérée ?

Pour aider le groupe à répondre à toutes ces questions, un certain nombre d'outils sont disponibles (décrits dans le chapitre 3 « Définir ») :

- le diagramme CTQ (*Critical to Quality*) ;
- la classification selon le modèle de Kano ;
- le diagramme exigences/performances ;
- le QFD (*Quality Function Deployment*).

Un projet Six Sigma doit émaner de la voix même du client. Plusieurs approches peuvent être utilisées à cet effet depuis l'application très complète du QFD[1] jusqu'au simple questionnaire présenté ci-après réalisé sur un échantillon de clients actuels ou potentiels dans le segment de marché visé :

- Quelles émotions ressentez-vous quand vous pensez au produit ?
- Quels besoins ou désirs vous viennent à l'esprit quand vous pensez au produit ?
- Quels problèmes ou réclamations souhaitez-vous mentionner au sujet du produit ?

À partir de ce qui émane de la voix même du client, on doit en tirer des caractéristiques – si possible mesurables et continues – avec une cible et des limites permettant de garantir la satisfaction du client.

Pourquoi une grandeur mesurable et continue ?

Mesurable : si on ne sait pas mesurer le résultat d'un processus, on ne saura pas l'améliorer ! Il faut donc mettre en place un moyen de mesure.

Continue : « continue » s'oppose à « discrète » de type « bon/pas bon », de catégorie « A, B, C, D ». Ce type de données nécessite qu'elles soient en bon nombre pour que des changements significatifs soient observables[2]. Et s'il faut de grandes quantités, il faut donc de nombreux produits, engageant des coûts très importants. On montrera qu'une grandeur continue permet de voir des écarts significatifs sur des tailles d'échantillons de quelques unités, ce qui rend les études nettement moins coûteuses.

---

1. Voir l'ouvrage *Qualité en Production — De l'Iso 9000 à Six Sigma*, chapitre 6, D. Duret, M. Pillet, Éditions d'Organisation, 3ᵉ édition 2005.

2. Par exemple, on montrera dans le chapitre 5 « Analyser » qu'on ne sait pas conclure à une différence significative entre deux fournisseurs ayant livré 200 produits avec 25 défectueux pour le premier et 17 pour le second.

Cette transposition entre la « voix du client » et les caractéristiques du produit sera facilitée par l'utilisation de la matrice QFD, ou d'un diagramme CTQ.

Enfin, il faut hiérarchiser les caractéristiques du produit afin d'en tirer les caractéristiques essentielles sur lesquelles on devra porter notre effort dans le projet Six Sigma. Pour cela, deux outils sont couramment utilisés : le diagramme exigences/performances, et la classification selon le modèle de Kano. Cette phase doit permettre de décrire de manière claire la situation actuelle et la situation espérée au niveau des caractéristiques finales du produit. N'oublions pas qu'un problème Six Sigma commence par l'identification d'un écart entre une situation actuelle et souhaitée.

Identifier le processus et son environnement

Connaissant les objectifs à atteindre pour le client, le groupe doit maintenant se focaliser sur l'identification du processus qui permet de fournir le produit ou le service. Cette phase est réalisée principalement grâce à la cartographie du processus qui peut se faire selon différentes formes. Nous décrirons dans le chapitre 3 « Définir » les schémas suivants :

- la boîte noire du processus ;
- le diagramme SIPOC.

Le but est de faire apparaître les différentes étapes du processus, les entrées et les sorties.

Déterminer le périmètre du projet

Avant de commencer à travailler, il faut être capable de déterminer les limites du projet, ce que l'on accepte de remettre en cause, ce que l'on veut conserver, ce qui sort de notre domaine de compétence. Pour faire cette recherche, on utilise par exemple le diagramme Dedans/Dehors.

Identifier les gains et les coûts

Dès le début du projet, on doit s'intéresser aux impacts financiers du projet au travers notamment des CTB (*Critical To Business*). On doit identifier les gains potentiels (augmentation du bénéfice d'exploitation, réduction des immobilisations, amélioration de la productivité, de l'image de l'entreprise) et les coûts (matériels, personnel).

Écrire la charte du projet

Cette première étape se conclut par la rédaction de la charte du projet. Le projet doit avoir un titre clair afin que l'équipe puisse s'y identifier. Un membre de l'équipe doit par exemple pouvoir dire « Je travaille sur le projet : zéro réclamation sur le produit *X28*. » Cette charte du projet résume l'ensemble des travaux qui ont été réalisés dans cette étape. Un exemple de charte de projet est donné dans le chapitre 11 « Résumés ». Cette charte a valeur d'engagement du groupe et sera la base de la revue R0 qui est réalisée entre le *Champion* et le *Black Belt*.

5.2.3.   Revue R0 – Définir

Le but de la revue R0 vise à s'assurer que les principales actions de la première étape ont été réalisées. Cette revue est conduite par le *Champion* qui est le responsable du déploiement de Six Sigma dans l'entreprise. Il a, en général, une responsabilité hiérarchique importante.

La revue doit valider :

- des objectifs clairs ;
- une situation actuelle claire ;
- un périmètre du projet clair ;

Lorsque tous ces points, qui seront détaillés dans le chapitre 3 « Définir », sont validés, on peut passer à la deuxième étape « Mesurer ». Cependant, il est tout à fait possible que les connaissances acquises dans les étapes suivantes remettent en question la charte du projet et qu'un rebouclage sur l'étape « Définir » soit nécessaire.

5.3.   Étape 2 – « Mesurer »

5.3.1.   But de l'étape

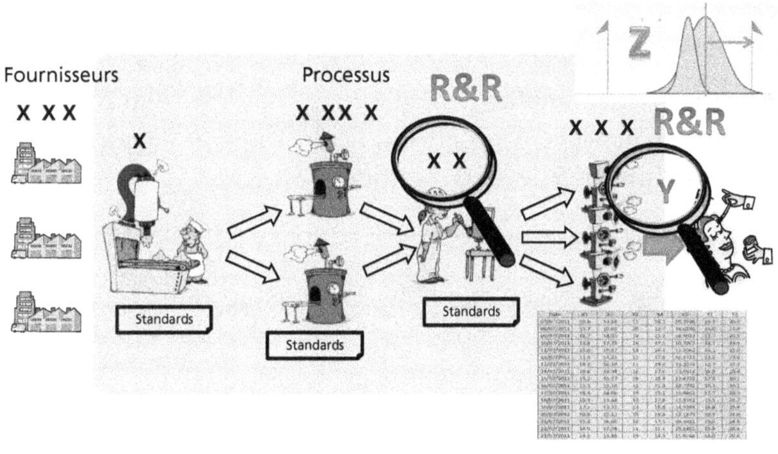

Figure 2.9. Étape « Mesurer »

L'étape « Mesurer » est un élément essentiel de l'apport d'une démarche Six Sigma. Beaucoup d'entreprises n'ont pas cette culture de la mesure. Elles ont parfois un grand nombre de chiffres disponibles mais ceux-ci sont inexploitables ou inexploités. Les principales raisons de cette pauvreté dans l'exploitation des données sont :

- des processus de mesures qui ne sont pas adaptés et qui créent parfois plus de dispersion que le processus étudié ;
- une récolte des données mal conçue qui rend inexploitables les tableaux de données.

L'objectif de cette étape est d'évaluer correctement la situation actuelle de la performance des processus impliqués par rapport aux différentes exigences des clients. Cette étape peut se décliner en quatre actions majeures.

Affiner la cartographie du processus

À ce stade, il y a lieu d'affiner la cartographie déjà élaborée à l'étape « Définir » afin d'identifier plus finement les Y et les X à étudier dans le projet.

Valider les processus de mesure

Cette action consiste à vérifier que la chaîne de mesure utilisée n'est pas déjà une source importante de variabilité. Pour cela, après avoir vérifié le rattachement de l'instrument à la chaîne d'étalonnage, on vérifie également que la variabilité due aux défauts de répétabilité (plusieurs mesures d'un opérateur) et de reproductibilité (plusieurs opérateurs) n'est pas trop forte. Cette analyse doit être conduite sur les X et sur les Y.

Récolter des données permettant d'évaluer la performance du processus

Avant de commencer à modifier quoi que ce soit sur le processus, il faudra avoir analysé la situation actuelle. À cet effet, il faudra disposer de données fiables sur lesquelles on pourra réaliser des tests statistiques.

Évaluer la capabilité actuelle

À partir des données récoltées sur les Y du processus, on pourra évaluer notamment le z du processus.

5.3.2. La conduite de l'étape

Valider le processus de mesure

Pour mener à bien un projet, il faut disposer d'une réponse mesurable Y – si possible de façon continue – traduisant la satisfaction de l'exigence du client. Si l'on ne sait pas mesurer correctement, toute analyse qui suivra risquera fortement d'être erronée ou demandera un nombre de données très élevé. Il faut donc identifier deux processus élémentaires : le processus principal et ses cinq M (Moyen, Milieu, Méthodes, **Matière**, Main-d'œuvre) qui produisent le service ou le produit, et le second processus de mesure également avec ses cinq M (Moyen, Milieu, Méthodes, **Mesurande**, Main-d'œuvre) qui permet d'évaluer la satisfaction du client.

Prenons par exemple le cas d'un processus de rectification d'un arbre à vilebrequin de moteur. Le processus principal sera la rectifieuse, mais il faudra également définir le processus de mesure (appareil de contrôle, méthode de contrôle, compétence des opérateurs, environnement requis...) qui permettra d'avoir l'image la plus juste de la réalisation du processus principal.

Un élément important du processus de mesure est le moyen de contrôle. Il doit être rattaché aux chaînes d'étalonnage et posséder les propriétés de justesse et de linéarité. Ce sera la première vérification à réaliser. Il faut également tenir compte des quatre autres M. Le processus de mesure doit avoir les propriétés de répétabilité (plusieurs mesures dans les mêmes conditions doivent donner un résultat similaire) et de reproductibilité (indépendance de la mesure à un changement de condition tel que l'opérateur) afin que sa dispersion soit faible devant les variations de la réponse Y.

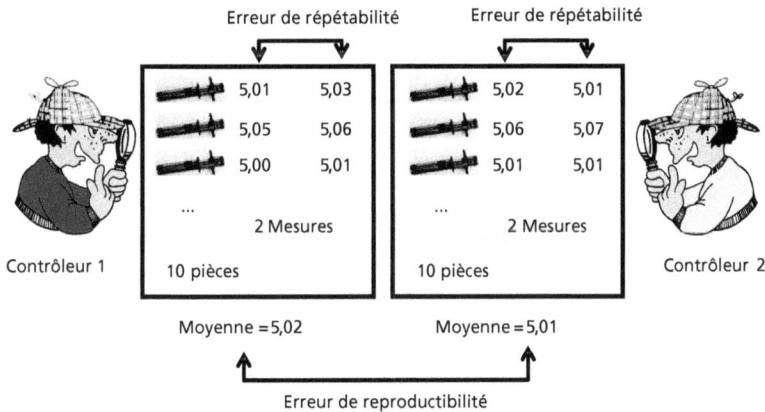

Figure 2.10. Répétabilité et reproductibilité

Pour vérifier la capabilité du processus de contrôle (Cpc) on utilise l'outil « répétabilité et reproductibilité ($R\&R$) » qui compare la dispersion de mesure à la tolérance fixée sur la réponse du processus Y. Pour être déclaré adapté, le processus de mesure doit avoir une dispersion propre inférieure au quart de la tolérance.

Ramasser les fruits au pied de l'arbre

Six Sigma a pour principal objectif la réduction de la variabilité. Pour cela il y a deux façons d'agir.

• Identifier toutes les petites sources de variabilité qui sont dues à des paramètres non figés faute de procédures ou de standards de travail figés. La réduction de ces sources de variabilité est souvent peu coûteuse : il suffit d'identifier les paramètres que l'on peut figer et standardiser le processus. On appelle cela « ramasser les fruits au pied de l'arbre ».

• Analyser le processus et modifier en profondeur les paramètres en fonction des résultats des essais. Cela correspond au fait de poser une échelle pour aller chercher les fruits les plus mûrs au sommet de l'arbre.

Il serait vraiment dommage de commencer le cycle d'analyse en négligeant tous les gains que l'on peut faire à partir d'une simple analyse. Pour cela une des méthodes que l'on applique est l'analyse des 5M du processus (Figure 2.11). Après avoir identifié toutes les sources de variabilité, on recherche comment éliminer ces sources de variations à un coût minimal. Cette première étape est souvent riche et apporte de très importants gains sur le z du processus.

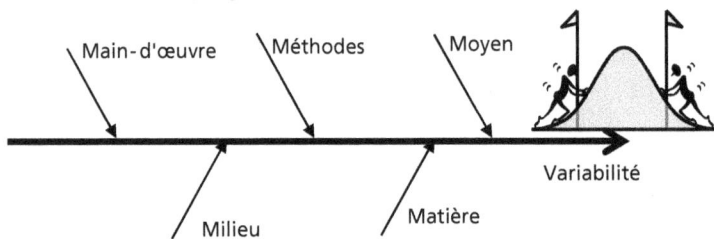

Figure 2.11. L'analyse des 5M pour réduire la variabilité

Observer le procédé

Disposant d'un moyen de mesure adapté, et ayant limité la variabilité du processus, on peut mettre en place des campagnes de relevés et d'observations du processus qui permettront de faire l'analyse de l'existant sur des données factuelles afin de pouvoir apporter la « preuve statistique ».

On doit observer quatre éléments :

- les Y (sorties du processus constatées par le client) ;
- les entrées du processus provenant des processus fournisseur ;
- les commandes et variables du processus ;
- les indicateurs d'état du processus.

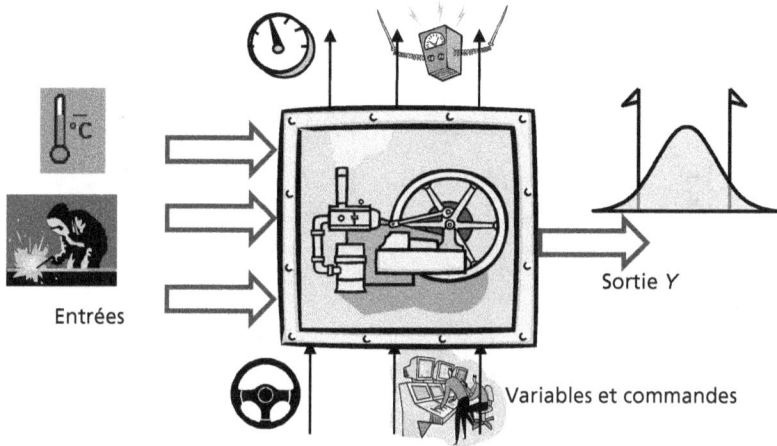

Figure 2.12. Les points à observer

Ces relevés doivent permettre de mettre en regard la réponse Y du système aux différents paramètres X pouvant avoir une influence sur le processus. Cela se fait à partir de feuilles de relevés, d'extraction de la base de données de l'entreprise, de suivi des processus.

Estimer la capabilité du processus

Fort de ces relevés dont on aura pris la précaution de vérifier la pertinence, on peut alors mesurer de façon précise la capabilité du processus en évaluant son « sigma ».

Outre la détermination du z du processus, on devra analyser la chute de capabilité pour connaître la source du problème de variabilité. À ce stade, cela ne peut pas être un problème de mesure car l'on a validé avec le Cpc la faible influence de la mesure par rapport aux spécifications. Cela peut donc être :

- un problème de dispersion court terme ;
- un problème de stabilité avec un écart entre la dispersion court terme et la dispersion long terme ;
- un problème de centrage ;
- une combinaison des problèmes précédents.

© Groupe Eyrolles

La connaissance du type de problème qui conduit à cette forte variabilité est très importante avant d'aborder l'étape suivante, « Analyser ». Cette étude des chutes de capabilité sera réalisée en comparant les indicateurs de capabilité Cp, Pp, Ppk que nous détaillerons au chapitre 4 « Mesurer ».

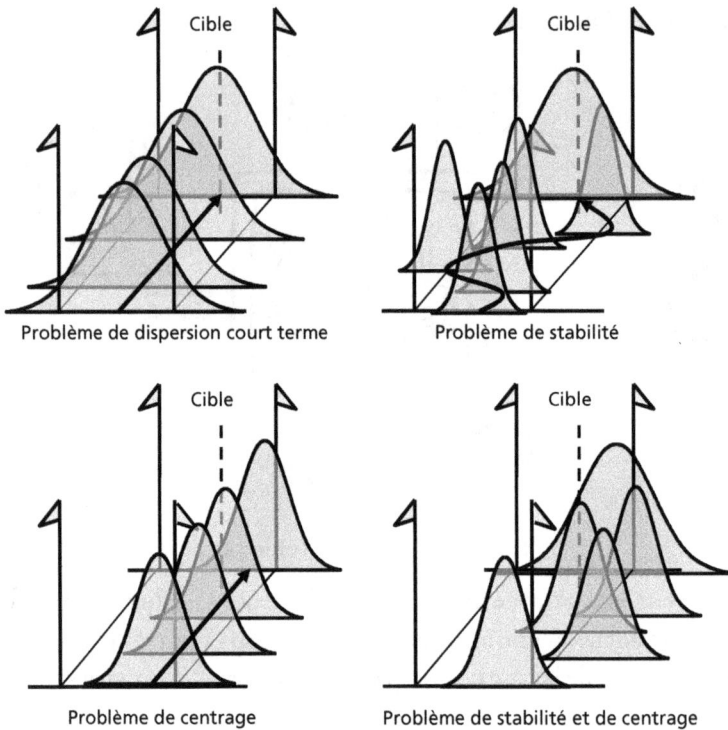

Figure 2.13. L'origine de la non-satisfaction des clients

5.3.3. Revue R1 – Mesurer

La revue R1 est conduite lorsque l'on considère avoir réalisé l'ensemble des actions de l'étape « Mesurer ». Cette revue est dirigée par le *Champion* qui est le responsable du déploiement de Six Sigma dans l'entreprise. La revue doit valider que les actions suivantes ont été conduites.

Description du processus
- La caractérisation du défaut est affinée.
- La cartographie du processus est affinée et remise à jour en continu.

Standards

- Les standards du processus ont été revus.
- Les écarts aux standards ont été corrigés.
- Les *Quick Win* sont identifiés.

Processus de mesure

- Les paramètres d'entrée X et de sortie Y qui intégreront le plan de collecte de données sont identifiés.
- Les processus de mesure sont validés.
- La capabilité des processus de mesure est calculée.
- Des actions sont mises en place si cette capabilité n'est pas correcte.

Collecte des données

- On a validé la possibilité d'utiliser des données existantes.
- Un plan de collecte de données est établi puis lancé.
- On a des pistes de causes à creuser dans la phase « Analyser » (collecte des données).

5.4. Étape 3 – « Analyser »

5.4.1. But de l'étape

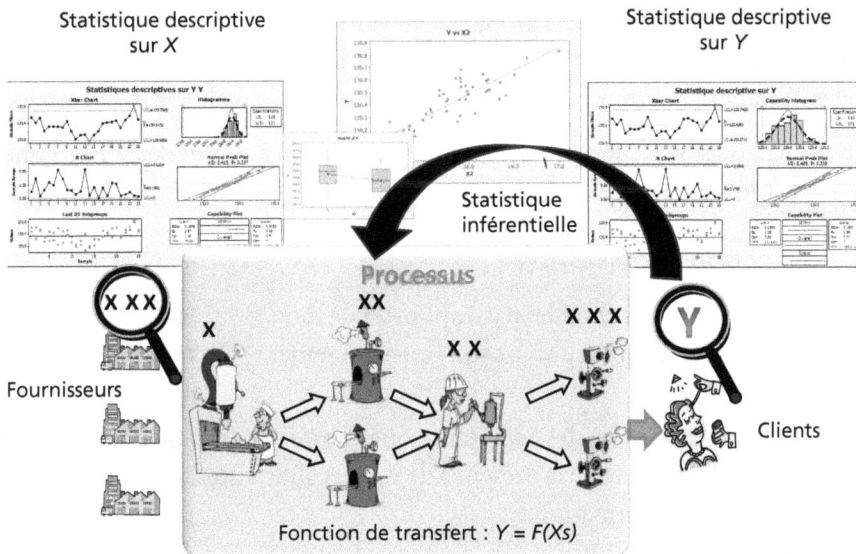

Figure 2.14. Étape « Analyser »

Conformément à toutes les méthodes de résolution de problèmes, Six Sigma impose une phase d'analyse avant de modifier le processus. Les étapes 1 et 2 nous ont permis de faire une cartographie du procédé afin d'identifier les X potentiels et de récolter des faits sur la base de moyens de mesure capables. L'étape 3 nous permettra d'analyser ces données afin d'identifier les quelques X responsables d'une grande partie de la variabilité. L'analyse portera d'abord sur le Y (la sortie de la boîte noire), puis sur les X ainsi que sur les relations que l'on peut mettre en évidence entre les X et les Y.

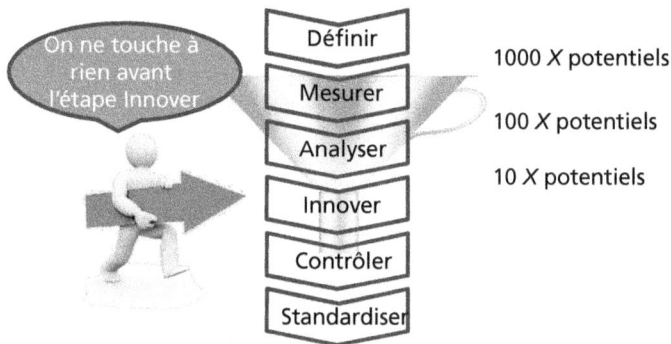

Figure 2.15. Étape « Analyser » : un entonnoir à X

Un des points essentiels de Six Sigma consiste à ne rien toucher sur le processus avant d'être à l'étape « Innover/Améliorer ». L'étape « Analyser » joue le rôle d'entonnoir à X. Dans l'étape « Mesurer », le groupe de travail a déjà sélectionné un nombre de X restreint par rapport à tous les X potentiels ; il faudra qu'à l'issue de cette étape, seuls quelques X potentiels restent candidats pour apporter une amélioration au processus.

L'étape « Analyser » va porter sur l'analyse descriptive des X et des Y ainsi que sur l'analyse relationnelle entre les X et les Y.

5.4.2.   La conduite de l'étape

Lors de cette phase, on ne cherche pas à apporter de modification au processus, mais à comprendre les règles qui régissent son fonctionnement. On procède alors à deux types d'analyse :

- une analyse descriptive des caractéristiques observées afin de détecter d'éventuelles anomalies telles que la présence de valeurs aberrantes, une non-normalité, qui sont source d'informations ;

- une analyse relationnelle afin de comprendre en quoi les X ont une influence sur la caractéristique Y que l'on cherche à améliorer.

Cette étape fait largement appel aux différents outils statistiques. Dans le chapitre 5 « Analyser », nous présenterons en détail les principaux outils de la statistique descriptive et inférentielle que le *Black Belt* doit maîtriser pour mener à bien cette étape.

Analyse du comportement des Y et des X

Lors de la phase « Mesurer », on a lancé un plan de collecte de données. On dispose désormais de tableaux d'observation sur une période donnée pour les *Y* et pour les *X*. La première démarche consiste à « faire parler les données ». Cette analyse peut comprendre :

- une étude du comportement par rapport aux spécifications existantes ;
- une analyse statistique (moyenne, écart-type, présence de valeurs aberrantes…) ;
- une analyse de normalité et l'analyse des causes en cas de non-normalité ;
- une analyse des variations dans le temps des caractéristiques afin de vérifier si la caractéristique est sous contrôle (utilisation des cartes de contrôle) ;
- une analyse des chutes de capabilité.

Exemples

Le premier exemple (Figure 2.16) d'étude du comportement d'un *X* montre claire-ment une population qui a fait l'objet d'un tri. Le processus qui produit ce *X* ne peut pas satisfaire les spécifications dans les conditions actuelles ; les capabilités ne sont pas bonnes. Le tri a sans doute un coût important : est-il utile ? Quelle est l'origine de cette variabilité ? Peut-on réduire la variabilité sur ce *X* ? Autant de questions qui devront trouver réponse dans cette étape « Analyser » et dans l'étape « Innover/ Améliorer ».

Analyse de capabilité pour X

Process Data	
LSL	120.00000
Target	123.00000
USL	126.00000
Mean	123.83019
Sample N	53
StDev (Within)	1.43208
StDev (Overall)	1.54835

Potential Capability	
Cp	0.70
CPL	0.89
CPU	0.51
Cpk	0.51

Overall Capability	
Pp	0.65
PPL	0.82
PPU	0.47
Ppk	0.47
Cpm	0.57

Observed Performance		Exp. Within Performance		Exp. Overall Performance	
PPM < LSL	0.00	PPM < LSL	3741.30	PPM < LSL	6685.75
PPM > USL	0.00	PPM > USL	64867.43	PPM > USL	80552.07
PPM Total	0.00	PPM Total	68608.73	PPM Total	87237.82

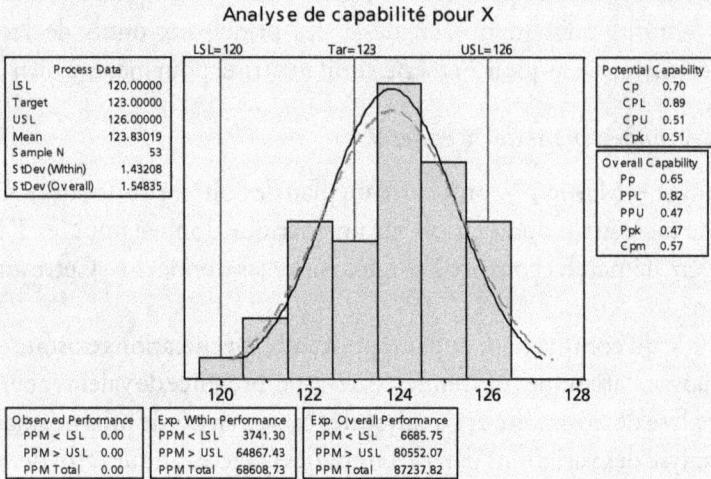

Figure 2.16. Étude du comportement d'un X[1]

Le second exemple (Figure 2.17) montre l'analyse du comportement dans le temps à l'aide d'une carte de contrôle Moyennes/Étendues qui sera présentée au chapitre 7 « Contrôler ». Cette carte de contrôle montre que, pendant l'observation, l'on constate plusieurs points hors contrôle qui dénotent la variation dans le temps du centrage du processus. Cette instabilité crée une augmentation de la dispersion ; il faudra trouver les moyens d'éliminer ces dérives.

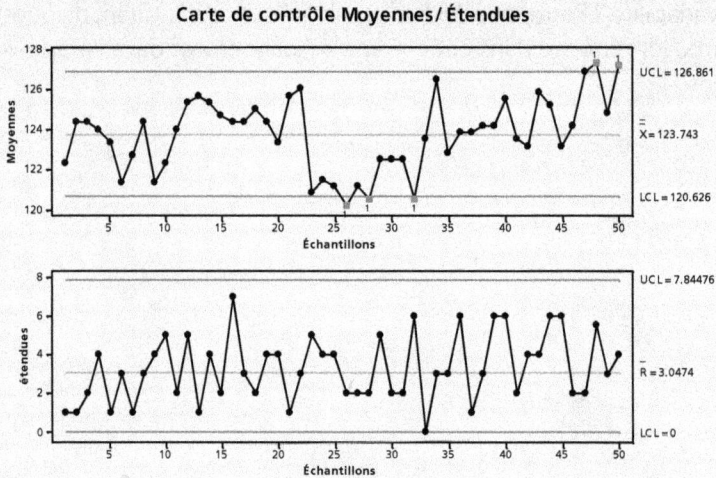

Carte de contrôle Moyennes/Étendues

Figure 2.17. Analyse des variations dans le temps

---

1. Les graphiques et analyses sont réalisés avec Minitab, logiciel d'analyse statistique : www.minitab.com

Analyser les relations entre les X et les Y, trouver la fonction de transfert

L'étude du comportement a consisté à regarder les *X* et les *Y* de façon indépendante ; nous allons maintenant chercher à comprendre quels sont les *X* qui expliquent la variabilité des *Y*. À la fin de cette étape, on doit avoir identifié de façon claire les quelques variables sur lesquelles il est nécessaire d'agir afin d'ajuster le paramètre de sortie *Y* sur la valeur désirée et de réduire sa variabilité. On dissocie en général trois types dans l'origine des variations :

- Variations de position :
  – position sur une machine multiposages ;
  – *chip* particulier dans un *wafer* ;
  – empreinte dans un moule sur une presse à injecter ;
  – variation entre 2 machines, 2 opérateurs, 2 ateliers ;
  – ...

- Variations cycliques :
  – d'un lot à un autre ;
  – d'une coulée à une autre ;
  – parmi un groupe d'unités (usure d'outils) ;
  – ...

- Variations temporelles :
  – d'une équipe à l'autre ;
  – du matin sur le soir ;
  – selon les jours de la semaine ;
  – ...

La question à laquelle on doit répondre est la suivante : lorsqu'un *X* bouge, est-ce que cela a de l'influence sur le *Y* ?

Pour répondre à cette question, on pourra s'aider d'outils graphiques comme la boîte à moustache (Figure 2.18) qui semblent montrer que le changement d'opérateur a une influence importante sur la valeur de *Y*. Cependant, cette observation n'est pas suffisante dans une approche Six Sigma ; il faut apporter la **preuve statistique**. À cet effet, on va utiliser des **tests statistiques** qui nous permettront de connaître quel risque on prend lorsque l'on dit qu'il y a un écart significatif entre deux situations. Ainsi, dans l'exemple cité, en réalisant un test de comparaison de moyennes, on peut dire que le risque qu'un tel écart provienne d'une variation aléatoire est de 1,6 %.

Boîte à moustache pour Opé1 et Opé2

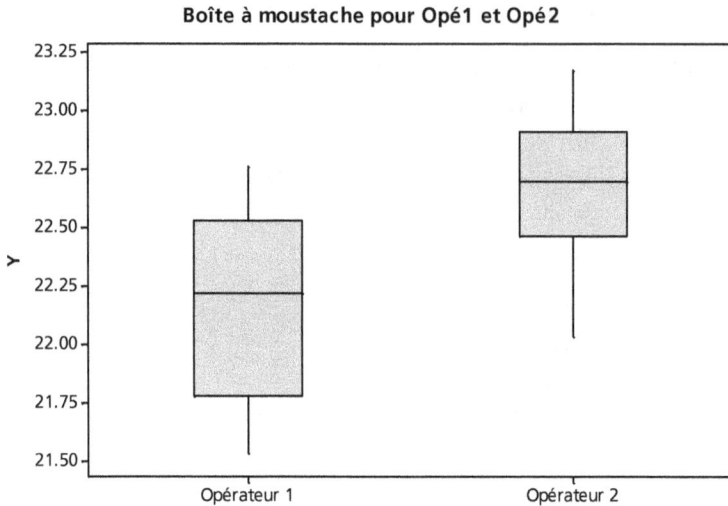

Figure 2.18. Influence de l'opérateur sur Y

Les outils statistiques disponibles permettent de comparer des positions (moyennes) mais également des dispersions (écarts-types) et des fréquences (proportions). On pourra comparer une valeur par rapport à une position théorique (par exemple la valeur d'une moyenne par rapport à une cible) ou comparer deux ou plusieurs populations.

Hiérarchiser les X et identifier les X responsables de la plus grande partie de la variabilité

Après avoir mis en évidence les principales causes de variation par les analyses statistiques réalisées sur les données récoltées lors de l'étape « Mesurer », il faut désormais hiérarchiser les causes afin de connaître quels sont les X sur lesquels les efforts les plus importants devront être apportés lors de l'étape « Innover/Améliorer ».

Les outils nécessaires pour cette hiérarchisation sont encore des outils statistiques tels que l'analyse de la variance, la régression multiple ou encore les plans d'expériences. Les deux premiers seront présentés dans le chapitre 5 « Analyser », les plans d'expériences sont présentés dans le chapitre 6 « Innover ».

La hiérarchisation des X peut se présenter sous la forme d'un Pareto des effets (Figure 2.19) sur lequel on note que 3 effets seulement sont réellement significatifs (B, D, E) et représentent plus de la moitié de la variabilité sur Y.

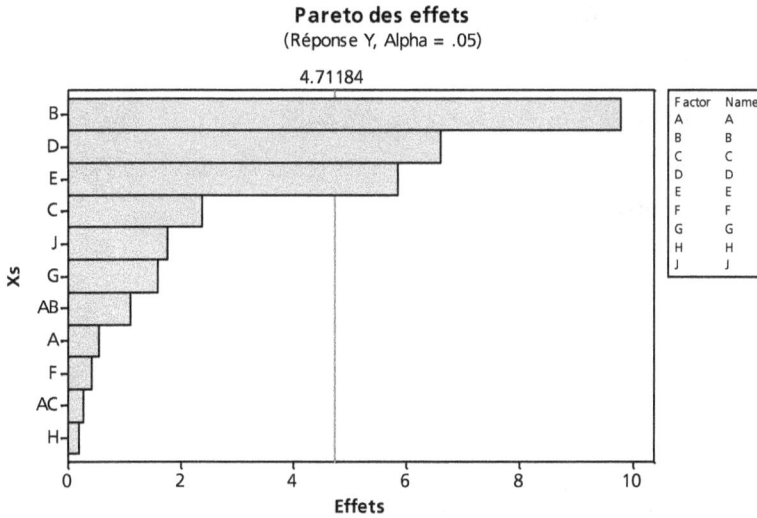

Figure 2.19. Pareto des principales causes

5.4.3. Revue R2 – Analyser

La revue R2 est conduite par le *Champion* lorsque l'on considère avoir réalisé l'ensemble des actions de l'étape « Analyser ». La revue doit valider le fait que les actions suivantes ont été réalisées.

Analyse des Y

- Analyse en statistique descriptive des *Y* (histogramme, capabilité, cartes de contrôle, normalité...).
- Des variations observées (temporelles, entre lots, entre machines...) sur le (les) *Y* ont-elles été mises en évidence ?

Analyse des X

- Analyse en statistique descriptive des *X*.
- Des variations observées (temporelles, entre lots, entre machines...) sur les *X* ont-elles été mises en évidence ?

Analyse des symptômes

- Les causes les plus vraisemblables (d'après un jugement technique et l'expérience du groupe) ont été identifiées ; une analyse est réalisée pour valider ces symptômes.

- Un tableau « Validation des causes les plus probables » synthétise les actions et les résultats.

Trouver la fonction de transfert entre les Y et les X

- On a mis en évidence graphiquement les relations entre les *Y* et les *X* (boîte à moustache, multivari, graphe des effets...).
- On a apporté la preuve statistique des relations entre les *X* et les *Y*.
- On a hiérarchisé l'influence des différents *X*.
- Une explication rationnelle pour les effets observés a été fournie par les experts.

Réactualiser les gains et les coûts du projet

5.5. Étape 4 – « Innover/Améliorer »

5.5.1. But de l'étape

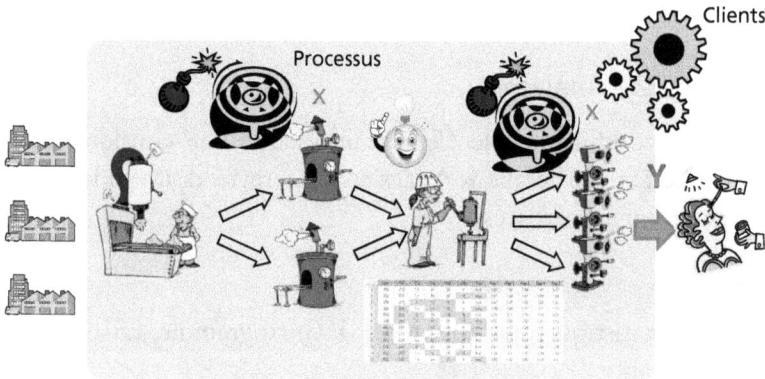

Figure 2.20. Étape « Innover/Améliorer »

Après avoir déterminé les sources potentielles de la dispersion lors de l'étape d'analyse, il s'agit maintenant d'améliorer le processus afin de le centrer sur la cible et de diminuer sa variabilité. C'est l'objectif de cette étape.

Cette étape peut se dissocier en quatre phases :

- une phase de créativité dans laquelle le groupe de travail doit imaginer les solutions que l'on peut apporter pour atteindre l'objectif ;
- une phase d'expérimentation pour ajuster les paramètres du processus ;
- une phase d'analyse des risques ;
- une phase de planification des changements.

5.5.2.   La conduite de l'étape

Synthèse des connaissances acquises

L'étape « Innover/Améliorer » doit commencer par une synthèse des connaissances acquises au cours des étapes précédentes. De nombreuses analyses ont été conduites afin de réduire le nombre de X potentiels. Il est indispensable de rappeler au groupe de travail les principales conclusions auxquelles on est arrivé après ces analyses, les certitudes que l'on a et les interrogations qui persistent.

Générer des solutions

Si, dans les étapes précédentes, on s'est interdit de modifier la configuration du processus pour ne pas perturber la saisie des données, il faut ici, au contraire, imaginer quelles peuvent être les modifications que l'on peut apporter au processus pour atteindre l'objectif fixé en début de projet.

Les modifications peuvent être des modifications technologiques importantes, mais aussi des modifications sur le niveau des X pour ajuster la valeur de Y sur la cible souhaitée et diminuer sa dispersion.

Les outils utilisés dans cette phase seront :

- le déballage d'idées pour développer la créativité du groupe et générer un maximum de solutions potentielles ;
- les outils de classification permettant de choisir parmi les différentes solutions proposées les plus prometteuses qui seront testées.

Cette phase de génération de solution est suivie d'une étape très importante : la phase expérimentale.

Valider les solutions par une démarche expérimentale

L'expérimentation est indispensable pour deux choses :

- trouver la meilleure configuration des facteurs ;
- prouver statistiquement l'amélioration apportée.

En effet, à l'issue de l'étape « Analyser », on a identifié les facteurs X responsables de la variabilité de Y. Cependant il reste à trouver la meilleure configuration de chacun de ces X, sachant qu'il est possible que des interactions entre l'ensemble de ces X existent.

L'outil privilégié à cette étape reste les plans d'expériences parfaitement adaptés pour étudier un nombre restreint de paramètres sélectionnés (moins de 10). Ils permettent, avec un nombre d'expériences restreint, de déterminer avec un minimum d'ambiguïté l'influence de chacun des X ainsi que les éventuelles interactions entre eux. À la fin de cette étape, on doit avoir trouvé une configuration du processus de production qui permet d'atteindre le niveau de qualité Six Sigma.

Analyser les risques

Chaque fois que l'on modifie quelque chose sur un processus, il faut se poser la question suivante : quels sont les risques que cette modification fait peser sur mon client ? Aussi, avant de valider définitivement le plan de mise en œuvre de la solution, on doit réaliser une étude de risque au moyen de l'AMDEC (Analyse des Modes de Défaillance, de leurs Effets et de leur Criticité).

Planifier la mise en œuvre de la solution

Une fois la solution retenue, on doit en planifier la mise en œuvre. Cette planification doit prendre en compte l'identification des différents acteurs de ce changement qui dépasse souvent le cadre du groupe de travail Six Sigma. On doit considérer également les différentes tâches à réaliser et leurs liaisons afin de pouvoir réaliser un Gantt.

Lors de chaque étape, on doit identifier un responsable, une production, un délai et un coût (Figure 2.21).

N°	Étape	Responsable	Production	Délai	Coût
1	Achat régulateur	PTO	Nouveau régulateur sur machine	S39	6 500 €
2	Modification processus	PTO	Documents de poste à jour	S44	
3	Formation du service	HRE	Personnel formé	S45	2 000 €
4	…	…	…	…	…

Figure 2.21. Liste des tâches

5.5.3.   Revue R3 – Innover/Améliorer

La revue R3 est conduite par le *Champion* lorsque l'on considère avoir réalisé l'ensemble des actions de l'étape « Innover/Améliorer ». La revue doit valider le fait que les actions suivantes ont été réalisées.

Imaginer plusieurs solutions

- On a listé plusieurs solutions possibles.
- Chacune des solutions a été évaluée sur ses possibilités de succès.
- Une analyse sommaire de risque a été faite pour chacune des solutions.

Validation de la (des) solution(s) retenue(s)

- Des essais sur un pilote ont démontré la validité de la solution.
- On a prouvé l'amélioration entre la situation de départ et la situation actuelle.
- La solution retenue a fait l'objet d'une analyse de risque détaillée.

Préparation du déploiement

- Le plan de déploiement est réalisé.
- Les acteurs sont identifiés.
- Le plan de déploiement est validé par les parties prenantes impactées.
- Les gains potentiels ont été mis à jour.

5.6. Étape 5 – « Contrôler »

5.6.1. But de l'étape

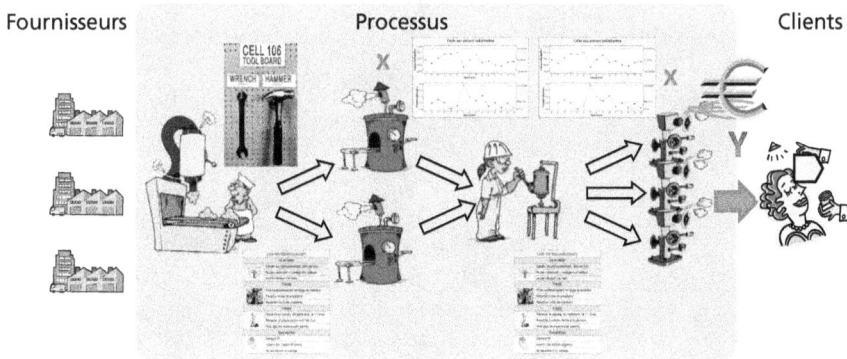

Figure 2.22. Étape « Contrôler »

Le processus ayant été amélioré lors de l'étape 4, il faut désormais tout mettre en œuvre pour garantir que ces améliorations seront maintenues et que le processus ne se dégradera pas. Le but de cette étape est donc d'établir la structure permettant de mettre « sous contrôle le processus ». Les outils de base de cette étape seront la documentation du poste de travail et les cartes de contrôle.

5.6.2.   La conduite de l'étape

À ce stade de l'étude, les quelques *X* responsables de la grande partie de la variabilité sur *Y* sont identifiés. Nous devons tout mettre en œuvre pour contrôler ces *X* afin de garantir la satisfaction du client.

Déterminer les tolérances pour les X critiques

Les étapes précédentes ont permis de faire la liaison entre la caractéristique critique pour le client *Y* et les caractéristiques *X*. La première phase de l'étape « Contrôler » consistera à valider les tolérances que l'on utilise sur les caractéristiques *X* afin de garantir *Y*.

En premier lieu, on doit identifier la cible sur *X* qui permettra d'atteindre la cible sur *Y*. Il y a, en général, plusieurs solutions et il faut choisir celle qui donnera le plus de liberté possible pour les tolérances sur *X*.

Prenons l'exemple de la représentation 3D (Figure 2.23) donnant l'influence de deux paramètres *A* et *B* sur une réponse *Y* dont la valeur cible est *50*. Sur les lignes de niveau, on constate qu'il existe de nombreuses configurations permettant d'obtenir cette valeur *50*. Cependant, en se plaçant dans la zone à tolérance élargie, la surface de réponse montre un plateau qu'il faut exploiter. Dans cette zone, la réponse *Y* sera très peu sensible aux variations de paramètres *A* et *B*.

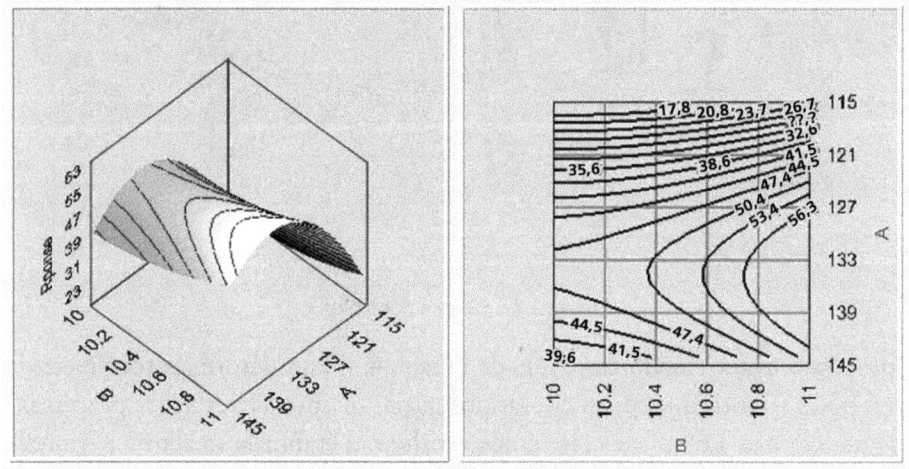

Figure 2.23. Détermination de tolérances élargies

Après avoir déterminé la cible, on doit valider les limites de spécifications. Sur le graphique suivant (Figure 2.24) On donne un exemple du travail que devra réaliser le *Black Belt* dans cette phase. La tolérance souhaitée sur Y est l'intervalle $[4 - 6]$ et on a montré une corrélation entre la caractéristique X et Y. Graphiquement (mais on apprendra également à le faire par calcul), on peut facilement déterminer les limites sur X qui permettent de « garantir » le respect des spécifications sur Y.

Le cas présenté est relativement simple, une seule caractéristique est corrélée avec Y. Cette phase devra prendre en compte les cas plus complexes où Y dépend de plusieurs caractéristiques X.

Une autre fonction de cette phase est d'assurer la robustesse des spécifications par rapport aux bruits. Rappelons qu'on appelle « bruit » toutes les caractéristiques qui varient indépendamment de la volonté de l'entreprise. Il peut y avoir des bruits sur le processus de production (vibrations, variation de température...) ou sur le produit (conditions d'utilisation, température...).

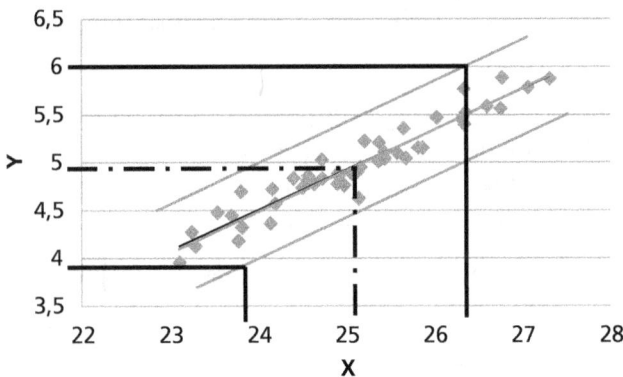

Figure 2.24. Tolérance sur *X versus* tolérance sur *Y*

Pour valider la robustesse, on étudiera à partir des données récoltées dans les étapes précédentes l'influence des X sur la dispersion de Y afin de choisir la configuration qui minimise cette dispersion.

Mettre les X critiques sous contrôle

Après avoir validé les cibles et les tolérances sur les X critiques, il faut mettre en œuvre toutes les actions pour garantir le respect de la cible. En effet, au-delà du respect de la tolérance, Six Sigma demande de respecter le centrage des caractéristiques sur la cible.

Coût de la non-qualité

Perte = $k(y - cible)^2$

Médiocre

Médiocre

Limite

Limite

Bon

Bon

Idéal

Y

Spécification
mini

Cible

Spécification
mini

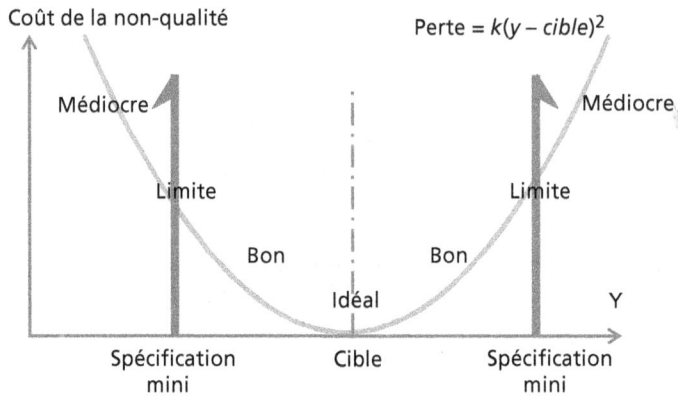

Figure 2.25. Fonction perte de Taguchi

Si l'on examine la perte financière générée par un écart sur X par rapport à la cible, on peut démontrer qu'elle augmente proportionnellement avec le carré de cet écart de façon continue (fonction perte de Taguchi). Il est donc important de produire le plus de produits possible sur la cible et pas forcément simplement à l'intérieur des tolérances.

À cet effet, on doit formaliser les règles de pilotage et d'intervention sur le processus en documentant le poste de travail, mais aussi en adoptant des méthodes et habitudes de travail qui facilitent le respect de la cible. Cette phase est à coupler avec différentes actions d'amélioration des performances industrielles telles que :

• le 5S qui vise à maintenir un environnement sain et propice à la performance ;

• le TPM *(Total Productive Maintenance)* qui vise à donner aux collaborateurs les plus proches des moyens de production la possibilité de maintenir ceux-ci dans les meilleures conditions de fonctionnement ;

• l'autocontrôle qui vise à réaliser les contrôles et vérifications là ou sont produites les caractéristiques.

Enfin, il faut donner les moyens aux opérateurs de détecter au plus tôt les décentrages par rapport à la cible en utilisant les cartes de contrôle (Figure 2.26).

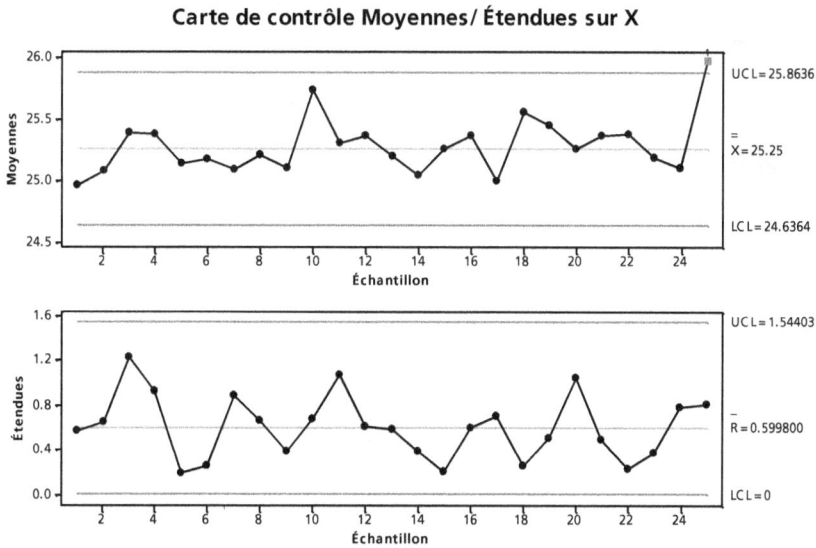

Figure 2.26. Carte de contrôle Moyennes/Étendues

Exemple

Dans cet exemple on a calculé les limites naturelles du processus sur la moyenne [24,64 25,86]. Tant que la moyenne des échantillons prélevés reste dans ces limites, on ne peut pas conclure à un décentrage, aucune intervention n'est utile. Lorsqu'un point sort des limites (comme c'est le cas pour le 25e échantillon), il y a une forte probabilité que le processus soit décentré, il faut une intervention. Toutes les caractéristiques critiques susceptibles de dériver en position ou en dispersion devront faire l'objet d'un tel suivi.

Éliminer les causes d'erreur

Mise en place de Poka Yoke

La meilleure façon de garantir que le processus reste sous contrôle consiste à introduire des points « zéro défaut » garantissant la qualité des produits. Plutôt que de chercher à éliminer le défaut par un contrôle, il faut rechercher un dispositif qui évite de produire le défaut. C'est le but des points « zéro défaut » appelés également « Poka Yoke ». Il existe plusieurs types de points « zéro défaut » que l'on peut classer en quatre grandes catégories (Figure 2.27).

Type	Fonction	Exemple
Par contact	Détecter les défauts de formes et de dimensions en utilisant le contact entre les éléments.	Présence d'un détrompeur qui garantit que l'on a posé la bonne pièce dans la bonne position. Forme de la prise de connexion d'une souris d'ordinateur.
Valeur constante 253	Compter ou détecter une valeur préalablement fixée.	Détection automatique du niveau de remplissage d'une cartouche d'encre, redondante avec une pompe doseuse.
Contrôle de mouvement	Détecter si toutes les étapes du procédé ont été effectuées.	Une caméra vérifie si les pièces ont toutes été déposées. Un automatisme n'autorise la réalisation d'une opération que si l'opération précédente a été réalisée.
Alerte sensorielle	Utiliser les sens de l'opérateur pour rendre presque impossible l'apparition d'erreurs (code de couleurs, forme particulière, symbole…).	Un signal sonore est émis si l'opérateur exerce une pression trop forte au montage. Un signal sonore est émis si le conducteur oublie ses phares.

Figure 2.27. Les Poka Yoke

La standardisation aide aussi à la réduction du nombre d'erreurs. Par exemple l'utilisation systématique du rouge pour les rebuts, l'utilisation des points jaunes pour les points qui méritent une maintenance préventive…

Documentation du poste de travail

Un autre point important dans l'élimination des causes d'erreur est la documentation du poste de travail. Chaque amélioration apportée doit être formalisée dans une documentation qui peut prendre la forme :

- d'une instruction de travail ;
- d'une instruction de contrôle ;
- d'une procédure ;
- …

Il ne s'agit pas de faire un document exhaustif. Cependant, il faut qu'il soit suffisamment explicite pour les trois cas d'utilisation :

- présence d'un nouveau collaborateur au poste ;
- reprise de l'opération après un temps d'inexploitation ;
- audit du poste.

5.6.3. Revue R4 – Contrôler

La revue R4 vient conclure cette étape « Contrôler » en validant que les différentes actions suivantes ont bien été réalisées.

Déterminer les tolérances pour les X critiques
- Valider la cohérence avec les tolérances sur Y.
- S'assurer que la solution mise en place est robuste par rapport au bruit.

Établir un plan de surveillance sur les paramètres produits et processus
- Réaliser la cartographie des actions de maîtrise.
- Valider un plan de surveillance réaliste.

Formaliser les nouveaux standards
- Documenter le nouveau processus.
- Vérifier l'application effective sur le terrain.
- Mettre en place les actions de pilotage qui garantissent la pérennité de la solution.

Éliminer les causes d'erreur
- Mettre en place des systèmes « zéro défaut » là où c'est possible.
- Documenter le poste de travail.

5.7. Étape 6 – « Standardiser/Pérenniser »

5.7.1. But de l'étape

Le but de cette sixième et dernière étape est de mettre en place l'ensemble des procédures pour que la solution choisie devienne pérenne dans le temps. Cette étape permettra également de faire le bilan du projet, de diffuser dans l'entreprise les résultats et de diffuser les bonnes pratiques sur d'autres postes là où c'est possible. Enfin, cette étape est le moment de la reconnaissance envers les membres du groupe afin qu'ils aient un juste retour des efforts accomplis.

Cette étape est parfois confondue avec l'étape « Contrôler ». Cependant, de plus en plus d'entreprises séparent en deux cette phase finale d'un projet Six Sigma pour mieux faire ressortir la notion de standardisation et de pérennisation qui ne peuvent intervenir qu'après la mise sous contrôle du processus. De même, la conclusion et le bilan du projet sont des phases importantes qui ne sont pas du domaine de la mise sous contrôle du processus.

5.7.2.   La conduite De l'étape

Après l'étape « Contrôler », les caractéristiques essentielles sont sous contrôle ; nous devons désormais tout faire pour pérenniser la solution.

Simplifier là où c'est possible la solution adoptée

L'expérience montre qu'il est parfois plus facile de faire des progrès sur un sujet que de conserver le bénéfice des progrès dans le temps. C'est notamment le cas lorsque l'application d'une solution demande un effort particulier. S'il est possible de faire ces efforts pendant un certain temps, il y a fort à parier qu'avec le temps la discipline se relâchera ; on fera de moins en moins d'efforts, et les bénéfices de l'action s'estomperont.

Le maintien de la solution dans le temps demande de la simplicité dans l'application des procédures. Avec le recul de l'application, on doit se poser la question : « Est-il utile, possible, de simplifier l'application de la solution adoptée ? »

Exemple

Par exemple, pour mettre sous contrôle la solution, on réalise un réglage délicat sur une machine. Cette solution donne satisfaction, mais demande un effort important au collaborateur. Si on maintient cette solution, avec le temps, les réglages seront réalisés de façon moins fine, voire plus du tout ! Le but de cette phase sera de procéder aux modifications nécessaires sur la machine pour faciliter ce réglage.

Finaliser l'ensemble des procédures d'automaîtrise

Dans la phase « Contrôler », on a déjà documenté le processus et les procédures de pilotage. Pour garantir cette pérennité, il faut s'assurer que les procédures et instructions sont bien comprises et appliquées. Dans le cas contraire, il faudra reprendre ces documents et revoir les méthodes de travail.

Cette phase est initiée par un audit qui doit valider le fait que l'ensemble des décisions prises lors du projet Six Sigma sont bien consignées dans la documentation du processus, et appliquées.

Tous les écarts doivent être analysés et les actions doivent être prises afin de garantir la pérennité des progrès :

- simplification de la solution ;
- modification de la documentation ;
- formation des collaborateurs ;
- ...

Identifier les « bonnes pratiques » et dupliquer

Lorsqu'une bonne pratique est identifiée dans le cadre d'un projet Six Sigma, on doit la formaliser et la déployer dans les autres secteurs de l'entreprise.

Faire le bilan du projet, comparer

Le bilan du projet doit porter tout à la fois sur le plan financier, technique, humain et méthodologique.

Bilan financier

Arrivé à la fin du projet, on doit faire le bilan final des gains et des coûts du projet, et comparer ce bilan avec les prévisions qui avaient été faites dans l'étape « Définir ».

Bilan technique

Un certain nombre d'apports techniques, de nouvelles connaissances ont été apportés lors de ce projet. On doit en faire la synthèse et rechercher si les solutions apportées ne peuvent pas faire l'objet de nouvelles « bonnes pratiques » de l'entreprise qui méritent d'être formalisées et dupliquées.

Bilan humain

Au cours de ce projet, des personnes se sont investies ; on doit donc faire le bilan des apports de chacun au projet mais aussi des enrichissements que chacun en a retirés.

Bilan méthodologique

Six Sigma n'est pas une approche figée. Derrière une trame méthodologique bien rodée, chaque entreprise doit trouver sa voie dans Six Sigma. Aussi, chaque nouveau projet doit enrichir l'approche de Six Sigma. Les points forts du projet doivent devenir des exemples qui seront utilisés dans les formations des futurs *Black Belts* et *Green Belts* de l'entreprise.

Clore le projet et fêter ses résultats

On peut clore le projet en remplissant la fiche de clôture du projet et en documentant tous les éléments de suivi des projets Six Sigma. Il faut alors communiquer sur la conduite du projet.

Chaque projet est une expérience, et on est en droit d'attendre de son partage :
- une réflexion *a posteriori* toujours intéressante pour celui qui expose le projet ;
- une expérience supplémentaire pour ceux qui suivent l'exposé ;
- des idées sur d'autres projets qui pourraient être lancés ;
- des idées sur des démultiplications possibles ;
- …

Pour terminer, la convivialité étant source de créativité dans les groupes, il ne faut pas hésiter à fêter les résultats pour en stimuler de nouveaux.

5.7.3.   Revue R5 – Standardiser

La revue R5 vient conclure cette sixième étape, et marque la fin du projet.

Garantir la pérennité
- Rechercher ce qui demande un effort et risque de compromettre la pérennité.
- Simplifier la solution.
- Réaliser un audit du processus.
- Mesurer les écarts par rapport à la documentation.
- Mettre à jour la documentation et mettre en conformité les faits.

Identifier les « bonnes pratiques » et dupliquer
- Faire le bilan efficacité/efficience.
- Identifier les déploiements possibles.
- Formaliser la bonne pratique.
- Déployer.

Faire le bilan du projet, comparer

- Tirer les leçons de l'ensemble du projet.
- Sélectionner les bonnes idées à partager et étendre la solution sur d'autres processus si c'est possible.

Clôturer le projet et fêter ses résultats

- Documenter l'ensemble du projet.
- Communiquer sur la réussite de l'action.

6. Six Sigma : une organisation des compétences

Nous avons développé les différents objectifs de Six Sigma (philosophie de la qualité tournée vers la satisfaction totale du client et réduction de la variabilité) ainsi que les méthodes proposées pour atteindre ces objectifs (z, un indicateur du niveau de qualité et DMAICS, une démarche de résolution de problèmes). Pour mettre en œuvre une telle approche, il faut des hommes ayant des compétences et des responsabilités bien définies. Mettre en œuvre Six Sigma, c'est aussi former son personnel et attribuer des rôles particuliers aux individus qui vont conduire le changement.

Dans la définition des rôles de chacun, l'entreprise General Electric a proposé de donner les noms de *White Belt*, *Green Belt*, *Black Belt*, *Master Black Belt*, et *Champion*. Dans d'autres entreprises, on parle d'« équipier », de « pilote », de « coach »…

Quelles que soient les dénominations choisies, les fonctions doivent être remplies pour garantir le succès du déploiement de Six Sigma dans l'entreprise.

6.1. Les différents niveaux de pilotage

Comme pour toutes les autres activités, le pilotage d'une démarche Six Sigma doit reposer sur les quatre couches : stratégique, tactique, opérationnelle, conduite et suivi.

Stratégique

La mise en place de Six Sigma doit partir d'objectifs en termes de coûts, de performances internes, de satisfaction clients et de perception externe, et enfin de parts de marché et de positionnement vis-à-vis de la concurrence. Pour atteindre ces objectifs, il faut alimenter les moteurs du progrès en donnant une vision claire sur la

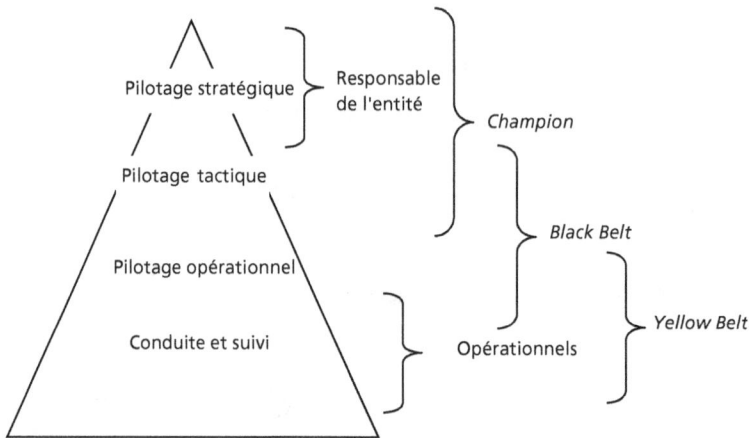

Figure 2.28. Les différents niveaux de pilotage

façon dont on veut que les choses avancent. Ces engagements sont forcément pris au niveau le plus haut de l'entreprise en impliquant fortement les *Champions*.

Tactique

Le pilotage tactique n'est autre que la traduction des décisions stratégiques au niveau des services opérationnels. Il va consister à faire les choix des chantiers Six Sigma qui méritent d'être développés et à donner les moyens aux équipes de conduire ces projets. Le *Champion* est fortement impliqué dans cette phase, assisté du *Black Belt* pour le choix des chantiers.

Opérationnel

Le pilotage opérationnel va principalement résider à conduire les chantiers Six Sigma, notamment par l'utilisation de la démarche DMAICS que nous avons décrite. Le *Black Belt* est donc leader dans cette couche de pilotage, assisté par les membres de son équipe, les *Yellow Belts*.

Conduite et suivi

Cette couche, très applicative, va consister à appliquer les décisions qui sortent de la démarche DMAICS. Elle va impliquer tous les opérationnels du processus concerné, dont les *Yellow Belts* qui sont choisis notamment pour être des opérationnels.

© Groupe Eyrolles

6.2. Les différents rôles

Champion

Groupe projet
dirigé par un
Black Belt

Master Black Belt

Figure 2.29. Les rôles dans une organisation Six Sigma

Pour être efficace, Six Sigma s'organise autour de plusieurs personnages clés qui ont chacun une compétence particulière et un rôle particulier. Les deux les plus importants sont le *Black Belt* (ceinture noire) et le *Champion*.

Le Champion

Un *Champion* est choisi par le patron de l'entreprise. Il a la responsabilité du déploiement de Six Sigma dans un secteur de l'entreprise. Typiquement, un *Champion* est un responsable exécutif avec un haut niveau de responsabilité ; il peut être le responsable d'un site ou le responsable d'une fonction importante de l'entreprise. Il doit faire partie du comité de direction.

Il peut y avoir deux types de *Champion* : les *Champions* « déploiement » et les *Champions* « projet ».

Les Champions « déploiement »

Les *Champions* « déploiement » ont en charge le succès du déploiement de Six Sigma dans un secteur de l'entreprise. Ils doivent avoir une solide expérience de management au niveau stratégique et tactique, ainsi que dans la conduite de changements majeurs.

Les Champions « projet »

Les *Champions* « projet » se focalisent sur les projets et supervisent les *Black Belts* d'une unité de l'entreprise.

- Ils s'investissent dans le choix des projets à réaliser et fournissent un support en faisant disparaître, en cas de besoin, les barrières culturelles. Ils doivent s'assurer que les ressources sont disponibles, tant en hommes qu'en matériels.

• Ils réalisent les évaluations de performance avec, comme référence, les meilleurs systèmes. Ils créent une vision opérationnelle et développent un plan de déploiement de Six Sigma ; ils connaissent parfaitement la philosophie de Six Sigma ainsi que les principes et théories sous-jacentes.

• Ils suivent activement l'évolution des projets, notamment avec une responsabilité dans l'organisation des revues de projets qui ponctuent chaque fin d'étape. Ces revues sont l'occasion, pour eux, de vérifier que les objectifs fixés sont toujours en ligne de mire et de se mettre au courant des éventuels obstacles qu'il leur faudra faire disparaître.

• Ils n'ont pas à avoir le niveau de connaissance opérationnelle (notamment statistique) des *Black Belts*, mais doivent quand même disposer des bases leur permettant de saisir l'objectif et d'interpréter les résultats des principaux outils utilisés dans une démarche Six Sigma.

Les *Champions* sont très importants ; ils donnent la cohésion à la démarche Six Sigma en reliant chaque projet aux objectifs stratégiques de l'entreprise et en évitant la variabilité… dans la méthode.

Le **Black Belt** *(ceinture noire) ou pilote Six Sigma*

Le *Black Belt* a pour rôle de piloter le groupe de travail. À cet effet, après l'avoir formé, il anime le projet en utilisant les outils et la méthode Six Sigma. Il est affecté à 100 % sur l'avancement des projets Six Sigma.

Pour pouvoir être *Black Belt*, il faut cumuler deux compétences : une compétence dans les méthodes et outils de la qualité, plus particulièrement dans les outils statistiques, ainsi qu'une compétence dans le management d'une équipe.

• La compétence dans les méthodes et outils de la qualité nécessaires pour une démarche Six Sigma est relativement rare dans les entreprises. Former un *Black Belt* demande en général que l'on mette en place une solide formation en statistique et en méthode de résolution de problèmes.

• Le *Black Belt* ne dispose pas de pouvoir hiérarchique sur l'équipe Six Sigma. Il doit cependant pouvoir être perçu comme un leader. Pour cela, il doit être capable de transmettre l'enthousiasme et de susciter l'implication de tous les membres du groupe.

Le *Black Belt* a une responsabilité importante dans la conduite du projet Six Sigma, notamment dans le choix des outils à utiliser, le management des risques liés au projet et les résultats obtenus.

Le nombre de *Black Belt*s nécessaires à la conduite du changement dans une entreprise est d'environ un pour 100 employés.

Le Green Belt *(ceinture verte)*

Les *Green Belts* sont des employés affectés sur un projet Six Sigma pour une partie de leur temps. La formation reçue est plus légère que celle des *Black Belts*, mais cependant suffisante pour mener à bien en autonomie de petits projets dans le cadre de leur travail, et participer efficacement à des projets plus ambitieux menés par des *Black Belts*. Ce sont souvent les *Green Belts* qui réalisent les expérimentations nécessaires, organisent les saisies de données requises, conduisent la mise en place de carte de contrôle…

En participant activement aux projets Six Sigma conduits par des *Black Belts*, le *Green Belt* se forge une expérience sur les concepts et la philosophie de Six Sigma qui lui permettra d'évoluer vers la formation de *Black Belt*.

Le Yellow Belt *(ceinture jaune)*

Un *Yellow Belt* est un employé qui a reçu une formation élémentaire de quelques heures sur les fondamentaux de Six Sigma et sur les outils de base de la conduite des étapes « Mesurer », « Analyser », « Innover », « Contrôler ». C'est un socle minimal de connaissances pour pouvoir participer à une équipe Six Sigma.

Le Master Black Belt

Le *Master Black Belt* est l'expert à la fois dans l'utilisation des outils et de la méthode, et dans la connaissance des fondamentaux de Six Sigma. Il fait partie de l'entreprise dans le cas de grandes sociétés, ou bien il est consultant dans le cas d'une entreprise de taille plus modeste.

Il assiste le *Champion* dans la sélection des projets et les *Black Belts* dans la conduite de leur projet. Il est formateur aussi bien des futurs *Champions* que des futurs *Black Belts*.

Il a une responsabilité importante dans le déploiement de la méthode dans l'entreprise. Il joue un rôle important de veille technologique pour améliorer la méthode.

Pour cela, il doit créer une dynamique Six Sigma en organisant des conférences, des échanges d'expériences, des formations complémentaires. Six Sigma n'est pas une méthode fermée, au contraire, elle est en perpétuelle mutation pour s'adapter aux évolutions de l'entreprise. Le *Master Black Belt* doit favoriser cette évolution en incitant les *Black Belts* à investir de nouveaux horizons au travers de congrès scientifiques, de réunions de professionnels sur les sujets proches de Six Sigma, de visites d'entreprises.

Pour devenir *Master Black Belt* il faut un niveau de formation très élevé, mais la partie la plus importante en est l'expérience dans la conduite de projets Six Sigma. On devient *Master Black Belt* lorsque l'on a conduit plusieurs dizaines de projets avec succès.

6.3.   La formation des intervenants

La mise en œuvre de Six Sigma requiert un important niveau de formation. Mais cela ne suffit pas, il faut que cette formation soit couplée avec une expérience de mise en œuvre de la démarche. Voilà pourquoi la formation des *Black Belts* est une formation qui alterne des temps de formation théorique et des temps de pratique en entreprise. Typiquement, la formation d'un *Black Belt* suit la logique du schéma (Figure 2.30).

Pour chaque étape, le *Black Belt* passe une semaine en formation et trois semaines en entreprise pour développer son projet. Le temps en entreprise peut néanmoins être considéré comme un temps de formation, car le premier projet est étroitement suivi par un *Master Black Belt* qui va épauler le *Black Belt* en formation.

La formation peut être succinctement décrite comme deux semaines dédiées à la méthodologie et quatre semaines consacrées à la maîtrise d'outils statistiques :

- une semaine de statistique de base associée aux sept outils de la qualité ;
- une semaine d'analyse de données ;
- une semaine de conception d'expériences ;
- une semaine de maîtrise statistique des procédés.

La première et la dernière session de formation sont plus conceptuelles :

- la première est orientée vers la philosophie et les fondamentaux de Six Sigma ;
- la dernière est orientée vers le maintien des résultats obtenus et le déploiement des « bonnes pratiques ».

Définir	4 jours de formation : • tour d'horizon de la méthode et définitions de Six Sigma ; • identification de CTQ ; • charte du projet ; • 3 semaines d'application.
Mesurer	5 jours de formation : • bases statistiques ; • mesure et observation des processus ; • études de capabilité ; • 3 semaines d'application.
Analyser	5 jours de formation : • analyse descriptive des données ; • identification des sources de variation ; • 3 semaines d'application.
Améliorer	5 jours de formation : • plans d'expériences ; • optimisation des procédés ; • 3 semaines d'application.
Contrôler	5 jours de formation : • validation des tolérances ; • mise sous contrôle d'un procédé ; • 3 semaines d'application.
Standardiser	4 jours de formation : • automaîtrise d'un procédé ; • déploiement des « bonnes pratiques » ; • 3 semaines d'application.

Figure 2.30. Exemple de formation d'un *Black Belt*

Ainsi, pour chaque acteur de Six Sigma, existe une formation spécifique. La formation des *Champions* est un peu plus réduite que celle des *Black Belts* sur les méthodes et outils mais couvre néanmoins tous les aspects de l'approche. Tout comme la formation des *Green Belts* qui reprend également tous les aspects de la démarche, mais en étant restreinte aux outils de base.

7. Six Sigma : un management par projet

7.1. Le management par projet

Pour gérer le déploiement de Six Sigma dans une entreprise, il faut être capable de gérer en parallèle de nombreux projets. Si cette gestion n'est pas formalisée, il y a fort à parier que la plupart des projets qui seront lancés seront voués à l'échec, ou à un dépassement de délai ou de budget.

Les méthodes de management par projets apportent une démarche pragmatique et transverse pour assurer la maîtrise des projets à l'échelle de l'entreprise. Dans une structure traditionnelle, lorsqu'on fait le point sur l'ensemble des « projets » en cours, on en chiffre vite un nombre impressionnant : ce nombre rapporté au nombre de collaborateurs et de ressources disponibles, il n'est alors pas étonnant de constater que tous ces projets sont « en cours » depuis longtemps, sans aboutir.

Pour que les projets aboutissent, il faut qu'ils soient gérés au plus haut niveau de l'entreprise et leur allouer des ressources. Ce travail est attribué au **comité de pilotage** qui regroupe le responsable de l'entreprise et ses principaux collaborateurs. En effet, l'organisation par projet requiert que l'on s'appuie sur une structure de fonctionnement matricielle, en rupture avec les organisations traditionnelles hiérarchiques. Sans détruire la notion indispensable de hiérarchie dans l'entreprise, cette structure matricielle demande une organisation dynamique d'équipes renouvelées à chaque projet et regroupées autour du chef de projet (le *Black Belt*). La gestion de projets dote ces équipes d'objectifs clairs, de délais établis, de budgets cohérents et de priorités précises.

Les points essentiels d'un management par projet

- Initiation et écriture du projet par le chef d'entreprise et/ou un cadre afin qu'il soit en accord avec la stratégie de l'entreprise.
- Choix du chef de projet (*Black Belt*) en fonction de ses capacités à mener le projet à bien.
- Choix des compétences (internes ou externes à l'entreprise) qui vont être nécessaires et suffisantes au projet.
- Choix d'un référent du projet (*Champion*) qui va suivre l'avancement, les difficultés du projet et lui allouer les ressources nécessaires.
- Définition des objectifs et des limites du projet.
- Détermination d'un budget et suivi du budget au travers d'un tableau de bord financier.
- Définition des modes de validation de l'avancement du projet.
- Définition des modes de communication (rapports d'étapes, réunions…).

7.2. L'organisation en gestion de projets de Six Sigma

L'organisation que nous avons décrite de Six Sigma est intrinsèquement une organisation en gestion de projets. Le **comité de pilotage** est naturellement composé du responsable exécutif et des *Champions* de l'entreprise. L'implication de ce comité de pilotage est étroitement liée aux différentes tâches des *Champions*.

Le *Champion* joue un rôle prépondérant dans cette gestion par projets : il choisit les projets sur lesquels travailler ; il vérifie la cohérence avec la stratégie globale de l'entreprise ; il fixe un objectif, un planning des travaux. Après chaque étape il y a une revue de projet. Le *Champion* rencontre le groupe de travail et fait le point sur l'avancement, le respect de la démarche, la réactualisation des objectifs et donne le feu vert pour le passage à l'étape suivante.

L'application de la démarche DMAICS conduite par les *Black Belts* qui travaillent à temps plein sur les projets donne une garantie de succès en termes de résultats, de délais et de coût. Les étapes et les modes de validation de l'avancement sont clairs. La formation et les critères de choix d'un *Black Belt* sont en eux-mêmes une garantie de la compétence du chef de projet. Le partage d'une démarche commune, de valeurs communes crée la motivation nécessaire à la réussite.

Cette forme de management mise en œuvre dans les projets Six Sigma en est un des facteurs de réussite. Cette organisation permet d'impliquer tout le monde dans le processus Six Sigma. C'est une démarche *Top Down* impliquant d'abord la direction générale qui doit fixer les objectifs en termes de rentabilité. Elle implique ensuite les directeurs opérationnels qui joueront le rôle de *Champions*. Enfin, elle implique tous les acteurs et tous les services au travers des projets qui seront réalisés dans tous les secteurs de l'entreprise.

La gestion simultanée de tous les projets, l'implication de tous les acteurs donnent la dimension stratégique à Six Sigma. Plutôt que de se focaliser sur le contrôle des produits, on s'intéressera davantage à la maîtrise des processus et à la maîtrise de la conception. Six Sigma ouvre ainsi des perspectives d'avenir, à long terme, en proposant un changement culturel profond des acteurs de l'entreprise, étayé sur une solide formation.

Chapitre 3

Étape 1 – Définir

Il n'y a pas de vent favorable pour celui qui ne sait pas où il va ! Définir clairement l'objectif du projet, la direction, le périmètre, identifier les besoins clients, les personnes impliquées, tel est l'objectif de la première étape Six Sigma. Plus on fait de projets Six Sigma plus on prend conscience de l'importance de cette première étape. Celle-ci se décompose en deux sous-étapes[1] :

- la validation du projet au regard de la stratégie de l'entreprise ;
- le cadrage du projet lui-même.

La première partie de ce travail va consister à définir les vrais objectifs à atteindre pour garantir la satisfaction des clients. Celle-ci est le résultat du processus qui conduit à la réalisation du produit, et peut se décliner selon les trois critères qualité, délais et coût :

- livrer un produit ou un service sans défaillance ;
- suivant le programme établi ;
- au coût le plus bas possible.

Pour cela nous devons mesurer notre capacité à :

- atteindre ou dépasser les besoins et espérances des clients ;
- être aux coûts de production les plus bas ;
- respecter les planifications ;
- respecter les contraintes d'environnement, de sécurité,
- respecter les valeurs sociales de la société ;
- atteindre un rendement élevé des processus ;
- tolérer des variations normales du processus pendant la production (robustesse).

Parmi les points importants de cette étape, on mentionnera la recherche des CTQ qui représentent les éléments essentiels garantissant la réussite du projet. Il faudra

---

1. Dans certains cas, on dissocie deux étapes différentes : reconnaitre et définir.

ensuite être capable de les hiérarchiser et de fixer pour chaque caractéristique une cible et des spécifications limites.

Un second point concerne la cartographie du processus. Elle permet de mettre « noir sur blanc » les différentes étapes du processus, les entrées, les fournisseurs, les sorties, les clients. Le but de cette cartographie consiste à formaliser les connaissances et les pratiques de l'entreprise.

Dans le chapitre 2 nous avons présenté les grandes actions de cette étape « Définir » ; dans ce chapitre, nous allons décliner les outils le plus souvent utilisés pour mener cette étape à bien.

1. Validation du projet

1.1. Hiérarchiser

Très vite, il faut identifier le potentiel du projet. On ne fait pas un Six Sigma en dix jours, et comme on veut investir du temps on souhaite que l'investissement soit rentable. Six Sigma ne doit pas être la seule approche de progrès dans l'entreprise comme on l'a souligné au chapitre 1. Il faut donc appliquer le principe de proportionnalité. L'enjeu est-il adapté à la force de la démarche ? Cette phase de validation du projet doit aboutir rapidement à un « Go/No Go » sur le projet.

Les questions à se poser, qui sont aussi des facteurs de succès, sont les suivantes :
- le projet est-il en ligne avec les objectifs de l'entreprise ?
- les objectifs du projet sont-ils bien définis et partagés avec les managers ?
- les gains attendus sont-ils substantiels ?
- la méthodologie Six Sigma est-elle adaptée au problème ?

Une hiérarchisation rapide des problèmes consiste à utiliser le petit questionnaire donné en figure 3.1. Très clairement, un projet Six Sigma est particulièrement bien adapté lorsque l'écart constaté entre la situation actuelle et la situation souhaitée (le problème) :
- impacte le client ou l'extérieur de l'entreprise ;
- impacte financièrement de façon importante l'entreprise ;
- impacte plusieurs services dans l'entreprise ;
- est récurrent ;
- et pour lequel on n'a pas de solution que l'on peut valider rapidement.

© Groupe Eyrolles

Ce petit questionnaire permet de positionner le curseur de l'importance du problème.

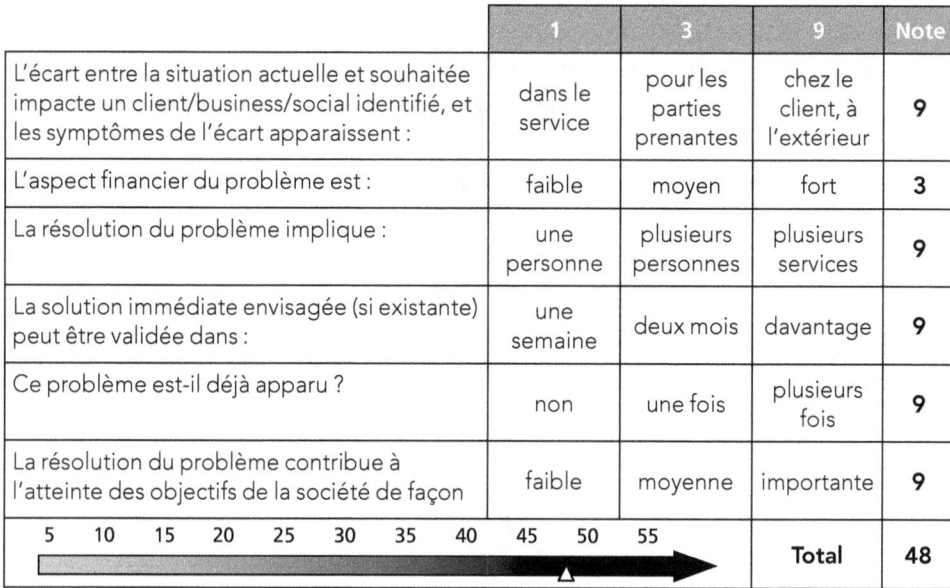

	1	3	9	Note
L'écart entre la situation actuelle et souhaitée impacte un client/business/social identifié, et les symptômes de l'écart apparaissent :	dans le service	pour les parties prenantes	chez le client, à l'extérieur	9
L'aspect financier du problème est :	faible	moyen	fort	3
La résolution du problème implique :	une personne	plusieurs personnes	plusieurs services	9
La solution immédiate envisagée (si existante) peut être validée dans :	une semaine	deux mois	davantage	9
Ce problème est-il déjà apparu ?	non	une fois	plusieurs fois	9
La résolution du problème contribue à l'atteinte des objectifs de la société de façon	faible	moyenne	importante	9
5 10 15 20 25 30 35 40 45 50 55			**Total**	48

Figure 3.1. Hiérarchisation des problèmes

Outre la hiérarchisation du problème, on peut également établir un Pareto des coûts pour l'entreprise démontrant la place du problème à traiter de façon très visuelle. Dans l'exemple de la Figure 3.2, un projet Six Sigma sera davantage utile sur la réduction des retours sous garantie ou les surconsommations que sur les pannes et les retards.

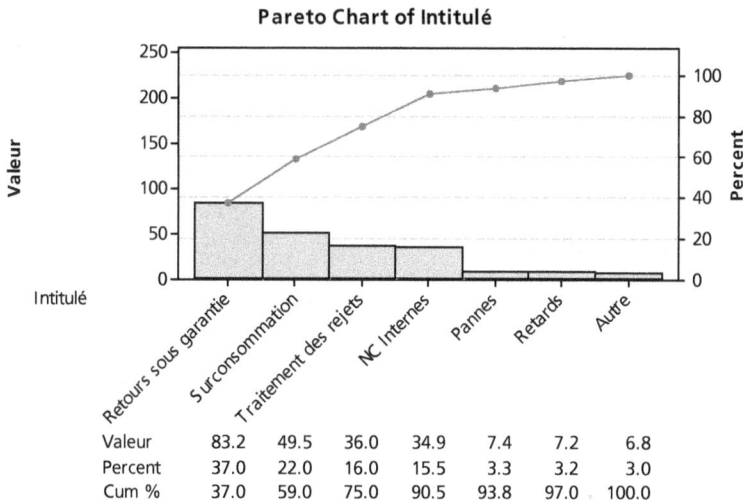

Pareto Chart of Intitulé

	Retours sous garantie	Surconsommation	Traitement des rejets	NC Internes	Pannes	Retards	Autre
Valeur	83.2	49.5	36.0	34.9	7.4	7.2	6.8
Percent	37.0	22.0	16.0	15.5	3.3	3.2	3.0
Cum %	37.0	59.0	75.0	90.5	93.8	97.0	100.0

Figure 3.2. Pareto des coûts

1.2. Identifier les principaux atouts et risques

Très tôt dans le projet, il est nécessaire d'en identifier les principaux risques et faiblesses au regard des forces et opportunités qu'il apporte. Pour cela, on utilise un diagramme SWOT (Figure 3.3) qui permet de réfléchir de façon relativement complète aux avantages et inconvénients d'un projet, en prenant en compte à la fois les événements internes et externes. On note en général pas plus de cinq items par case, et chaque item est classé de façon hiérarchique du plus fort au plus faible. Ce diagramme SWOT doit être actualisé et tenu à jour tout au long du projet.

	Forces - *Strengths*	Faiblesses - *Weaknesses*
Origine interne (organisation)	• Points forts qui aident à avancer. • Éléments qui permettent d'obtenir une bonne performance.	• Obstacles évidents sur le chemin du projet. • Obstacles éventuels qui pourraient empêcher d'avoir une bonne performance.
	Opportunités - *Opportunities*	Risques - *Treats*
Origine externe (environnement)	• « Cerise sur le gâteau. » • Idées ou événements qui pourraient permettre au projet de dépasser les résultats attendus.	• Impacts négatifs possibles pour le client. • Événements possibles en dehors de votre contrôle que vous aurez peut-être à maîtriser.

Figure 3.3. Diagramme SWOT

1.3. Identifier l'équipe de travail

Katzenback[1] donne une définition intéressante de ce que c'est qu'une équipe : « Gens ordinaires, travaillant ensemble pour atteindre des résultats extraordinaires. » La constitution de l'équipe est très importante parce qu'il faut les bonnes personnes dans le groupe de travail, mais aussi parce que l'on ne peut pas mobiliser toutes les forces de l'entreprise.

Nous conseillons donc de créer autour du *Black Belt* une équipe restreinte de trois personnes, par exemple, qui seront systématiquement dans l'équipe de travail, et une équipe étendue qui sera sollicitée en fonction des besoins. Il est également utile d'estimer les charges de travail de chacun.

---

1. J. R. Katzenbach, *Teams at the Top : Unleashing the Potential of Both Teams and Individual Leaders*, Harvard Business Press, 1997.

	Qui	Contribution attendue au projet	Temps de travail	Période
Équipe restreinte	PKI	*Black Belt*	50 %	Mars - Septembre
	FMO	Expertise analyse technique	20 %	Mars - Septembre
	LMO	Expertise analyse technique	20 %	Mars - Septembre
Équipe étendue	VFO	Réalisation expériences	10 %	Juin - Juillet
	LOM	Expertise analyse technique	10 %	Mars - Septembre
	DER	Réalisation expériences	10 %	Juin - Juillet
	PER	Validation comptable	5 %	Mars - Juin - Septembre

Figure 3.4. Équipe de travail

1.4. Rédiger une première version de la charte du projet et valider

Cette première analyse de hiérarchisation du problème doit être formalisée dans une première version de la charte du projet – même incomplète (un exemple de charte est donné en fin de ce chapitre).

L'objectif est de pouvoir décider avec le *Coordinateur*, le *Champion*, le *Process Owner*, le *Black Belt*, et le comité de direction si on valide le projet en répondant aux questions suivantes.

- Le projet est-il en ligne avec les objectifs de l'entreprise ?
- Les gains attendus sont-ils substantiels ?
- Les objectifs du projet sont-ils bien définis et partagés avec les managers ?
- Les ressources sont-elles identifiées et la charge est-elle approuvée par les managers ?
- La méthodologie Six Sigma est-elle adaptée au problème ?
- Le projet fait-il clairement partie des objectifs du *Black Belt* ?

La première partie du travail de l'étape « Définir » permet de donner le feu vert au projet. Dans l'hypothèse où ce feu vert est donné, alors une étude plus poussée doit être conduite afin de bien cadrer le projet. Nous abordons ces points dans la suite de ce chapitre.

2. Identifier les CTQ

2.1. CTC, CTB, CTS

Six Sigma s'intéresse à tous les aspects de la qualité, de la performance industrielle et de l'éthique d'entreprise. Une entreprise ne réussit que :

- si elle répond aux besoins et exigences de ses clients (CTC – *Critical To Customers*) ;
- si elle peut continuer à investir (CTB – *Critical To Business*) ;
- si elle respecte l'environnement et les personnes (CTS – *Critical To Social*).

Les trois éléments (CTC, CTB, CTS) forment les CTQ. Ils sont toujours étroitement liés à un projet Six Sigma sous la forme d'objectifs à atteindre ou de contraintes à respecter. Il est donc très important de les identifier dès le début d'un projet. Les CTQ seront les sorties Y du projet, c'est pourquoi il est nécessaire de faire une analyse suffisamment approfondie pour ne pas se contenter du Y évident, par exemple « diminution d'un taux de rebut », mais d'avoir également les contraintes de coût, de qualité à atteindre, de respect de l'environnement...

Le client achète un produit parce qu'il exprime un besoin. Dès qu'il fait la démarche d'acheter, il manifeste des exigences que l'on doit répertorier. Pour chaque exigence, on doit trouver une caractéristique mesurable qui traduit la satisfaction de cette exigence. Et sur chaque caractéristique, on doit se fixer des spécifications.

Cette logique Besoin/Exigences/Caractéristiques/Spécifications se décline pour les trois voix Client/Business/Social :

	Clients	Business	Social
Besoin	Un facteur exprimé par les clients comme étant important pour leur perception de la qualité.	Un facteur exprimé par les actionnaires comme étant important pour leur perception de l'efficacité.	Un facteur exprimé par la société comme étant important pour sa perception du savoir être.
Exigences	La compréhension de ce que le client, l'actionnaire, la société entend comme Qualité, Efficacité, Savoir être.		
Caractéristiques	CTC	CTB	CTS
	Un état mesurable de l'exigence Client/Business/Social		
Spécifications	Niveaux exigés sur chaque CTC, CTB, CTS		

Figure 3.5. Logique Besoin/Exigences/Caractéristiques/Spécifications

2.2. Écouter la voix du client – Le besoin

On l'a déjà souligné à de nombreuses reprises, le but de Six Sigma est d'atteindre la satisfaction du client. C'est cette satisfaction qui permettra à l'entreprise de vendre plus et mieux, et ainsi d'améliorer ses performances économiques.

Pour satisfaire le client, il faut savoir ce qu'il souhaite, et la meilleure façon de le savoir est de le lui demander. Se mettre à l'écoute des clients, c'est avoir une action en profondeur d'écoute de la « voix » du client. Il est donc indispensable de réaliser en permanence une étude de marché la plus complète possible pour bien identifier les besoins. Pour cela, il faut :

- identifier les différentes catégories de clients potentiels ;
- analyser les produits vendus par l'entreprise et par les concurrents ;
- écouter la « voix » des personnes intéressées directement ou indirectement par le produit c'est-à-dire les clients mais aussi tous les utilisateurs :
  – ceux qui ont acheté les produits concurrents,
  – ceux qui sont passés aux produits concurrents,
  – ceux qui sont satisfaits,
  – ceux qui ne sont pas satisfaits ;
- identifier toutes les attentes clients par rapport au produit :
  – les innovations souhaitées,
  – la hiérarchie entre les différentes attentes,
  – les fonctions essentielles ou facultatives,
  – la liste des améliorations potentielles à apporter.

Cette étude doit couvrir les aspects techniques et émotionnels en recourant à différentes méthodes.

- Sondage : courrier, téléphone, Internet…
- Cliniques : les clients viennent avec leurs produits et discutent du produit.
- Groupes de discussion : une heure ou deux avec des personnes représentatives.
- Interviews individuelles : pour faire ressortir les attentes des personnes silencieuses.
- Écoute dans la structure de vente, les foires, les expositions…
- Information existante au sein des archives de l'entreprise.

On doit se poser également les quatre questions suivantes.

- Quelles sont les associations (environnement, personnes, matériel) que fait le client lorsqu'il utilise le produit ?

- Quels sont les problèmes/défauts/plaintes qu'il associe à l'utilisation du produit ?
- Quels sont les critères qu'il prend en compte lors de l'achat du produit ?
- Quelles nouvelles fonctionnalités ou services répondraient le mieux à ses attentes ?

La première question est la plus générale mais également la plus riche pour imaginer de nouvelles fonctionnalités.

2.3. Classification de Kano

Le modèle de Kano permet de bien comprendre les différents types de besoins. Le titre de la première publication de Kano est, à ce titre, significatif : *Attractive Quality and Must-be Quality*[1]. Kano considère deux axes : l'axe de la réalisation d'une fonction (une fonction est plus ou moins réalisée) et l'axe de satisfaction des clients.

Exemple

Prenons trois fonctions d'un Smartphone pour illustrer cette classification : la capacité mémoire, la présence d'un bon appareil photo, la possibilité de communiquer avec tout appareil sans manipulation.
• La capacité mémoire donnera d'autant plus de satisfaction que celle-ci sera importante, et on peut imaginer que ce sera vrai dans l'avenir également. C'est ce que l'on appelle une fonction « Performance ».
• La présence d'un bon appareil photo ne donne pas de satisfaction, mais s'il n'est pas de qualité, il y a une insatisfaction. C'est une fonction « Devrait être ».
La possibilité de dialoguer sans manipulation, en revanche, crée une agréable surprise pour le client. Peu de systèmes sont équipés, ils donnent l'avantage concurrentiel ; c'est une fonction « Séduction »... Mais dans quelques années il y aura un glissement vers la fonction « Devrait être ».

---

1. N. Kano, N. Seraku, F Takahashi et S. Tsuji (1984), « Attractive quality and must-be quality », *The Journal of the Japanese Society for Quality Control*, 14(2), pp.39-48.

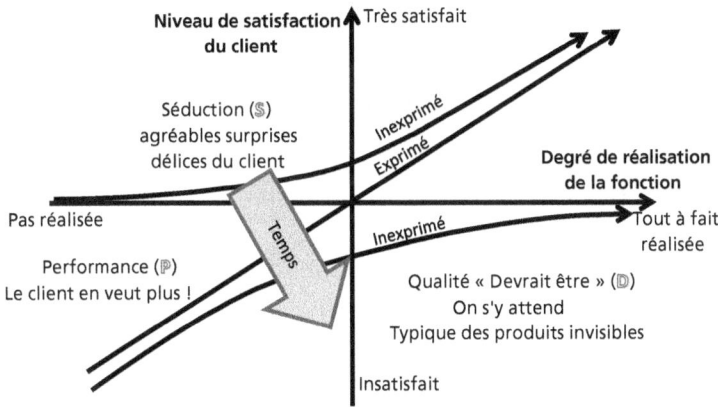

Figure 3.6. Modèle de Kano

Pour classifier les fonctions, on réalise une enquête auprès des clients en opposant deux points de vue (Figure 3.7) :

- que ressentez-vous si le produit a cette fonction ?
- que ressentez-vous s'il ne l'a pas ?

CTC	Que ressentez-vous si la caractéristique suivante est présente dans le produit ?	Que ressentez-vous si la caractéristique suivante est absente du produit ?	Quel prix acceptez-vous de payer pour que cette caractéristique soit présente ?
	☐ Très heureux ☐ Espérée et souhaitée ☐ Pas de sentiment ☐ Vit avec ☐ Pas désirée	☐ Très heureux ☐ Espérée et souhaitée ☐ Pas de sentiment ☐ Vit avec ☐ Pas désirée	☐ 10 € ☐ 20 € ☐ 40 € ☐ 80 € ☐ 160 €

Figure 3.7. Questionnaire de Kano

Pour chaque caractéristique, l'affectation dans une des cinq catégories sera déterminée par le croisement des questions sur la présence ou l'absence de la caractéristique (Figure 3.8). Ce croisement fait apparaître six catégories.

Performance (P)

La satisfaction de l'utilisateur est directement proportionnelle à la performance de la caractéristique. Une performance médiocre va créer une insatisfaction, et une performance élevée va créer une satisfaction.

		Caractéristique absente du produit				
		Très heureux	Espérée et souhaitée	Pas de sentiment	Vit avec	Pas désirée
Caractéristique présente dans le produit	Très heureux	Q	S	S	S	P
	Espérée et souhaitée	O	I	I	I	D
	Pas de sentiment	O	I	I	I	D
	Vit avec	O	I	I	I	D
	Pas désirée	O	O	O	O	Q

Figure 3.8. Traduction du questionnaire en catégorie

Devrait être (D)

La satisfaction n'est pas proportionnelle à la performance de la caractéristique. En cas de faible performance, l'utilisateur sera insatisfait ; en revanche, une bonne performance laisse l'utilisateur indifférent.

Séduction (S)

La satisfaction n'est pas proportionnelle à la performance de la caractéristique. En cas de faible performance, l'utilisateur sera indifférent ; en revanche, une bonne performance créera un sentiment heureux pour le client.

Indifférent (I)

L'utilisateur n'a que faire de cette caractéristique.

Questionnable (Q)

Les réponses des utilisateurs au questionnaire n'ont pas de sens.

Opposé (O)

L'utilisateur donne des réponses opposées aux réponses attendues par les individus conduisant l'enquête.

Pour chaque caractéristique, il y a un glissement avec le temps qui passe d'abord par la « Séduction », puis vers la « Performance » pour enfin être considérée comme

« Devrait être ». Les catégories qui devront être retenues pour le projet Six Sigma seront bien entendu les catégories S, P, D.

Pour chacune de ces catégories, on fait l'histogramme de ce que les clients ont déclaré être prêts à payer pour avoir la caractéristique.

2.4. Le diagramme CTC (*Critical To Customers*)

La voix du client nous a donné le besoin. Le diagramme CTC (Figure 3.9) a pour objectif de décliner ce besoin avec la logique Besoin/Exigences/Caractéristiques/Spécifications.

Exemple

Afin d'illustrer ce diagramme, prenons l'exemple d'un restaurant. Au départ le besoin du client est de se nourrir, éventuellement de se réunir. Mais à partir du moment où il a franchi la porte, il va avoir un certain nombre d'exigences telles qu'un cadre agréable, une carte variée... Comment mesure-t-on la satisfaction de ses exigences ? Quel est le niveau que l'on se fixe pour la satisfaction de cette exigence ? C'est toute cette réflexion que demande la construction d'un diagramme CTC.
En face de chaque exigence, il doit y avoir une caractéristique mesurable avec une spécification. On devra rechercher parmi ces caractéristiques celles qui sont critiques pour le client (CTC) et bien valider que les spécifications que l'on détermine sont en accord avec ses attentes.

Le même diagramme doit être réalisé pour les deux autres éléments (business, social), et l'ensemble de ces trois diagrammes donne les CTQ. Les CTQ sont très importants, car le respect des spécifications sur ces caractéristiques formera le socle de la démarche Six Sigma en définissant très tôt dans le projet à la fois les objectifs, mais également les contraintes du projet.

3. Cartographier le processus

L'étape définir doit permettre au *Black Belt* de clarifier le périmètre du projet. Il faut pour cela avoir une vision globale du processus, et la cartographie contribue à obtenir cette vision globale. Son but est d'illustrer les flux physiques et les flux d'informations depuis les approvisionnements en matières premières jusqu'au client, en fournissant une représentation visuelle des étapes qui permettent de délivrer le produit. La cartographie réalisée à l'étape « Définir » n'est pas extrêmement détaillée. Au fur et à mesure de l'avancement du projet, on aura l'occasion de compléter cette première cartographie.

De nombreuses représentations ont été proposées pour réaliser cette cartographie et nous n'avons pas pour objectif de faire une description exhaustive de ces représentations. Nous nous limiterons aux formes les plus simples et les plus couramment rencontrées. Avant de définir différentes représentations graphiques des processus, il est bon de rappeler les définitions des termes « processus » et « activités ».

Processus et activités

Selon la norme ISO 9000, la définition d'un processus est la suivante : « Ensemble d'activités corrélées ou interactives qui transforme des éléments d'entrée en éléments de sortie ».

Ajoutons que :
• les éléments d'entrée d'un processus sont généralement les éléments de sortie d'un autre processus ;
• les processus d'un organisme sont généralement planifiés et mis en œuvre dans des conditions maîtrisées afin d'apporter une valeur ajoutée ;
• lorsque la conformité du produit résultant ne peut être immédiatement ou économiquement vérifiée, le processus est souvent qualifié de « procédé spécial ».

L'activité peut être définie par un ensemble de tâches élémentaires que l'on peut décrire par des verbes dans la vie de l'entreprise : tourner, fraiser, assembler, négocier un contrat, qualifier un fournisseur…

La cartographie réalisée sera fonction de l'objectif, comme le font les géographes. Une carte d'Europe montrant la pluviométrie sera très différente d'une carte montrant les flux migratoires ! De même le niveau de détail de la cartographie dépendra de l'objectif. Il est inutile de disposer d'une carte au 1/25 000 pour se déplacer en voiture sur autoroute. Se demander quelle est la bonne représentation, les bonnes

Besoin	Exigences	Caractéristiques	Spécifications
Ce qui amène le client à utiliser le processus	Ce qui permet au client d'être satisfait	Comment mesure-t-on que le client est satisfait ?	Quelles sont les spécifications sur la mesure ?

Client				
	Besoin de se nourrir	Variété de la carte	Nombre de plats disponibles par séquence	10 au minimum
		Qualité des plats	Enquête de satisfaction une fois par an	> 95 %
		Présentation	Enquête de satisfaction une fois par an	> 95 %
		Cadre	Enquête de satisfaction une fois par an	> 95 %
		Confort	M² par client potentiel	> 4
			Température de la salle	20° – 23°

Figure 3.9. Diagramme CTC

	Besoin	Exigences	Caractéristiques	Spécifications
Business	Rentabilité Pérennité de l'entreprise	Rentabilité	Marge	> 30 %
		Minimiser le capital investi	Investissements	< 100 000 €
		Minimiser le fonds de roulement	Personnel nécessaire	Personnel constant
Social	Valeurs de l'entreprise Législation	Respect de l'environnement	Tri sélectif	> 90 %
			Consommation d'eau	< 500 m³
		Respect des employés	Accord avec les conventions collectives	OK

Figure 3.10. Diagramme CTB, CTS

informations à faire apparaître, le bon niveau de détail fait partie des premières questions à se poser lorsqu'on réalise une cartographie.

3.1.   Boîte noire, p-diagram

La cartographie la plus basique est constituée d'une ou de plusieurs « boîtes noires ». Dans ce type de représentation, l'activité est représentée par un rectangle. On fait apparaître les variables d'entrée (les X), les variables de sortie (les Y). Éventuellement, on fait apparaître les facteurs bruits (ceux qui perturbent l'activité mais que l'on ne maîtrise pas) et les facteurs de pilotage (qui permettent d'ajuster les Y sur la cible souhaitée). On parle alors de p-diagram. La Figure 3.11 donne un exemple de p-diagram.

- Les paramètres d'entrée sont les paramètres des éléments entrant dans le processus.

- Les facteurs de pilotage représentent les facteurs sur lesquels on peut agir pour ajuster les Y du processus.

- Les facteurs bruits représentent les facteurs qui agissent sur le Y mais sur lesquels on ne veut pas ou on ne peut pas agir. Par exemple, le nombre de cycles avant changement du filtre va agir sur les Y, mais pour des contraintes de temps et de coût, on ne peut pas changer de filtre à chaque cycle.

- Les Y représentent les CTQ du processus.

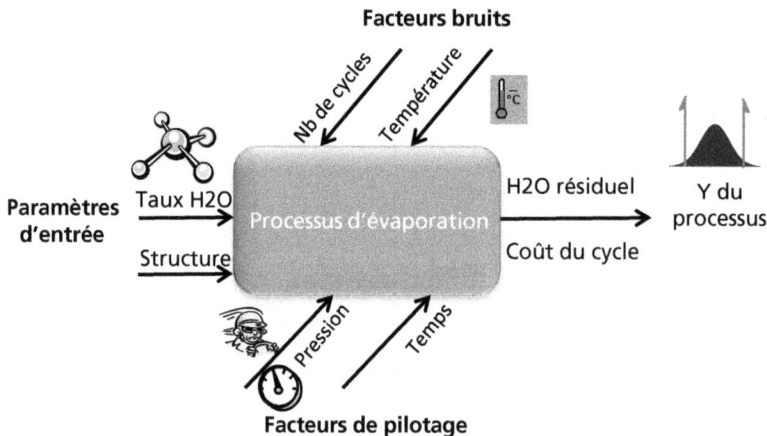

Figure 3.11. Boîte noire d'une activité

3.2.   Diagramme de flux

Le diagramme de flux est sans doute la cartographie la plus utilisée pour représenter un processus. Il est facile à réaliser, et très simple à comprendre. On recourt à des symboles pour représenter les étapes documents... Le tableau Figure 3.12 recense les principaux symboles usités.

Symbole	Nom	Définition
	Point de termination	Utilisé pour indiquer le début et la fin d'un processus.
	Étape ou opération	Peut servir à indiquer soit une tâche simple, une activité majeure ou un sous-processus ensemble, selon le niveau de détail recherché.
	Sous-processus	Utilisé pour représenter un sous-processus qui est détaillé ailleurs.
	Décision	Point où une décision doit être prise avant que d'autres mesures puissent être prises.
	Document	Point au cours duquel un formulaire ou un rapport est généré par le processus.
	Données	Utilisé pour indiquer que les informations sont intégrées au processus depuis une source extérieure ou qu'elles quittent le processus.
	Référence	Formes qui indiquent que le processus se poursuit ailleurs sur le diagramme de flux (rond) ou sur une autre feuille (flèche).
	Connecteurs	Utilisé pour connecter tous les blocs et afficher l'ordre dans lequel les opérations sont effectuées.
	Base de données	Utilisé pour représenter une base de données ou un stockage d'information.

Figure 3.12. Différents symboles d'un schéma opératoire

Pour créer un diagramme de flux, on identifie le client et l'élément déclencheur en début de processus. Puis on relie les deux éléments avec les symboles de la Figure 3.12.

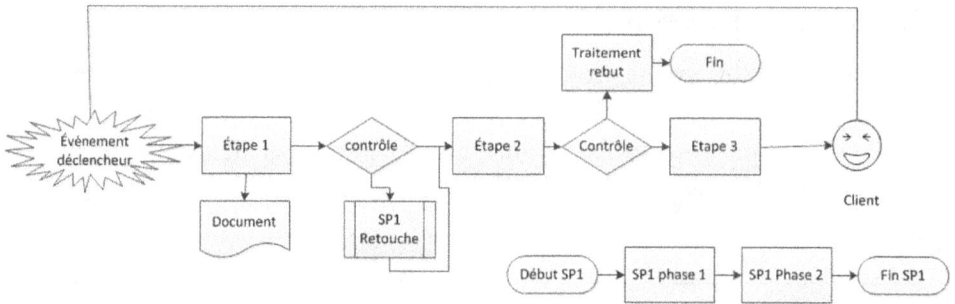

Figure 3.13. Exemple de diagramme de flux

3.3.   Logigrammes par acteurs

Les logigrammes par acteurs sont utilisés principalement dans les logiciels spéciali-sés dans l'approche management de la qualité. Ils proposent une présentation matri-cielle reliant des activités et des acteurs.

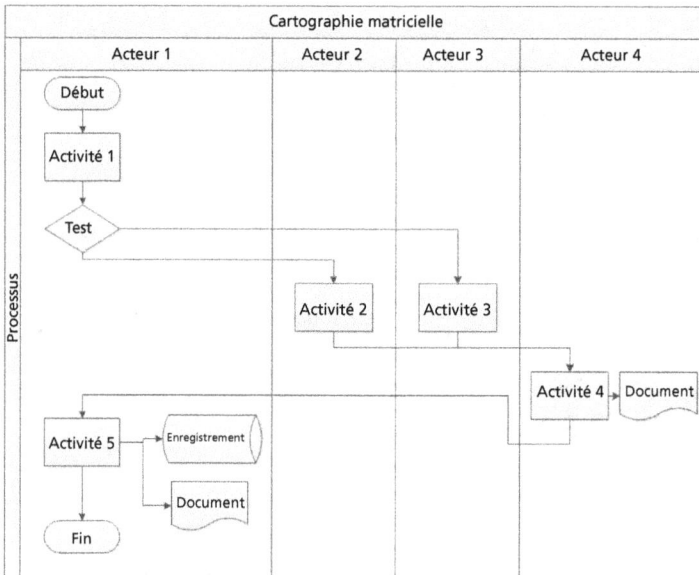

Figure 3.14. Cartographie matricielle

Sur chaque activité et sur chaque lien, on associe par hypertexte les informations telles que :

- les informations ou produits transmis entre les activités ;
- les modes opératoires et instructions de l'activité ;
- les commentaires.

3.4. Diagramme SIPOC

Un outil très adapté à cette cartographie est le diagramme SIPOC *(Suppliers, Input, Process, Output, Customers)* qui permet de faire apparaître les flux matières et les flux d'informations sur un même graphique ou sur deux graphiques séparés. La Figure 3.15 montre un exemple de SIPOC flux physiques. Le même diagramme est également représenté en indiquant le flux d'informations circulant dans le processus (les documentations aux postes, les relevés fournis par les postes...).

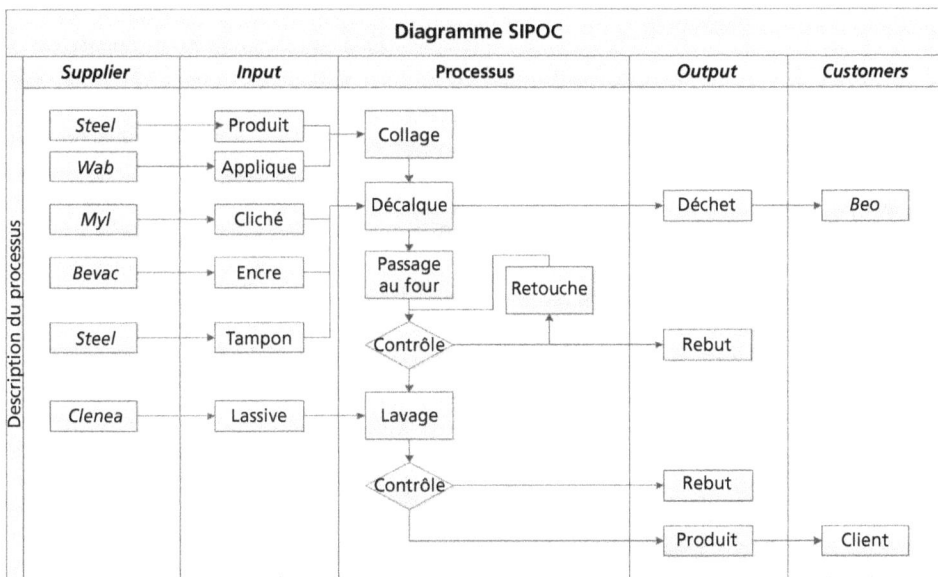

Figure 3.15. SIPOC flux physiques d'un processus de production

Dans le cadre Processus, on représente le flux du processus. Dans la colonne *Input* on place les produits fournis, et dans la colonne *Supplier* on spécifie le fournisseur de ce produit. De même, dans la colonne *Output* on place les produits fournis par le processus, et on spécifie dans la colonne *Customers* les clients de ces produits.

Pour formaliser le flux d'informations, on fait de même, mais dans la colonne *Input* on décrit les informations reçues et le fournisseur qui fournit ces informations. Dans la colonne *Output*, on décrit les informations fournies par le processus et les clients de ces informations.

3.5. Cartographie VSM Lean Six Sigma

Dans le cas d'une démarche Lean Six Sigma, l'objectif de la cartographie est d'identifier les foyers importants de perte de performance et générateurs de délais afin d'avoir la plus grande efficacité possible dans l'action. On cherchera plutôt une représentation graphique permettant de faire apparaître la chronologie du processus avec une cartographie. C'est l'objectif de la cartographie VSM (*Value Stream Mapping*) (Figure 3.16).

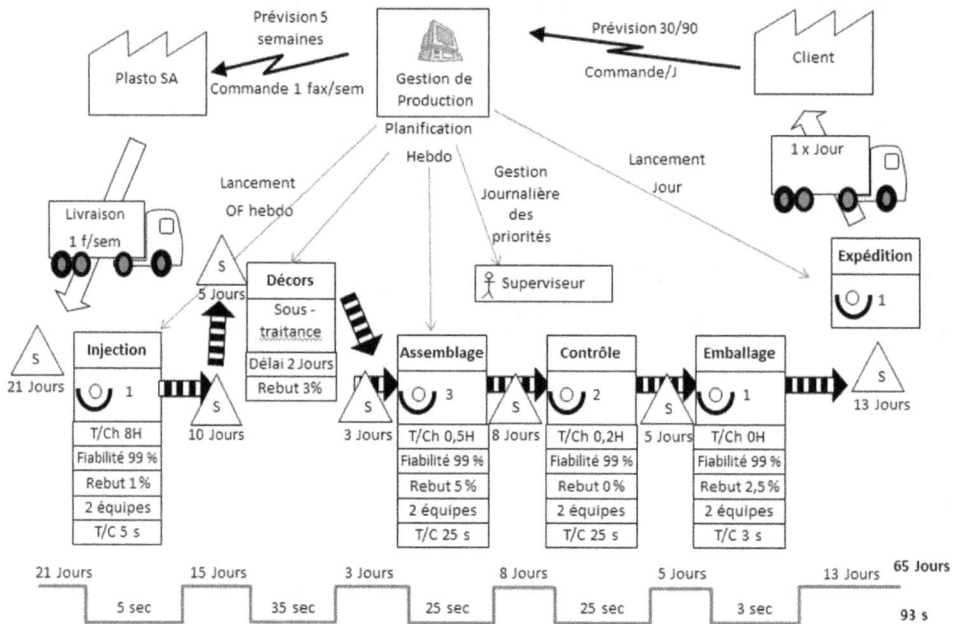

Figure 3.16. Cartographie VSM du processus dans une démarche Lean Six Sigma

La cartographie VSM consiste à suivre l'ensemble du processus pour identifier tous les éléments de la performance sur chaque étape. On cherchera à identifier :

- tous les délais ;
- tous les temps de cycle ;

- tous les temps de valeur ajoutée ;
- tous les rebuts ;
- toutes les retouches ;
- tous les temps de changement de séries ;
- ...

Dans le cas de processus complexe, il n'est pas toujours possible de disposer des informations sur les délais, les temps, qui peuvent varier d'un produit à l'autre. La solution consiste alors à utiliser un « traceur ». Il s'agit d'un produit que l'on suit pas à pas depuis la commande client jusqu'à sa livraison. On note sur ce type de graphique, en rouge, les opérations sans valeur ajoutée et, en vert, les opérations à valeur ajoutée. On identifie également les sources de progrès (stocks excédentaires, taux de rebut important...).

3.6. Différents niveaux de cartographie

La cartographie a pour objectif de comprendre le processus et de visualiser de façon simple la façon dont les différentes étapes s'enchaînent. Une des difficultés consiste à choisir le niveau de détail adapté pour la description de ce processus :

- un niveau trop grossier ne permet de décrire que des évidences et n'apporte pas grand-chose ;
- un niveau de détail trop fin rend la lecture du graphique incompréhensible et donne une cartographie inutile.

Pour éviter ces deux écueils, dans les cas complexes, il ne faut pas hésiter à représenter le processus selon différents niveaux de macroscopie.

Le niveau le plus élevé donnera une représentation très macroscopique du processus et chaque étape de cette macro-représentation sera détaillée dans un sous-processus. Dans les étapes suivantes, on n'hésitera pas à compléter la cartographie pour faire apparaître de façon synthétique tous les X du problème. La Figure 3.17 donne un exemple de logigramme détaillé qui fournit de nombreuses informations sur le processus.

Entrées	Étapes	Sorties	Valeur ajoutée	Acteur	Moyens	Xi (tous)
	Stockage	Bloc XR	Obligatoire			Paramètre fournisseurs
Bloc XR	Déplacement	Bloc XR	NVA	Manu	Chariot	
Bloc XR	Broyage	Poudre	VA	Opérateur	Broyeur 225	Vitesse Temps Usure
Poudre	Déplacement	Poudre	NVA		Convoyeur	
Poudre	Contrôle	Poudre validée	NVA	Qualité	Visuel	Capabilité mesure
Poudre validée	Compactage	Galets	VA	Opérateur	Presse 2022	Pression Température
Galets	Contrôle dureté	Galets validés	Obligatoire	Opérateur	Vickers	Capabilité mesure Cible
Galets validés	Déplacement	Galets validés	NVA	Manu	Chariot	
Galets validés	Magasin	Galets validés	Obligatoire			

Figure 3.17. Logigramme détaillé sous forme de tableau

4. Définir les limites du projet

Une erreur classique lorsque l'on énonce un problème consiste à rechercher directement une solution sans avoir positionné correctement le problème. L'étape « Définir » doit pousser le *Black Belt* à rassembler tous les éléments qui lui permettront de remonter aux causes racines. Pour y parvenir, il faudra dépasser les évidences, les solutions « y a qu'à, faut qu'on ». Et cela ne peut se faire que si le périmètre du projet est bien défini au départ. À cet effet, il faut procéder à un déballage d'idées avec le groupe de travail en se servant éventuellement de plusieurs outils qui peuvent améliorer l'efficacité de la réflexion, notamment les sept outils de base de la qualité[1].

Outre ces outils de base, plusieurs méthodes ont montré une grande efficacité : le diagramme des « 5 Pourquoi », le diagramme « Est/N'est pas », le diagramme « Dedans/Dehors ». Nous présenterons ces trois outils dans cette section. On notera cependant qu'ils peuvent être utilisés également dans l'étape « Analyser ».

---

1. Voir l'ouvrage *Qualité en production*, chapitre 6, *op. cit.*

4.1. Diagramme des 5 Pourquoi

4.1.1. Logique du 5 Pourquoi ?

À partir des CTQ qui ont été déterminés dès le début de l'étape « Définir », on doit rechercher les causes possibles de non-satisfaction du client. Pour être sûr de bien remonter aux causes racines, on demandera au groupe de remonter, si possible, jusqu'à cinq niveaux de relation cause/effet en se posant la question « pourquoi ? ».

La méthode des 5 Pourquoi est une technique d'analyse des causes profondes d'un problème. Son nom s'inspire d'un principe de gestion japonais selon lequel demander pourquoi au moins cinq fois garantit la découverte de la ou des causes d'un problème.

Le principe suit les étapes suivantes :

1. Se demander : « Pourquoi la situation existe ? »

2. Se redemander, pour chaque réponse proposée : « Pourquoi la situation existe ? »

3. Répéter les étapes 1 et 2 cinq fois, ou s'arrêter lorsqu'on n'est plus capable de fournir une réponse.

On peut dissocier dans le diagramme des « 5 Pourquoi » la génération du problème et la diffusion du problème. La génération du problème se pose la question sur ce qui est la source du problème. La diffusion se pose les questions : « Pourquoi ce problème n'est pas détecté ? », « Pourquoi a-t-il atteint un client ? »

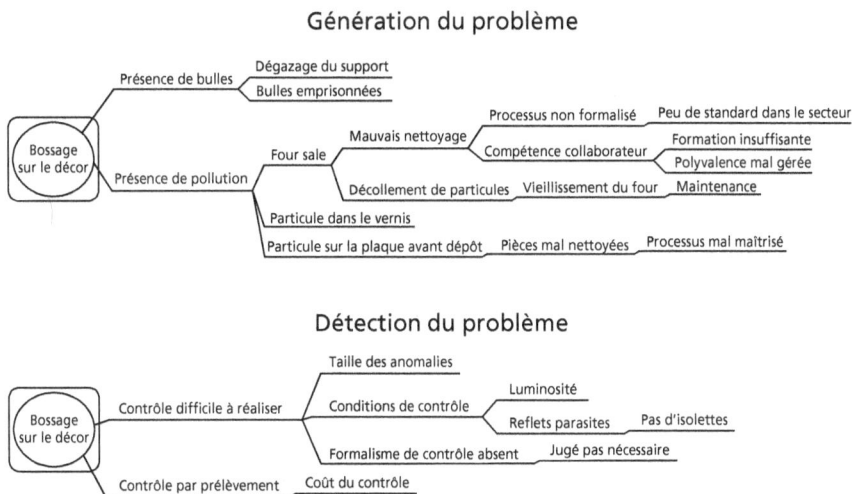

Figure 3.18. Diagramme des « 5 Pourquoi »

L'exemple (Figure 3.18) est issu d'une entreprise qui doit réaliser un dépôt de vernis sur une plaque en laiton. Elle a identifié une caractéristique critique pour le client : la présence de bossages sur la plaque après dépôt du vernis.

Pour traiter ce problème, on étudie d'une part les causes possibles de la présence de cette bosse, et d'autre part, les raisons qui expliquent que ce défaut n'est pas détecté.

Génération du problème

On va se poser les questions : « Pourquoi le problème se pose-t-il ? », « Quelle est la source ? »

Pourquoi cette bosse ?

- À cause d'une pollution lors du dépôt. Pourquoi ?
- Le four était sale. Pourquoi ?
- Il a mal été nettoyé. Pourquoi ?
- La compétence des collaborateurs n'est pas suffisante. Pourquoi ?
- À cause d'une polyvalence importante, l'entraînement au geste de nettoyage n'est pas suffisant. Pourquoi ?

On fait de même sur la détection du problème.

En se demandant « pourquoi ? », on veut obtenir de l'information. En refusant de se satisfaire d'une seule explication, on aborde le problème dans une perspective différente, ce qui améliore les chances d'en cerner les causes. L'analyse des « 5 Pourquoi » permet également de mieux identifier le périmètre de l'action. Ainsi, dans l'exemple du bossage observé après le four, l'analyse montre qu'il faut sans doute étendre le périmètre de l'analyse au processus de lavage précédent.

4.1.2. Couper les branches

Dans un projet Six Sigma qui, par définition, est un projet assez complexe, le « 5 Pourquoi » prend toujours un aspect arborescent. Dans l'exemple du bossage, l'analyse fait apparaître deux causes possibles :

- la présence de bulles ;
- la présence de particules.

On note que la résolution du problème va prendre deux orientations très différentes selon qu'il s'agit de bulles ou de particules. En identifiant les branches les plus hautes, on va chercher à « couper les branches », c'est-à-dire à identifier très tôt dans le projet quelle est l'hypothèse la plus probable parmi d'autres et tenter de chiffrer la part de chacune d'entre elles. Ainsi, lorsque l'on peut démontrer qu'une seule branche est responsable du problème, on coupe d'un coup tout un pan du périmètre du projet.

On recherche alors assez tôt dans le projet les expériences qui permettent de valider ou non la présence d'une branche dans le « 5 Pourquoi ».

4.2. Diagramme « Est/N'est pas »

Le diagramme « Est/N'est pas », couplé avec une approche QQOQCP, est un exemple de diagramme qui force à se poser les bonnes questions, et à ne pas aller directement vers une solution triviale qui se révèle souvent être en fait une fausse bonne idée. Il a également pour objectif de faire apparaître des oppositions fortes qui seront très utiles pour les étapes « Mesurer », « Analyser » et « Améliorer ».

À partir de ce diagramme, on va mettre en évidence des *oppositions fortes* qu'il faudra prouver dans les étapes ultérieures.

Exemple

Une entreprise qui fabrique des compresseurs de système réfrigérant constate un problème qualité sur un des produits. L'analyse « Est/N'est pas » conduit à identifier deux oppositions fortes :
• le problème n'apparaissait pas de façon critique avant le mois d'août, et il est devenu critique depuis ;
• le problème apparaît sur un type de compresseur, mais pas sur un autre qui pourtant suit *a priori* le même processus et utilise les mêmes composants.
Ces deux oppositions fortes ont permis d'orienter la démarche Six Sigma, notamment les phases « Mesurer » et « Analyser ».

On doit prendre en garde avec ce type de graphique et de ne pas passer directement de l'étape « Définir » à l'étape « Innover/Améliorer ». Il faut être vigilant sur ce point. Les diagrammes des « 5 Pourquoi », « Est/N'est pas » ne permettent que de mettre en évidence des orientations de la démarche. Pour pouvoir améliorer le processus, il faut être capable de mettre des chiffres derrière ces orientations ; cela sera l'objectif de l'étape « Mesurer ». Il faut également pouvoir prouver statistiquement les oppositions fortes ou les corrélations supposées ; cela sera l'objectif de l'étape « Analyser ».

	EST	N'EST PAS
QUI/QUOI	• Quel est l'objet Et plus précisément ?	• Quels sont les objets similaires qui pourraient être défectueux mais ne le sont pas ?
	• Quel est le problème ? Et plus précisément ?	• Quels sont les autres problèmes que l'objet pourrait avoir mais qu'il n'a pas ?
OÙ	• Où, géographiquement, observe-t-on l'objet défectueux ? Et plus précisément ?	• Où le problème aurait-il pu être localisé mais ne l'a pas été ?
	• Où, sur l'objet, observe-t-on le problème ? Et plus précisément ?	• À quel autre endroit de l'objet pourrait-on observer le problème mais ne l'observe-t-on pas ?
QUAND	• Quand, historiquement, a-t-on enregistré ce problème pour la première fois ? Et plus précisément ?	• À quel autre moment aurait-on pu enregistrer le problème mais ne l'a-t-on pas enregistré ?
	• Quelle est la fréquence d'apparition ?	• Quelle autre fréquence aurait-on pu avoir et n'a-t-on pas eu ?
	• Quand, dans le cycle de vie de l'objet, ce défaut apparaît-il ? Et plus précisément ?	• À quelles autres étapes de la vie de l'objet le défaut pourrait-il apparaître mais n'apparaît pas ?
COMMENT	• Comment, sous quelle forme, apparaît le défaut ?	• Sous quelle forme le défaut pourrait-il apparaître mais n'apparaît pas ?
	• Quelles sont les conséquences du problème (coûts, temps, ressources) ?	• Quelle aurait pu être l'importance du problème ?
COMBIEN	• Combien y a-t-il d'objets défectueux ?	• Combien d'objets pourraient être défectueux, mais ne le sont pas ?
	• Quelle est la dimension (taille, nombre…) du défaut ?	• Quelles autres dimensions (taille, nombre…) pourrait-on constater ?
	• Quelle est la tendance ?	• À quelles tendances pourrait-on s'attendre qui ne sont pas observées ?

Figure 3.19. Diagramme « Est/N'est pas »

4.3. Diagramme « Dedans/Dehors »

À l'issue du premier déballage d'idées, qui aura été enrichi par la mise en place d'outils tels que le diagramme des « 5 Pourquoi », « Est/N'est pas », le groupe de travail est désormais capable de déterminer de façon assez précise les limites du projet. Le diagramme « Dedans/Dehors » est un outil de travail en groupe qui permet d'obtenir le consensus sur ce qui fait partie ou non du cadre du projet.

C'est un outil de travail en groupe, très simple à utiliser. On colle sur un mur une grande feuille de papier sur laquelle on dessine un cadre qui représentera les limites du projet (Figure 3.20).

Le groupe de travail va ensuite noter sur des *Post-it* les différents éléments qui lui semblent faire partie du projet ou être en dehors du cadre de l'étude. Ces *Post-it* seront ensuite collés sur la feuille après discussion et consensus du groupe, pour définir si l'item est dans ou hors cadre par rapport au projet.

En cas de désaccord du groupe, on colle le *Post-it* sur la frontière du cadre ; il faudra sans doute revenir sur ce point dans les étapes ultérieures. Un item sur la frontière signifie que le groupe se pose des questions sur le sujet, et une des missions du projet Six Sigma sera d'éclairer cette question.

L'exemple (Figure 3.20) reprend quelques items concernant une entreprise de vente par correspondance qui souhaite améliorer les délais de son service après-vente.

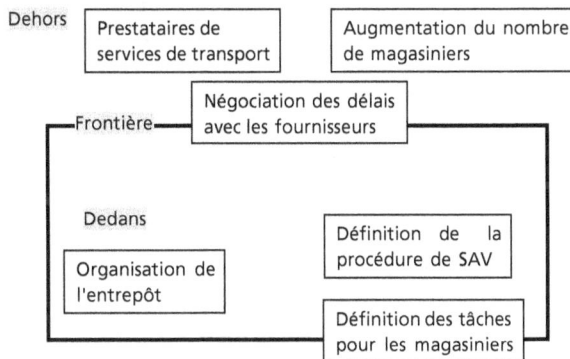

Figure 3.20. Diagramme « Dedans/Dehors »

5. Définir les gains et les coûts

L'objectif d'un projet Six Sigma est la satisfaction du client à court terme sur le produit, mais également à long terme. Pour ce faire, il faut que l'entreprise continue de vivre et de prospérer. L'aspect économique est donc très important, et il convient de ne pas le négliger dès le départ du projet. Dans cette optique, dès le début du projet, on doit tenir informé le contrôle de gestion et obtenir un numéro d'ordre afin de suivre les gains et les coûts.

5.1. Définir les gains prévisionnels

Un projet Six Sigma va consommer des ressources ; il est donc nécessaire en bon gestionnaire de s'assurer de la rentabilité de l'investissement. Si l'on considère l'indicateur ROCE *(Return On Capital Employed)* donné par la relation :

$$ROCE = \frac{\text{Résultat d'exploitation}(1 - T_{Impôt})}{\text{Montant des capitaux employés}}$$

On voit que l'on peut agir sur deux leviers : l'augmentation du résultat d'exploitation et la diminution des capitaux employés. On dissocie ainsi quatre catégories de gains dans un projet Six Sigma :

- C1 : maximiser le résultat d'exploitation
  - augmentation du revenu au moyen de nouvelles opportunités de ventes ;
  - création de nouvelles recettes qui procurent de la marge brute ;
  - réduction des frais d'exploitation (retouches, rebuts, consommations, matières premières, rejets...).

- C2 : minimiser les capitaux engagés
  - optimisation des immobilisations ou des stocks ;
  - diminution du *lead time* (temps pendant lequel les capitaux sont immobilisés) ;
  - amélioration d'une gamme qui libère une machine ;
  - optimisation des dettes exigibles et créances clients.

- C3 : productivité
  - amélioration d'un TRS ;
  - réduction des temps d'attente ;
  - réduction du délai de réalisation d'une procédure administrative ;
  - amélioration de l'organisation d'un service (5S par exemple) ;
  - réduction du besoin en personnel.

- C4 : image de l'entreprise
– amélioration de la fiabilité des produits (les produits ne sont pas vendus plus cher) ;
– amélioration de la qualité ;
– image sociale (action sur l'environnement, sponsoring…).

Pour les deux catégories C1 et C2, les gains peuvent être clairement démontrés. Pour les catégories C3 et C4, les gains sont plus difficilement démontrables car l'augmentation d'un TRS sur une machine ne permet des gains que si cette augmentation se traduit par un gain en C1 ou en C2.

Enfin, certains projets pourront quand même être lancés même si aucun gain ne peut être mis dans les catégories C1, C2, C3, C4. On appelle ces projets, « projets obligatoires ». Il s'agit souvent de projets d'adaptation d'un processus à l'évolution d'une norme ou d'une disposition législative.

Exemple

La suppression du droit d'utilisation d'un produit chimique va entraîner un projet Six Sigma avec ses coûts, mais aucun gain supplémentaire. Cependant, le projet est obligatoire si l'entreprise veut continuer à intervenir sur ce marché.

5.2. Définir les coûts prévisionnels

Les coûts sont des coûts directs et indirects. Ce sont, pour les principaux :

- le temps passé par les membres du groupe de travail ;
- les investissements que l'on devra peut-être engager ;
- la récolte de données sur le terrain ;
- le ralentissement et l'arrêt de production pour cause d'essais ou de modification de processus ;
- les essais et contrôles supplémentaires nécessaires dans le projet ;
- …

Il n'est pas toujours facile, au départ, d'estimer les coûts qui seront engagés. Il faut donc que la gestion du projet soit liée à une gestion financière qui permettra, en continu, tout au long du projet, d'affiner cette première estimation.

6. Établir le plan de communication

Un projet Six Sigma, lorsqu'il est appliqué à bon escient, va se dérouler sur plusieurs semaines et même souvent sur plusieurs mois. En effet, pour atteindre une rupture, il faut dérouler correctement toutes les étapes, et cela prend du temps. Les acteurs du projet devront communiquer sur l'avancement du projet avec plusieurs personnes, services, comités, et de façon structurée.

L'acceptation des résultats du projet par les parties prenantes ne dépend pas que de critères techniques. C'est pourquoi il faut penser très tôt dans le projet le plan de communication que l'on retiendra.

Pour établir ce plan de communication, il faut :

- identifier les personnes (utilisateurs, collaborateurs, clients, fournisseurs...), les groupes (management...) avec lesquels on doit communiquer ;
- identifier l'impact du projet sur les groupes, les avantages et inconvénients pour eux, les obstacles qu'ils peuvent mettre en avant ;
- identifier, de façon personnalisée, la façon de communiquer avec chaque groupe en fonction de son centre d'intérêt.

On établit ainsi le plan de communication résumé sous forme de tableau dans la Figure 3.21.

Parties prenantes clés	Impact	Moyen de communication	Qui ?	Périodicité
Direction	Gains techniques et financiers	Rapport en CODIR	*Black Belt* + *Champion*	1 fois/mois
Responsable secteur	Acceptation des changements, implication dans le projet	Comité de pilotage	*Black Belt*	1 fois/mois
...	...	...	...	...
Équipe étendue	Motivation, implication	Point d'avancement	*Black Belt*	1 fois/ semaine

Figure 3.21. Plan de communication

7. Valider la check-list de l'étape « définir »

La validation de l'étape « Définir » se fera, d'une part, en complétant et actualisant la charte du projet qui a déjà servi au lancement du projet et, d'autre part, en évaluant tous les éléments de la check-list donnée ci-après.

7.1. La charte du projet

La charte du projet (Figure 3.22) se matérialise par une fiche qui résume les principaux résultats de l'étape « Définir ». On y retrouve :

- la définition du projet ;
- les indicateurs de performance utilisés et les impacts financiers attendus ;
- le périmètre du projet dans l'espace et le temps ;
- l'identification des caractéristiques critiques pour les clients ;
- la planification macro du projet ;
- la définition du groupe de travail et l'engagement des principaux acteurs.

Bien entendu, comme on ne sait pas résumer l'ensemble des travaux qui ont été réalisés en une seule fiche, on conservera précieusement l'ensemble des graphiques et méthodes utilisées pour aboutir à ce consensus.

Cette charte engage le groupe de travail tant en termes de délais qu'en matière de résultats attendus. C'est sur la base de cette charte que se déroulera la première revue de projet R0 entre le pilote *(Black Belt)* le responsable du déploiement *(Champion)* et les autres membres du comité de pilotage du projet.

7.2. La check-list de l'étape et la revue d'étape

L'étape terminée, la revue d'étape doit valider que l'on débute dans un projet avec, d'une part, des objectifs clairs et, d'autre part, un périmètre clair.

Les objectifs sont clairs :
- les clients sont identifiés ;
- le défaut est caractérisé ;
- les besoins clients sont identifiés ;
- les caractéristiques CTC, CTB, CTS sont identifiées ;
- l'état actuel et l'état souhaité sont définis ;

- les gains et les coûts sont évalués ;
- les indicateurs Y du projet sont définis et établis ;
- Ils sont mesurables dans une échelle continue (7 niveaux), l'objectif visé est clair.

La situation actuelle est claire :

- le problème est formulé sans ambiguïté ;
- existe-t-il un historique sur le problème ? Un historique sur les Y ?
- quelle est la capabilité actuelle si elle est connue ?
- quels sont les coûts de non-qualité identifiés et liés au problème ?

Le périmètre du projet est clair :

- le groupe projet est identifié (équipe noyau, équipe étendue), leur mission et leur charge associée définie ;
- le processus est cartographié ;
- le périmètre du projet est défini ;
- le planning est établi ;
- les parties prenantes sont identifiées ;
- le plan de communication est établi.

SIX SIGMA – CHARTE DU PROJET					
Le projet					

Titre du projet	
Description brève du projet	
Objectifs du projet	
Clients (au sens payent pour cela)	

La mesure			
Indicateur principal du projet			
Valeur initiale		Valeur souhaitée	
Impact financier du projet	Gains	Bénéfice d'exploitation	
		Immobilisations	
		Productivité	
		Image entreprise	
	Coûts	Personnel	
		Autre	

Besoins clients			
Besoin des clients	Exigences	Caractéristiques mesurables	Spécifications

Le périmètre			
Dans le projet		Hors projet	
Date de début		Date de fin estimée	
Black Belt		*Champion*	

Équipe					
Noms	Tél.	Service	Contribution attendue	Charge	Période

Planification du projet

SEMAINES																			
Définir																			
Mesurer																			
Analyser																			
Améliorer																			
Contrôler																			
Standardiser																			

Validation			
Black Belt	*Champion*	*Process Owner*	*Direction*

Figure 3.22. Charte du projet

Chapitre 4

Étape 2 – Mesurer

1. Introduction

La première étape a permis de définir le cadre du chantier, de mettre en évidence les paramètres critiques pour la qualité vue par les parties prenantes (CTQ) et d'orienter le projet vers des causes racines probables.

Nous avons insisté sur le fait que Six Sigma est une démarche de rupture. On veut atteindre des niveaux sur le CTQ au-delà du savoir-faire actuel. Pour cela, il ne suffit pas d'interroger les experts, il faut faire parler le processus. On doit être capable d'obtenir des données pour établir une relation entre les Y du processus et les X (la fonction de transfert). L'établissement de cette relation sera réalisé dans l'étape « Analyser ». L'étape « Mesurer » va permettre de préparer cette analyse en récoltant des données sur le processus.

Pour avoir des données fiables, il faut :

- affiner la cartographie pour identifier les X potentiels utiles à mesurer ;
- vérifier notre capacité à bien mesurer ;
- mettre en place un plan de récolte de données rigoureux.

L'importance de la mesure est un des apports essentiels de Six Sigma. Le physicien britannique Lord Kelvin disait en 1891 : « Lorsque vous pouvez mesurer ce dont vous parlez et l'exprimer par un nombre, vous en connaissez quelque chose. » Cela fait donc bien longtemps que la mesure est une base de la connaissance mais peu d'approches d'amélioration des performances ont fait de la mesure un préalable indispensable, comme Six Sigma le préconise.

Rechercher des mesures afin de caractériser le processus conduit à se poser de nouvelles questions, qui induisent une nouvelle vision, entraînant à son tour de nouvelles actions. C'est une des logiques de base de la stratégie de rupture.

La mesure doit porter non seulement sur le produit, mais aussi et surtout sur le processus. Lorsque l'entreprise est capable de quantifier la satisfaction des clients sur les CTQ et le fonctionnement de ses processus, elle peut relier les deux et mettre en évidence les caractéristiques qui ont un impact fort sur la performance. Elle peut ainsi manager à partir de faits plutôt que par sensations.

La mesure va donc porter sur trois éléments :

- les sorties du processus (les Y) perçues par le client ;
- les entrées du processus (les X) ayant une influence sur les Y ;
- les variables du processus permettant de caractériser sa performance en termes de coût, de qualité, de délais, de sécurité.

Dans l'étape « Mesurer », nous allons mettre en place des processus de mesure, si possible continue, dans le but de mesurer le z du processus et de quantifier l'état du processus. Afin d'avoir des données suffisamment fiables pour pouvoir les exploiter, on vérifiera au préalable que la variabilité des processus de mesure soit faible par rapport à la variabilité de ce que l'on cherche à mesurer.

Le but de l'étape « Mesurer » est donc :

- de trouver un processus de mesure des CTQ et d'évaluer la capabilité du processus de mesure ;
- de mesurer le z du procédé ;
- d'affiner la cartographie et d'identifier les X susceptibles d'impacter les Y ;
- de réaliser une campagne de mesure afin de pouvoir établir des relations entre les X et les Y du processus et ainsi d'améliorer son efficacité.

2. Trouver un processus de mesure des CTQ

2.1. Quantifier

La première action consiste à chercher un critère mesurable capable de traduire la satisfaction des clients. Si parfois cette mesure s'impose d'elle-même, il n'en est pas toujours de même et la recherche d'un caractère mesurable n'est pas toujours une chose très simple. Pour illustrer ce point, prenons deux exemples.

Exemple 1

Une entreprise de mécanique cherche à améliorer la fiabilité d'un produit dont on a montré qu'elle était directement liée à l'état de surface d'un diamètre sur une machine-outil. Dans ce cas, la mesure est évidente ; on se contentera du critère de rugosité le plus adapté.

Exemple 2

Une entreprise qui travaille sur des produits à forte valeur ajoutée veut éliminer les fuites apparaissant au niveau d'une soudure. La proportion de produits ayant une fuite est de l'ordre de 1 % pour une production annuelle d'une centaine de produits. Dans cet exemple, utiliser la proportion de soudures possédant une fuite serait inapproprié pour deux raisons principales :

• le peu de données disponibles : 1 ou 2 produits à fuite par an, mais qui coûtent très cher ;

• l'impossibilité de conduire un projet Six Sigma dans lequel l'expérimentation pourrait conduire à des produits défectueux.

Dans cet exemple, il faut avoir à l'esprit une remarque de Genichi Taguchi : « Pour atteindre la qualité il ne faut pas mesurer la qualité ! » La qualité du produit est liée à l'absence de fuite. Cependant, pour améliorer cette qualité, on peut mesurer autre chose qui n'est pas lié directement à la qualité du produit mais corrélé avec le CTQ.

La manifestation handicapante pour la qualité est la présence de fuite. Le *Black Belt* doit se poser la question suivante : « Existe-t-il une autre manifestation non handicapante du même phénomène qui soit mesurable ? »

Ces manifestations pourraient être :

• des irrégularités de la soudure (variation de hauteur, de largeur de cordon) ;

• un mauvais centrage de la soudure ;

• une intensité consommée (paramètres processus) ;

• …

Si l'on dispose de quelques produits défectueux et de produits ayant donné satisfaction, il est possible de prouver la corrélation entre les deux mesures en utilisant, par exemple, un test B to C, ou un test de comparaison de deux moyennes (présenté au chapitre 5).

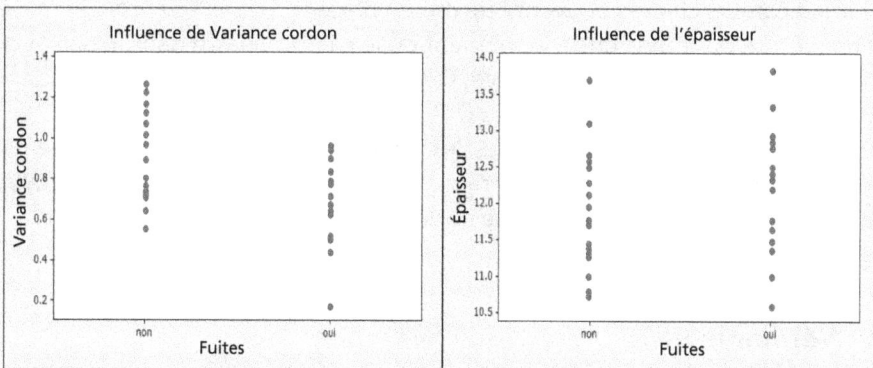

Figure 4.1. Recherche d'une mesure corrélée avec le CTQ

La Figure 4.1 montre que la variance de la largeur du cordon de soudure est corrélée à la présence de fuite. En revanche, l'épaisseur de ce cordon n'est pas influente. Dès lors, la variance de l'épaisseur du cordon pourra être utilisée comme Y du projet Six Sigma.

Cas des services

Dans le cas d'un projet Six Sigma portant sur un service, il est souvent difficile de trouver facilement un critère mesurable. C'est pourtant l'un des points essentiels de Six Sigma.

Pour construire le système de mesure de la satisfaction du client, l'outil de référence est le diagramme CTQ que nous avons présenté au chapitre 3. On doit se poser les questions suivantes :

- Quel est le besoin du client ?
- Quelles sont ses exigences ?
- Comment peut-on mesurer ces exigences ?

Exemple

En prenant l'exemple d'un hall d'accueil pour une administration, on peut identifier trois exigences potentielles qui seront requises par les clients :
- s'orienter rapidement vers le service recherché ;
- fournir un cadre agréable ;
- permettre aux clients d'attendre confortablement.
Deux indicateurs chiffrés peuvent être mis en place :
- une mesure du temps entre le moment où le client pénètre dans le hall et où il quitte le hall en direction du service. Cette mesure se fait par échantillonnage une demi-journée par mois ;
- un audit mensuel portant sur tous les éléments liés au confort des clients : propreté, disponibilité de revues récentes en salle d'attente, entretien des plantes… Cet audit donne lieu à une note.

2.2. Vérifier le R&R

Un des objectifs de l'étape « Mesurer » est de mettre en place un *processus de mesure* capable de traduire la façon dont on satisfait le client. Comme tous les processus, le processus de mesure se décompose selon les 5M (Moyen, Milieu, Méthode, Mesurande, Main-d'œuvre). Si l'on veut utiliser ce processus, il faut auparavant s'assurer de sa maîtrise.

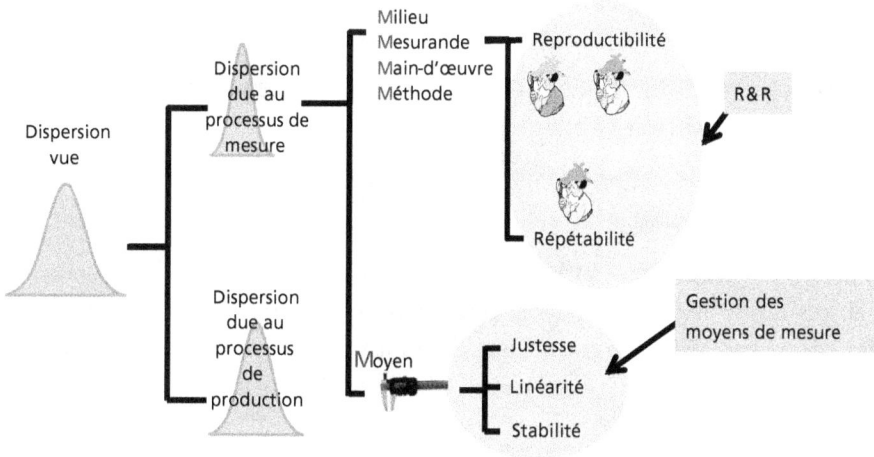

Figure 4.2. Décomposition de la dispersion vue

Le schéma (Figure 4.2) illustre la décomposition de la « dispersion vue » lors d'une mesure. Une partie de cette dispersion provient du processus de production, et une autre du processus de mesure.

L'additivité des variances nous permet d'écrire : $\sigma_T^2 = \sigma_P^2 + \sigma_M^2$

Avec :

- σ_T^2 : Variance totale
- σ_P^2 : Variance réelle du processus de production
- σ_M^2 : Variance du processus de mesure

Le but de l'étude R&R est de vérifier que la part de la variance de mesure est faible par rapport à la variance du processus. Autrement dit, on veut vérifier qu'un écart entre deux mesures traduit bien un écart entre deux produits différents.

2.3. Définitions

Justesse : écart systématique entre la moyenne de plusieurs mesures et la valeur de référence.

Linéarité : différence de justesse sur la plage d'utilisation de l'instrument.

Stabilité : variation des résultats d'un système de mesure sur une même caractéristique et le même produit sur une période de temps prolongée.

Ces trois points sont principalement dépendants du moyen de mesure et doivent être vérifiés périodiquement par l'entreprise. C'est le rôle de la « Gestion des moyens de mesure ».

Répétabilité : variations de mesures successives obtenues sur un même mesurande dans les mêmes conditions.

Reproductibilité : variations de mesures obtenues sur un même mesurande en faisant varier une condition.

Les parties « répétabilité » et « reproductibilité » dépendent principalement des 4M autres que « Moyen » dans le processus de mesure. Une bonne gestion des moyens de mesure dans une entreprise ne garantit pas la répétabilité et la reproductibilité, c'est pourquoi il faut effectuer une étude spécifique.

2.4. Gestion des moyens de mesure

Pour mesurer, on dispose d'un instrument. La première des vérifications à réaliser est de valider cet instrument. Pour cela, on doit vérifier :

- la justesse ;
- la linéarité ;
- la stabilité.

La plupart des entreprises ont mis en place dans le cadre de l'ISO 9000 une « Gestion des moyens de mesure » qui permet :

- d'identifier tous les instruments disponibles dans l'entreprise ;
- de rattacher les instruments aux chaînes d'étalonnage ;
- de planifier une vérification et un étalonnage avec un intervalle adapté de l'ensemble des instruments.

La plupart du temps, ces étalonnages sont sous-traités à des entreprises spécialisées.

Étude de linéarité

L'étude de linéarité consiste à étudier la linéarité de l'instrument de mesure à partir de plusieurs étalons dont la valeur est connue et garantie. Dans l'exemple (Figure 4.3) on a pris 5 étalons (5, 10, 15, 20, 25) qui ont chacun été mesurés 10 fois.

Étalon	Y	Étalon	Y	Étalon	Y	Étalon	Y	Étalon	Y
5	5,011	10	10,006	15	15,002	20	19,995	25	24,996
5	5,009	10	10,01	15	15,001	20	19,996	25	24,989
5	5,013	10	10,002	15	14,997	20	20,003	25	24,992
5	5,016	10	10,005	15	15,000	20	20,000	25	24,994
5	5,014	10	10,006	15	15,004	20	19,999	25	24,994
5	5,019	10	9,999	15	15,001	20	19,997	25	24,991
5	5,014	10	10,007	15	14,998	20	19,999	25	24,997
5	5,009	10	10,005	15	15,001	20	19,997	25	24,993
5	5,008	10	10,002	15	15,001	20	19,996	25	24,989
5	5,015	10	10,009	15	14,998	20	19,991	25	24,990

Figure 4.3. Données d'une étude de linéarité

En dessinant l'écart entre les valeurs et les étalons en fonction des valeurs des étalons, on peut visualiser l'erreur de linéarité et la dispersion de mesure sur un étalon (Figure 4.4).

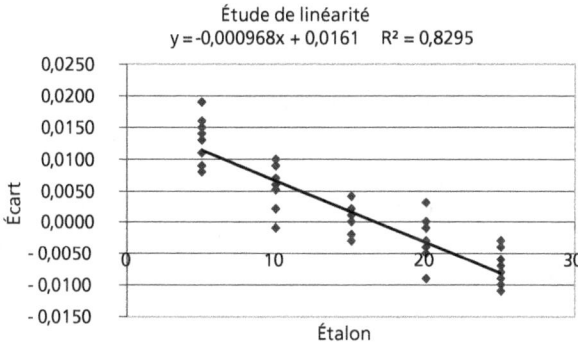

Figure 4.4. Étude de linéarité

Ce graphique est complété par deux études statistiques :

- Le test de Student (Figure 4.5) sur la caractéristique de la droite[1].

- L'analyse du biais (Figure 4.6) pour chaque position testée avec un test t pour savoir si ce biais est significatif. On compare la moyenne des mesures à la position

---

1. Le lecteur pourra se reporter au chapitre 5 « Analyser » dans lequel on détaille ce test et la régression linéaire.

théorique (valeur de l'étalon)[1]. On peut éventuellement compenser ce biais qui forme une erreur systématique.

Équation de régression : écart = 0,0161 – 0,000968 Étalon					
Prédicteur	Coefficient	Sigma	t	P	Interprétation
Constant	0,01612	0,001050	15,35	0,000	Le biais de 0,016 est significatif
Étalon	– 0,00097	0,00006334	– 15,28	0,000	L'écart de linéarité est significatif

Figure 4.5. Équation de régression

Étalon	Moyenne	Sigma	t	P	Biais
5	0,0128	0,001114	11,49	0,000	Significatif
10	0,0051	0,001059	4,82	0,001	Non significatif
15	0,0003	0,000667	0,45	0,664	Significatif
20	– 0,0027	0,001023	2,64	0,027	Significatif
25	– 0,0075	0,000885	8,47	0,000	Significatif

Figure 4.6. Biais par position (test de Student)

Interprétation

Dans notre exemple, l'instrument a une erreur de linéarité importante, doublée d'une dispersion de mesure autour de cet écart de linéarité, également importante. Ce test est réalisé à partir de pièces étalon, dans des conditions de laboratoire de métrologie. Pour être acceptable, l'instrument doit avoir un cumul d'erreurs de linéarité et de dispersion négligeable devant la tolérance que l'on cherche à mesurer.

Une étude de linéarité satisfaisante ne dispense pas de faire le test R&R que nous décrivons ci-dessous.

---

1. Le lecteur pourra se reporter également au chapitre 5 pour le détail du test *t* de Student.

2.5. Conduire une étude R&R – Cas des grandeurs mesurables

Le but de l'étude est de vérifier que la mesure réalisée n'est pas trop sensible au problème de répétabilité et de reproductibilité.

• Pour tester la répétabilité, on fait mesurer plusieurs fois par le même opérateur, sur la même caractéristique, la même mesure.

• Pour tester la reproductibilité, on identifie quelles conditions de mesure sont susceptibles de changer (opérateurs différents par exemple) et on réalise une mesure dans les deux conditions.

Il est également important de réaliser ce test sur plusieurs produits différents. En effet, il peut y avoir des écarts entre deux opérateurs qui dépendent de la pièce mesurée.

Exemple

Prenons l'exemple d'une mesure de diamètre sur un produit ayant un défaut de circularité réalisée par deux opérateurs. Le premier a comme habitude de prendre le diamètre maximal, alors que le second prend le diamètre moyen. Dans le cas d'un produit où le défaut de circularité est faible, il y aura peu d'écart entre les deux opérateurs mais, dans le cas d'un défaut important de circularité, les diamètres donnés par les deux opérateurs seront très différents.

Dans le cas général, une étude R&R se conduit à partir d'une dizaine de produits, mesurés au moins deux fois, par au moins deux opérateurs différents. Les opérateurs choisis pour réaliser ce test seront bien sûr ceux qui devront mesurer les produits lors du projet Six Sigma.

L'expérimentation va consister à mesurer la dispersion du processus de mesure afin de la comparer avec la variabilité attendue sur les produits (Intervalle de tolérance). On estime, en général, que la variabilité de mesure ne doit pas excéder 25 % de la variabilité attendue sur les produits. On calcule ainsi les indicateurs de capabilité du processus de contrôle (*Cpc* ou R&R %) :

$$Cpc = \frac{\text{Intervalle de tolérance}}{\text{Dispersion du processus de mesure}}$$

$$R\&R\% = 100\,\frac{\text{Dispersion du processus de mesure}}{\text{Intervalle de tolérance}}$$

Pour être acceptable, le *Cpc* doit être supérieur à 4 ou bien encore le R&R % doit être inférieur à 25 %. Dans les cas où la mesure est très délicate, on se satisfait d'un *Cpc* de 3. L'objectif de l'analyse R&R consiste à mesurer le terme « Dispersion de mesure ».

Variation d'une condition (opérateur)				
Tolérance : 7,7 ± 0,01	Opérateur 1		Opérateur 2	
	Mesures dans les mêmes conditions		Mesures dans les mêmes conditions	
N° Pièce	1re Mesure	2nde Mesure	1re Mesure	2nde Mesure
1	7,700	7,699	7,700	7,700
2	7,699	7,700	7,699	7,699
3	7,702	7,703	7,702	7,702
4	7,703	7,703	7,702	7,702
5	7,703	7,703	7,702	7,703
6	7,703	7,703	7,703	7,703
7	7,699	7,698	7,699	7,699
8	7,701	7,700	7,700	7,700
9	7,704	7,704	7,702	7,703
10	7,699	7,699	7,699	7,700

Figure 4.7. Étude R&R

L'analyse R&R va consister à analyser la décomposition de la variance totale par rapport aux différentes sources de dispersion[1] :

- les pièces sont différentes (écarts du mesurande) ;
- les opérateurs sont différents (reproductibilité) ;
- il peut y avoir une interaction entre les opérateurs et les pièces (reproductibilité) ;
- la variance est résiduelle (répétabilité).

---

1. Le lecteur trouvera plus de détails sur les principes de base de l'analyse de la variance dans le chapitre 5.

Soit Y_{ijr} représentant la mesure de l'opérateur i pour la pièce j lors de la répétition r. On considère que l'on a :

$$Y_{ijr} = \mu + \alpha_i + \beta_j + (\alpha\beta)_{ij} + \varepsilon_{ijr}$$

- μ représente la moyenne de l'ensemble des valeurs
- α_i représente l'effet (ou biais) dû à l'opérateur i
- β_j représente l'effet dû à la pièce j
- $(\alpha\beta)_{ij}$ représente l'effet dû à l'interaction opérateur/pièces
- ε_{ijr} représente l'erreur distribuée normalement avec une moyenne de 0 et une variance σ_z^2

L'additivité des variances nous donne : $\sigma_y^2 = \sigma_\alpha^2 + \sigma_\beta^2 + \sigma_{(\alpha\beta)}^2 + \sigma_\varepsilon^2$

Notations :

- a, nombre d'opérateurs ($a = 2$ dans l'exemple)
- b, nombre de pièces ($b = 10$ dans l'exemple)
- n, nombre de répétitions de mesures ($n = 2$ dans l'exemple)
- Y_{ijk} représente la mesure de l'opérateur i, sur la pièce j, pour la k^e répétition
- $Y_{...} = $ moyenne générale $= \dfrac{1}{abn}\sum_{i=1}^{a}\sum_{j=1}^{b}\sum_{k=1}^{n}Y_{ijk}$
- $\overline{Y}_{ij\cdot}$ représente la notation abrégée de $\dfrac{1}{n}\sum_{k=1}^{n}y_{ijk}$
- $\overline{Y}_{\cdot j\cdot}$ représente la notation abrégée de $\dfrac{1}{an}\sum_{i=1}^{a}\sum_{k=1}^{r}y_{ijk}$

Rappelons que l'analyse de la variance part de la décomposition de la somme totale des carrés des écarts de toutes les observations :

$$SS_T = SS_O + SS_P + SS_{OP} + SS_E$$

Avec :

- Somme des carrés opérateurs :

$$SS_O = bn\sum_{i=1}^{a}\left[\overline{Y}_{i\cdot\cdot} - \overline{Y}_{\cdots}\right]^2$$

- Somme des carrés pièces :

$$SS_P = an\sum_{j=1}^{b}\left[\overline{Y}_{\cdot j\cdot} - \overline{Y}_{\cdots}\right]^2$$

- Somme des carrés interactions :

$$SS_{OP} = n \sum_{i=1}^{a} \sum_{j=1}^{b} \left[\overline{Y}_{ij\bullet} - \overline{Y}_{i\bullet\bullet} - \overline{Y}_{\bullet j\bullet} + \overline{Y}_{\bullet\bullet\bullet} \right]^2$$

Le tableau d'analyse de la variance s'écrit de la façon suivante :

Source	SS²	ddl	Moyenne des carrés	Test stat
Pièces	SS_P	$v_P = b - 1$	$MS_P = \dfrac{SS_P}{b-1}$	$F_0 = \dfrac{MS_P}{MS_{OP}}$
Opérateurs (reproductibilité)	SS_O	$v_o = a - 1$	$MS_O = \dfrac{SS_O}{a-1}$	$F_1 = \dfrac{MS_O}{MS_{OP}}$
Interaction	SS_{OP}	$v_{OP} = (a-1)(b-1)$	$MS_{OP} = \dfrac{SS_{OP}}{(a-1)(b-1)}$	$F_2 = \dfrac{MS_{OP}}{MS_R}$
Résidus (répétabilité)	SS_R	$v_R = ab(n-1)$	$MS_R = \dfrac{SS_r}{ab(n-1)}$	
Total	SST	$v_T = abn - 1$	σ_{N-1}^2	

Figure 4.8. Tableau d'analyse de la variance

En cas d'interaction non significative, on fusionne l'interaction avec la dispersion résiduelle, les ratios MS_R, F_0 et F_1 se calculent alors par la relation :

$$MS_R = \frac{SS_r + SS_{OP}}{ab(n-1) + (a-1)(b-1)} \qquad F_0 = \frac{MS_P}{MS_R} \qquad F_1 = \frac{MS_O}{MS_R}$$

L'analyse du tableau d'ANAVAR nous permet de dissocier les différentes sources de variabilité.

À partir de ce tableau, on calcule les indicateurs de capabilité du processus de contrôle (Cpc & R&R %) :

$$Cpc = \frac{\text{Intervalle de tolérance}}{\text{R\&R}}$$

$$R\&R\% = 100 \frac{\text{R\&R}}{\text{Intervalle de tolérance}}$$

Source	Variance	Interprétation
Dispersion du moyen (répétabilité)	$D_{Répé} = 6\sqrt{MS_R}$	Représente l'importance des variations observées lors de mesures par un même opérateur sur une même pièce.
Dispersion opérateur	$D_O = 6\sqrt{\dfrac{MS_O - MS_{OP}}{bn}}$	Représente l'importance des variations observées par le même opérateur sur plusieurs pièces.
Dispersion de l'interaction	$D_{OP} = 6\sqrt{\dfrac{MS_{OP} - MS_R}{n}}$	Représente l'importance des différences observées sur les moyennes de plusieurs mesures par différents opérateurs sur différentes pièces.
Dispersion de reproductibilité	$D_{Repro} = \sqrt{D_O^2 + D_{OP}^2}$	Représente la reproductibilité qui est le cumul de la dispersion des opérateurs et de l'interaction.
Dispersion sur les pièces	$D_P = 6\sqrt{\dfrac{MS_P - MS_{OP}}{an}}$	Représente l'importance des variations observées sur une même pièce par plusieurs opérateurs.
Dispersion de l'instrument	$R\&R = \sqrt{D_R^2 + D_O^2 + D_{OP}^2}$	Représente la somme de toutes les dispersions indésirables.

Figure 4.9. Décomposition des dispersions

À partir des données de la Figure 4.7, nous aurions :

Source	Somme des carrés	ddl	Moyenne des carrés	F	F_{lim}	Signif.	Risque
Pièces	$SS_P = 0{,}0001166$	9	$V_P = 1{,}29E\text{-}5$	28,43	3,17	OUI	0,000
Opérateurs	$SS_O = 9E\text{-}7$	1	$V_O = 9E\text{-}7$	1,975	5,11	NON	0,193
Opé × Pièces	$SS_{OP} = 4{,}1E\text{-}6$	9	$V_{OP} = 4{,}5E\text{-}7$	2,278	2,39	OUI	0,060
Résidus (répétabilité)	$SS_r = 4E\text{-}6$	20	$Vr = 2E\text{-}7$				
Total	0,0001256	39	3,22E-6				

Figure 4.10. ANAVAR en tenant compte de l'interaction

L'analyse des sources de dispersion donne :

Source	Dispersion	% tolérance
Dispersion du moyen (répétabilité)	$D_{Répé} = 6\sqrt{2E-7} = 0.0026833$	13,42
Dispersion opérateur	$D_O = 6\sqrt{\dfrac{9E-7-4,55E-7}{10*2}} = 0,0008944$	4,47
Dispersion de l'interaction	$D_{OP} = 6\sqrt{\dfrac{4,55E-7-2E-7}{2}} = 0,0021448$	10,72
Dispersion de reproductibilité	$D_{repro} = \sqrt{0,0008944+0,002145^2} = 0,00232382$	11,62
Dispersion sur les pièces	$D_P = 6\sqrt{\dfrac{1,29E-5-4,55E-7}{2*2}} = 0,0106066$	53,03
Dispersion de l'instrument	$R\&R = \sqrt{D_R^2+D_O^2+D_{OP}^2} = 0,00354968$	17,75

Figure 4.11. Décomposition de la dispersion

Soit :

$$Cpc = \frac{\text{Tolérance}}{\text{R\&R}} = \frac{0,02}{0,00355} = 5,63$$

$$\text{R\&R\%} = 100\,\frac{\text{R\&R}}{\text{Tolérance}} = 100\,\frac{0,00355}{0,02} = 17,8\,\%$$

$Cpc > 4$, (ou R&R % < 25 %), l'instrument est jugé acceptable.

L'analyse de la variance nous fournit également de précieux renseignements, notamment grâce aux représentations graphiques (Figure 4.12).

• La contribution à la somme des carrés nous donne une information précieuse sur le ratio entre la part prise par les pièces (idéalement 100 % ici 53 %) et les parts respectives des opérateurs et de la répétabilité.

• La contribution à la variance de l'instrument nous donne la part de l'opérateur (reproductibilité) et de la variance résiduelle (répétabilité) dans $\sigma^2_{instrument}$, variance de l'instrument.

• Le graphe des effets (Figure 4.12), nous indique les effets respectifs des opérateurs et de la pièce.

• Le graphe des interactions montre la moyenne des mesures que chaque opérateur a trouvée sur les 10 pièces. S'il n'y a qu'un effet de l'opérateur (pas d'interaction), on devrait trouver des courbes parallèles.

• Le graphe des étendues nous indique éventuellement une mesure aberrante (étendue hors des limites de contrôle). Dans ce cas, il faudrait recommencer la mesure.

R&R par l'Analyse de la variance

Gage name:	montage P121	Reported by:	PPI
Date of study:	27/06/2003	Tolerance:	7.7+/- 0.01
		Misc:	

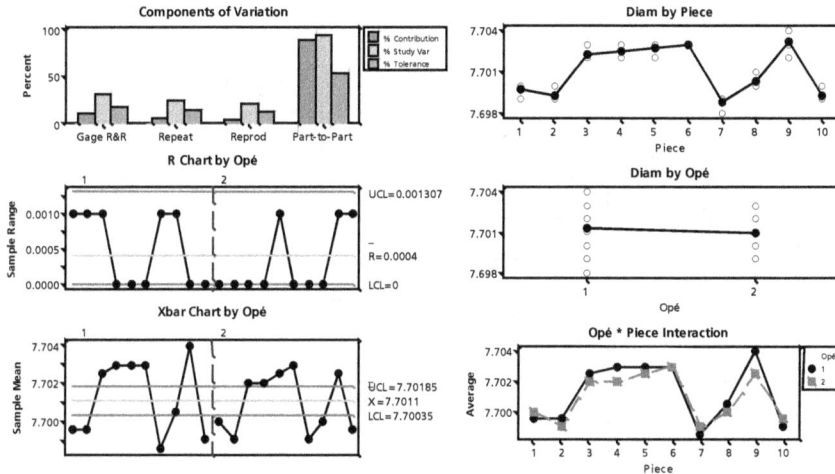

Figure 4.12. Résultat d'une analyse R&R[1]

2.6. Conduire une étude R&R – Cas des grandeurs non mesurables

Bien que l'on cherche toujours à disposer d'un moyen de mesure continu, il arrive que l'on ait besoin dans un projet Six Sigma de moyens non mesurables donnant une évaluation du résultat (Bon/Pas Bon) plutôt qu'un chiffre. Dans ce cas de figure, il faut néanmoins être capable d'analyser la répétabilité et la reproductibilité du processus de mesure.

L'étude R&R dans le cas de contrôle aux attributs se conduit de la même façon que dans le cas des mesures :

• on sélectionne au moins 15 produits ;

• on prend toutes les précautions pour éviter que les manipulations dégradent les produits tests ;

---

1. Les graphiques et analyses sont réalisés avec Minitab, logiciel d'analyse statistique : www.minitab.com

- chaque produit est examiné (si possible) par un groupe d'experts afin d'affecter un attribut au produit (par exemple conforme/Non-conforme). L'attribut peut éventuellement posséder plus de deux classes (par exemple une échelle de 1 à 5) ;
- chaque produit est évalué deux fois par au moins deux opérateurs.

On obtient ainsi le tableau :

N°	Réf	Opér1		Opér2		Pb répét.		Pb reprod.	
		Insp. 1	Insp. 2	Insp. 1	Insp. 2	Opér1	Opér2	Entre opér.	Avec réf.
1	C	C	C	C	C				
2	NC	NC	NC	NC	NC				
3	C	C	C	C	C				
4	C	C	C	C	C				
5	C	C	C	C	C				
6	C	C	C	C	C				
7	C	C	C	C	C				
8	C	C	C	C	NC		1		
9	C	C	C	C	C				
10	C	C	C	C	C				
11	C	C	C	C	C				
12	NC	NC	NC	C	C			1	
13	NC	NC	NC	NC	NC				
14	C	C	C	C	C				
15	C	C	NC	C	C	1			

Figure 4.13. Test R&R aux attributs

Interprétation

- Le produit 8 a posé un problème de répétabilité à l'opérateur 2.
- Le produit 15 a posé un problème de répétabilité à l'opérateur 1.
- Le produit 12 a posé un problème de reproductibilité aux opérateurs. L'opérateur 2 a été moins sévère que l'expert.
- Aucun produit n'a posé de problème de reproductibilité par rapport à la référence. Lorsque les opérateurs sont d'accord entre eux, ils sont également d'accord avec la référence.

On conduit alors une analyse statistique pour chaque opérateur (Figure 4.14). Pour être acceptable, le score de chaque opérateur doit être supérieur à 90 %. Dans l'exemple que nous avons pris, l'opérateur 2 atteint juste le critère à cause du problème de reproductibilité sur la pièce 12.

Les limites à 95 % forment l'intervalle de confiance à 95 % de la loi binomiale sur le score obtenu. Pour resserrer ces limites, il faut augmenter la taille de l'échantillon type.

	Opérateur 1	Opérateur 2
Total inspecté	2 x 15 = 30	2 x 15 = 30
Problèmes répétabilité	1	1
Problèmes vs expert	0	1
Plus sévère	0	0
Moins sévère	0	1
Total problèmes	1	3
95 % LSC	99,9 %	97,9 %
Score %	96,67 %	90,00 %
95 % LIC	82,8 %	73,5 %
Conclusion	Adapté	Limite

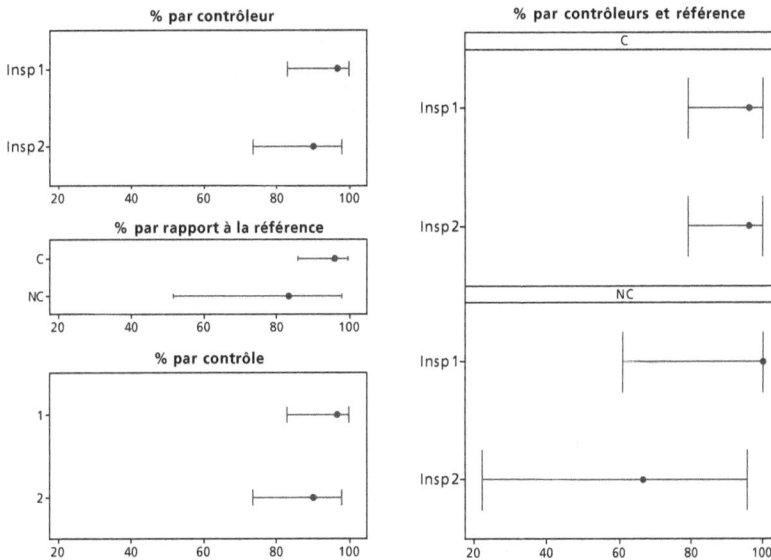

Figure 4.14. Analyse par opérateur

Cette analyse est complétée par une analyse globale (Figure 4.15) :

R&R par attributs
Analyse Globale

Le % de justesse global est-il acceptable ?

< 50%   100%

No [........................] Yes

93.3%

The appraisals of the test items correctly matched the standard 93.3% of the time.

Misclassification Rates

Overall error rate	6.7%
C rated NC	4.2%
NC rated C	16.7%
Mixed ratings (same item rated both ways)	6.7%

% Justesse par Contrôleur

Commentaires

Le taux global d'erreur est acceptable

Cependant le taux de NC classées comme conformes (16.7%) est élevé, un entraînement des contrôleurs peut améliorer ce score

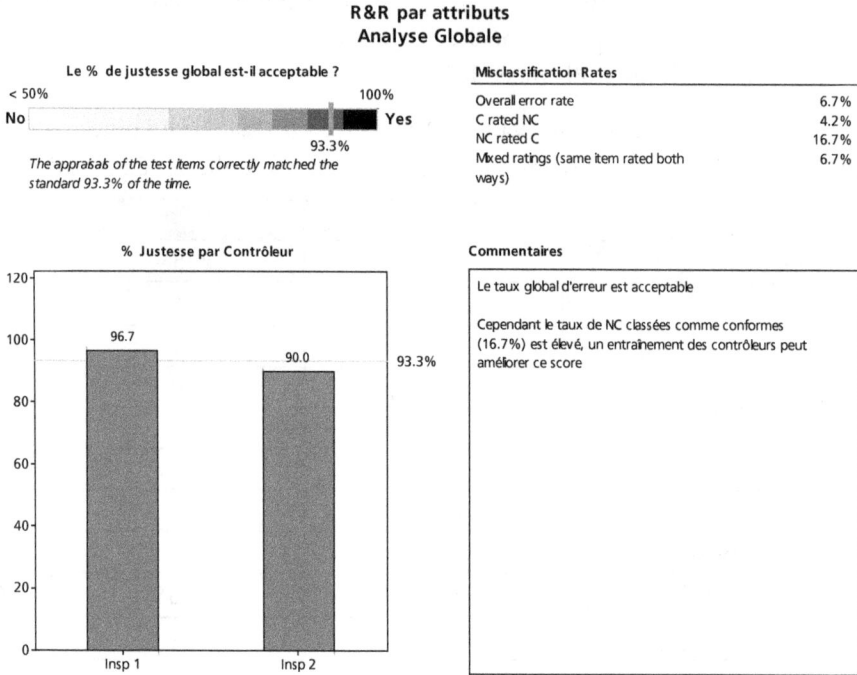

Figure 4.15. Analyse globale

L'analyse globale fait le cumul des problèmes de répétabilité et de reproductibilité. On peut ainsi calculer un score qui doit être supérieur ou égal à 80 % pour être acceptable. Le score de 93,3 % est calculé de la façon suivante :

$$\text{Score} = \frac{\text{Nombre de décision conforme}}{\text{Nombre de décision}} = \frac{56}{60} = 93,3\,\%$$

3. Mesurer le processus

La seconde phase de l'étape « Mesurer » va consister à réunir des informations mesurables sur le processus. Ces données peuvent provenir :

- de résultats disponibles sur le processus ;
- d'une campagne de mesures qui sera spécialement réalisée.

Cependant, pour favoriser la pertinence de ces mesures, on doit chercher à limiter la variabilité. Pour cela, on commence par améliorer le processus sans avoir besoin de statistiques, simplement en figeant le plus possible de facteurs suite à une analyse des 5M.

3.1. Analyse des 5M du processus

L'analyse doit commencer par une étude la plus exhaustive possible des sources de dispersion. Quelles sont les causes de la variabilité sur le processus source de non-satisfaction des clients ? On recherchera tous les X influents sur le centrage et sur la dispersion de Y.

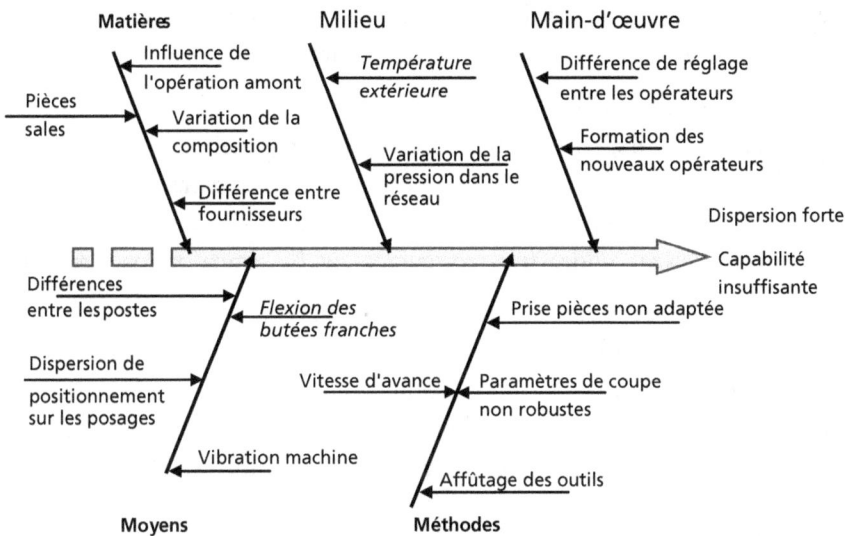

Figure 4.16. Diagramme des 5M

Un des outils d'analyse les plus utilisés est le diagramme en arête de poisson (diagramme d'Ishikawa). On identifie cinq causes fondamentales de variabilité :

- **Main-d'œuvre** directe ou indirecte du processus ;
- **Moyens** mis en œuvre (machine, outillage) ;
- **Méthodes** retenues pour la conduite du processus ;
- **Matières** utilisées ;
- **Milieu** dans lequel le processus évolue.

Il n'y a pas lieu de rajouter d'autres M comme cela est parfois écrit. La mesure n'est pas un M supplémentaire mais un autre processus avec ses propres 5M qui doit être maîtrisé, et le management rentre dans la main-d'œuvre.

À partir de cette analyse, on doit identifier les éléments pour lesquels on a la garantie qu'ils ont une faible influence sur la variabilité. On fait par exemple apparaître en couleur ces éléments. Dans l'exemple présenté, deux éléments seulement étaient maîtrisés :

- *température extérieure* ;
- *flexion des butées franches.*

3.2. Figer les éléments non maîtrisés

Une des premières tâches d'amélioration de Six Sigma commence dès l'analyse des 5M. Il s'agit de « Ramasser les fruits au pied de l'arbre ».

En effet, avant de mettre en place de grosses améliorations (« Aller chercher les fruits au sommet de l'arbre ») qui se feront dans l'étape « Innover/Améliorer », on doit chercher à maîtriser la variabilité en bloquant le plus possible toutes les petites sources de variabilité. L'analyse des 5M nous montre qu'il existe de nombreuses sources de variabilité qui peuvent être bloquées à moindres frais très rapidement. Ce serait dommage de s'en priver.

Figer les éléments non maîtrisés consiste à passer en revue l'ensemble des sources de variabilité qui a été identifié (décentrage et dispersion), et à trouver pour chacune s'il existe une solution simple permettant de réduire cette variabilité à moindres frais. Le tableau présenté ci-après (Figure 4.17) montre quelques exemples simples de réduction de variabilité qui ont été réalisés à partir du diagramme des 5M (Figure 4.16).

Source de variabilité	Solution envisagée
Différence de réglage entre les opérateurs	Rédaction d'une fiche de poste formalisant le réglage
Formation des nouveaux opérateurs	Mise en place d'une formation au poste
Variation de la pression dans le réseau	Mise en place d'un dispositif d'amortissement des variations de pression
Pièces sales	Modification de la gamme → passage systématique en machine à laver

Figure 4.17. Réduction des sources de variabilité

Voici les principaux moyens pour figer les paramètres :

- modifier le processus pour figer une position ;
- fixer les valeurs des constantes, les paramètres processus même là où il n'y a – *a priori* – pas l'influence lorsque cela ne coûte rien ;

- améliorer les procédures ;
- figer davantage de consignes ;
- systématiser la façon de faire ;
- formaliser la façon de faire sur des documents et vérifier l'application.

À partir de ces actions, on constate généralement une réduction importante de la variabilité. Cette réduction du « bruit » permettra de mieux faire ressortir dans l'étape « Analyser » les X susceptibles de faire progresser de façon importante le processus.

3.3. Mettre en œuvre une campagne de relevés

La mise en œuvre d'une campagne de relevés s'appuie sur la cartographie détaillée du processus réalisée à l'étape précédente, et qui peut être encore affinée à cette étape. On utilise également l'analyse des 5M du processus. À l'issue de ce travail, on doit avoir une idée précise des éléments pouvant expliquer les variations sur le Y du processus. La campagne de relevés de données doit avoir pour objectif de collecter les mesures qui permettront d'apporter la preuve statistique.

Les relevés doivent permettre :

- de mesurer le z du processus (sur le Y) ;
- d'établir des relations entre les X et les Y, d'où l'importance de pouvoir repérer par produits quels sont les X et les Y.

Pour pouvoir mettre en œuvre une campagne de relevés efficace, il faut déjà connaître les analyses que l'on veut réaliser à partir de ces données. Cette étape est très consommatrice en termes de délai dans le projet ; il est donc très important de ne pas avoir à réaliser plusieurs séries consécutives de campagnes de relevés.

Dans l'exemple (Figure 4.16), plusieurs sources de variabilité potentielle ont été soulevées (fournisseurs, postes...) sans que l'on ait prouvé réellement leur influence. La campagne de relevés devra permettre de mettre en évidence l'influence de ces différents facteurs. À cette fin, on doit réaliser un tableau de données mettant en relation le Y (la réponse) avec les X potentiels (fournisseurs, postes...). Pour résumer l'ensemble des X à collecter, on réalise un « Plan de collecte de données » très détaillé à partir d'un QQOQCP.

N°	Quoi			Qui		Où	
	Caractéristique mesurée	Type de mesure	Unité de mesure	Responsable de la mesure	Réalise la mesure	Étape du processus	Stockage de la mesure
1	PH	Chimique		PBO	Opérateur	Préparation	Excel
2	Chlore		ppm	PBO	Opérateur	Préparation	Excel
3	Température		°C	ALU	Opérateur	Réalisation	Excel
4	Viscosité		mPa.s	ALU	ALU	Réalisation	Excel
5	Couleur	LAB		ALU	Opérateur	Réalisation	Excel

Quand			Pourquoi
Période	Date/heure	Fréquence	Pourquoi cette mesure est nécessaire
Juin et juillet		Chaque lot	Incidence sur le Y probable à démontrer
Juin et juillet		Chaque lot	Incidence sur le Y probable à démontrer
Juin et juillet		Chaque boîte	Incidence sur le Y probable à démontrer
Juin et juillet		Chaque boîte	Y du processus
Juin et juillet		Chaque boîte	Y du processus

Comment			Combien	
Processus de mesure utilisé	Capabilité de ce processus	Précautions à prendre	Taille des échantillons	Nb de mesures nécessaire
Colorimétrie	Inconnu			30
	Inconnu			30
	Cpc 5,2			30
Viscosimètre Stabinger SVM 3000	1 %			30
CIELab PCE-TCD 100	Inconnu			30

Figure 4.18. Plan de collecte de données

Pour simplifier le travail de relevé, on utilise des feuilles de relevés.

Une feuille de relevés doit être conçue pour être très simple d'utilisation et demander le moins d'écriture possible (ou de saisies dans le cas de feuille informatique). Dans l'exemple (Figure 4.19), l'opérateur entourera simplement le fournisseur concerné et le numéro de poste, et écrira la valeur de Y.

N° relevé	Fournisseurs		N° poste				...	Y obtenu
1	Ⓐ	B	1	②	3	4	...	10,25
2	A	Ⓑ	1	2	3	④	...	10,27
...	...			...			...	...
n	Ⓐ	B	1	②	3	4	...	10,22

Figure 4.19. Feuille de relevés

Les relevés formeront un échantillon permettant d'analyser le comportement du système et de déterminer sa performance aux travers des indicateurs de capabilité. Pour pouvoir remplir ce rôle, un échantillon doit :

- **être représentatif.** Il est préférable de faire plusieurs échantillonnages de petite taille à des moments différents plutôt qu'un seul prélèvement important à un moment précis. Cela permet d'éviter que des données soient biaisées par une configuration particulière, et aussi d'observer d'éventuelles dérives dans le temps. Lorsque plusieurs machines sont impliquées dans le projet, il convient de relever des données pour chacune. L'échantillonnage retenu doit donc couvrir tout le périmètre (lieu) pour toute la période (temps).

- **avoir un nombre suffisamment important de valeurs.** Il sera très difficile de tirer des conclusions significatives à partir d'une dizaine de valeurs. Plus il y a de valeurs et plus les résultats seront pertinents. Pour donner un ordre de grandeur, une trentaine de données est nécessaire pour calculer le z du processus. Cependant, si la mesure est discrète, la taille des échantillons peut être beaucoup plus importante. Pour déterminer la taille nécessaire, il faut identifier les risques alpha et bêta sur les tests que l'on veut réaliser[1].

---

1. Le lecteur se reportera au chapitre 5 pour plus de détails sur ces deux risques.

4. Estimer le z du processus

4.1. Cas des défauts mesurables

Lorsque l'on dispose d'un processus de mesure, on veut identifier le niveau de qualité atteint. Pour cela, on doit mesurer le z du procédé. Rappelons que l'objectif d'une démarche Six Sigma est d'atteindre un z supérieur à 6, ce qui correspond à moins de 6,4 défauts par million d'opportunités.

4.1.1. Représentation graphique des Y

Pour pouvoir calculer le z du processus, il faut disposer d'un certain nombre de valeurs de Y (au moins une trentaine). Le premier travail consiste à représenter ces données sous forme graphique.

Le diagramme des fréquences (Figure 4.20) est une première représentation. Son inconvénient est de donner une image difficilement interprétable lorsque les données sont étalées selon une grande plage de mesure.

Diamètre 7,7 ± 0,03									
7,682	7,696	7,706	7,702	7,711	7,706	7,711	7,717	7,703	7,702
7,705	7,714	7,703	7,698	7,711	7,698	7,704	7,689	7,717	7,710
7,695	7,711	7,696	7,724	7,708	7,694	7,703	7,703	7,699	7,711
7,703	7,692	7,709	7,704	7,703	7,702	7,708	7,703	7,702	7,700
7,703	7,703	7,699	7,700	7,712	7,692	7,708	7,695	7,706	7,712

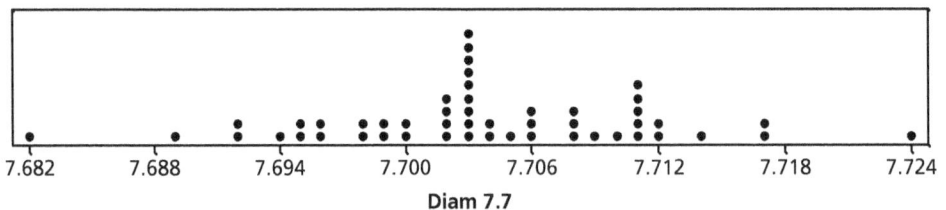

Figure 4.20. Diagramme des fréquences

Pour les raisons qui viennent d'être dites, on lui préfère la représentation sous forme d'histogramme (Figure 4.21) qui donne une meilleure image de la répartition des valeurs.

Histogramme du Diam 7.7
Normal

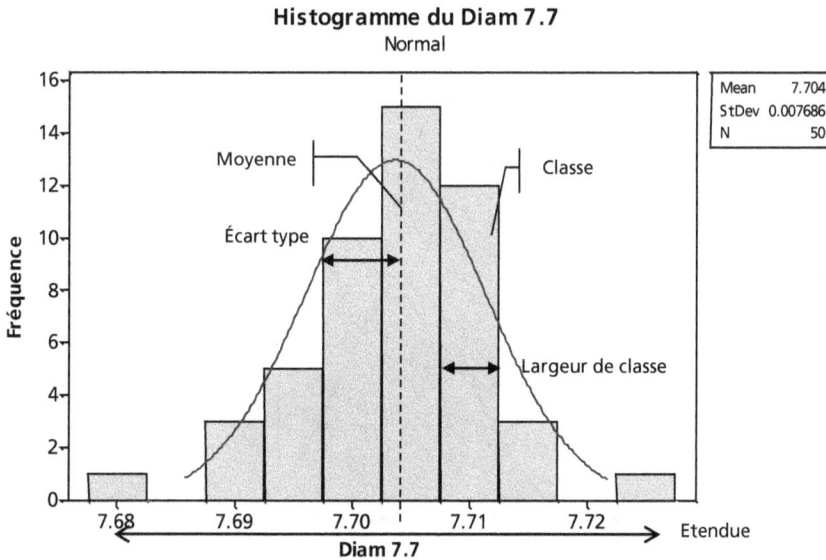

Figure 4.21. Histogramme

Définition

Un histogramme est un diagramme à barres (rectangles) contiguës dont les aires sont proportionnelles aux fréquences.

Chaque rectangle correspond à un regroupement en *classe*. Le nombre de classes N_C est proportionnel au nombre de valeurs N; on prend en général $N_C = \sqrt{N}$ ou $N_C = 1 + \dfrac{10\log(N)}{3}$

La largeur de classe doit correspondre à un multiple de la résolution de l'instrument de mesure. Ainsi, sur l'histogramme (Figure 4.21), la largeur de classe est égale à 0,005 pour un instrument de mesure qui donnait des valeurs avec une résolution de 0,001.

4.1.2.   Calcul des paramètres de position et de dispersion

Une fois que l'on dispose de ces données, on va chercher à qualifier la position et la variabilité de la population. Pour qualifier cette position, on calcule la moyenne $\overline{X}$ et, pour la dispersion, on calcule l'écart-type S. D'autres calculs peuvent être réalisés tant en dispersion qu'en position, nous y reviendrons au chapitre 5 en détaillant également davantage les lois de distribution des moyennes et des écarts-types.

$$\overline{X} = \frac{\sum\limits_{i=1}^{n} X_i}{n} \qquad \sigma_{n-1} = S = \sqrt{\frac{\sum\limits_{i=1}^{n}\left(X_i - \overline{X}\right)^2}{n-1}}$$

Loi de Gauss :

$$\frac{1}{\sigma\sqrt{2\pi}} e^{-\frac{1}{2}\left(\frac{X-\mu}{\sigma}\right)^2}$$

Modèle : loi de Gauss
Moyenne µ ?
Écart-type σ ?

Moyenne µ

Écart-type σ

Point d'inflexion

Observation d'un
échantillon
Moyenne $\overline{X}$
Écart-type S

Étendue

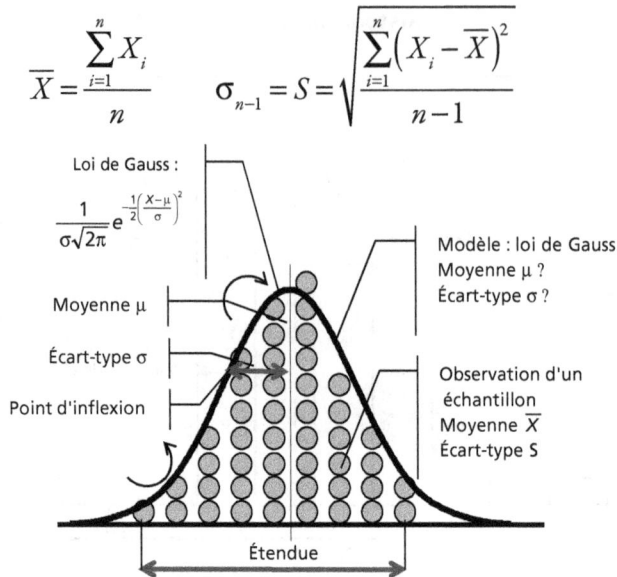

Figure 4.22. Distribution de Laplace-Gauss

$\overline{X}$ est un *estimateur* de la valeur de la moyenne de la population µ. En effet, un autre échantillonnage issu de la même population donnerait une valeur différente de $\overline{X}$ pour une valeur µ inchangée.

De même, S est un estimateur de la vraie valeur de l'écart-type σ. D'un point de vue pratique, l'écart-type dans une courbe de Gauss représente la distance entre la moyenne et le point d'inflexion de la courbe.

D'une façon générale, on utilise les lettres grecques (µ, σ) pour parler de la population et les lettres latines $(\overline{X}, S)$ pour parler des échantillons.

4.1.3. Dispersion court terme et dispersion long terme

Dans un processus, on dissocie deux types de dispersion (Figure 4.23) :

- la dispersion « court terme » qui est une caractéristique intrinsèque du processus ;
- la dispersion « long terme » qui dépend de la dispersion court terme et de la façon dont on pilote le processus.

Lorsque l'on calcule un écart-type, il faut bien savoir si on calcule un écart type court terme ou un écart type long terme. La différence n'est pas due à la formule, qui est toujours la même, mais aux données sur lesquelles on applique la formule.

Par exemple un prélèvement de 30 relevés est réalisé de façon régulière sur une semaine de production pour calculer l'écart-type, un autre, de 30 relevés également, représente cinq minutes de production. En appliquant la même formule sur les deux prélèvements, on trouvera des choses très différentes : le premier sera un écart-type long terme alors que le second sera un écart-type court terme.

Le z du processus correspond à la dispersion court terme.

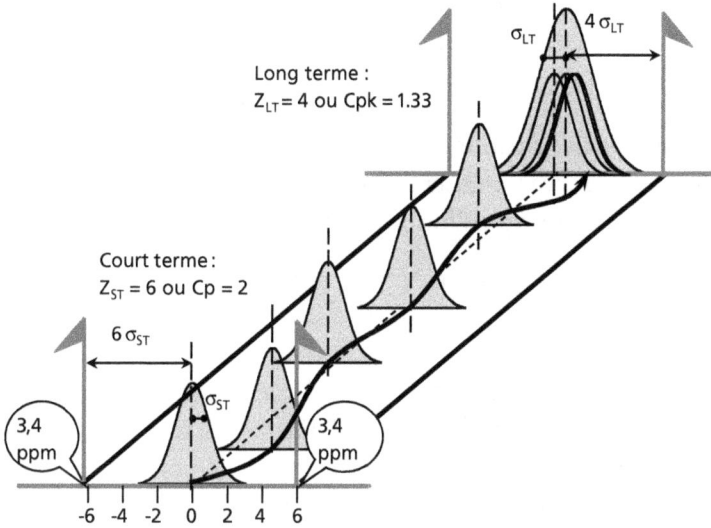

Figure 4.23. Sigma court terme et long terme

L'objectif Six Sigma est d'obtenir une capabilité court terme telle que z soit supérieur à 6. Dans l'approche Six Sigma classique, il n'y a pas d'exigence sur le niveau de capabilité long terme à atteindre. Cependant, les entreprises qui pratiquent de manière intensive la méthode demandent, en général, une performance du processus telle que $Z_{LT} = 4$, ce qui correspond à un *Ppk = 1,33* (on définira au paragraphe 5 de ce chapitre la notion de *Ppk*).

4.1.4.   Détermination du z à partir d'un échantillon

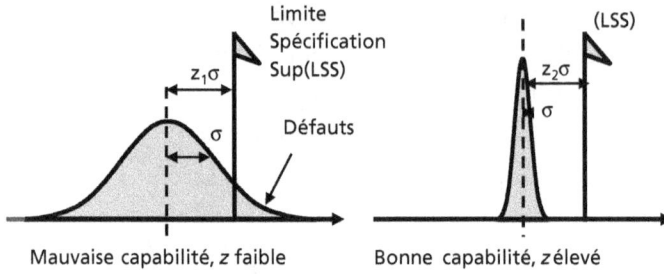

Figure 4.24. Loi normale et capabilité

Un processus sera *capable* de donner satisfaction aux clients si sa dispersion est faible devant la tolérance. Pour caractériser la dispersion, on a vu que le meilleur indicateur était l'écart-type. Il est donc possible de caractériser la capabilité du processus par le ratio :

$$z = \frac{LSS - \overline{X}}{\sigma}$$

Dans le cas où il existe une spécification Sup et Inf, on peut calculer un z pour chaque spécification. Plus le z sera grand, plus la spécification sera éloignée de la moyenne. On peut ainsi donner une relation entre le z et le % de non-conformes. L'exemple donné en Figure 4.25 donne une mesure de la dispersion court terme d'un processus.

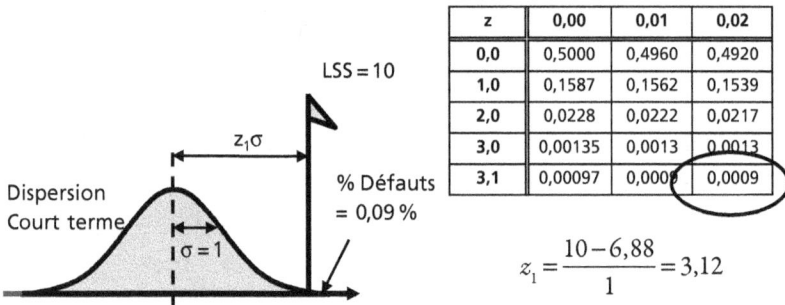

z	0,00	0,01	0,02
0,0	0,5000	0,4960	0,4920
1,0	0,1587	0,1562	0,1539
2,0	0,0228	0,0222	0,0217
3,0	0,00135	0,0013	0,0013
3,1	0,00097	0,0009	0,0009

$$z_1 = \frac{10 - 6,88}{1} = 3,12$$

Figure 4.25. Relation entre le z et la proportion hors tolérance

Pour un z donné, dans le cas d'une loi de distribution de Gauss, on peut déterminer facilement la proportion de non-conformes en utilisant la table de la loi normale donnée en T2 au chapitre 10. Dans l'exemple (Figure 4.25), le $z_1 = 3,12$ correspond à une proportion de non-conformes de 0,0009, soit 0,09 %. Cette valeur est la proportion hors tolérance court terme.

© Groupe Eyrolles

Dans le cas de tolérances bilatérales (Min et Max) lorsqu'un procédé est centré, la représentation (Figure 4.26) donne les proportions de non-conformes en fonction du z.

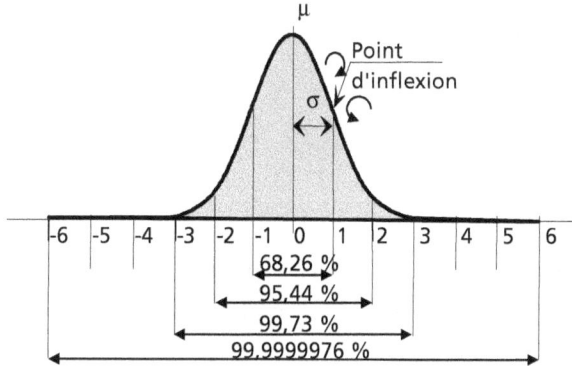

Figure 4.26. Relation entre le z et la proportion de non-conformes

Ainsi entre $\pm\, 3\sigma$, on a 99,73 % de la population, et seuls 2 produits par milliard excèdent $\pm\, 6\sigma$.

Définition de la dispersion: la dispersion du procédé est définie par l'intervalle $\pm\, 3\sigma$.

4.1.5. Calcul du $z_{process}$ en tenant compte d'un décentrage

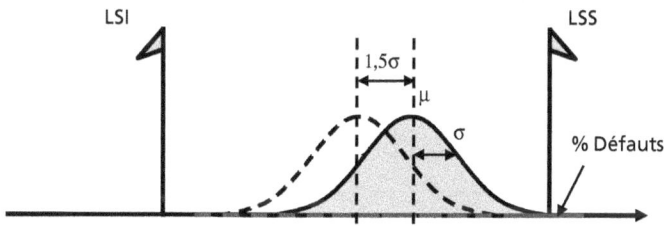

Figure 4.27. Calcul de z en tenant compte d'un décentrage de 1,5 σ

Pour déterminer le z du processus, il faut tenir compte des décentrages inévitables qui vont se produire au cours de la vie du processus. Même avec les méthodes de pilotage par carte de contrôle que nous développerons au chapitre 7 « Contrôler/Maîtriser », on ne sait pas bien détecter un décentrage inférieur à 1,5 écart-type. Le lecteur averti pourra vérifier sur les courbes d'efficacité des cartes de contrôle de Shewhart qu'avec une taille d'échantillon de 5, la probabilité de ne pas détecter un décentrage de $1,5\sigma$ est de 37,4 %. De manière arbitraire, on enlève 1,5 écart-type au z court terme (z_{ST}) pour déterminer la proportion de non-conformes sur le long terme. Ce qui permet de déterminer le tableau des non-conformités en fonction du z_{ST} (Figure 4.28).

Application : estimation du taux de non-conformes à partir du z court terme

Reprenons les données de la Figure 4.25.

On avait calculé un z court terme de $z_{ST} = 3{,}12$. Le tableau donne entre 2,3 % $(z_{ST} = 3{,}5)$ et 6,7 % $(z_{ST} = 3{,}0)$ de défauts alors que nous avions calculé 0,09 % sur le court terme.

Pour calculer la proportion hors tolérance il faut tenir compte du décentrage de 1,5 écart-type que l'on peut craindre sur le long terme, On calcule alors :

$$z_{LT} = z_{ST} - 1{,}5 = 3{,}12 - 1{,}5 = 1{,}62$$

La table de Gauss nous donne alors la proportion de 5,26 % pour un z_{LT} de 1,62.

Niveau de qualité z_{ST}	Ppm centré dans les tolérances	Niveau de qualité z_{LT}	Ppm avec un décalage de 1,5	% avec un décalage de 1,5
1	317 310,52	−0,5	697 672	69,767 %
1,5	133 614,46	0	501 350	50,135 %
2	45 500,12	0,5	308 770	30,877 %
2,5	12 419,36	1	158 687	15,869 %
3	2 699,93	1,5	66 811	6,681%
3,5	465,35	2	22 750	2,275 %
4	63,37	2,5	6 210	0,621 %
4,5	6,80	3	1 350	0,135 %
5	0,574	3,5	233	0,0233 %
5,5	0,03807	4	32	0,0032 %
6	0,00198	4,5	3,4	0,0003 %
6,5	0,00008	5	0,29	–
7	0,00000	5,5	0,019	–
7,5	0,00000	6	0,0010	–
8	0,00000	6,5	0,000040	–

Figure 4.28. Défauts par million en fonction du niveau de qualité z

4.2. Cas des critères mesurables qui ne suivent pas une loi normale

Dans un certain nombre de cas, la loi de distribution ne suit pas une loi normale. Pour s'en rendre compte, on fait un test de normalité qui sera présenté au chapitre 5 « Analyser ». En cas de non-normalité, on dispose de deux solutions pour calculer la proportion de non-conformes :

- utiliser une autre loi que la loi normale ;
- transformer les données pour se ramener à une distribution normale.

4.2.1. Utilisation de lois de distribution différentes

Il existe de nombreuses lois de distribution autres que la loi normale qui permettent de modéliser le comportement d'une variable aléatoire. On peut citer par exemple :

- la loi Log normale ;
- la loi de Weibull ;
- la loi exponentielle.

Analyse de capabilité de Y

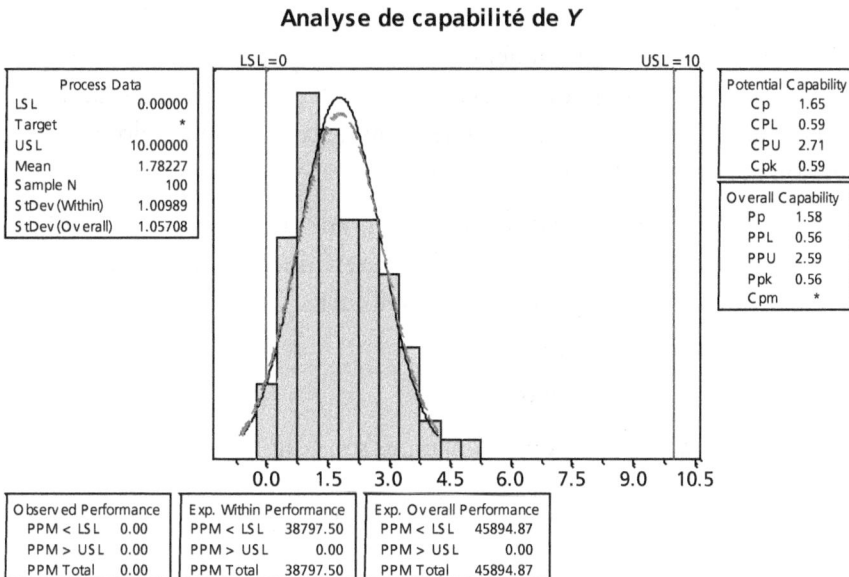

Analyse de capabilité *Y*
Distribution de Weiibull

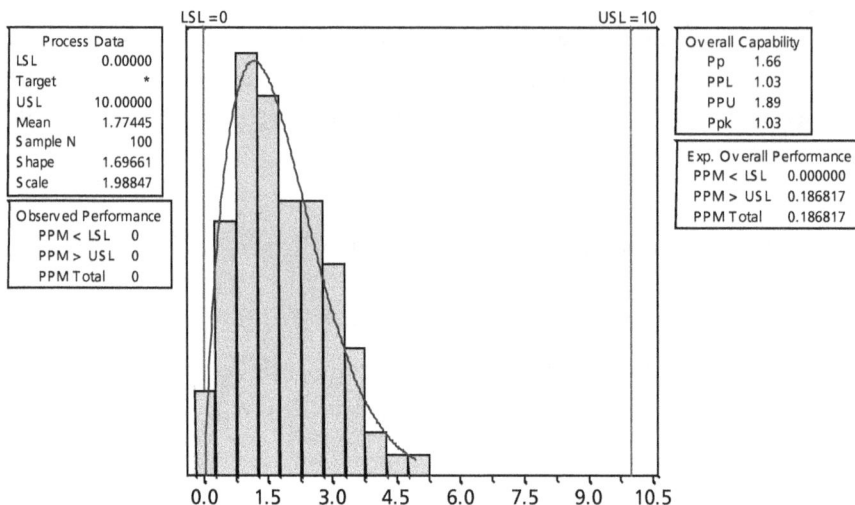

Figure 4.29. Distribution de Weibull

Dans cet exemple (Figure 4.29) on observe une répartition de Weibull traitée avec une loi normale. Alors que physiquement on ne peut pas avoir de valeur négative, la loi normale trouve 45 894 ppm en dessous de la valeur 0. La modélisation du comportement par la loi de Weibull permet de résoudre ce problème et donne une loi de distribution qui s'adapte mieux à l'histogramme.

La loi de Weibull est une loi de distribution souvent utilisée en fiabilité qui permet de représenter différentes formes de distribution en fonction des paramètres de la loi (Figure 4.30). Il existe deux types de loi de Weibull :

- la loi de Weibull à 2 paramètres ;
- la loi de Weibull à 3 paramètres.

Nous détaillerons la loi de Weibull à 2 paramètres, dont la fonction de distribution cumulative de la loi est la suivante :

$$F(x) = 1 - e^{-\left(\frac{x}{\eta}\right)^{\beta}}$$

La fonction de densité de probabilité est :

$$f(t) = \left(\frac{\beta}{\eta^{\beta}}\right) x^{\beta-1} e^{-\left(\frac{x}{\eta}\right)^{\beta}}$$

© Groupe Eyrolles

Avec :

- x : point considéré de la distribution
- $F(x)$: cumul du pourcentage de la répartition
- e : constante = 2,718
- η : paramètre d'échelle de la distribution (pseudo écart-type)
- β : paramètre de forme de la distribution

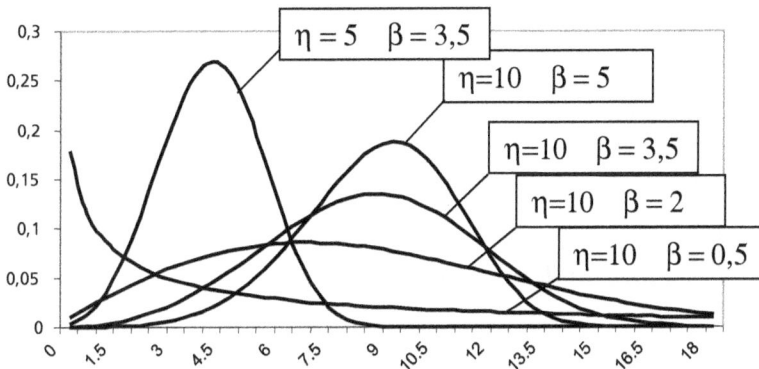

Figure 4.30. Différentes lois de Weibull

- Le choix du paramètre β sera très important pour définir le type de distribution modélisé par la loi de Weibull.
- Le choix du paramètre η définit le changement de l'échelle de la distribution.

Toute la difficulté dans l'utilisation de la loi de Weibull réside dans l'estimation des paramètres. Plusieurs méthodes permettent d'y satisfaire, des méthodes manuelles en utilisant un papier spécial de Weibull jusqu'aux méthodes numériques fondées sur la régression linéaire ou le maximum de vraisemblance.

4.2.2. Transformation mathématique des valeurs

Une autre approche consiste à réaliser une transformation mathématique de la grandeur afin de la ramener à une loi normale. Les principales transformations sont :

- $Y' = Log\,Y$ – utilisé dans le cas de mesure de pression de vide par exemple ;
- $Y' = Y^{\lambda}$ – appelé « transformation de Box » ; les logiciels statistiques disposent d'algorithmes permettant de trouver la valeur du coefficient λ qui optimise la transformation.

Exemple de transformation de Box

Un relevé de données a conduit à l'histogramme présenté ci-après (Figure 4.31) qui, visiblement, ne suit pas une loi normale. Après transformation des données par la relation $Y1 = Y^{0.3}$, on trouve le second histogramme qui suit une loi normale.

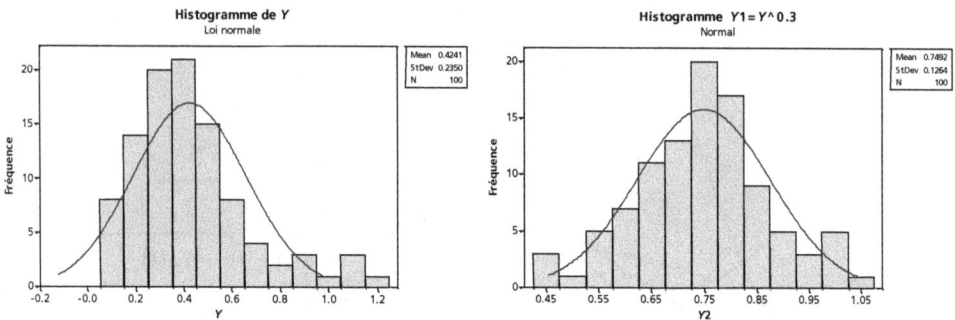

Figure 4.31. Distribution non normale et transformation de Box

Pour calculer la probabilité de produits hors spécification, on utilise dans ce cas la réponse *Y1* plutôt que la réponse *Y*.

4.3. Cas des critères non mesurables

4.3.1. Deux cas de figure

Dans le cas de défaut non mesurable tel qu'un défaut d'aspect, on ne sait pas calculer une moyenne et un écart-type. Il n'est donc pas possible de calculer le z du procédé par les méthodes exposées précédemment.

Pour estimer malgré tout le niveau de qualité atteint, on va convertir le nombre de pièces défectueuses par million en nombre de sigma. On va dissocier deux cas de figure :

- le cas où l'on traite le nombre de Défauts Par Unité (DPU) ;
- le cas où l'on traite le nombre de Défauts Par Opportunité (DPO).

La notion de DPO a été introduite pour tenir compte de la complexité des produits à réaliser.

Exemple

Soit une chaussure sur laquelle on a deux opportunités de défauts (semelle décollée et couture décousue). Sur une journée de production de 500 chaussures, on a trouvé 5 défauts de semelles et 25 défauts de couture.

- DPU = 30/500 = 6 %
- DPO de 30/1 000 = 3 % car il y a 1 000 (500 x 2) opportunités de défauts.

On pourra ainsi mieux comparer les niveaux de qualité atteints par deux produits de complexité différente comportant par exemple une opportunité de défaut pour le premier et dix opportunités de défaut pour le second.

4.3.2. Défaut par unité (DPU)

Dans le cas des défauts non mesurables par unité, on caractérise le défaut par le ratio entre le nombre de défauts et le nombre d'unités réalisées. L'évaluation du z du processus est relativement simple à partir du tableau T1 du chapitre 10 et également dans le tableau présenté en Figure 4.28.

Exemple

Un processus génère 0,5 % de défaut par unité, soit 5 000 ppm (pièces par million). La lecture du tableau T1 nous donne un z compris entre 4 et 4,2. Pour calculer une valeur plus exacte du z, on peut utiliser l'équation d'approximation suivante :

$$z = 0,8406 + \sqrt{29,37 - 2,221 \times \ln(ppm)}$$

Ce qui donne pour 5 000 ppm une valeur de $z = 4,07$.

Calcul du z à partir d'un tableur

Pour calculer le z, on doit calculer le z d'un processus équivalent qui suivrait une loi normale avec un décalage de *1,5* écart-type et qui donnerait un pourcentage de défauts de *5 000 ppm*.

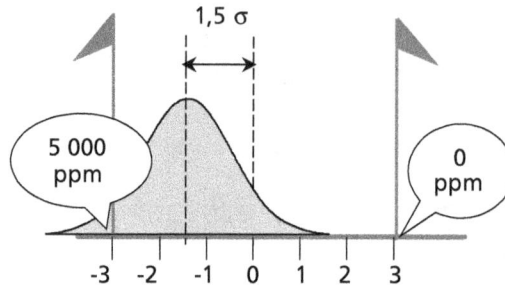

Figure 14.2. Six Sigma en tenant compte d'un décentrage de 1,5 sigma

En utilisant la fonction *loi.normale.standard.inverse(0,005)* on trouve le $z_{LT} = 2,57$, auquel il convient de rajouter le décalage de *1,5*.

Ce qui donne : $z_{ST} = 2,57 + 1,5 = 4,07$

Remarque

Le $z_{court\ terme}$ (z_{ST}) est parfois appelé $z_{process}$. Le $z_{long\ terme}$ (z_{LT}) est alors appelé $z_{équivalent}$.

Relations

Nombre de défauts $= D$

Nombre d'unités $= U$

Défaut par unité $= DPU = D/U$

$z_{équivalent} = z_{long\ terme} = z$ d'une loi normale $\mathcal{N}(0,1)$ pour p = DPU

$z_{court\ terme} = z_{équivalent} + 1,5$

4.3.3.   Défaut par opportunité (DPO)

Dans le cas d'un suivi des non-conformités, la performance n'est pas la même si l'on travaille sur un produit très simple n'ayant qu'une seule opportunité de défaut ou si l'on travaille sur un produit complexe comprenant dix opportunités de défaut. Si l'on veut pouvoir faire des comparaisons entre plusieurs processus ayant des niveaux de complexité différents, il est parfois intéressant d'utiliser la notion de DPO plutôt que d'utiliser la notion de DPU.

Le tableau présenté ci-après (Figure 4.32) donne un exemple de calcul du z à partir des DPO :

Nbre de produits P	Nbre de défauts D	DPU D/U	Nbre opportunités Op	DPO D/(UxOp)	p' $1-e^{-DPO}$	$z_{équiva}$ z_e	$z_{process}$ $z_e + 1,5$
500	14	0,028000	25	0,00112	0,00112	3,06	4,56
2 563	25	0,009754	1	0,00975	0,00971	2,34	3,84
1 462	1	0,000684	5	0,00014	0,00014	3,64	5,14
250	4	0,016000	1	0,01600	0,01587	2,15	3,65
120 000	12	0,000100	5	0,00002	0,00002	4,11	5,61

Figure 4.32. DPO et DPU

Relations

Nombre de défauts = D

Nombre d'unités = U

Opportunités pour un défaut = O

Défaut Par Unité = $DPU = D/U$

Défaut Par Opportunité = DPO = $DPU/O = D/(UxO)$

Défaut Par Million d'Opportunités = $DPMO = DPO \times 10^6$

Proportion d'unités défectueuses = $p' = 1 - e^{-DPO}$

$z_{équivalent} = z_{long\,terme} = z \sim \mathcal{N}(0,1)$

$z_{process} = z_{court\,terme} = z_{équivalent} + 1,5$

Pour trouver le z dans ce cas de figure, il faut déterminer le pourcentage d'unités défectueuses, qui n'est pas forcément égal au nombre de défauts. En effet, une même unité peut comporter plusieurs défauts.

p' est déterminé à partir de la loi de Poisson en calculant la probabilité d'avoir un produit ayant zéro défaut (e^{-DPO}), sachant que la probabilité d'opportunité de défaut est égale à DPO. Le nombre d'unités avec un ou plusieurs défauts sera donc le complément, et p' est calculé par la relation :

$$p' = 1 - e^{-DPO}$$

Comme dans le cas des *DPU*, le $z_{\text{équivalent}}$ est déterminé par assimilation à une loi normale qui donnerait un pourcentage *p* de défaut.

Le z_{process} (ou $z_{\text{court terme}}$) est calculé en ajoutant le décalage de 1,5 écart-type.

4.3.4.   Calcul du z dans le cas d'un rendement de sortie d'un process

Il est également possible de convertir en nombre de sigma l'étude d'un rendement de sortie d'un processus afin de faire un benchmark avec un autre processus. Prenons l'exemple d'un processus contenant 10 étapes dont les rendements pour chaque étape sont donnés dans le tableau ci-après (Figure 4.33).

Relations

Nombre d'étapes du processus $= k$

Nombre de défauts sur une opération $= D$

Nombre d'unités $= U$

Défaut par unité pour une opération $= DPU = D/U$

$z_{\text{Long terme}}$ opération $= z \sim \mathcal{N}(0,1)$ qui aurait une proportion DPU de non-conformes

$z_{\text{court terme}}$ opération $= z_{\text{Long terme}} + 1{,}5$

Rendement de l'opération $= Y_{Op\acute{e}} = e^{-DPU}$

Rendement cumulé du processus $= Y_{cumul} = \Pi Y_{Ope}$ *(produit des Y_{ope})*

Nombre d'unités nécessaires pour produire une unité conforme $= 1/Y_{Cumul}$

Rendement normalisé $= Y_{norm} = \sqrt[k]{Y_{Cumul}}$

Défaut par unité normalisé $= DPU_{norm} = -\ln(Y_{Norm})$

z du processus complet $= z_{\text{Ynorm}} + 1{,}5$

Dans l'exemple (Figure 4.33), le rendement cumulé du processus est de *0,313*. Il faut donc *1/0,313 = 3,19* produits en entrée pour avoir un produit en sortie du processus.

On a calculé pour chaque étape un *z* ; il est également possible de calculer un *z* du processus qui tiendra compte de la complexité de celui-ci et donc du nombre d'étapes.

$$
\boxed{
\begin{aligned}
Y_{norm} &= \sqrt[k]{Y_{Cumul}} = \sqrt[10]{0{,}313} = 0{,}89 \\
DPU_{norm} &= -\ln(Y_{Norm}) = 0{,}115 \\
z_{\text{Processus}} &= 1{,}20 + 1{,}5 = 2{,}7
\end{aligned}
}
$$

	1	2	3	4	5	6	7	8	9	10
Unité	1 000	950	800	1 050	660	860	900	650	980	680
Défaut	105	312	130	122	13	62	115	7	82	87
DPU	0,11	0,33	0,16	0,12	0,02	0,07	0,13	0,01	0,08	0,13
z_{LT} Opé.	1,25	0,44	0,98	1,19	2,06	1,46	1,14	2,30	1,38	1,14
z_{CT} Opé.	2,75	1,94	2,48	2,69	3,56	2,96	2,64	3,80	2,88	2,64
Opération	0,9	0,72	0,85	0,89	0,98	0,93	0,88	0,99	0,92	0,88
Cumulé	0,9	0,65	0,55	0,49	0,48	0,45	0,39	0,39	0,36	0,313

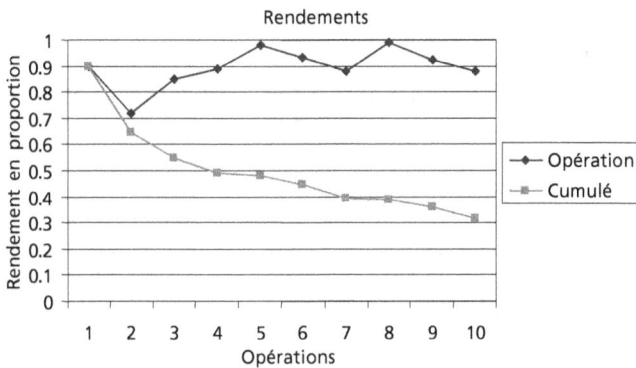

Figure 4.33. Rendements par opération et cumul

5. Identifier la chute des capabilités

Le z du procédé est très intéressant car il fournit un chiffre que l'on peut placer sur une échelle de la qualité. Un projet Six Sigma a pour objectif de « monter » cet indicateur de telle sorte que l'on ait $z > 6$. C'est donc un excellent outil de communication à partir duquel on peut comparer plusieurs processus différents en tenant compte de la complexité comme nous venons de l'exposer.

Cependant, il demeure malgré tout un indicateur de capabilité relativement pauvre. Avec un seul chiffre, on ne peut pas faire une analyse poussée des sources de la variabilité. Les indicateurs de capabilité que nous présentons dans ce paragraphe sont donc des éléments indispensables d'analyse dans un projet Six Sigma.

5.1. Capabilité et performance

Dans le schéma présenté plus haut en Figure 4.23, nous avons montré qu'on pouvait identifier deux types de dispersion : le court et le long terme. En matière de capabilité, il est très important de bien savoir de quelle dispersion on parle :

- À partir de la *dispersion court terme*, on calculera des indices de capabilité *Cp, Cpk* et *Cpm*.
- À partir de la *dispersion long terme*, on calculera des indices de performance *Pp, Ppk* et *Ppm*.

5.1.1. Capabilité Cp, Cpk, Cpm

Dans le cas de tolérance bilatérale, avec un processus centré, une bonne capabilité correspondra à une situation dans laquelle la dispersion (définie comme étant l'intervalle ±3σ) sera faible devant l'intervalle de tolérance (Figure 4.34). On peut donc définir un indicateur de « Capabilité du procédé », *Cp*, par la relation :

$$Cp = \frac{\text{Tolérance}}{\text{Dispersion court terme}} = \frac{LSS - LSI}{6\sigma_{\text{Court terme}}}$$

Dans cette situation, on peut établir une relation entre le *Cp* et le *z* du processus *z = 3 Cp*. L'objectif d'une démarche Six Sigma est donc d'obtenir un ratio *Cp > 2*.

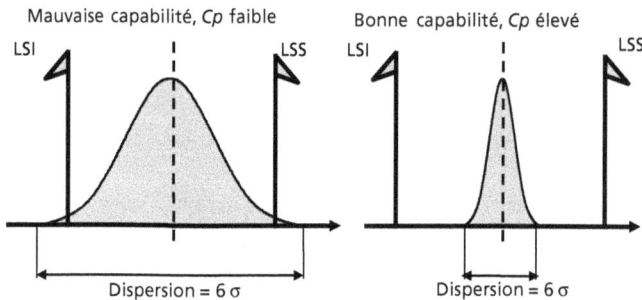

Figure 4.34. *Cp*, capabilité du procédé

Prise en compte du décentrage Cpk

L'indicateur *Cp* est calculé dans une situation centrée. En cas de décentrage du processus, compte tenu de la relation utilisée pour le calculer, cela ne change rien. Pourtant, la qualité est dégradée. Pour tenir compte du décentrage, on calcule un autre indicateur : *Cpk* (Figure 4.35).

$$Cpk = \min\left(\frac{\mu - LSI}{3\sigma_{\text{Court terme}}} \;;\; \frac{LSS - \mu}{3\sigma_{\text{Court terme}}}\right)$$

Le *Cpk* est un indicateur qui se dégrade à proportion du pourcentage de produits non conformes.

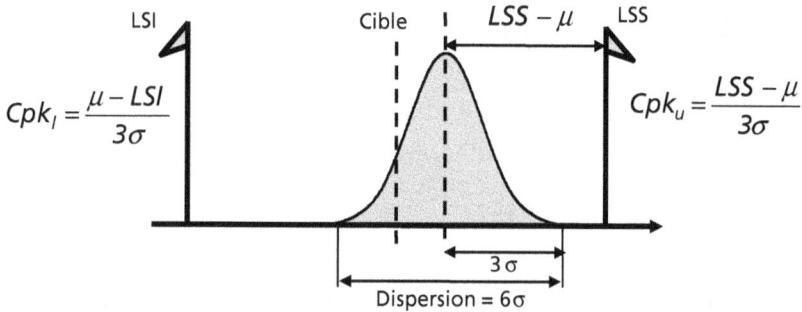

Figure 4.35. Indice *Cpk*

Prise en compte du décentrage **Cpm**

Une autre façon de tenir compte du décentrage consiste à considérer la perte financière qui en découle. Taguchi a démontré que cette perte financière est à proportion de l'écart entre la valeur et la cible élevée au carré :

$$\overline{L} = K\left(\sigma^2 + (\mu - Cible)^2\right)$$

La valeur *K* est une constante. La perte moyenne pour une production de moyenne μ et d'écart-type σ se calcule par la relation :

$$\overline{L} = K\left(\sigma^2 + (\mu - Cible)^2\right)$$

L'indice *Cpm* est calculé de façon à être proportionnel à cette perte. Il est défini par la relation :

$$Cpm = \frac{LSS - LSI}{6\sqrt{\sigma^2 + (\mu - Cible)^2}}$$

Le *Cpm* est un indicateur qui se dégrade à proportion du coût de non-qualité.

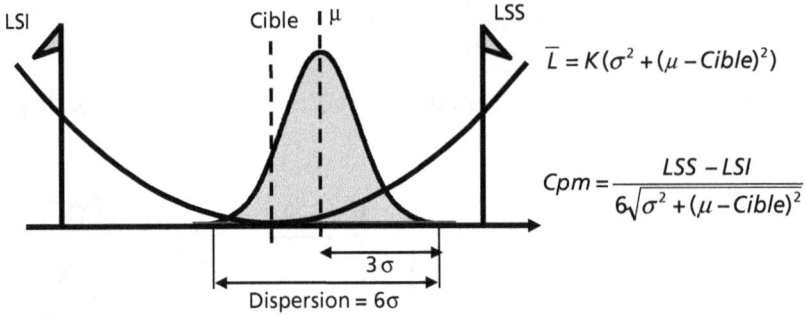

$$\overline{L} = K(\sigma^2 + (\mu - Cible)^2)$$

$$Cpm = \frac{LSS - LSI}{6\sqrt{\sigma^2 + (\mu - Cible)^2}}$$

Figure 4.36. Indice *Cpm*

Relations entre Cp, Cpk, Cpm *et* z

Compte tenu des relations que nous venons de définir, nous avons :

Cp ≥ *Cpk* ; les deux indicateurs sont égaux lorsque le procédé est centré.

Cp ≥ *Cpm* ; les deux indicateurs sont égaux lorsque le procédé est centré.

Cpm est relié à *Cp* et *Cpk* par la relation : $Cpm = \dfrac{Cp}{\sqrt{1 + 9(Cp - Cpk)^z}}$

L'objectif Six Sigma ($z > 6$) avec un décentrage de *1,5 S* peut se traduire par la relation :

$$z > 6 \rightarrow Cp > 2 \quad \text{et} \quad Cpk > 1,5 \,; Cpm > 1,11$$

5.1.2. Performance Pp, Ppk, Ppm

Les indicateurs *Pp*, *Ppk*, *Ppm* sont des indicateurs de performance calculés à partir de la dispersion long terme. Les formules permettant de les calculer sont donc les mêmes que pour *Cp*, *Cpk* et *Cpm*, il suffit de remplacer $\sigma_{court\ terme}$ par $\sigma_{Long\ terme}$. On a donc :

$$Pp = \frac{\text{Tolérance}}{\text{Dispersion long terme}} = \frac{LSS - LSI}{6\sigma_{Long\ terme}}$$

$$Ppk = \min\left(\frac{\mu - LSI}{3\sigma_{Long\ terme}} ; \frac{LSS - \mu}{3\sigma_{Long\ terme}}\right)$$

$$Ppm = \frac{LSS - LSI}{6\sqrt{\sigma_{Long\ terme}^2 + (\mu - Cible)^2}}$$

Pour ces indicateurs, on considère généralement un procédé performant sur le long terme si *Ppk* > *1,33*.

5.2. Calcul du sigma court terme et long terme

5.2.1. *Estimation du sigma long terme*

Le plus facile est d'estimer le sigma long terme d'un processus. Pour cela il suffit de calculer l'estimateur $\sigma_{n\text{-}1}$ sur un échantillon représentatif de la production sur le long terme.

$$\sigma_{n-1} = S = \sqrt{\dfrac{\displaystyle\sum_{i=1}^{n}\left(X_i - \overline{X}\right)^2}{n-1}}$$

Par exemple, on peut estimer l'écart-type long terme en contrôle de réception d'un lot. On prélève 50 unités d'un lot de production. À partir de ces 50 valeurs on calcule $\sigma_{n\text{-}1}$ et $\overline{X}$ qui permettent d'estimer σ et μ, et ainsi de calculer les indicateurs *Pp, Ppk* et *Ppm*.

Dans le cas où l'on prélève régulièrement des échantillons en production (cas des cartes de contrôle, par exemple), on estimera σ et μ long terme à partir de l'histogramme représentant l'ensemble des unités contrôlées.

5.2.2. *Estimation du sigma court terme*

L'estimation de l'écart-type court terme peut se calculer de différentes façons.

Méthode 1 : par prélèvement d'un échantillon représentatif

Dans ce cas, on suppose que l'on peut prélever un échantillon de taille importante ($n > 30$) qui soit représentatif d'une dispersion court terme. Il faut donc être dans le cas d'une production de série, avec un cycle de production rapide.

Dans ces conditions, on estime $\sigma_{\text{court terme}}$ et μ par le $\sigma_{n\text{-}1}$ et $\overline{X}$ de l'échantillon et on peut calculer les indicateurs *Cp, Cpk* et *Cpm*.

Méthode 2 : par prélèvement d'un échantillon exhaustif sur une période de production

Dans ce cas, on dispose des mesures de toutes les unités produites. En faisant l'hypothèse que l'écart entre deux unités traduit la dispersion court terme, on peut la calculer à partir de la moyenne des étendues mesurées sur deux unités consécutives ($\overline{R}$) par la relation :

$$\sigma_{court\ \text{terme}} = \frac{\overline{R}}{d_2} = \frac{\overline{R}}{1.128}$$

Exemple

Une entreprise fabrique des tubes haute fréquence en petite série (production journalière de 3 tubes). Un relevé sur une caractéristique 120 ± 15 de 30 tubes réalisés consécutivement a donné :

N°	Interv.	Y	R	N°	Interv.	Y	R	N°	Interv.	Y	R
1		122,1		11		124,6	1,5	21		119	0,1
2		119,4	2,7	12		121,9	2,7	22		118,9	0,1
3		124,2	4,8	13		121,7	0,2	23		124	5,1
4		127,8	3,6	14		124,6	2,9	24		119,7	4,3
5		128,1	0,3	15		125,4	0,8	25		119,4	0,3
6		130,1	2	16		121,6	3,8	26		118,5	0,9
7		122	8,1	17		126,5	4,9	27		125,9	7,4
8		125	3	18		127,3	0,8	28		122,6	3,3
9		129,3	4,3	19		129,1	1,8	29		127,1	4,5
10		123,1	6,2	20	Inter-vention	118,9	–	30		118	9,1

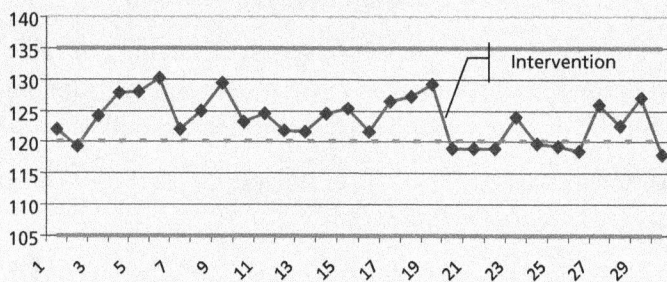

Figure 4.37. Échantillonnage exhaustif

Pour chaque couple de produits consécutifs, on calcule l'étendue R entre les deux valeurs. Dans l'exemple (Figure 4.37), il y a eu une intervention entre l'unité 19 et 20. Cette intervention ne fait pas partie de la dispersion court terme, on ne calcule pas l'étendue glissante entre ces deux valeurs.
On obtient :

$$\overline{R} = 3,20 \quad \text{donc} \quad \sigma_{\text{Court terme}} = \frac{\overline{R}}{d_2} = \frac{3,20}{1,128} = 2,83$$

$\overline{X} = 123,53$

Sur l'ensemble des valeurs, on peut calculer $\sigma_{\text{Long terme}} = 3,62$

D'où les indicateurs :

$$Cp = \frac{LSS - LSI}{6\sigma_{\text{Court terme}}} = \frac{30}{6 \times 2,83} = 1,76$$

$$Cpk = \frac{LSS - \mu}{3\sigma_{\text{Court terme}}} = \frac{135 - 123,5}{3 \times 2,83} = 1,35$$

$$Cpm = \frac{LSS - LSI}{6\sqrt{\sigma^2 + (\mu - Cible)^2}} = \frac{30}{6\sqrt{2,83^2 + (123,53 - 120)^2}} = 1,10$$

$$Pp = \frac{LSS - LSI}{6\sigma_{\text{Long terme}}} = \frac{30}{6 \times 3,62} = 1,38$$

$$Ppk = \frac{LSS - \mu}{3\sigma_{\text{Long terme}}} = \frac{135 - 123,5}{3 \times 3,62} = 1,06$$

$$Ppm = \frac{LSS - LSI}{6\sqrt{\sigma^2_{\text{Long terme}} + (\mu - Cible)^2}} = \frac{30}{6\sqrt{3,62^2 + (123,53 - 120)^2}} = 0,99$$

Méthode 3 : par prélèvement de petits échantillons à des moments différents (cas des cartes de contrôle)

Dans ce cas, on suppose que la dispersion court terme est donnée par la dispersion à l'intérieur des petits échantillons. On peut donc estimer l'écart-type court terme par plusieurs relations.

- À partir de la moyenne des étendues $\overline{R}$: $\sigma_{\text{court terme}} = \overline{R}/d_2$
- À partir de la moyenne des écarts types $\overline{S}$: $\sigma_{\text{court terme}} = \overline{S}/c_4$
- À partir de la moyenne pondérée des variances à l'intérieur de chaque échantillon : $\sigma_{\text{Court terme}} = \sqrt{\sum v_i S_i^2 / \sum v_i}$

Avec :

- v_i nombre de degrés de liberté = $n-1$
- S_i : estimateur de l'écart type calculé sur les n valeurs de l'échantillon

Exemple

Prenons l'exemple de données d'une carte de contrôle avec comme tolérance 0 ± 7 (Figure 4.38).

	1	2	3	4	5	6	7	8	9	10
1	− 2	− 4	− 1	0	4	0	3	0	1	− 1
2	0	− 3	0	− 2	1	− 2	0	1	− 1	2
3	− 1	0	− 3	− 1	0	0	− 1	− 1	3	1
4	1	1	− 2	2	2	0	1	0	4	0
5	− 1	− 1	− 3	0	0	3	3	2	1	0
Total	− 3	− 7	− 9	− 1	7	1	6	2	8	2
Moyenne	− 0,6	− 1,4	− 1,8	− 0,2	1,4	0,2	1,2	0,4	1,6	0,4
Étendue	3	5	3	4	4	5	4	3	5	3
Écart-type	1,14	2,07	1,30	1,48	1,67	1,79	1,79	1,14	1,95	1,14

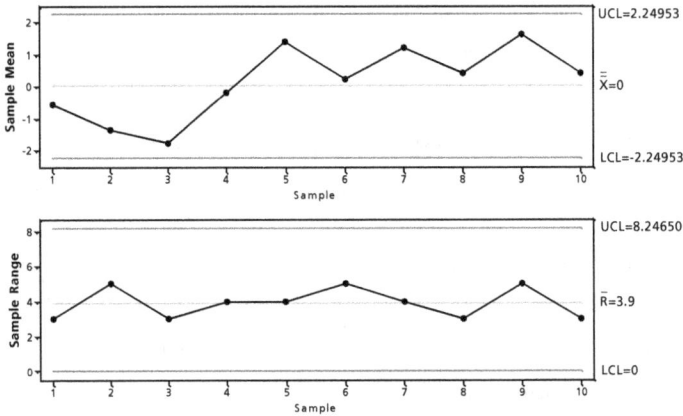

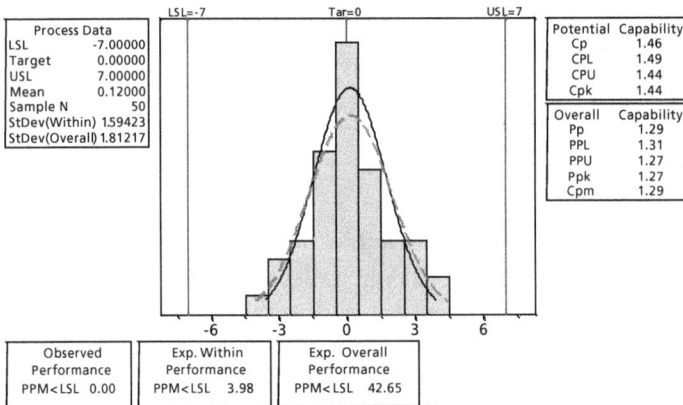

Figure 4.38. Données d'une carte de contrôle

À partir de ce tableau nous pouvons tirer la moyenne des moyennes $\overline{\overline{X}}$ et la moyenne des étendues $\overline{R}$ ou des écarts-types $\overline{S}$ (selon que l'on travaille avec une carte moyennes/étendues ou moyennes/écarts-types).

$$\overline{\overline{X}} = 0,12 \quad \overline{R} = 3,9 \quad \text{et} \quad \overline{S} = 1,548$$

Ces valeurs nous permettent de calculer l'écart-type court terme du procédé :

- à partir de $\overline{S}$: $\sigma_{\text{Court terme}} = \overline{S}/c_4 = 1,548/0,94 = 1,64$
- à partir de $\overline{R}$: $\sigma_{\text{Court terme}} = \overline{R}/d_2^* = 3,9/2,342 = 1,665$
- à partir de la moyenne des variances $\sigma_{\text{Court terme}} = \sqrt{\sum S_i^2/10} = 1,58$

Nous pouvons donc calculer :

$$Cp = \frac{IT}{6x\sigma_{\text{Court terme}}} = 1,46 \qquad Cpk = \frac{LSS - \mu}{3x\sigma_{\text{Court terme}}} = 1,44$$

L'écart-type long terme se calcule sur l'ensemble des valeurs individuelles :

$$\sigma_{\text{Long terme}} = 1,80$$

$$Pp = \frac{IT}{6x\sigma_{\text{Long terme}}} = \frac{14}{6x1,80} = 1,29$$

$$Ppk = \frac{TS - \overline{\overline{X}}}{3x\sigma_{\text{Long terme}}} = \frac{6,88}{3x1,80} = 1,27$$

5.3. La chute des capabilités

Dans ce chapitre, nous avons montré comment mesurer différents indicateurs de capabilité :

- *Cpc* : capabilité du processus de contrôle.
- *Cp, Cpk Cpm* : capabilité court terme du procédé.
- *Pp, Ppk, Ppm* : performance long terme du procédé.

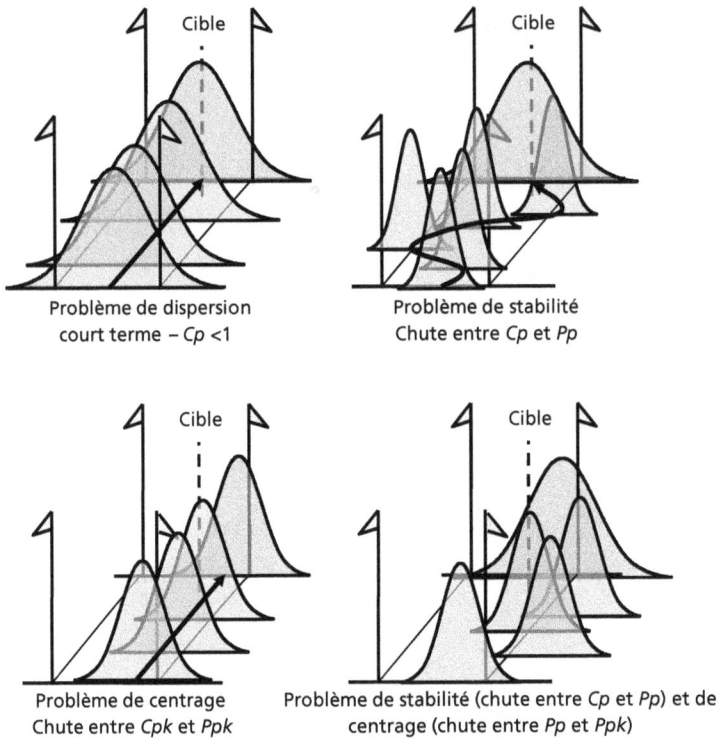

Figure 4.39. L'origine de la non-qualité

Pour les indicateurs *Cpc, Cp, Pp*, nous avons montré qu'il s'agit toujours du ratio entre la tolérance et la dispersion (6σ). La relation qui existe entre tous ces indicateurs est chargée d'une information considérable qu'il faut absolument exploiter dans une démarche Six Sigma.

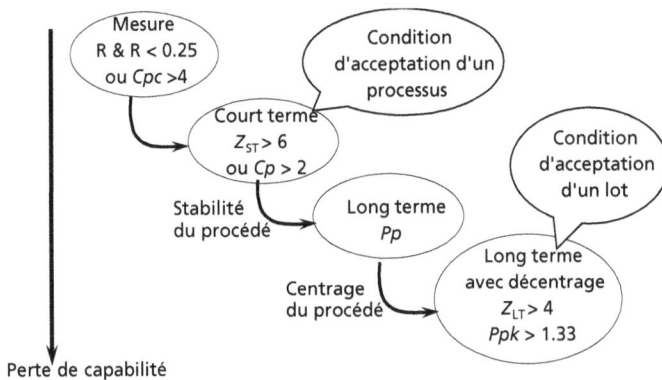

Figure 4.40. Chute des capabilités (court terme et long terme)

La première capabilité qu'il faudra mesurer est la capabilité du processus de contrôle (*Cpc* ou R&R %). La tolérance devra être au moins 4 fois supérieure à la dispersion de mesure (*Cpc > 4*).

Dès lors que l'on dispose d'un processus de mesure adapté, on pourra connaître la capabilité court terme du processus. Pour être accepté, il faudra que la tolérance soit au moins 2 fois supérieure à la dispersion court terme ($Cp = 2$ ou $z_{Court\ terme} = 6$).

La chute de capabilité entre *Cp* et *Pp* traduit l'instabilité du procédé. En effet, si on sait stabiliser un procédé, on limite les variations de consignes et la dispersion long terme sera proche de la dispersion court terme.

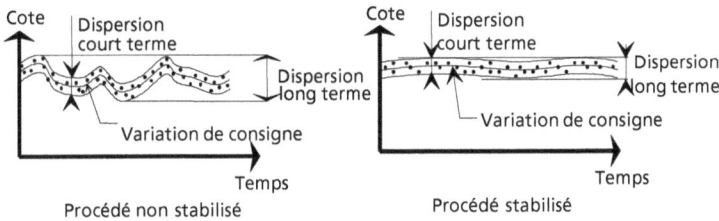

Figure 4.41. Chute entre *Cp* et *Pp*

On peut quantifier cette chute entre le *Cp* et le *Pp* par le rendement de stabilité (*Rs*) :

$$Rs\% = 100\,Pp/Cp$$

Nous avions vu précédemment que la chute de capabilité entre *Pp* et *Ppk* était due au déréglage. Lorsqu'un procédé est centré, on a l'égalité entre *Pp* et *Ppk*. Plus la chute entre *Pp* et *Ppk* est importante, plus le décentrage est fort. On peut quantifier cette chute entre le *Pp* et le *Ppk* par le rendement de réglage (*Rr*) :

$$Rr\% = 100\,Ppk/Pp$$

Enfin, après la production, pour accepter le lot, il faut que la moyenne se situe à au moins $4\,\sigma_{LT}$ de la tolérance ($Ppk = 1,33$ ou $Z_{LT} = 4$).

L'analyse des chutes de capabilité pour un procédé est souvent très intéressante. En effet, nous partons d'un procédé avec un potentiel de capabilité *Cp* pour arriver à un produit livré au client avec une performance *Ppk*. L'important, bien entendu, est d'avoir un *Ppk* (ou un *Ppm*) supérieur à 1,33 selon le critère choisi. Si ce n'est pas le cas, il est fondamental, pour résoudre le problème, de déterminer l'origine de ce manque de capabilité.

Nous pouvons alors interpréter l'ensemble du tableau des capabilités comme dans l'exemple suivant (Figure 4.42) qui concerne un produit ayant cinq caractéristiques pour lesquelles le centrage est assez facile à obtenir. Dans ce cas, le *Cpk* n'est pas d'une grande utilité car un déréglage sur le court terme peut très rapidement être compensé.

Caractéristiques	Cp	Pp	Ppk	Ppm	Rs	Rr
1 - Ø 10 ± 0,05	2,5	2,2	1,9	1,63	88,0 %	86,4 %
2 - Ø 12 ± 0,05	2,5	⇨1,1	**1,0**	**1,05**	44,0 %	90,9 %
3 - Ø 8 ± 0,02	⇨1,1	0,9	**0,8**	**0,86**	81,8 %	88,9 %
4 - L 20 ± 0,06	3,2	2,5	⇨1,1	**0,57**	78,1 %	**44,0 %**
5 - L 10 ± 0,04	2,5	2,2	1,6	⇨**1,07**	88,0 %	**72,7 %**

Figure 4.43. Tableau des capabilités

Ce tableau permet une appréhension immédiate des problèmes par un groupe de travail pour peu que toutes les personnes concernées aient été formées à la notion de capabilité. Nous avons fait apparaître en grisé dans le tableau tous les cas de figure où le *Ppk* (ou le *Ppm*) est inférieur à *1,33*.

Chaque caractéristique ayant une case grisée doit être discutée pour permettre une amélioration. On note l'intérêt du *Ppm* qui globalise l'ensemble de la chute de capabilité.

Interprétation du tableau

• **Caractéristique 1** : aucun problème, *Ppm* est supérieur à *1,33*. Le *Ppk* est également supérieur à *1,33*.
• **Caractéristique 2** : *Ppm* est inférieur à *1,33* et il y a une chute entre *Cp* et *Pp* (*Rs* = 44 %). Il faut stabiliser les variations de consigne au cours du temps. Une surveillance du procédé par carte de contrôle s'impose.
• **Caractéristique 3** : *Ppm* est inférieur à *1,33* et le *Ppk* est médiocre. Au départ, la capabilité court terme est insuffisante. Une action méthode ou maintenance s'impose. Nous ne pouvons probablement pas résoudre le problème dans l'atelier. Il faut soit modifier la gamme de fabrication, soit réparer la machine dans le cas d'une détérioration de la capabilité court terme par rapport à la capabilité court terme historique.

- **Caractéristique 4** : *Ppm* est inférieur à *1,33*. Il y a un gros écart entre le *Pp* et le *Ppk* dû à un décentrage *(Rs = 44 %)*. Il est souvent aisé de remédier à ce type de problème en maîtrisant mieux le centrage de la caractéristique. Une surveillance par carte de contrôle s'impose.
- **Caractéristique 5** : *Ppm* est inférieur à *1,33* et pourtant *Ppk* est supérieur à *1,33*. Une amélioration est encore possible en centrant mieux le procédé pour être plus sur la cible *(Rr = 73 %)*. Bien que le *Ppk* soit supérieur à *1,33*, ce cas de figure génère une perte supérieure au cas *Pp = 1,33* et *Ppk = 1,33*. Cela peut être délicat dans le cas d'un tolérancement statistique ou inertiel.

Chapitre 5

Étape 3 – Analyser

1. Introduction

Après avoir accompli les étapes « Définir » et « Mesurer », on a parfaitement identifié les caractéristiques critiques pour la qualité (CTQ) et on dispose d'un moyen de mesure permettant de les quantifier. Lors de l'étape « Mesurer », on a également mis en place une campagne d'observation du processus afin de récolter des données fiables.

L'étape « Analyser » a pour objectif d'augmenter notre connaissance du processus afin de découvrir les causes racines de la variabilité et de la performance insuffisante. À la fin de cette étape, on doit avoir une idée très précise des sources d'insatisfaction et des paramètres qui devront être modifiés pour atteindre la performance attendue.

Une des expressions clés de cette étape est « la preuve statistique ». En effet, l'analyse des données récoltées dans l'étape « Mesurer » doit être conduite de manière rigoureuse en utilisant les outils statistiques.

Il peut être procédé à l'analyse d'un problème selon différents niveaux.

1. On utilise son expérience, pas de données.
2. On utilise des données mais on ne regarde que des chiffres.
3. On visualise les données sous forme graphique.
4. On utilise la statistique descriptive.
5. On utilise la statistique inférentielle.

À chacun de ces niveaux d'utilisation correspond un niveau de compréhension du phénomène étudié. D'où l'intérêt d'être capable de monter le plus haut possible afin de déterminer avec le plus de précision possible les véritables causes de la non-performance. Nous insisterons tout particulièrement sur les niveaux 3, 4 et 5 dans ce chapitre. En effet, un projet Six Sigma doit apporter de la rupture. Pour cela, le *Black Belt* se doit de trouver ses solutions innovantes qui ne peuvent prendre source que dans la découverte de relations inexplorées entre les Y et les X. Pour cela, il faut être capable d'interpréter un comportement statistique dans le temps. De même, il faut être capable de mettre en relation un Y avec plusieurs X afin de rendre manifeste la « fonction de transfert » (Figure 5.1).

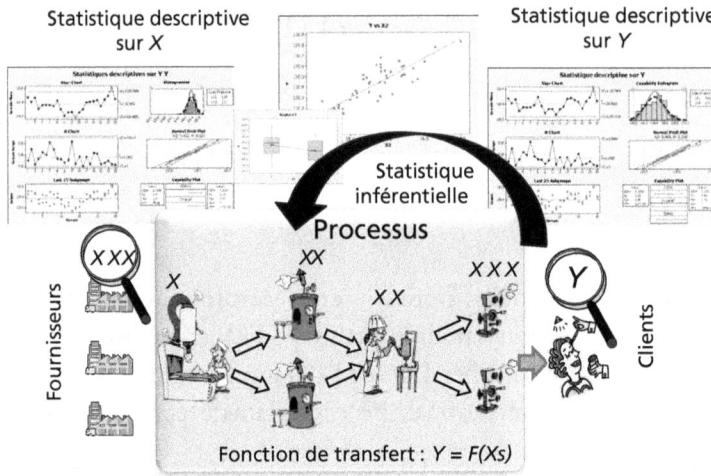

Figure 5.1. Statistiques dans l'étape « Analyser »

L'analyse statistique doit porter sur les Y – mesures représentant les CTQ – et sur les relations entre les X (variables d'entrées) et les Y.

Le premier niveau d'analyse statistique (niveau 3 dans la description générale précédente) consiste à visualiser les informations recueillies lors de l'étape « Mesurer ». On passera en revue dans ce chapitre les principales représentations qui permettent de mieux comprendre le comportement d'une variable comme les boîtes à moustache, les cartes de contrôle, les histogrammes.

Le deuxième niveau d'analyse statistique consiste à décrire le comportement des variables par une analyse statistique ; c'est de la statistique descriptive. On apprendra dans ce chapitre à vérifier si le comportement d'une variable est purement aléatoire et à identifier la présence de valeurs aberrantes. Cette analyse s'effectue aussi bien sur les Y que sur les X.

Le troisième niveau d'analyse statistique consiste à trouver la (ou les) fonction(s) de transfert qui relie(nt) le Y aux X ; c'est de la statistique inférentielle. C'est grâce à la relation de transfert que l'on trouvera les leviers d'action sur les X afin de réduire la variabilité du Y et de le centrer sur la cible souhaitée. On apprendra dans ce chapitre à utiliser les tests statistiques pour prouver l'existence d'une relation entre un Y et un X. On apprendra également à réaliser des analyses de corrélation et des analyses de la variance afin d'établir cette fonction de transfert.

2. Représentation graphique de données

La représentation graphique des données est un premier niveau d'interprétation statistique. Lorsque l'on dispose simplement d'un tableau de relevés tel que celui du tableau présenté ci-après (Figure 5.2), il est très difficile de se faire une idée de la répartition de ces données. Nous avons déjà abordé certaines présentations graphiques dans les chapitres précédents, notamment le diagramme des fréquences et l'histogramme. Nous présenterons ici d'autres représentations souvent utilisées :

- la boîte à moustache (*Box Plot*) ;
- la carte de contrôle ;
- le diagramme multi-vari ;
- le graphe des effets et des interactions.

2.1. La boîte à moustache

Diamètre 7,7 ± 0,03									
7,682	7,696	7,706	7,702	7,711	7,706	7,711	7,717	7,703	7,702
7,705	7,714	7,703	7,698	7,711	7,698	7,704	7,689	7,717	7,710
7,695	7,711	7,696	7,724	7,708	7,694	7,703	7,703	7,699	7,711
7,703	7,692	7,709	7,704	7,703	7,702	7,708	7,703	7,702	7,700
7,703	7,703	7,699	7,700	7,712	7,692	7,708	7,695	7,706	7,712

Figure 5.2. Relevé de données

La boîte à moustache est couramment utilisée pour représenter les distributions de population. Dans cette représentation (voir Figure 5.3), on distingue :

- la *boîte* dont la largeur correspond à 50 % de la population. Ainsi, le bas de la boîte correspond au premier quartile (25 %), et le haut de la boîte au troisième quartile (75 %) ;
- les *moustaches* qui sont les lignes qui s'étendent de part et d'autre de la boîte, représentant l'étendue des données s'il n'y a pas de valeur éloignée ;
- le *trait* séparant la boîte qui figure la médiane (50 % des valeurs) ;
- les *points* éloignés qui sont les points situés en dehors des limites basse et haute définies par les relations *Q1 – 1.5 (Q3 – Q1)* pour la limite basse et *Q3 + 1.5 (Q3 – Q1)* pour la limite haute ; *Q1* étant le premier quartile (25 % des valeurs) et *Q3* le troisième quartile (75 % des valeurs).

Les points éloignés sont généralement représentés par des astérisques (*).

Boîte à moustache du Diam 7.7

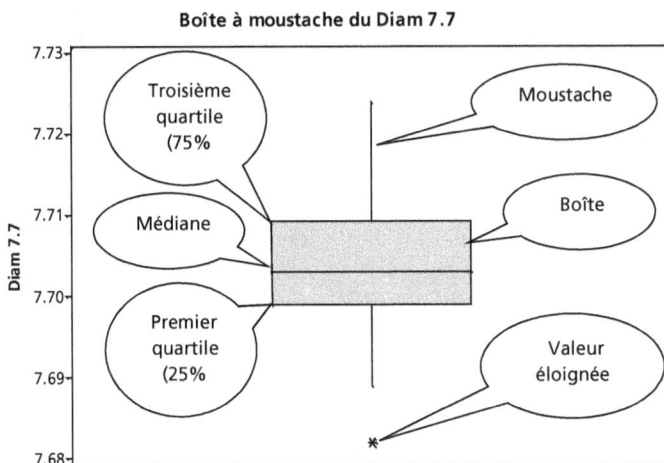

Figure 5.3. Boîte à moustache

Ce type de représentation est très utile pour visualiser la symétrie d'une répartition.

2.2. La carte de contrôle

La carte de contrôle est un outil graphique très puissant pour visualiser la stabilité d'un processus dans le temps. C'est donc un outil d'analyse essentiel pour répondre à la question suivante : « La caractéristique observée est-elle stable dans le temps et si non, à quel moment se situent les dérives et quelle est l'amplitude des déviations ? »

Carte de contrôle sur X2

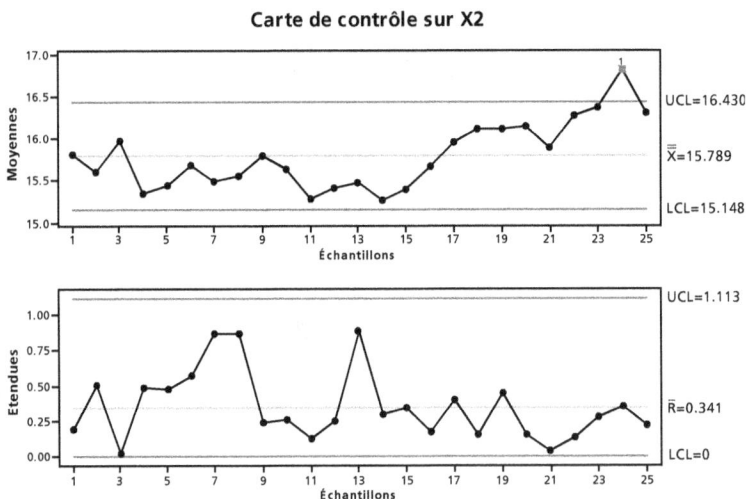

Figure 5.4. Carte de contrôle

La Figure 5.4 présente un exemple de carte de contrôle calculé à partir de 25 prélèvements de 2 produits représentant trois mois de production. Deux graphiques sont y sont superposés :

- le suivi des moyennes des échantillons pour contrôler les éventuelles dérives en position ;
- *le suivi des étendues pour contrôler les éventuelles variations de dispersion.*

La position centrale de la carte des moyennes indique la moyenne de l'ensemble des valeurs prélevées. Les limites de contrôle (UCL et LCL) sont calculées à ± 3 écarts-types. Théoriquement 99,73 % des points devraient être compris à l'intérieur de ces limites. L'observation de la carte de contrôle nous montre deux éléments qui prouvent la non-stabilité de cette caractéristique :

- le point n° 24, en dehors des limites ;
- les points 4 à 16, tous situés en dessous de la moyenne.

On considère qu'au-delà de 7 points consécutifs du même côté de la moyenne, la preuve de la dérive est apportée.

La carte de contrôle est également un outil extrêmement utile pour mettre sous contrôle un processus. Le détail des calculs et de l'interprétation d'une carte de contrôle sera présenté au chapitre 7 « Contrôler ».

2.3. Le diagramme multi-vari

Le diagramme multi-vari présente l'intérêt de représenter sur un même graphique l'influence de plusieurs X sur une réponse Y. Ce diagramme doit beaucoup à Dorian Shainin[1] qui a identifié trois grandes classes de variation dans un processus.

Variations de position ou à l'intérieur d'une unité

- Position sur une machine multi-posages.
- *Chip* particulier dans un *wafer*.
- Empreinte dans un moule sur une presse à injecter.
- Variation entre 2 machines, 2 opérateurs, 2 ateliers
- ...

---

1. Dorian Shainin a développé toute une approche de l'amélioration des produits et des processus industriels, très complémentaire de l'approche Six Sigma.

Variations cycliques ou d'une unité à l'autre

- Variation d'un lot à un autre.
- Variation d'une coulée à une autre.
- Variation parmi un groupe d'unités (usure d'outils)
- ...

Variations temporelles

- Variation d'une équipe à l'autre.
- Variation matin et soir.
- Variation entre les jours de la semaine.
- ...

Après avoir recherché les grands types de variation pouvant concerner le processus étudié, on doit recueillir des données permettant de les mettre en évidence. Illustrons notre propos par un exemple.

Exemple

Une entreprise de mécanique réalise un usinage sur une machine à 4 postes. Une étude sur les causes de dispersion possibles (Figure 5.5) a permis d'identifier :
- la position sur le plateau ;
- le lot matière ;
- le fournisseur ;
- l'opérateur ;
- le matin ou soir.

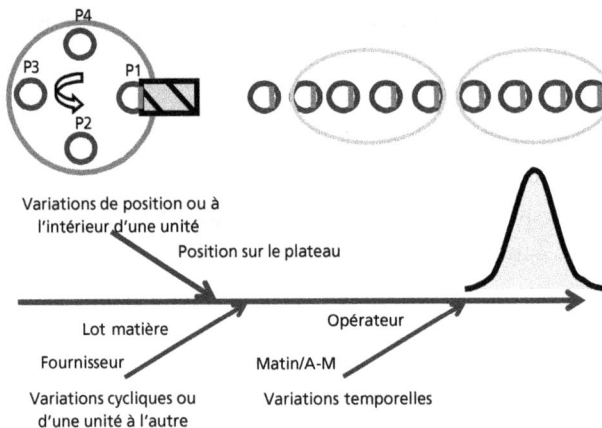

Variations de position ou à l'intérieur d'une unité

Position sur le plateau

Lot matière

Opérateur

Fournisseur

Matin/A-M

Variations cycliques ou d'une unité à l'autre

Variations temporelles

Figure 5.5. Types de variation

La saisie de données pour pouvoir réaliser le multi-vari est en fait un plan d'expériences complet (voir chapitre « Innover/Améliorer ») et s'écrit :

Lot	Heure	Poste	N1	N2	N3
Lot 1	Matin	P1	10,019	10,004	9,982
Lot 1	Matin	P2	10,000	9,985	9,998
Lot 1	Matin	P3	10,030	10,032	10,007
Lot 1	Matin	P4	10,030	10,013	10,025
Lot 1	Après-midi	P1	10,022	10,012	10,022
Lot 1	Après-midi	P2	10,028	10,001	10,012
Lot 1	Après-midi	P3	10,031	10,052	10,043
Lot 1	Après-midi	P4	10,046	10,041	10,058
Lot 2	Matin	P1	9,998	9,999	9,992
Lot 2	Matin	P2	10,008	9,980	10,012
Lot 2	Matin	P3	10,020	10,016	10,022
Lot 2	Matin	P4	10,033	10,004	10,040
Lot 2	Après-midi	P1	10,023	10,030	10,016
Lot 2	Après-midi	P2	10,015	9,999	10,006
Lot 2	Après-midi	P3	10,031	10,039	10,045
Lot 2	Après-midi	P4	10,053	10,037	10,051
Lot 3	Matin	P1	10,005	10,005	9,997
Lot 3	Matin	P2	10,003	9,987	9,989
Lot 3	Matin	P3	10,038	10,007	10,004
Lot 3	Matin	P4	10,010	10,017	10,041
Lot 3	Après-midi	P1	10,020	10,030	10,022
Lot 3	Après-midi	P2	10,003	10,008	10,006
Lot 3	Après-midi	P3	10,040	10,040	10,053
Lot 3	Après-midi	P4	10,048	10,057	10,041

Figure 5.6. Données du diagramme multi-vari

Le multi-vari se présente de la façon suivante :

Multi-vari pour pb usinage

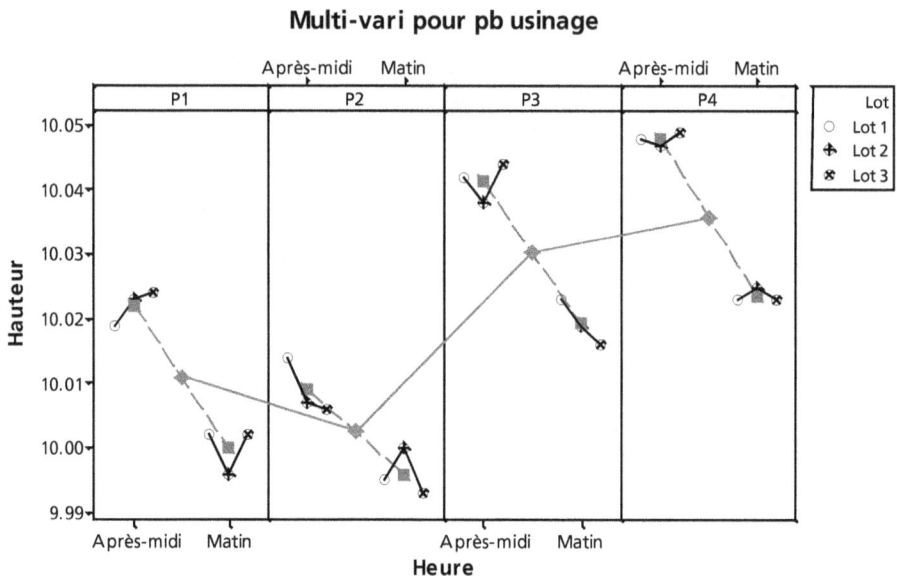

Panel variable: Poste

Figure 5.7. Multi-vari

Interprétation

Le numéro de lot n'a pas d'influence sur la hauteur usinée ; on ne retrouve pas d'écart systématique entre les lots 1, 2 et 3.
La position sur le plateau semble avoir une influence forte, la position 4 donnant la hauteur la plus forte et la position 2 la plus faible.
La différence entre le matin et l'après-midi est confirmée avec une chute de la hauteur entre ces deux modalités.

Ce diagramme multi-vari donne une forte indication visuelle mais ne fournit pas de preuve statistique. On doit l'utiliser conjointement à une analyse de la variance (ANAVAR) pour pouvoir conclure de façon rigoureuse.

2.4. Graphe des effets et Graphe des interactions

Le graphe des effets et le graphe des interactions sont des graphes proches du diagramme multi-vari. Leur but est de montrer graphiquement des relations entre un Y et des X.

Si nous reprenons les données du diagramme multi-vari (Figure 5.6) nous pouvons établir le tableau des moyennes (Figure 5.8). Par exemple, la moyenne de la modalité « Matin » du facteur « Heure » est obtenue en faisant la moyenne de toutes les mesures réalisées le matin (36 mesures).

	Lot		Heure		Poste	
	modalités	moyenne	modalités	moyenne	modalités	moyenne
Niveau 1	1	10,0205	Matin	10,0097	1	10,0109
Niveau 2	2	10,0176	Après-midi	10,030	2	10,0023
Niveau 3	3	10,0195			3	10,0305
Niveau 4					4	10,0358

Figure 5.8. Tableau des moyennes

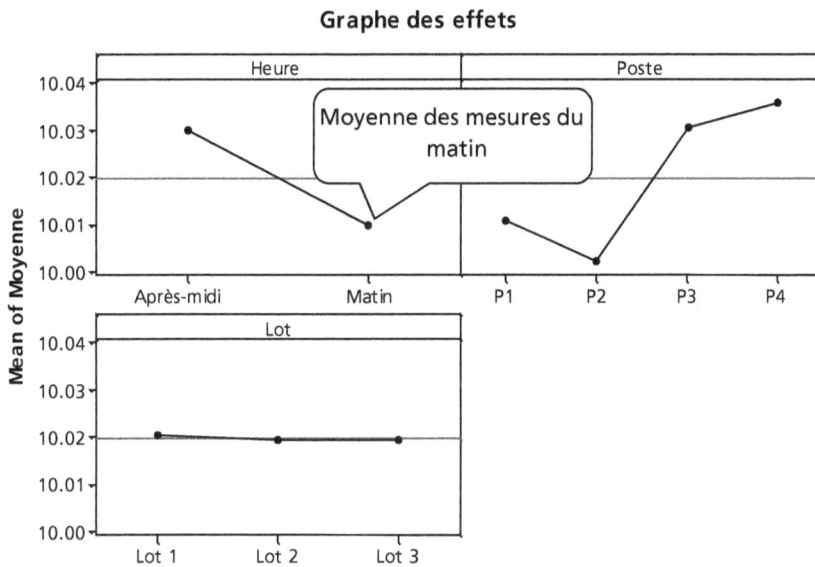

Figure 5.9. Graphe des effets

Le graphe des interactions va montrer l'influence d'un facteur dans les conditions particulières d'un autre facteur. En reprenant les deux effets importants « Poste » et « Heure », nous pouvons établir le tableau des interactions (Figure 5.10) en calculant la moyenne des résultats obtenus pour chaque combinaison des niveaux des facteurs.

Poste / Heure	P1	P2	P3	P4
Matin	10,0001	9,9958	10,0196	10,0237
Après-midi	10,0219	10,0087	10,0416	10,0480

Figure 5.10. Tableau des interactions

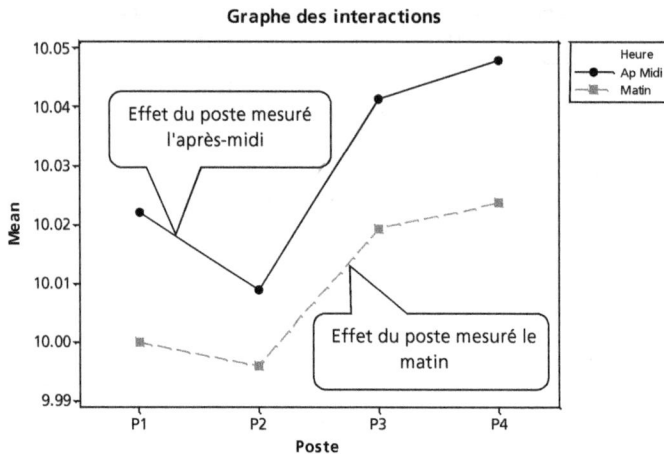

Figure 5.11. Graphe des interactions

L'interaction est forte si l'effet du poste est très différent entre le matin et l'après-midi. Dans notre exemple, les deux effets étant presque parallèles, on ne conclut pas à une interaction importante.

3. Statistique descriptive

L'objectif de la statistique descriptive est de donner une description statistique d'un ensemble de données se décomposant en trois éléments :

- l'identification de la forme de la distribution ;
- les paramètres de position de la distribution ;
- les paramètres d'échelle de la dispersion.

Le tableau (Figure 5.12) donne les éléments le plus souvent utilisés pour les caractériser.

		Numérique	Graphique
Données quantitatives	Forme	Skewness Kurtosis	Boîte à moustache Histogramme Diagramme des probabilités
	Position	Moyenne Médiane	Boîte à moustache Histogramme Diagramme de corrélation
	Échelle	Étendue Écart-type Variance Inter-percentile	Boîte à moustache Histogramme
	Temps	Chute des capabilités	Cartes de contrôle
Données qualitatives	Valeur	Proportion Classement	Camembert Pareto
	Temps	$Z_{Court\ terme}$ $Z_{long\ terme}$	Cartes de contrôle aux attributs

Figure 5.12. Caractérisations les plus communes

La statistique descriptive a pour objectif, d'une part, de décrire la loi de distribution de la caractéristique observée, et, d'autre part, d'observer dans le temps l'évolution de cette caractéristique. Des outils spécifiques permettent de traiter des données quantitatives ou qualitatives. Le tableau présenté ci-après en Figure 5.13 décrit les principaux outils utilisés en statistique descriptive.

La statistique descriptive fournit une estimation des paramètres. En effet, les paramètres de position et d'échelle sont calculés à partir d'un échantillon. Si l'on prend un autre échantillon, on aura d'autres estimations. Il convient donc de différencier la vraie valeur de la moyenne μ de son estimateur $\overline{X}$. De même, la vraie valeur de l'écart-type est notée σ, et son estimateur S. Ainsi, dans la Figure 4.22 au chapitre précédent, l'histogramme de l'échantillon permet de calculer $\overline{X}$ et S (lettres latines) qui sont des estimateurs de la population μ et σ (lettres grecques).

La figure suivante (Figure 5.14) donne un exemple de résumé graphique de statistique descriptive fourni par Minitab®. L'estimation de la valeur vraie des paramètres d'échelle et de position est donnée par un estimateur et par un intervalle de confiance. Dans ce cas, l'estimation de la moyenne est de *7,7037* et l'intervalle de confiance, ayant 95 % de chance d'inclure μ, est de [*7,7015 – 7,7059*].

Statistique descriptive			
Données quantitatives		**Données qualitatives**	
Décrire la distribution des valeurs	Analyser les variations temporelles	Décrire la distribution des valeurs	Analyser les variations temporelles
Histogrammes Boîte à moustache Tests de valeurs aberrantes Tests de normalité Analyses de capabilité	Cartes de contrôles aux mesures Diagramme multi-vari	Diagramme en bâtons Pareto Camembert Proportions Z_{LT} et Z_{ST} du process	Cartes de contrôle aux attributs

Figure 5.13. Principaux outils de statistique descriptive

Statistiques descriptive du Diam 7.7

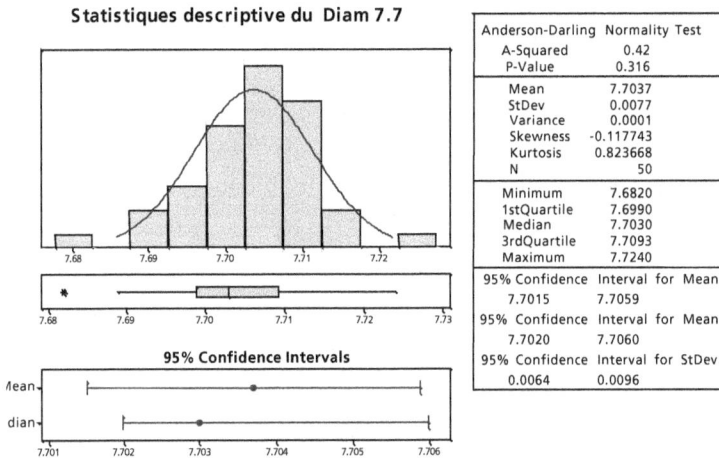

Anderson-Darling Normality Test	
A-Squared	0.42
P-Value	0.316
Mean	7.7037
StDev	0.0077
Variance	0.0001
Skewness	-0.117743
Kurtosis	0.823668
N	50
Minimum	7.6820
1stQuartile	7.6990
Median	7.7030
3rdQuartile	7.7093
Maximum	7.7240
95% Confidence Interval for Mean	
7.7015	7.7059
95% Confidence Interval for Mean	
7.7020	7.7060
95% Confidence Interval for StDev	
0.0064	0.0096

95% Confidence Intervals

Figure 5.14. Statistiques descriptives avec Minitab

3.1. Paramètres de position

Comme son nom l'indique, les paramètres de position donnent une indication sur la position de la distribution par rapport à la grandeur mesurée. Les principaux paramètres sont les suivants :

- la moyenne $\overline{X} = \sum_{i=1}^{n} X_i \Big/ n$

- la médiane $\tilde{X}$ qui représente la valeur telle qu'il y a autant de valeurs d'un côté que de l'autre.

Dans le cas de répartition symétrique, la médiane et la moyenne sont théoriquement identiques.

Sur chacun de ces indicateurs, on peut calculer un intervalle de confiance. Prenons le cas de la moyenne. On dispose d'un échantillon à partir duquel on calcule une estimation de la moyenne $\overline{X}_1$. Un autre tirage d'échantillon aurait donné une autre estimation $\overline{X}_2$. Mais ce qui nous intéresse, ce n'est pas $\overline{X}$ mais μ, la vraie moyenne de la population. S'il n'est pas possible de connaître μ (à moins de mesurer la totalité de la population), on peut néanmoins calculer l'intervalle dans lequel on a 95 % de chance de le trouver. Pour cela, on utilise la loi de distribution des moyennes $\overline{X}$. Les moyennes suivent une loi normale d'écart-type $\sigma / \sqrt{n}$ (Figure 5.15).

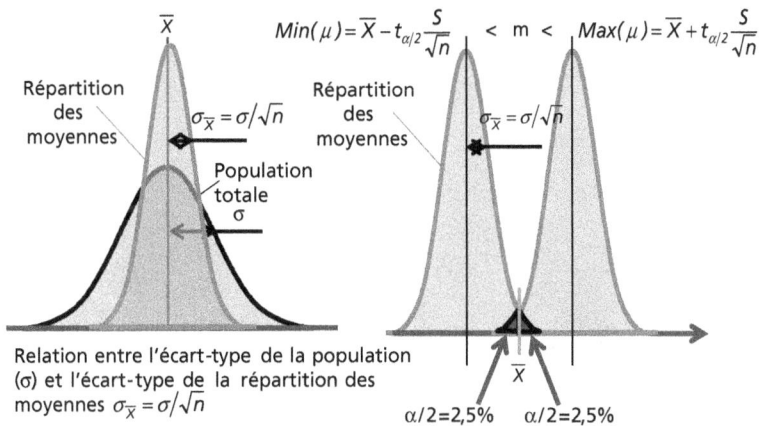

Figure 5.15. Intervalle de confiance sur les moyennes

Lorsque σ est connu, compte tenu de la position de $\overline{X}$, il est facile de trouver l'intervalle de confiance donnant 95 % de chance de trouver μ.

$$\overline{X} - z_{\alpha/2}\frac{\sigma}{\sqrt{n}} < \mu < \overline{X} + z_{\alpha/2}\frac{\sigma}{\sqrt{n}}$$

avec $z_{\alpha/2}$ variable réduite de la loi de Gauss pour un risque de $\alpha/2$.

On trouve la valeur de z dans la table de Gauss donnée au chapitre 10 de notre ouvrage.

Pour calculer cet intervalle on doit connaître σ l'écart-type de la population. Mais dans le cas général, sigma est inconnu. On doit le remplacer par son estimateur S et utiliser la loi de Student. La relation devient :

$$\overline{X} - t_{\alpha/2}\frac{S}{\sqrt{n}} < \mu < \overline{X} + t_{\alpha/2}\frac{S}{\sqrt{n}}$$

Avec $t_{\alpha/2,}$ variable réduite de la loi de Student pour un risque de $\alpha/2$, on trouve la valeur de t dans la table de Student donnée également au chapitre 10.

Exemple

Dans le cas de la Figure 5.14 on avait :

$\overline{X} = 7{,}7037$

$S = 0{,}0077$

$n = 50$ soit 49 ddl

$t_{\alpha/2} = 2{,}0096$

L'intervalle se calcule par la relation :

$$7{,}7037 - 2{,}0096\frac{0{,}0077}{\sqrt{50}} < \mu < 7{,}7037 + 2{,}0096\frac{0{,}0077}{\sqrt{50}}$$

Soit $7{,}7015 < \mu < 7{,}7059$

3.2. Paramètres d'échelle

Les paramètres d'échelle donnent une idée de la dispersion des mesures. Les paramètres les plus utilisés sont :

- l'étendue ;
- l'écart-type ;

- la variance ;
- la position des quartiles.

Parmi tous ces éléments, l'étendue est la plus naturelle. Elle représente l'écart qui existe entre la plus grande valeur et la plus petite. Cependant, l'étendue a un inconvénient majeur : sa valeur dépend de la taille de l'échantillon. Plus l'échantillon est grand et plus l'on a de chance de trouver une valeur très grande ou très petite. C'est la raison pour laquelle les statisticiens ont cherché à exprimer la dispersion des valeurs en utilisant un critère qui soit indépendant de la taille de l'échantillon. La position des quartiles est donnée par la boîte à moustache, mais conserve l'inconvénient de l'étendue. L'écart-type a cette propriété de convergence vers une valeur définie lorsque la taille des échantillons augmente.

$$\sigma_{n-1} = S = \sqrt{\frac{\sum_{i=1}^{n}\left(X_i - \overline{X}\right)^2}{n-1}} \text{ est un estimateur de l'écart-type } \sigma$$

Il existe une relation entre l'étendue pour une taille d'échantillon donnée et l'écart-type.

$$\sigma = \overline{R}/d_2^*$$

Le coefficient d_2^* dépend à la fois de la taille de l'échantillon et du nombre d'échantillons qui ont permis de calculer $\overline{R}$. Lorsque ce nombre est élevé (> 15) on remplace d_2^* par d_2.

		Nombre d'échantillons														
		1	2	3	4	5	6	7	8	9	10	11	12	13	14	15	> 15
Nombre de mesures par échantillon	2	1,414	1,279	1,231	1,206	1,191	1,181	1,173	1,168	1,163	1,160	1,157	1,154	1,153	1,151	1,149	1,128
	3	1,912	1,806	1,769	1,750	1,739	1,731	1,726	1,722	1,719	1,716	1,714	1,712	1,711	1,710	1,708	1,693
	4	2,239	2,151	2,121	2,105	2,096	2,090	2,086	2,082	2,08	2,078	2,076	2,075	2,073	2,072	2,071	2,071
	5	2,481	2,405	2,379	2,366	2,358	2,353	2,349	2,346	2,344	2,342	2,34	2,339	2,338	2,337	2,337	2,326

Figure 5.16. Coefficient d_2^* pour l'estimation de σ à partir de $\overline{R}$

La variance est le carré de l'écart-type ; on a donc la relation $V(X) = \sigma^2(X)$. La variance possède la propriété d'additivité que ne possède pas l'écart-type.

Si nous avons la relation $Y = X_1 + X_2$, en supposant l'indépendance de X_1 et X_2, on peut écrire $\overline{Y} = \overline{X_1} + \overline{X_2}$ (additivité des moyennes) et $V(\overline{Y}) = V(\overline{X_1}) + V(\overline{X_2})$ (additivité des variances).

En revanche, la relation $\sigma_{(\overline{Y})} = \sigma_{(\overline{X_1})} + \sigma_{(\overline{X_2})}$ est fausse. Cela a plusieurs conséquences, notamment pour le calcul de l'estimation d'un écart-type à partir de la moyenne de plusieurs écarts-types issus de k échantillons de taille n. On doit alors introduire un coefficient correcteur c_4 et on obtient les relations suivantes :

$$V = \frac{\sum V_i}{k} \qquad \text{et} \qquad \sigma = \frac{\sum S_i/k}{c_4} = \frac{\overline{S_i}}{c_4}$$

n	2	3	4	5	6	7	8	9	10
c_4	0,7979	0,8862	0,9213	0,9400	0,9515	0,9594	0,9650	0,9693	0,9727

Figure 5.17. Coefficient c_4 pour l'estimation de σ à partir de $\overline{S}$

L'intervalle de confiance pour les écarts-types peut également être donné en utilisant les propriétés de la loi de distribution des estimateurs S par rapport à l'écart-type σ.

Si on pose comme notations :

- $S_i : \sigma_{n-1}$ de l'échantillon i (estimation de l'écart-type σ calculé sur n valeurs)
- σ : écart-type de la population totale

On peut montrer que le rapport : $R = (n-1)\frac{S_i^2}{\sigma^2}$ est distribué suivant une loi du χ^2.

Les valeurs de χ^2 pour une probabilité p donnée se trouvent en fonction du nombre de degrés de liberté $v = (n-1)$ dans la table de χ^2.

On peut écrire : $\chi^2_{(\alpha/2)} < (n-1)\frac{S_i^2}{\sigma^2} < \chi^2_{(1-\alpha/2)}$ qui permet de donner l'intervalle de confiance sur l'écart-type :

$$S\sqrt{\frac{\chi^2_{(\alpha/2)}}{(n-1)}} < \sigma < S\sqrt{\frac{\chi^2_{(1-\alpha/2)}}{(n-1)}}$$

Exemple

Dans le cas de la Figure 5.14 on avait : S = 0,0077

$n = 50$ soit $\chi^2_{0.025} = 31,55$ et $\chi^2_{0.975} = 70,22$ pour 49 degrés de liberté

Ce qui permet de calculer l'intervalle :

$$0,0077\sqrt{\frac{31,55}{49}} < \sigma < 0,077\sqrt{\frac{70,22}{49}} \text{ soit } [0,0062 - 0,0092]$$

3.3. Identification de la forme de la distribution

La forme de la distribution est un paramètre important. En effet, le théorème central limite nous dit que : « Tout système, soumis à de nombreux facteurs, indépendants les uns des autres, et d'un ordre de grandeur de l'effet équivalent, génère une répartition qui suit une loi de Gauss. »

Exemple

Pour montrer ce phénomène, prenons l'exemple d'un jeu consistant à lancer 10 dés. Chaque dé a une valeur qui peut varier de façon uniforme de 1 à 6. Mais le résultat d'un jet de 10 dés donnera une répartition proche d'une loi normale qui variera entre 10 (tous les dés à 1 – une seule possibilité) et 60 (tous les dés à 6 – une seule possibilité). Le nombre de possibilités d'obtenir un total de 11 ou 59 est égal à 10 (1 des dés est sur 2 les autres à 1) etc.

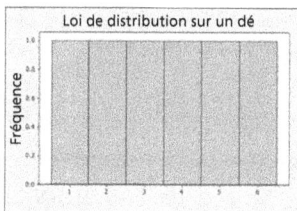

Loi de distribution sur 1 dé   Loi de distribution sur 10 dés

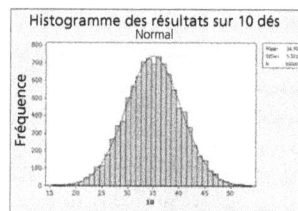

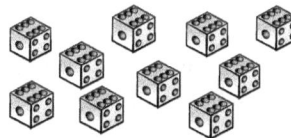

Figure 5.18. Illustration du théorème central limite

L'illustration que nous venons de faire avec les dés est facilement généralisable à tous les systèmes soumis à de nombreux facteurs indépendants. Les combinaisons donnant des valeurs extrêmes sont rares, alors que les combinaisons moyennes ont une forte probabilité. La répartition doit donc suivre une loi normale.

Exemple

Illustrons cependant ce théorème central limite avec un autre exemple : le temps pour aller au travail d'une personne devant passer de nombreux feux non synchronisés (indépendance des facteurs).
L'observation de son temps de trajet doit donner une répartition qui suit une loi normale. Pourtant, l'observation de ces temps sur deux périodes distinctes – période de vacances scolaires et période courante – donne deux lois normales différentes.
L'observation des valeurs sur une période mélangeant vacances scolaires et période courante ne donnera pas une répartition normale, mais un mélange de 2 lois.

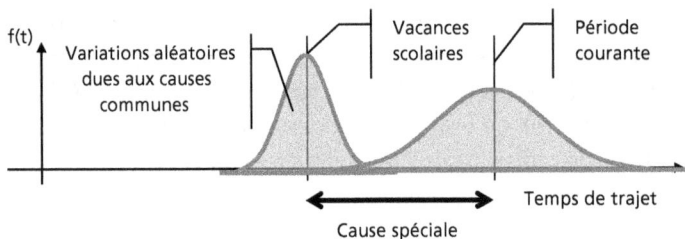

Figure 5.19. Causes communes et causes spéciales

Il est donc important lorsque l'on observe une répartition de savoir si elle suit une répartition normale ou non. Pour cela différents tests peuvent être utilisés tels que le test du χ^2, le test d'Anderson-Darling, le test de Shapiro-Wilk, le test de Kolmoronov-Smirnov.

Le principe d'un test de normalité est toujours le même : vérifier que les écarts entre une distribution théorique parfaite d'une loi normale (la droite sur la Figure 5.20) et une distribution réelle (les points) peuvent être attribués à des variations aléatoires.

Pour ce faire, on calcule la probabilité (*p-value 0,316*) que ces écarts proviennent de variations aléatoires. Si, comme dans le cas présenté (Figure 5.20), cette probabilité est supérieure à *0,05*, on considère que la loi suit une répartition normale. Dans le cas contraire (*p-value < 0,05*), on ne peut pas considérer que la distribution suit une loi normale.

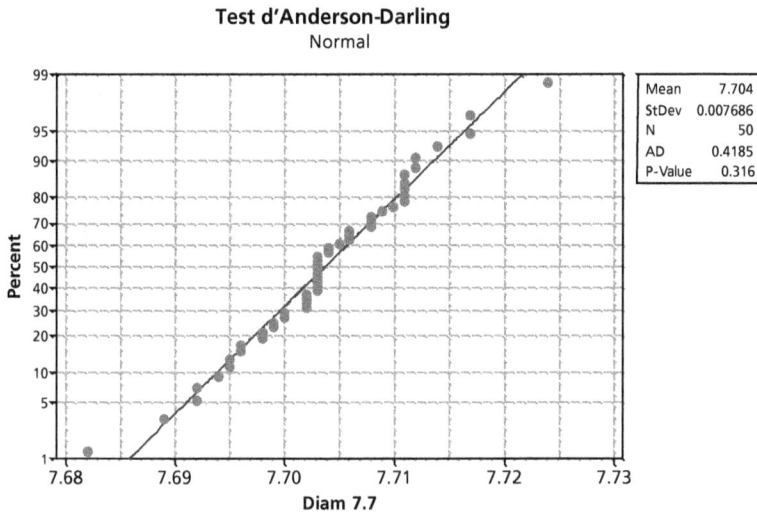

Figure 5.20. Graphique des probabilités

3.4. Identification de valeurs aberrantes

Avant de traiter des données, notamment pour établir une relation entre les *Y* et les *X*, il faut s'assurer que ces données sont « propres » et non polluées par des valeurs aberrantes. Il existe de nombreux tests pour détecter des valeurs aberrantes dans une loi normale. Nous présentons ci-après les deux tests les plus couramment utilisés : le test de Dixon et le test de Grubb.

Fiche – Test de Dixon
Teste s'il y a une valeur aberrante supérieure ou inférieure

Ce que fait le test

Ce test permet de détecter la présence d'une valeur aberrante dans un échantillon supposé suivre une loi normale. Ce test est réservé aux échantillons de petite taille. Pour les échantillons de grande taille, utiliser le test de Grubb.

Comment faire le test ? Pour une valeur aberrante cotée supérieure :	Exemple coté supérieur
1. On range les valeurs dans l'ordre croissant	Soit 5 valeurs : 25, 26, 26, 29, 35
2. On calcule la longueur de la maille extrême par rapport à l'étendue de l'échantillon : $$D_n = \frac{X_{(n)} - X_{(n-1)}}{X_{(n)} - X_{(1)}}$$	$$D_n = \frac{35 - 29}{35 - 25} = 0,6$$
3. On compare la valeur de D_n à la valeur limite c donnée dans le tableau ci-dessous :	$n = 5$ ➜ $c = 0,642$ *Conclusion* $D_n < c$, la valeur 35 ne peut pas être considérée comme aberrante

n	5 %
3	0,941
4	0,765
5	0,642
6	0,560
7	0,507
8	0,468
9	0,437
10	0,412

Si $D_n > c$, la valeur maxi est considérée comme aberrante.

| *Remarque 1* : pour rechercher une valeur aberrante inférieure, on fait le même test mais en calculant D_n par la relation :

$$D_n = \frac{X_{(2)} - X_{(1)}}{X_{(n)} - X_{(1)}}$$ | **Exemple coté inférieur**
Soit 7 valeurs : 100, 125, 127, 127, 128, 130, 130

$$D_n = \frac{125 - 100}{130 - 100} = 0,83$$

$n = 7$ ➜ $c = 0,507$
Conclusion
$D_n > c$, la valeur 100 est considérée comme aberrante |

Remarque 2 : dans ce test, une valeur aberrante peut être masquée par une seconde valeur aberrante.

Fiche – Test de Grubb	
Teste s'il y a au moins une valeur aberrante	

Ce que fait le test
Ce test permet de détecter la présence d'une valeur aberrante dans un échantillon supposé suivre une loi normale.

Comment faire le test ?	**Exemple**
	Soit 5 valeurs : 25, 26, 26, 29, 35
1. Calculer la moyenne et l'écart-type de l'échantillon	$\overline{X} = 28,2$ $S = 4,087$
2. Calculer la statistique $$G = \frac{Max(\|X_i - \overline{X}\|)}{S}$$	$$G = \frac{35 - 28.2}{4.087} = 1.66$$
3. Calculer G_{limite} pour un risque bilatéral $\alpha = 0,05$ $$G_{limite} = \frac{(N-1)}{\sqrt{N}} \sqrt{\frac{t^2_{(\alpha/N, N-2)}}{N-2+t^2_{(\alpha/N, N-2)}}}$$	$t_{(0,05/5,3)} = 5,84$ $$G_{limite} = \frac{(4)}{\sqrt{5}} \sqrt{\frac{34,12}{5-2+34,12}} = 1,715$$
4. Comparer G à G_{limite} : Si $G > G_{Limite}$, le point est aberrant : on le retire de l'échantillon et on recommence la procédure. Si $G < G_{Limite}$, le point n'est pas aberrant.	*Conclusion* 1,66 < 1,715, la valeur 35 ne peut pas être considérée comme aberrante.

Remarque : ce test peut être fait de manière itérative jusqu'à ce que tous les points aberrants soient enlevés.

4. Statistique inférentielle – Tests de comparaison

Les outils de statistique descriptive ont permis d'étudier le comportement des différentes variables du problème (les *Y* et les *X*). La statistique inférentielle a pour objectif de vérifier s'il existe une relation entre les *Y* et les X afin d'identifier les leviers d'action qui pourront être utilisés lors de l'étape « Innover ».

Exemple

On réalise un produit sur lequel on a mesuré un défaut d'aspect (Y). On suspecte un des fournisseurs (X) de l'une des matières premières utilisées dans ce produit d'être à l'origine de ce défaut.

> Cette matière première est approvisionnée chez deux fournisseurs *A* et *B*. Une première livraison du fournisseur *A* a donné *12 %* de rebuts sur *120* produits alors que le fournisseur *B* a livré *6 %* de rebuts sur *25* produits. La statistique inférentielle nous permettra de pouvoir affirmer – au risque statistique près – de la relation qui existe entre le fournisseur et le pourcentage de rebuts.

Les *X* sont des *variables indépendantes*. On les nomme parfois des *facteurs*. *Y* est une variable dépendante (elle dépend de la configuration des *X*). On la nomme parfois *réponse*.

La statistique inférentielle est un élément très important du vaste domaine des statistiques. Elle fournit de fabuleux outils pour le *Black Belt* que nous ne pourrons pas développer dans le cadre de cet ouvrage. Nous nous limiterons aux tests les plus simples et les plus couramment pratiqués :

- les tests de comparaison ;
- l'analyse de la variance ;
- les corrélations ;
- les plans d'expériences.

Si l'on reprend la Figure 5.1 qui illustre la situation en début d'étape « Analyser », on note de très nombreux *X* potentiellement actifs sur les *Y* CTQ. Il s'agit de trouver les quelques *X* qui ont la plus forte importance sur *Y*. En effet, l'action sur la variabilité de *Y* sera principalement dépendante des relations les plus fortes. La démonstration est assez simple dans le cas d'un *Y* qui dépend de deux *X*.

Supposons que $Y = X_1 + X_2$, l'additivité des variances donne $V(Y) = V(X_1) + V(X_2)$

Ce qui s'écrit également $\sigma_Y = \sqrt{\sigma_{X1}^2 + \sigma_{X2}^2}$

Supposons que $\sigma_{X1} = 5$ et $\sigma_{X2} = 1$, on a alors $\sigma_Y = 5,099$

Qu'apporterait sur *Y* une amélioration qui consisterait à diminuer de 1 l'écart-type sur un *X* ?

Diminution de 1 sur σ_{X1} (20 %)	Diminution de 1 sur σ_{X2} (100 %)
$\sigma_Y = \sqrt{5^2 + 1^2} = 5,099$	$\sigma_Y = \sqrt{5^2 + 1^2} = 5,099$
$\sigma_Y = \sqrt{4^2 + 1^2} = 4,123$	$\sigma_Y = \sqrt{5^2 + 0^2} = 5,000$
$\Delta Y = 0,976$	$\Delta Y = 0,099$

Figure 5.21. Influence relative des *X*

Comme on le voit sur l'exemple, réduire à *0* l'écart-type sur la variable X_2 (ce qui est probablement impossible et sans doute très coûteux) aurait un impact 10 fois plus faible que de réduire de *20 %* l'écart-type sur X_1.

4.1. Choisir la bonne analyse

Les outils de statistique inférentielle à disposition du *Black Belt* sont très nombreux. La difficulté rencontrée est souvent de savoir choisir la bonne analyse. Pour aider le *Balck Belt* dans le choix de l'analyse statistique la plus adaptée, nous proposons deux tableaux de choix construits à partir de deux clés d'entrée.

La première clé d'entrée consiste à s'interroger sur la nature de *Y* et de *X*. Les variables sont-elles qualitatives ou quantitatives ?

- On parle de variables quantitatives lorsque les données sont exprimées dans une échelle continue (exemple : une pression mesurée de façon continue dans une échelle de 5 à 10 bars).
- On parle de variables qualitatives lorsque les données sont exprimées selon des modalités (exemple : un fournisseur A ou B, un type de matière...).

En fonction de la nature de *Y* et de *X*, le tableau présenté en Figure 5.22 donne pour chaque situation les tests permettant de mettre en évidence une relation entre *X* et *Y*. Dans ce tableau, certains tests sont écrits en italique, d'autres en caractère romain. Les tests écrits en italique sont des tests « non paramétriques » ; cela signifie qu'ils ne font aucune hypothèse sur les lois de distribution. Ils sont donc très robustes à des situations où la distribution est très éloignée d'une loi normale.

Exemple

Pour illustrer l'utilisation du tableau donné ci-dessous en Figure 5.22, prenons l'exemple d'un assemblage collé pour lequel on souhaite maximiser la résistance (*Y* quantitatif) et minimiser les défauts d'aspect (*Y* qualitatif).
On veut tester l'influence du *X* type de colle :
- si l'on dispose de deux types de colle, le tableau nous conduit à faire une comparaison de moyenne ou un test de Mann Whitney.
- si l'on dispose de plus de deux types de colle, on fera une analyse de la variance ou un test de Krustal Wallis.
On veut étudier la relation entre la résistance (quantitatif) et la pression de serrage (quantitatif). Le tableau nous oriente vers un test de corrélation simple.

Enfin, on veut minimiser les défauts d'aspect, mesurés en proportion de produits non conformes en fonction du type de colle :
• si l'on dispose de deux types de colle, le tableau nous conduit à faire une comparaison de fréquence ;
• si l'on dispose de plus de deux types de colle, on fera un tableau d'indépendance.

Réponse Y					
Qualitatif		Quantitatif			
Facteur X / **Qualitatif**	Si 2 modalités sur le X et sur le Y	Comparaison de fréquences	Si 2 modalités sur X	Isolées	Comparaison de 2 populations B to C Mann Whitney
				Appairés	Comparaison de 2 populations appairées Test des signes Test Wilcoxon
	Si plus de 2 modalités sur X ou Y	Tableau d'indépendance	Si plus 2 modalités sur X	Isolées	Analyse de la variance Krustal Wallis
				Appairés	Plan d'expériences Test de Friedman
Quantitatif	Si 2 modalités sur le X et sur le Y	Isolées — Comparaison de 2 populations B to C Mann Whitney	Si 1 seul X		Régression simple
		Appairés — Comparaison de 2 populations appairées Test des signes Test Wilcoxon			
	Si plus de 2 modalités sur X ou Y	Analyse de la variance	Si plusieurs X		Régression multiple

Figure 5.22. Choix de l'analyse en fonction de la typologie de X et Y

La seconde clé d'entrée pour choisir le test consiste à s'interroger sur le type de comparaison que l'on souhaite faire, au moyen de deux questions.

- Quelle est la nature des éléments à comparer ?
  – comparaison de plusieurs variances (influence sur le paramètre d'échelle) ;
  – comparaison de plusieurs moyennes (influence sur le paramètre de position) ;
  – comparaison de données non paramétriques (influence sur un classement) ;
  – comparaison de fréquences (influence sur une proportion).

- Quelles sont les situations à comparer ?
  – comparaison du résultat de l'essai avec une valeur théorique ;
  – comparaison de deux situations ;
  – comparaison de plus de deux situations.

En fonction du croisement des réponses aux deux questions, on trouve facilement le test à réaliser. Cela conduit au tableau donné ci-dessous en Figure 5.23.

Exemple

Pour illustrer l'utilisation du tableau donné ci-dessous en Figure 5.23, prenons l'exemple d'un assemblage collé pour lequel on souhaite maximiser la résistance et minimiser les défauts d'aspect.

On veut tester l'influence du X type de colle :

- si l'on dispose de deux types de colle (comparaison entre deux modalités), le tableau nous conduit à faire une comparaison de moyenne ou un test de Mann Whitney pour étudier l'influence de la moyenne, et le test F pour l'influence sur la variance ;

- si l'on dispose de plus de deux types de colle (comparaison entre plusieurs modalités), le tableau nous conduit à faire une analyse de la variance ou un test de Krustal Wallis pour étudier l'influence de la moyenne, et le test de Levenne pour l'influence sur la variance.

On veut minimiser les défauts d'aspect, mesurés en proportion de produits non conformes (comparaison de fréquences) en fonction du type de colle :

- si l'on dispose de deux types de colle (comparaison entre deux modalités), le tableau nous conduit à faire une comparaison de fréquence (test 2P) ;

- si l'on dispose de plus de deux types de colle (comparaison entre plusieurs modalités), on fera un tableau d'indépendance.

		Comparaison par rapport à une valeur théorique	Comparaison entre deux modalités		Comparaison entre plusieurs modalités	
			isolés	appairées	isolés	appairées
	Comparaison de variances	Test χ^2	Test F		Tests de Hartley, Bartlet, Levenne	
	Comparaison de moyennes	$z_{théorique}$ $t_{théorique}$	Test z, t B to C	t appairé	ANAVAR	Plan d'expériences
	Comparaison de données non paramétriques	Test des signes Test Wilcoxon	Mann Whitney	Test des signes Test Wilcoxon	Krustal Wallis	Test de Page Test de Friedman
	Comparaison de fréquences	Test 1P	Test 2P		Tableau d'indépendance	

Figure 5.23. Choix de l'analyse en fonction de la nature de la comparaison

4.2. Notion de risque alpha (α) et de risque bêta (β)

Lorsque l'on fait un test statistique, on cherche à vérifier une des deux hypothèses suivantes.

- **Hypothèse H_0** : il n'y a pas d'écart significatif entre deux situations.
- **Hypothèse H_1** : il y a un écart significatif entre deux situations.

Comme on raisonne sur des échantillons, il y a toujours le risque de conclure à tort comme le montre le tableau suivant (Figure 5.24).

		Conclusion du test	
		Hypothèse H_0 vraie	Hypothèse H_1 vraie
Situation réelle	**Hypothèse H_0 vraie ;** il n'y a pas d'écart entre les situations	Conclusion juste	Conclusion fausse Risque α
	Hypothèse H_1 vraie ; il y a un écart entre les situations	Conclusion fausse Risque β	Conclusion juste

Figure 5.24. Risque α et risque β

Risque alpha (α) : c'est le risque de conclure qu'il y a une différence significative (H_1) alors que cela n'est pas vrai.

Risque bêta (β) : c'est le risque de conclure qu'il n'y a pas de différence significative (H_0) alors que cette différence existe bien.

4.2.1. Détermination du risque α et β (cas du $z_{théorique}$)

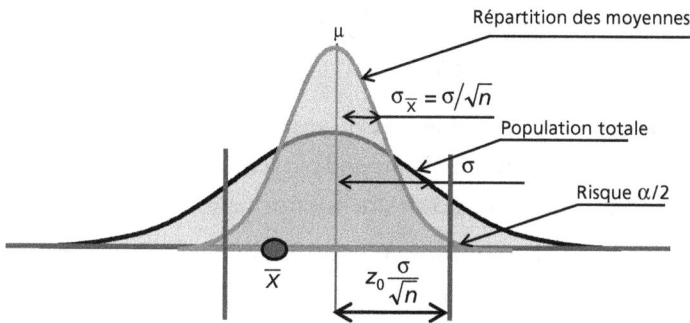

Figure 5.25. Illustration du risque α

Le test $z_{théorique}$ permet de réaliser une comparaison entre la moyenne d'un échantillon et la valeur théorique de la moyenne μ. On considère que l'échantillon est prélevé dans une population dont l'écart-type σ est connu.

Pour illustrer le risque α, mettons-nous dans une situation où l'hypothèse H_0 est vraie. En prélevant un échantillon de taille n, on calcule une moyenne $\overline{X}$ qui ne sera pas égale à la valeur μ. Le test consiste à vérifier si l'écart entre μ et $\overline{X}$ est suffisamment petit pour être expliqué par les fluctuations d'échantillonnage. On sait que les moyennes suivent une loi de distribution normale de moyenne μ et d'écart-type $\sigma/\sqrt{n}$.

En fonction du risque α, on va placer deux limites aux variations acceptées de $\overline{X}$ autour de μ $\left(\pm z_0 \sigma/\sqrt{n}\right)$.

- Si $\overline{X}$ se situe entre ces deux limites, on conclura de façon juste que l'hypothèse H_0 est acceptée.
- Si $\overline{X}$ se situe hors de ces deux limites (ce qui peut arriver avec un risque α), on conclura de façon fausse que l'hypothèse H_0 est refusée.

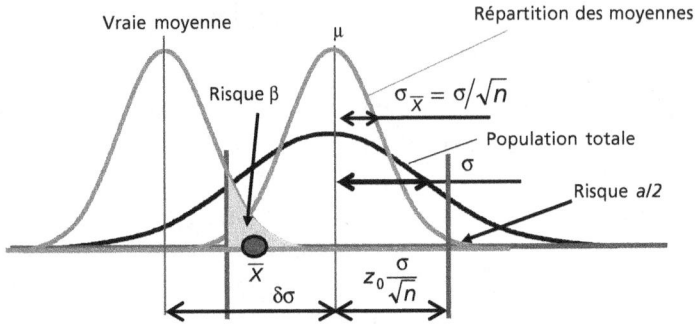

Figure 5.26. Illustration du risque β

Pour illustrer le risque β, considérons désormais que l'échantillon n'est pas issu d'une population centrée sur μ mais sur une moyenne décalée de δσ. La moyenne de l'échantillon $\overline{X}$ sera distribuée selon une loi normale d'écart-type $\sigma/\sqrt{n}$. Il y a un risque (risque β) que cette moyenne $\overline{X}$ se situe dans les limites fixées pour accepter l'hypothèse H_0. Dans ce cas, on acceptera à tort l'hypothèse H_0.

4.2.2. Incidence de la taille des échantillons

Sur les schémas suivants (Figure 5.25 ; Figure 5.26), on note que les quatre variables ayant une influence sur les risques d'erreurs sont : α, β, n, δ.

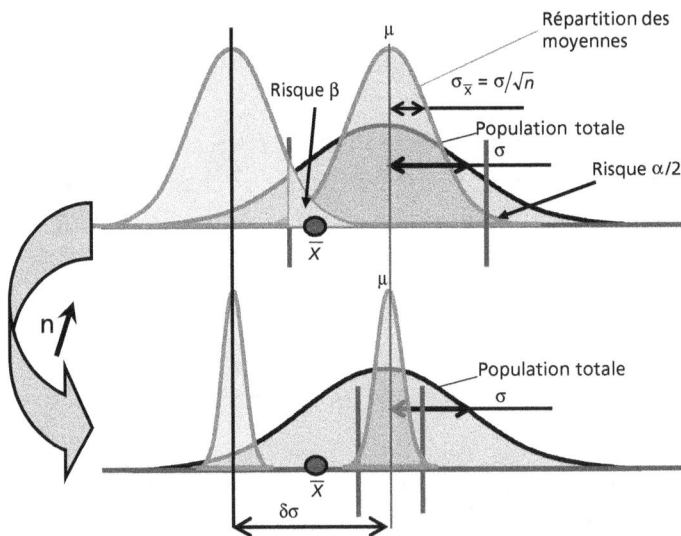

Figure 5.27. Influence de la taille des échantillons

Si l'on augmente la taille de l'échantillon, on note (Figure 5.27) qu'un écart δ qui pouvait donner lieu à un risque β dans la première situation voit ce risque considérablement réduit dans la seconde situation.

En fait, les quatre variables α, β, *n*, δ sont liées et le tableau (Figure 5.28) donne les relations entre ces variables.

Situation	Risque α	Risque β	Décalage δ	Taille n
1	Constant	Constant	⇩	⇧
2	Constant	⇩	Constant	⇧
3	Constant	⇩	⇧	Constant
4	⇩	Constant	Constant	⇧
5	⇩	Constant	⇧	Constant
6	⇩	⇧	Constant	Constant

Figure 5.28. Relation entre α, β, *n*, δ

Taille des échantillons pour le test t

Dans ce test, on considère que l'*écart-type est inconnu*. On utilise la loi de Student. Le tableau suivant (Figure 5.29) donne la taille des échantillons pour un risque alpha de 5 % et un risque bêta de 10 %.

Décentrage δ	0,2	0,3	0,4	0,5	0,6	0,7	0,8	0,9	1	1,1	1,2	1,3	1,4	1,5	1,6
Taille	527	235	133	86	60	45	35	28	23	19	17	14	13	11	10

Décentrage δ	1,7	1,8	1,9	2	2,1	2,2	2,3	2,4	2,8	2,9	3,6	3,7	4	5	6
Taille	9	8	8	7	7	6	6	5	5	4	4	3	3	3	2

Figure 5.29. Taille des échantillons pour le test *t*

Exemple d'utilisation de la table

On veut détecter une amélioration provoquant un décalage de 0,9 à partir d'un premier échantillon de taille n. On estime que l'écart-type sera de l'ordre de grandeur de 0,6. On veut donc détecter un écart de δ = 0,9/0,6 = 1,5.
Il faut donc réaliser deux échantillons de 11 produits pour mettre en évidence un tel écart.

Taille des échantillons pour le test z

Dans ce test, on considère que l'*écart-type est connu*. On utilise la loi de Gauss. Le tableau suivant (Figure 5.30) donne la taille des échantillons pour un risque alpha de 5 % et un risque bêta de 10 %.

Décentrage δ	0,2	0,3	0,4	0,5	0,6	0,7	0,8	0,9	1	1,1	1,2	1,3	1,4	1,5	1,6
Taille	525	234	131	84	58	43	33	26	21	17	15	12	11	9	8

Décentrage δ	1,7	1,8	1,9	2	2,1	2,2	2,4	2,5	2,8	2,9	3,7	3,8	4	5	6
Taille	7	6	6	5	5	4	4	3	3	2	2	1	1	1	1

Figure 5.30. Taille des échantillons pour le test z

Exemple d'utilisation de la table

On veut détecter une amélioration provoquant un décalage de *0,9* à partir d'un premier échantillon de taille *n*. On estime que l'écart-type sera de l'ordre de grandeur de *0,6*. On veut donc détecter un écart de $\delta = 0{,}9/0{,}6 = 1{,}5$.
Il faut donc réaliser deux échantillons de *9* produits pour mettre en évidence un tel écart.

Le tableau T7 dans le chapitre 10 de notre ouvrage donne les tailles d'échantillon nécessaires pour le test z, et ce pour différents niveaux de risque.

4.3.   Les différents tests

Il existe de nombreux tests de comparaison et nous avons choisi de présenter dans ce chapitre ceux qui sont les plus couramment utilisés dans une démarche Six Sigma. Les illustrations sont effectuées avec le logiciel Minitab® qui permet très simplement de réaliser la plupart des tests présentés dans cet ouvrage.

On peut également utiliser une feuille de calcul Excel « Statistique inférentielle-Tests statistiques » téléchargeable gratuitement sur le site www.ogp.univ-savoie.fr

	Fiche – Test χ^2 Comparaison d'une variance à une valeur théorique σ

Ce que fait le test

Étant donné un échantillon de taille n, dont les valeurs observées ont pour variance S^2. Peut-il être considéré comme représentatif de la population totale de variance σ^2 ?

Comment faire le test ?	Exemple
	On produit un ressort avec une force moyenne $\mu = 1,2\,N$ et un écart-type $\sigma = 0,1\,N$. Ces valeurs ont été calculées sur 150 données, on suppose donc σ et μ connus. On conçoit un nouveau ressort afin de diminuer la dispersion sur la force. Les 8 prototypes du nouveau ressort donnent : 1,32 1,22 1,18 1,29 1,21 1,23 1,25 1,20
1. À partir des valeurs relevées, calculer l'écart-type S.	$\overline{X} = 1,23$ $S = 0,047$
2. Vérifier l'hypothèse sigma connu en calculant l'intervalle bilatéral à 5 % devant contenir S : $\sigma\sqrt{\dfrac{\chi^2_{(\alpha/2)}}{(n-1)}} < S < \sigma\sqrt{\dfrac{\chi^2_{(1-\alpha/2)}}{(n-1)}}$ Le χ^2 est pris pour $n\text{-}1$ ddl et pour les risques $0,975$ et $0,025$.	$0,1\sqrt{\dfrac{1,69}{7}} < S < 0,1\sqrt{\dfrac{16}{7}}$ soit : $0,049 < S < 0,15$
3. Conclure : • si S est dans l'intervalle, on conclut que l'écart n'est pas significatif ; • si S est hors de l'intervalle, on conclut que l'écart est significatif.	S étant hors de l'intervalle, on refuse l'hypothèse σ connu. On conclut que le nouveau ressort est significativement plus « régulier » que le ressort précédent.
4. En cas de doute sur le résultat (risque β), augmenter la taille de l'échantillon et recommencer la procédure.	

Fiche – Test F
Comparaison de deux variances

Ce que fait le test
Permet de comparer deux écarts-types (ou deux variances) afin de conclure s'il y a un écart significatif entre les deux.

Comment faire le test ?	**Exemple**
	On conçoit un nouveau ressort afin de diminuer la dispersion sur la force. On hésite entre deux matériaux. Pour valider, on fait deux échantillons avec ces deux matériaux. Le premier matériau donne : 1,32 1,22 1,18 1,29 1,21 1,23 1,25 1,20 Le second matériau donne : 1,25 1,23 1,26 1,18 1,22 1,21
1. À partir des valeurs relevées, calculer les écarts-types.	$S_1 = 0,047$ $S_2 = 0,029$
2. On nomme S_1 l'écart-type maxi et S_2 l'écart-type mini.	
3. Faire le ratio F entre la variance la plus élevée sur la variance la plus faible : $$F = \frac{S_{Max}^2}{S_{Min}^2}$$	$$F = \frac{0,047^2}{0,029^2} = 2,67$$
4. Rechercher dans la table de Snedecor à 0,05 la valeur pour (n_1-1) ddl au numérateur et (n_2-1) ddl au dénominateur.	Colonne 7, ligne 5 $F_{limite} = 4,88$
5. Conclure : • si $F > F_{limite}$ on conclut que l'écart est significatif ; • sinon l'écart n'est pas significatif.	$2,67 < 4,88$ On conclut que l'écart n'est pas significatif.
6. En cas de doute sur le résultat (risque β), augmenter la taille de l'échantillon et recommencer la procédure.	

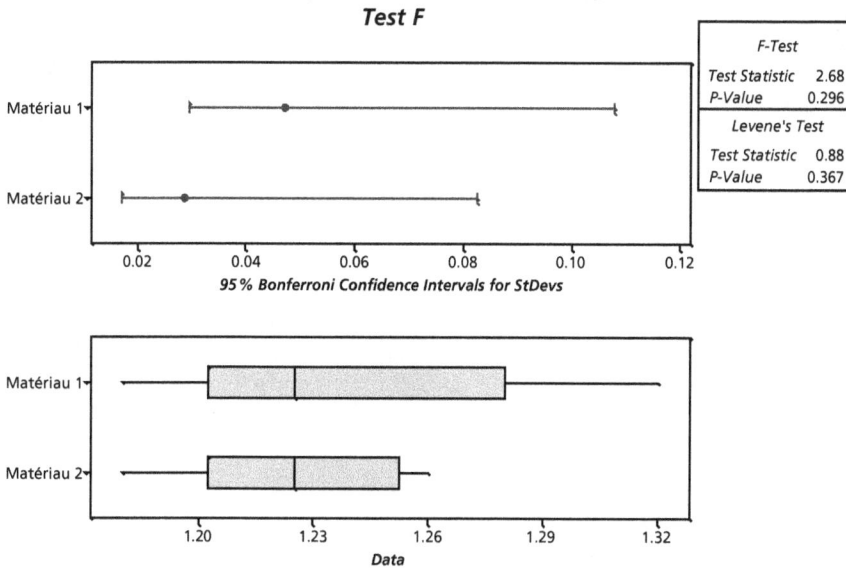

Figure 5.31. Traitement par logiciel d'analyse statistique

Interprétation

La valeur *p-value* (risque alpha) étant supérieure à 5 %, on accepte l'hypothèse H_0. Il n'y a pas d'écart significatif.

Fiche – Test z théorique
Comparaison d'une moyenne à une valeur théorique (σ connu)

Ce que fait le test

Étant donné un échantillon de taille n, dont les valeurs observées ont pour moyenne Xb et un écart type S.

Remarque : Xb doit s'écrire X avec une barre dessus : peut-il être considéré comme représentatif de la population totale de moyenne µ et d'écart-type σ ?

Domaine d'application	Exemple
Les moyennes doivent suivre une loi normale. Cette condition est robuste sur la répartition des valeurs individuelles.	Le ressort que je produis a une force moyenne µ = 1,2 N et un écart-type σ = 0,1 N.
	Ces valeurs ont été calculées sur 150 données, on suppose donc σ et µ connus.
Comment faire le test ?	On conçoit un nouveau ressort afin d'augmenter cette force.
	Les 4 prototypes du nouveau ressort donnent : 1,32 1,45 1,18 1,29
1. À partir des valeurs relevées, calculer la moyenne $\overline{X}$ et l'écart-type S.	$\overline{X} = 1,31$ $S = 0,111$
2. Vérifier l'hypothèse sigma connu en calculant l'intervalle bilatéral à 5 % devant contenir S. $$\sigma\sqrt{\frac{\chi^2_{(\alpha/2)}}{(n-1)}} < S < \sigma\sqrt{\frac{\chi^2_{(1-\alpha/2)}}{(n-1)}}$$ Si ce n'est pas le cas, passer au test t théorique.	$$0,1\sqrt{\frac{0,216}{3}} < S < 0,1\sqrt{\frac{9,35}{3}}$$ soit $$0.027 < S < 0,18$$ S étant dans l'intervalle, on accepte l'hypothèse σ connu.
3. Calculer la variable réduite z_0. $$z_0 = \frac{|\overline{X} - \mu|}{\sigma/\sqrt{n}}$$	$$z_0 = \frac{|1,31 - 1,2|}{0,1/\sqrt{4}} = 2,2$$
4. Chercher dans la table de Gauss la valeur z_{lim} pour le risque choisi (5 % en bilatéral soit 2,5 % de chaque côté).	$z_{lim} = 1,96$
5. Conclure : • si $z_0 > z_{lim}$ on conclut que l'écart est significatif ; • si $z_0 \leq z_{lim}$ on conclut que l'écart n'est pas significatif.	2,2 étant supérieur à 1,96, on conclut que le nouveau ressort est significativement plus puissant que le ressort précédent.
6. En cas de doute sur le résultat (risque β), augmenter la taille de l'échantillon.	

Boxplot of proto
(with Ho and 95 % Z-confidence interval for the Mean, and StDev = 0.1)

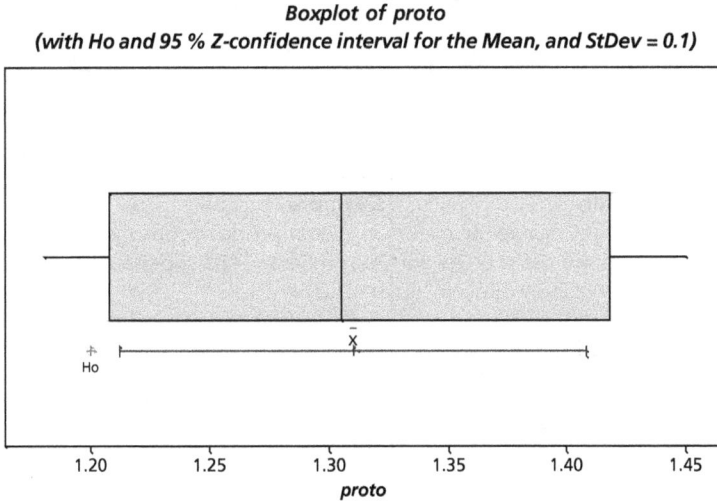

Figure 5.32. Traitement par logiciel d'analyse statistique

Interprétation

La valeur *p-value* (risque alpha) étant inférieure à 5 % on refuse l'hypothèse H_0. Il y a un écart significatif. Graphiquement, l'hypothèse H_0 est en dehors de l'intervalle de confiance sur la moyenne, l'écart est donc significatif.

Fiche – Test *t* théorique	
Comparaison d'une moyenne à une valeur théorique (σ inconnu)	
Ce que fait le test	
Étant donné un échantillon de taille *n*, dont les valeurs observées ont pour moyenne $\overline{X}$ et un écart-type estimé *S*. Peut-il être considéré comme représentatif de la population totale de moyenne μ ?	
Domaine d'application	**Exemple**
Les moyennes doivent suivre une loi normale. Cette condition est robuste sur la répartition des valeurs individuelles.	Je veux produire des ressorts dont la force moyenne doit être supérieure à la valeur théorique $\mu = 1,2$ N.
Comment faire le test ?	Les prototypes du nouveau ressort donnent : 1,32 1,45 1,18 1,29
1. À partir des valeurs relevées, calculer la moyenne $\overline{X}$ et l'écart-type *S*. On suppose que l'écart-type σ est estimé par *S*. On utilise alors la loi de Student.	$\overline{X} = 1,31$ $S = 0,111$
2. Calculer la variable réduite t_o. $$t_0 = \frac{\left|\overline{X} - \mu\right|}{S/\sqrt{n}}$$	$$t_0 = \frac{\left|1,31 - 1,2\right|}{0,111/\sqrt{4}} = 1,98$$
3. Chercher dans la table de Student la valeur t_{lim} pour le risque choisi (5 % en bilatéral soit 2,5 % de chaque côté) et le nombre de ddl (*n-1*).	$t_{lim} = 3,182$ risque bilatéral, $\nu = 4\text{-}1 = 3$
4. Conclure : • si $t_0 > t_{lim}$, on conclut que l'écart est significatif ; • si $t_0 \leq t_{lim}$, on conclut que l'écart n'est pas significatif.	1,98 étant inférieur à 3,182, on conclut que le nouveau ressort n'est pas significativement supérieur à *1,2 N*.
5. En cas de doute sur le résultat (risque β), augmenter la taille de l'échantillon et recommencer la procédure.	Si on veut améliorer le test, il faut refaire des prototypes afin d'augmenter la taille de l'échantillon.

Boxplot of proto
(with Ho and 95 % t-confidence interval for the mean)

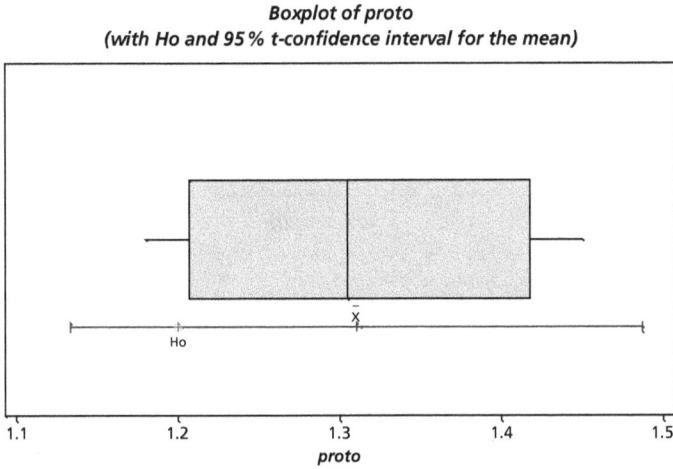

Figure 5.33. Traitement par logiciel d'analyse statistique

Interprétation

La valeur *p-value* (risque alpha) étant supérieure à 5 % on accepte l'hypothèse H_0. Il n'y a pas d'écart significatif. Graphiquement, l'hypothèse H_0 est dans l'intervalle de confiance sur la moyenne, l'écart n'est donc pas significatif.

Fiche - Test z
Comparaison de deux moyennes (σ connu)

Ce que fait le test

Étant donné deux échantillons de taille $n1$ et $n2$, dont les valeurs observées ont pour moyenne $\overline{X}_1$ et $\overline{X}_2$. On considère connus les écarts-types σ_1 et σ_2. Peut-on conclure que la différence entre $\overline{X}_1$ et $\overline{X}_2$ est significative ?

Domaine d'application	Exemple
Les moyennes doivent suivre une loi normale. Cette condition est robuste sur la répartition des valeurs individuelles. **Comment faire le test ?**	Le ressort que je produis a une force moyenne $\mu = 1,2$ N et un écart-type $\sigma = 0,1$ N. Ces valeurs ont été calculées sur 150 données, on suppose donc σ et μ connus. On conçoit un nouveau ressort afin d'augmenter cette force. On teste en parallèle la solution actuelle et la solution innovante. Les 5 ressorts actuels en test donnent : 1,21 1,26 1,15 1,12 1,18 Les 4 prototypes du nouveau ressort donnent : 1,32 1,45 1,18 1,29
1. À partir des valeurs relevées, calculer les moyennes $\overline{X}_1$, $\overline{X}_2$ et les écarts-types S_1 et S_2.	$\overline{X}_1 = 1,18$ $\overline{X}_2 = 1,31$ $S_1 = 0,054$ $S_2 = 0,111$
2. Vérifier l'hypothèse sigma connu en calculant l'intervalle bilatéral à 5 % devant contenir S pour les deux écarts-types. $$\sigma\sqrt{\frac{\chi^2_{(\alpha/2)}}{(n-1)}} < S < \sigma\sqrt{\frac{\chi^2_{(1-\alpha/2)}}{(n-1)}}$$ Si ce n'est pas le cas, passer au test t.	$0,035 < S_1 < 0,17$ $0,027 < S_2 < 0,18$ S_1 et S_2 étant dans l'intervalle, on accepte l'hypothèse σ connu $= 0,1$ N.
3. Calculer la distance entre les deux moyennes. $$d = \left|\overline{X}_1 - \overline{X}_2\right|$$	$d = 1,31 - 1,18 = 0,13$
4. Calculer l'écart-type de la distance. $$\sigma_d = \sqrt{\left(\frac{\sigma_1}{\sqrt{n_1}}\right)^2 + \left(\frac{\sigma_2}{\sqrt{n_2}}\right)^2}$$	$$\sigma_d = \sqrt{\left(\frac{0,1}{\sqrt{5}}\right)^2 + \left(\frac{0,1}{\sqrt{4}}\right)^2} = 0,07$$
5. Calculer la variable u_0 $$z_0 = \frac{d}{\sigma_d}$$	$$z_0 = \frac{0,13}{0,07} = 1,88$$

6. Chercher dans la table de Gauss la valeur z_{lim} pour le risque choisi (5 % en bilatéral soit 2,5 %. de chaque côté).	$z_{lim} = 1,96$
7. Conclure : • si $z_0 > z_{lim}$, on conclut que l'écart est significatif ; • si $z_0 \leq z_{lim}$, on conclut que l'écart n'est pas significatif.	*1,88* étant inférieur à *1,9*, on conclut que le nouveau ressort n'est pas significativement plus puissant que le ressort précédent.
8. En cas de doute sur le résultat (risque β), augmenter la taille de l'échantillon et recommencer la procédure.	Pour diminuer le doute, il faut augmenter la taille de l'échantillon.

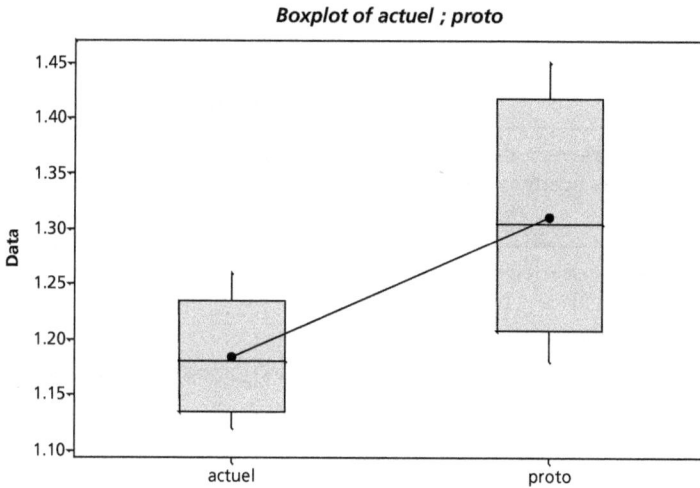

Figure 5.34. Boîte à moustache du problème

Fiche – Test *t*
Comparaison de deux moyennes (σ inconnu)

Ce que fait le test
Étant donné deux échantillons de taille *n1* et *n2*, dont les valeurs observées ont pour moyenne $\overline{X}_1$ et $\overline{X}_2$ et pour écarts-types S_1 et S_2. Peut-on conclure que la différence entre $\overline{X}_1$ et $\overline{X}_2$ est significative ?
Attention : si les deux échantillons peuvent être appairés, c'est-à-dire que chaque valeur d'un échantillon peut être mise en regard d'une valeur d'un second échantillon par un caractère commun, il faut utiliser le test t appairé.

Domaine d'application	**Exemple**
Les moyennes doivent suivre une loi normale. Cette condition est robuste sur la répartition des valeurs individuelles. **Comment faire le test ?**	Dans la conception d'un assemblage collé, on veut tester deux types de colle différents pour augmenter la force à l'arrachement. La colle 1 a donné : 3,1 5,2 3,8 6,3 4,5 La colle 2 a donné : 4,7 8,2 5,6 6,3 7,5 6,5
1. À partir des valeurs relevées, calculer les moyennes $\overline{X}_1$, $\overline{X}_2$ et les écarts-types S_1 et S_2.	$\overline{X}_1 = 4{,}58$ $\overline{X}_2 = 6{,}47$ $S_1 = 1{,}24$ $S_2 = 1{,}26$
2. Vérifier l'homogénéité des deux variances par le test F. $$F = \frac{S_{Max}^2}{S_{Min}^2}$$ à comparer à $F_{théor}$ pour v_1 et v_2 ddl	$F = \dfrac{1{,}26^2}{1{,}24^2} = 1{,}04$ $F_{thér} = 6{,}26$ $F < F_{théor}$ on accepte l'homogénéité des variances.
3. En cas d'homogénéité des variances, calculer la variance intra-série. $$S^2 = \frac{v_1 S_1^2 + v_2 S_2^2}{v_1 + v_2}$$	$S^2 = \dfrac{4 \times 1{,}24^2 + 5 \times 1{,}26^2}{4 + 5} = 1{,}57$ $S = \sqrt{1{,}47} = 1{,}25$
4. Calculer la distance entre les deux moyennes. $$d = \left| \overline{X}_1 - \overline{X}_2 \right|$$	$d = 6{,}47 - 4{,}58 = 1{,}89$
5. Calculer l'écart-type de la distance. $$\sigma_d = \sqrt{\left(\frac{S}{\sqrt{n_1}} \right)^2 + \left(\frac{S}{\sqrt{n_2}} \right)^2} = S\sqrt{\frac{n_1 + n_2}{n_1 n_2}}$$	$\sigma_d = 1{,}25\sqrt{\dfrac{5+6}{30}} = 0{,}76$
6. Calculer la variable t_0. $$t_0 = \frac{d}{\sigma_d}$$	$t_0 = \dfrac{1{,}89}{0{,}76} = 2{,}49$

7. Chercher dans la table de Student la valeur t_{lim} pour le risque choisi (5 % en bilatéral soit 2,5 % de chaque côté) et le nombre de ddl ($n_1 + n_2 - 2$).	$t_{lim} = 2,26$
8. Conclure : • si $t_0 > t_{lim}$, on conclut que l'écart est significatif ; • si $t_0 \leq t_{lim}$, on conclut que l'écart n'est pas significatif.	2,49 est supérieur à 2,26 On conclut que la colle 2 est significativement plus résistante (au risque de 2,5 %) que la colle 1.
9. En cas de doute sur le résultat (risque β), augmenter la taille de l'échantillon et recommencer la procédure.	

Boxplot of Colle 1 ; Colle 2

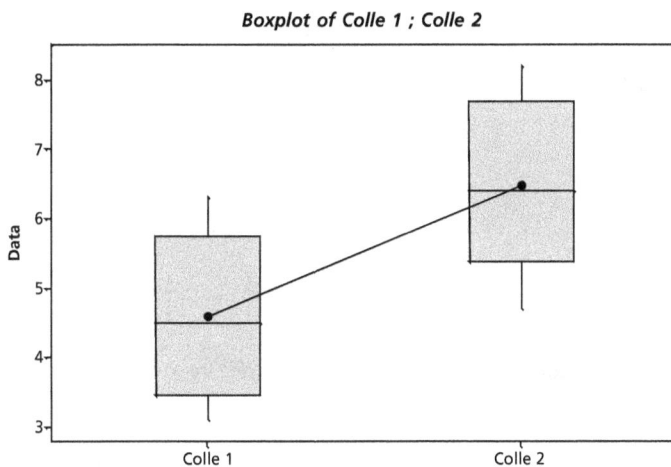

Figure 5.35. Traitement par logiciel d'analyse statistique

Interprétation

La valeur *p-value* (risque alpha) étant inférieure à 5 %, on refuse l'hypothèse H_0. Il y a un écart significatif.

Fiche – Test _t_ appairé	
Comparaison de deux moyennes – Cas des échantillons appairés	

Ce que fait le test

Il permet de comparer la moyenne de deux échantillons en tenant compte de l'appairage existant entre les deux.

Échantillons appairés : c'est le cas des échantillons dans lesquels chaque individu du premier échantillon a un point commun avec un individu du second échantillon.

Comment faire le test ?	**Exemple**
	Une machine de production (presse à injecter) possède six empreintes dans le moule. Pour comparer l'effet de la pression d'injection, on réalise un premier cycle avec 250 bars.

	E1	E2	E3	E4	E5	E6
	1,02	1,05	1,03	1,07	1,08	1,01

et un second cycle avec 280 bars.

	E1	E2	E3	E4	E5	E6
	1,03	1,07	1,05	1,09	1,09	1,03

Peut-on conclure à une influence significative de la pression ?
Les deux échantillons sont couplés par le n° de l'empreinte.

Comment faire le test ? (suite)	**Exemple** (suite)
1. Calculer pour chaque couple de points la différence.	Tableau des différences

	E1	E2	E3	E4	E5	E6
	− 0,01	− 0,02	− 0,02	− 0,02	− 0,01	− 0,02

2. Calculer la moyenne et l'écart-type du tableau des différences. On vérifie que _d_ est significativement différent de zéro en réalisant le test _t théorique_.	$\overline{X}_d = -0{,}0167$ $S_d = 0{,}00516$
3. Calculer la variable réduite t_o. $$t_0 = \frac{\left| \overline{X}_d \right|}{S_d / \sqrt{n}}$$	$$t_0 = \frac{0{,}0167}{0{,}00516 / \sqrt{6}} = 7{,}91$$
4. Chercher dans la table de Student la valeur t_{lim} pour le risque choisi (5 % en bilatéral soit 2,5 % de chaque côté) et le nombre de ddl (_n-1_).	_t limite = 2,57_

5. Conclure : • si $t_0 > t_{lim,}$ on conclut que l'écart est significatif ; • si $t_0 \leq t_{lim'}$ on conclut que l'écart n'est pas significatif.	7,91 > 2,57 On conclut que l'écart est significatif.
6. En cas de doute sur le résultat (risque β), augmenter la taille de l'échantillon et recommencer la procédure.	

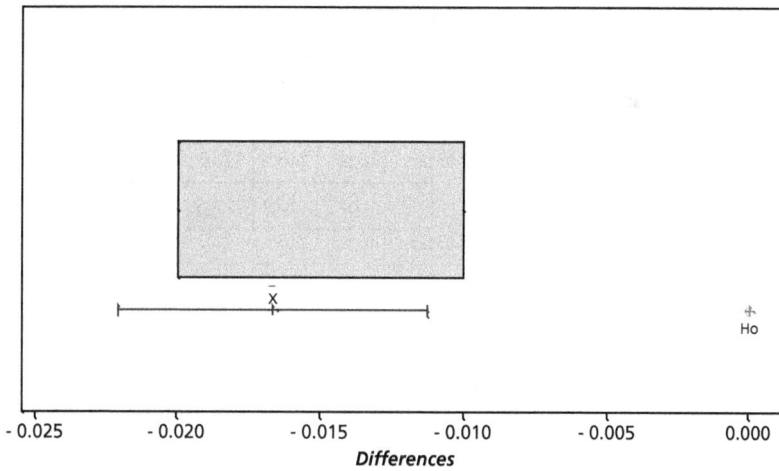

Boxplot of Differences
(with Ho and 95 % t-confidence interval for the mean)

Figure 5.36. Traitement par logiciel d'analyse statistique

Interprétation

La valeur *p-value* (risque alpha) étant inférieure à 5 %, on refuse l'hypothèse H_0. Il y a un écart significatif.

| **Fiche - Test _B to C_** |
| **Comparaison de deux moyennes – Test non paramétrique** |

Ce que fait le test

Il permet de comparer la moyenne de deux échantillons même lorsque la distribution ne suit pas une loi connue (loi normale, par exemple). Il peut être utilisé pour comparer des critères d'aspect (Figure 5.37).

Comment faire le test ?	**Exemple**
	On veut régler une tension électrique sur un produit. Deux réglages sont possibles et on effectue sur deux lots de produits ces deux réglages. Peut-on conclure à un écart significatif ?

Réglage1	125,6	123,5	128,2	125,0	127,9	126,5
Réglage2	128,1	126,7	130,4	128,6	127,6	134,4

Comment faire le test ?	**Exemple**
1. Ranger les essais dans l'ordre croissant des résultats.	4

Réglage1	123,5	125,0	125,6	126,5	127,9	128,2
Réglage2	126,7	127,6	128,1	128,6	130,4	134,4

3

2. Compter le nombre de produits en fin sans recouvrement.	Ici le nombre de produits en fin = 4 +3 = 7.
3. Conclure en utilisant la règle suivante (risque $\beta = 10\,\%$) dans le cas où le nombre de _B_ est égal au nombre de _C_ ou nB/nC ne dépasse pas $0,75$.	L'écart est significatif avec un risque α de 5 %.

Risque α	Produits en fin
0,1	6
0,05	7
0,01	10
0,001	17

B to C - test de comparaison visuel

Lot réalisé avant modification   Lot réalisé après modification

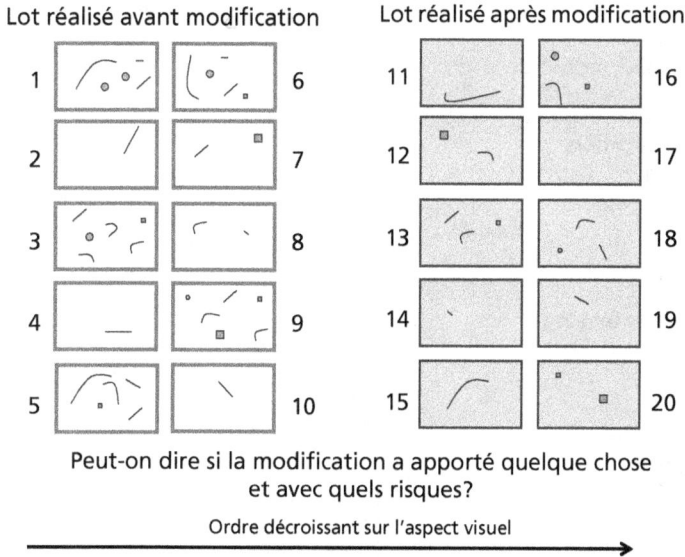

Peut-on dire si la modification a apporté quelque chose
et avec quels risques?

Ordre décroissant sur l'aspect visuel

3 B   5 C

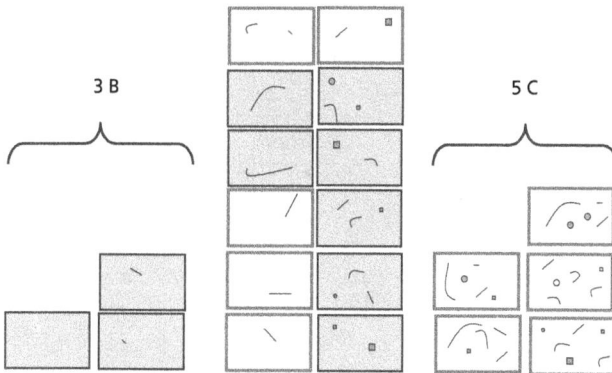

Figure 5.37. Utilisation du test *B to C* pour faire du contrôle d'aspect

Après classement dans l'ordre décroissant de qualité d'aspect, on note que les trois meilleures ont été réalisées après modification et les cinq plus mauvaises avant modification. Le nombre de bouts $(3 + 5 = 8)$ est supérieur à 7, l'écart est donc significatif.

Fiche – Test des signes
Comparaisons de deux moyennes – Test non paramétrique

Ce que fait le test
Le test des signes permet de comparer les positions de deux populations appairées sans hypothèse sur la loi de distribution.

Domaine d'application
Pas de restriction d'utilisation. Il peut également être utilisé pour comparer deux populations non appairées de même taille.

Comment faire le test ?

Exemple
On compare la valeur en stock en K€ d'un magasin sur une période donnée sur 2 années consécutives.

	S10	S11	S12	S13	S14	S15
A1	25	32	38	39	36	35
A2	29	30	43	42	37	39

1. Pour chaque couple de données, effectuer la différence et noter le signe de la différence.

	S10	S11	S12	S13	S14	S15
A1	25	32	38	39	36	35
A2	29	30	43	42	37	39
Diff.	4	– 2	5	3	1	4
signe	+	–	+	+	+	+

2. Déterminer le nombre de signes –

Nombre de signes – : 1

3. Comparer la proportion de signes - à une proportion théorique de 50 % en utilisant la loi binomiale.

$$P(x) = C_n^x . p^x (1-p)^{n-x}$$

Avec p = 0,5 dans ce cas.

Probabilité d'avoir 1 ou moins de signe – parmi 6 valeurs avec une proportion théorique de 50 %.

$$P(x) = \sum_{x=0}^{x=1} C_6^x . 0.5^x (1-0.5)^{6-x} = 10,94\%$$

4. Comparer P(x) avec un risque unilatéral de 2,5 %.

10,94 % > 2,5 %
L'écart n'est pas significatif.

Remarque
En cas d'égalité entre deux valeurs des deux séries, on ne considère que les valeurs différentes pour faire le test.

Fiche – Test de Wilcoxon		
Comparaisons de deux moyennes – Test non paramétrique		

Ce que fait le test

Le test de Wilcoxon permet de comparer les positions de deux populations appairées sans hypothèse sur la loi de distribution. Ce test est plus pertinent que le test des signes

Domaine d'application	**Exemple**
Pas de restriction d'utilisation. Il peut également être utilisé pour comparer deux populations non appairées de même taille.	On compare la valeur en stock en K€ d'un magasin sur une période donnée sur 2 années consécutives.

Exemple

On compare la valeur en stock en K€ d'un magasin sur une période donnée sur 2 années consécutives.

	S10	S11	S12	S13	S14	S15
A1	25	32	38	39	36	35
A2	29	30	43	42	37	39

Comment faire le test ?

1. Pour chaque couple de données, effectuer la différence et noter la valeur absolue de la différence.	

	S10	S11	S12	S13	S14	S15
A1	25	32	38	39	36	35
A2	29	30	43	42	37	39
Diff.	4	−2	5	3	1	4
Abs.	4	2	5	3	1	4

2. Classer les couples dans l'ordre croissant de la valeur absolue des différences. Pour chaque couple ayant le signe le moins fréquent (ici –) on met dans la ligne T le n° du rang.	

N°	1	2	3	4	5	6
	S14	S11	S13	S15	S10	S12
A1	36	32	39	35	25	38
A2	37	30	42	39	29	43
Diff.	1	−2	3	4	4	5
Abs.	1	2	3	4	4	5
T		2				

3. Effectuer la somme des rangs T.	Somme = 2.

4. Rechercher dans la table de Wilcoxon la somme maximale pour t. Lorsque N est supérieur à 25, il peut être démontré que la somme des rangs T est pratiquement normale et que l'on peut calculer un z équivalent. $$z = \frac{Somme - N(N+1)/4}{\sqrt{\dfrac{N(N-1)(2N+1)}{24}}}$$	$$z = \frac{2 - 6(6+1)/4}{\sqrt{\dfrac{6(6-1)(26+1)}{24}}} = 2{,}11$$

5. Conclure. Si $z > 1{,}96$, conclure que l'écart est significatif.	$z > 1{,}96$ Écart significatif. Dans ce cas l'utilisation du z avec un échantillon de faible taille n'est pas conseillée.

Fiche – Test de Hartley Comparaisons de plus de deux variances						

Ce que fait le test

Le test de Hartley consiste à comparer plusieurs variances S_1^2, S_2^2,..., S_p^2, toutes établies avec le même nombre v de degré de liberté. Ce test permet de tester l'égalité de k $(k < 13)$ variances.

Domaine d'application

Les échantillons sont tirés d'une population normale.

Les échantillons ont une taille identique.

Comment faire le test ?

Exemple

On a tiré 6 échantillons de taille $n = 4$ et on souhaite calculer un estimateur de l'écart-type à partir de l'ensemble des écarts-types de ces échantillons. On trouve :

S	2,5	3,2	1,9	2,8	2,5	1,7
S²	6,25	10,24	3,61	7,84	6,25	2,89

1. Identifier S_{max}^2 et S_{min}^2 qui sont respectivement la plus forte et la plus faible des estimations des k variances.

$S_{max}^2 = 10,24$

$S_{min}^2 = 2,89$

2. Former le rapport r tel que :

$$r = \frac{S_{Max}^2}{S_{Min}^2}$$

$$r = \frac{S_{Max}^2}{S_{Min}^2} = \frac{10,24}{2,89} = 3,54$$

3. Comparer ce rapport à la valeur dans la table de Hartley pour k, v et α.

$r_{limite} = 62$.

4. Si $r < r_{table}$, on accepte l'hypothèse d'homogénéité et on peut calculer un estimateur plus précis à partir de :

$$S = \sqrt{\frac{v_1 S_1^2 + v_2 S_2^2 + ... + v_k S_k^2}{v_1 + v_2 + ... + v_k}}$$

Comme $v_1 = v_2 = v_k$, on peut simplifier l'expression ci-dessus qui devient :

$$S = \sqrt{\frac{S_1^2 + S_2^2 + ... + S_k^2}{k}}$$

$r < r_{limite}$, on accepte l'hypothèse d'homogénéité.

On peut calculer :

$$S = \sqrt{\frac{6,25 + 10,24 + ... + 2,89}{6}} = 2,49$$

Fiche – Test hypergéométrique Comparaisons de deux fréquences	
Ce que fait le test Le test hypergéométrique consiste à comparer deux fréquences d'apparition d'un phénomène afin de déterminer si la différence est significative ou non.	
Domaine d'application L'utilisation de cette loi n'entraîne aucune restriction sur les valeurs des effectifs n_1 et n_2 des deux échantillons ni sur les fréquences observées (sur les nombres d'individus x_1 et x_2 ayant le caractère A). **Comment faire le test ?**	**Exemple** Deux machines sont mises en concurrence pour réaliser un échantillon de 25 pièces pour la première machine et de 30 pièces pour la seconde. La première machine a donné 1 pièce défectueuse, alors que la seconde a donné 3 pièces défectueuses. Peut-on pour autant conclure que la première machine est meilleure que la seconde ?
1. Par convention, l'indice 1 sera affecté à l'échantillon contenant la fréquence des individus A la plus faible.	$n_1 = 25$ $x_1 = 1$ $n_2 = 30$ $x_2 = 3$
2. Calculer les fréquences f_1 et f_2.	$f1 = \dfrac{1}{25} = 0,04 \qquad f2 = \dfrac{3}{30} = 0,1$
3. Calculer l'échantillon total. $N = n_1 + n_2$ $X = x_1 + x_2$	$N = 55$ $X = 4$
4. Calculer la probabilité de tirer x_1 défectueux ou moins dans l'échantillon de taille n_1 à partir d'un lot de taille N avec X défectueux (loi hypergéométrique). $$P = \sum_{k=0}^{x1} \frac{C_X^k \cdot C_{(N-X)}^{(n1-k)}}{C_N^{n1}}$$	$P(0) = 0,08$ $P(1) = 0,30$ $P = P(0) + P(1) = 0,38$
5. Conclure : • si $p < 0,05$ l'écart est significatif ; • sinon l'écart n'est pas significatif.	$0,38 > 0,05$ L'écart n'est pas significatif.

Fiche – Test d'indépendance
Comparaisons de fréquences ventilées selon deux critères

Ce que fait le test

Le test d'indépendance consiste à comparer les fréquences d'apparition d'un phénomène ventilé selon deux critères afin de déterminer si la différence est significative ou non.

Comment faire le test ?

Exemple

Un fabricant de moteurs électriques cherche à déterminer l'origine des bruits dans ses moteurs.

Le suivi s'effectue à partir du nombre de moteurs refusés et acceptés en fonction d'une pièce achetée chez trois fournisseurs différents.

On veut connaître si le fournisseur a un effet significatif sur la qualité des moteurs.

1. Établir le tableau des répartitions des fréquences observées.

	X1	X2	Total	%
Y1	f_{11}	f_{21}	$\sum f_{i1}$	p_1
Y2	f_{12}	f_{22}	$\sum f_{i2}$	p_2
Y3	f_{13}	f_{23}	$\sum f_{i3}$	p_3
Total	$\sum f_{1j}$	$\sum f_{2j}$	$\sum f_{ij}$	
%	p_4	p_5		

avec $p_1 = \sum f_{i1} / \sum f_{ij}$.

	Accepté	Refusé	Total	%
F1	253	16	269	28,71
F2	150	8	158	16,86
F3	458	52	510	54,43
Total	861	76	937	100
%	91,89	8,11	100	

Les pourcentages de moteurs refusés sont-ils dépendants du fournisseur ?

2. Établir le tableau des répartitions des fréquences théoriques.

	X_1	X_2	Total	%
Y_1	$p_1 \sum f_{1j}$	$p_1 \sum f_{2j}$	$\sum f_{i1}$	p_1
Y_2	$p_2 \sum f_{1j}$	$p_2 \sum f_{2j}$	$\sum f_{i2}$	p_2
Y_3	$p_3 \sum f_{1j}$	$p_2 \sum f_{2j}$	$\sum f_{i3}$	p_3
Total	$\sum f_{1j}$	$\sum f_{2j}$	$\sum f_{ij}$	
%	p_4	p_5		

Répartition des fréquences théoriques :

	Accepté	Refusé	Total	%
F_1	247,18	21,82	269	28,71
F_2	145,18	12,82	158	16,86
F_3	468,64	41,36	510	54,43
Total	861	76	937	100
%	91,89	8,11	100	

3. Former le $\chi^2 = \dfrac{(Ni - Npi)^2}{Npi}$ pour chacune des cases du tableau avec : • N_i : fréquence observée. • N_{pi} : fréquence théorique.	Tableau du χ^2 :

Tableau du χ^2 :

	Accepté	Refusé	Total
F_1	0,14	1,55	1,69
F_2	0,16	1,81	1,97
F_3	0,24	2,74	2,97
Total	0,54	6,1	6,63

	X_1	X_2
Y_1	χ^2_{11}	χ^2_{21}
Y_2	χ^2_{12}	χ^2_{22}
Y_3	χ^2_{13}	χ^2_{23}

Avec $\chi^2_{11} = \dfrac{(f_{11} - p_1 \sum f_{1j})^2}{p_1 \sum f_{1j}}$

avec $0,14 = \dfrac{(253 - 247,2)^2}{247,2}$

Le χ^2_{Total} est égal à la somme des χ^2 de chacune des cases que l'on compare avec $\chi^2_{Maximum}$ admissible pour un nombre de degrés de liberté égal à *(Nb de ligne –1)* × *(Nb de colonne – 1)*.	$\chi^2_{Total} = 6,63$ $\chi^2_{Maximum} = 5,89$ pour *(2 – 1)* × *(3 – 1) = 2 ddl*
4. Conclure Si $\chi^2_{Total} > \chi^2_{Maximum}$, on refuse l'hypothèse H_0. Il y a un écart significatif.	On refuse l'hypothèse H_0, le fournisseur a bien une influence sur le nombre de défauts constatés.

Figure 5.38 – Traitement par logiciel d'analyse statistique

5. L'analyse de la variance

5.1. Introduction

L'analyse de la variance (ANAVAR) est particulièrement importante. Elle permet de comparer la position de deux (ou plus) populations réparties selon deux (ou plus) critères.

Par exemple, on veut vérifier l'influence de la position d'une pièce et d'un type d'outil sur une caractéristique Y. On a réalisé deux relevés pour chaque combinaison position/outil. Les données disponibles sont présentées dans le tableau ci-après (Figure 5.39). Peut-on conclure à l'influence de la position et de l'outil ? L'interaction position*outil est-elle significative ?

Les tests simples de comparaison de moyennes ne peuvent pas répondre à cette question, et ce pour deux raisons.

- Il y a plus de deux modalités par facteur : il y a 3 positions.
- Plusieurs facteurs ont varié simultanément dans l'expérience : la position et l'outil.

L'analyse de la variance permet de réaliser ce type de test.

Ce type d'analyse sera très utile également pour conclure sur les résultats d'un plan d'expériences comme nous le verrons au chapitre 6.

Position	Outil	Y_1	Y_2
P1	O1	120,8	120,0
P1	O2	119,2	119,8
P2	O1	121,2	121,7
P2	O2	122,8	121,3
P3	O1	125,8	125,2
P3	O2	122,9	122,0

Figure 5.39 – Exemple de données pour l'analyse de la variance

5.2. Analyse de la variance sur un facteur

5.2.1. Principe

L'analyse de la variance sur un facteur permet de tester d'éventuelles différences significatives entre plusieurs modalités d'un facteur.

Par exemple, on a réalisé un essai avec 3 types de joints pour diminuer une fuite. Le montage de chaque type de joint a été réalisé sur 5 produits ; le résultat a donné le tableau suivant (Figure 5.40) :

	1	2	3	4	5	$\bar{Y}$
Joint 1	11	9	9	7	8	8,8
Joint 2	9	8	10	8	7	8,4
Joint 3	13	9	11	10	9	10,4

Figure 5.40. Influence du joint sur la fuite

La question posée est la suivante : peut-on conclure que le joint 2, qui a donné la plus faible moyenne de fuite, est significativement meilleur ?

Le schéma présenté ci-après (Figure 5.41) donne une représentation intuitive du principe de l'analyse de la variance. Dans le cas où l'hypothèse H_0 est vraie, l'écart constaté sur les moyennes ne sera en fait que l'expression de la dispersion aléatoire. Dans ce cas, la variance sur les moyennes devrait être égale à la variance intra-échantillon divisée par n (la taille de l'échantillon).

Le principe de l'analyse de la variance consiste donc à comparer deux variances : la variance sur les moyennes et la variance intra-échantillon. On va tester l'égalité attendue :

$$n\sigma_{\bar{X}}^2 = \sigma_{\text{Intra-échantillon}}^2$$

Pour cela, on utilise le test F que nous avons déjà présenté. Si le premier terme de l'équation précédente est très supérieur au second terme, on conclut que l'hypothèse H_0 est fausse, le facteur est significatif.

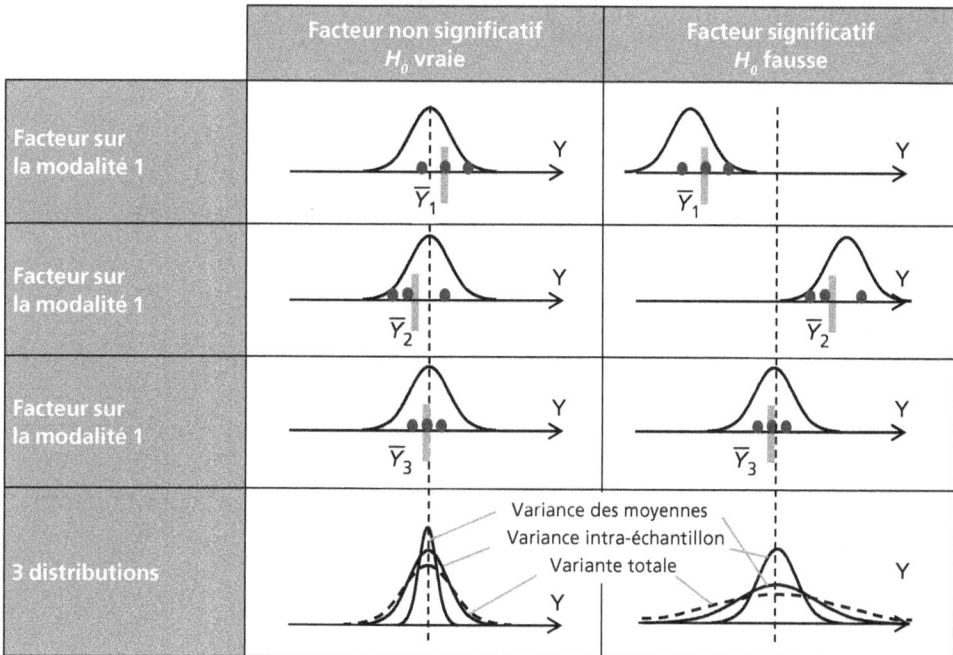

Figure 5.41. Hypothèse H0

5.2.2. Décomposition de la variance

Notations

$\overline{\overline{Y}}$ Moyenne de l'ensemble des valeurs

Y_{ij} Mesure de la répétition j de modalité i

$\overline{Y}_i$ Moyenne des mesures de la modalité i

m nombre de modalités

n nombre de répétitions pour chaque modalité

L'exemple présenté à la Figure 5.40 comporte 15 valeurs (m modalités et n répétitions sur chaque modalité) sur lesquelles on peut calculer la variance totale :

$$V_T = \frac{\displaystyle\sum_{i=1}^{m}\sum_{j=1}^{n}(Y_{ij}-\overline{\overline{Y}})^2}{nm-1} = 36,4$$

Cette variance a deux origines.

- La variance résiduelle que l'on peut observer lorsque le facteur reste sur la même modalité (le même joint) – Variance intra-échantillon.

$$V_R = \frac{\displaystyle\sum_{i=1}^{m}\sum_{j=1}^{n}(Y_{ij}-\overline{Y}_i)^2}{m(n-1)}$$

- La variance due aux variations de modalités du facteur (variation sur $\overline{Y}$ en changeant de joint) – Variance inter-échantillon.

$$V_A = \frac{\displaystyle\sum_{i=1}^{m}\sum_{j=1}^{n}(\overline{Y}_i-\overline{\overline{Y}})^2}{m-1} = \frac{n\displaystyle\sum_{i=1}^{m}(\overline{Y}_i-\overline{\overline{Y}})^2}{m-1}$$

Dans cette décomposition de la variance les numérateurs sont appelés « *Somme des écarts au carré (SS)* » et les numérateurs « *degrés de liberté (ν)* ».

On a ainsi $V_T = \dfrac{SS_T}{\nu_T}, V_R = \dfrac{SS_R}{\nu_R}, V_A = \dfrac{SS_A}{\nu_A}$

On montre facilement que l'on a : $SS_T = SS_A + SS_R$ et $\nu_T = \nu_A + \nu_R$

$$SS_T = \sum_{i=1}^{m}\sum_{j=1}^{n}(Y_{ij}-\overline{\overline{Y}})^2 = \sum_{i=1}^{m}\sum_{j=1}^{n}(Y_{ij}+\overline{Y}_i-\overline{Y}_i-\overline{\overline{Y}})^2$$

$$SS_T = \sum_{i=1}^{m}\sum_{j=1}^{n}(Y_{ij}+\overline{Y}_i)^2 + (\overline{Y}_i-\overline{\overline{Y}})^2 - 2(Y_{ij}+\overline{Y}_i)(\overline{Y}_i-\overline{\overline{Y}})$$

$$SS_T = \sum_{i=1}^{m}\sum_{j=1}^{n}(Y_{ij}+\overline{Y_i})^2 + \sum_{i=1}^{m}\sum_{j=1}^{n}(\overline{Y_i}-\overline{\overline{Y}})^2 - 2\underbrace{\sum_{i=1}^{m}\sum_{j=1}^{n}(Y_{ij}+\overline{Y_i})(\overline{Y_i}-\overline{\overline{Y}})}_{=0}$$

$$SS_T = SS_R + SS_A$$

de même,

$$\nu_T = nm - 1 = nm - m + m - 1 = m(n-1) + m - 1 = \nu_R + \nu_A$$

En cas d'hypothèse nulle, la variance V_A n'est que la manifestation de la variance résiduelle V_R. V_A et V_R sont donc égales sous l'hypothèse H_0. Le test de l'analyse de la variance consiste à comparer V_A et V_R par un test F en calculant le ratio :

$$F = \frac{V_A}{V_R}$$

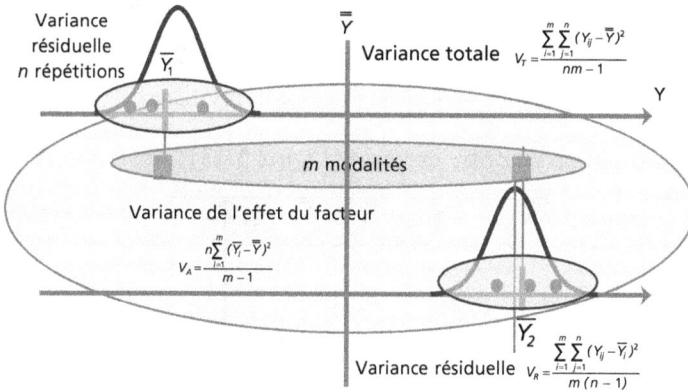

Figure 5.42. Décomposition de la variance

On se place dans l'hypothèse H_0 : le facteur n'est pas significatif.

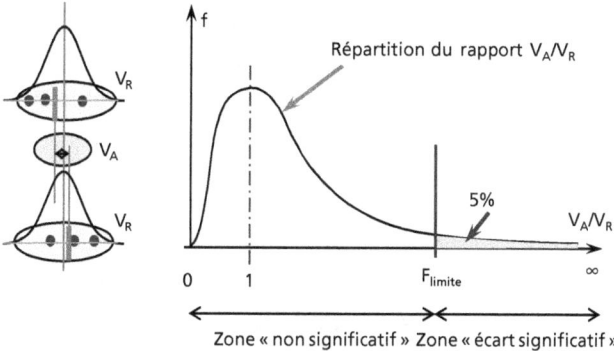

Figure 5.43. Test de Snedecor

Le facteur sera significatif si la valeur F est supérieure à la limite maximale admissible en fonction du risque alpha choisi dans la table de Snedecor pour v_A et n_R degrés de liberté.

5.2.3. Tableau d'analyse de la variance

Cette analyse se met traditionnellement sous forme de tableau :

Origine	Somme des carrés SS	ddl	V	F	F_{limite}	p	Contrib
A	$SS_A = n\sum_{i=1}^{m}(\overline{Y_i} - \overline{\overline{Y}})^2$	v_A m-1	$V_A = \dfrac{SS_A}{v_A}$	$F = \dfrac{V_A}{V_R}$	Table		$\dfrac{SS_A}{SS_T}\%$
Résidus	$SS_R = \sum_{i=1}^{m}\sum_{j=1}^{n}(Y_{ij} - \overline{Y_i})^2$	$v_R =$ m(n−1)	$V_R = \dfrac{SS_R}{v_R}$				$\dfrac{SS_R}{SS_T}\%$
Total	$SS_T = \sum_{i=1}^{m}\sum_{j=1}^{n}(Y_{ij} - \overline{\overline{Y}})^2$	v_T nm-1	$V_T = \dfrac{SS_T}{v_T}$				

Figure 5.44. Tableau d'analyse de la variance

Ce qui donne dans le cas de notre exemple (Figure 5.45) :

Origine	Somme des carrés SS	ddl	V	F	F_{limite}	p	Contrib
A	$SS_A = 5.(0,4^2 + 0,8^2 + 1,2^2)$ $= 11,2$	$v_A = 2$	$V_A = \dfrac{11,2}{2}$ $= 5,6$	$F = \dfrac{5.6}{2.1}$ $= 2,67$	$v_1 = 2$ $v_2 = 12$ $F = 3,88$	0,11	$R^2 =$ 30,8 %
Résidus	$SS_R = 8,8 + 5,2 + 11,2 = 25,2$	$v_R = 12$	$V_R = \dfrac{25,2}{12}$ $= 2,1$				69,2 %
Total	$SS_T = 36.4$	$v_T = 14$	$V_T = \dfrac{36,4}{14}$ $= 2,6$				

Figure 5.45. Application sur les fuites

Interprétation

Le ratio F calculé 2,67 étant plus petit que le ratio limite trouvé dans la table de Snedecor 3,88, on peut accepter l'hypothèse H_0 et conclure que le facteur n'est pas significatif. De même lorsqu'un logiciel calcule la probabilité p (ici 0,11), et que cette dernière est supérieure à *0,05*, on accepte l'hypothèse H_0. La part de la variance résiduelle est de *69,2 %*. La part du facteur est de *30,8 %*. Ce coefficient est appelé R^2, nous reviendrons sur ce coefficient dans le paragraphe sur les corrélations en section 6.

Pour compléter l'interprétation, il est utile d'afficher la boîte à moustache telle que nous l'avons définie au paragraphe 2.1.

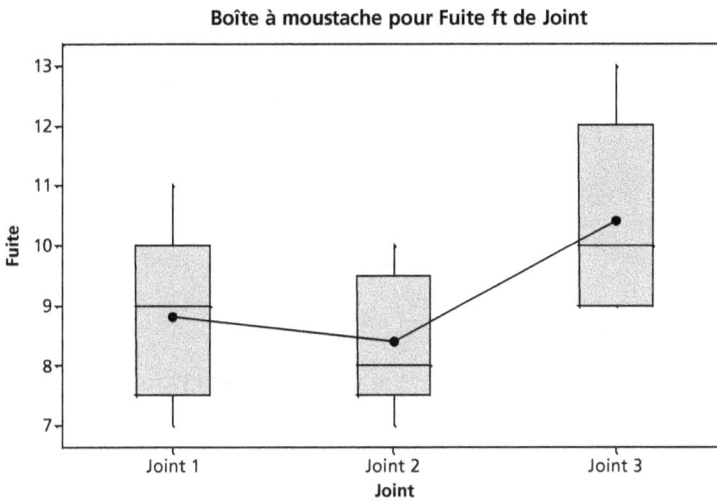

Figure 5.46. Boîte à moustache du problème de fuite

5.3. Généralisation de l'Anavar

5.3.1. Tableau d'analyse de la variances

À partir des résultats précédents, il est facile de généraliser l'analyse de la variance pour des cas comportant :

- plusieurs facteurs X ;
- plusieurs modalités pour chacun des facteurs ;
- des interactions entre deux facteurs.

La même décomposition de la variance totale nous conduit au tableau d'analyse de la variance dans le cas :

- à 2 facteurs : *A* comportant *a* modalités et *B* comportant *b* modalités ;
- où chaque configuration est repérée *r* fois.

Origine	Somme des carrés SS	ddl	V	F	F$_{lim.}$	p	Contrib.
Facteur A	SS_A	$v_A = a\text{-}1$	$V_A = \dfrac{SS_A}{v_A}$	$F = \dfrac{V_A}{V_R}$			$\dfrac{SS_A}{SS_T}\%$
Facteur B	SS_B	$v_A = b\text{-}1$	$V_B = \dfrac{SS_B}{v_B}$	$F = \dfrac{V_B}{V_R}$			$\dfrac{SS_B}{SS_T}\%$
Interaction AB	SS_{AB}	$v_{AB} = (a\text{-}1)(b\text{-}1)$	$V_{AB} = \dfrac{SS_{AB}}{v_{AB}}$	$F = \dfrac{V_{AB}}{V_R}$			$\dfrac{SS_{AB}}{SS_T}\%$
Résidus	SS_R	$v_R = m(n-1)$	$V_R = \dfrac{SS_R}{v_R}$				$\dfrac{SS_R}{SS_T}\%$
Total	SS_T	$v_T = nm\text{-}1$	$V_T = \dfrac{SS_T}{v_T}$				

Figure 5.47. Généralisation du tableau ANAVAR

On pose comme notations :

- Y_{ijk} représente la réponse lorsque A = i ; B = j ; k^e répétition

- $Y_{...}$ = moyenne générale $= \dfrac{1}{abr}\displaystyle\sum_{i=1}^{a}\sum_{j=1}^{b}\sum_{k=1}^{r} Y_{ijk}$

- $\overline{Y}_{ij.}$ représente la notation abrégée de $\dfrac{1}{r}\displaystyle\sum_{k=1}^{r} y_{ijk}$

- $\overline{Y}_{.j.}$ représente la notation abrégée de $\dfrac{1}{ar}\displaystyle\sum_{i=1}^{a}\sum_{k=1}^{r} y_{ijk}$

Les sommes des écarts au carré se calculent à partir des relations suivantes :

- $SS_A = br\displaystyle\sum_{i=1}^{a}(\overline{Y}_{i..} - \overline{Y}_{...})^2$

- $SS_B = ar\displaystyle\sum_{j=1}^{b}(\overline{Y}_{.j.} - \overline{Y}_{...})^2$

- $SS_{AB} = r\displaystyle\sum_{i=1}^{a}\sum_{j=1}^{b}(\overline{Y}_{ij.} - \overline{Y}_{i..} - \overline{Y}_{.j.} + \overline{Y}_{...})^2$

- $SS_R = \displaystyle\sum_{i=1}^{a}\sum_{j=1}^{b}\sum_{k=1}^{r}(Y_{ijk} - \overline{Y}_{ij.})^2$

5.3.2. Application sur un exemple

Nous reprenons l'exemple (Figure 5.39) donné au début de cette section, concernant l'influence de la position d'une pièce et d'un type d'outil sur une caractéristique Y.

Origine	Somme des carrés SS	ddl	V	F	$F_{lim:}$	p	Contrib.
Position	32,522	2	16,26	41,78	5,14	0,000	71,7 %
Outil	3,741	1	3,74	9,61	5,99	0,021	8,3 %
Interaction	6,732	2	3,37	8,65	5,14	0,017	14,9 %
Erreur	2,335	6	0,3892				5,2 %
Total	45,329	11					

Figure 5.48. Tableau d'ANAVAR à 2 variables

Au vu de la somme des contributions ($71,7\% + 8,3\% + 14,9\% = 94,9\%$) on a donc un coefficient $R^2 = 0,949$

Interprétation

Les facteurs et l'interaction représentent 94,9 % de la variance constatée. La probabilité p étant inférieure à 0,05 pour chaque coefficient, on peut refuser l'hypothèse H_0 et conclure que chaque élément a un effet significatif.

L'interprétation doit se terminer par l'examen de trois graphiques : la boîte à moustache (Figure 5.49), le graphe des effets (Figure 5.50) et le graphe des interactions (Figure 5.51). L'interaction significative se note par un écart important entre les effets des positions selon l'outil considéré.

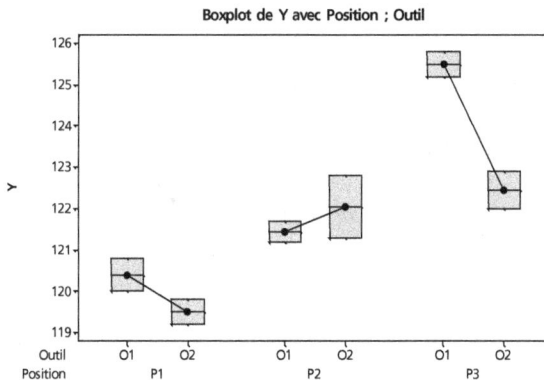

Figure 5.49. Boîte à moustache

Graphe des effets sur Y

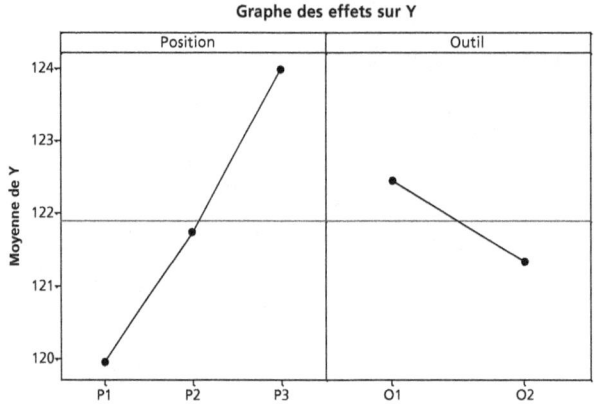

Figure 5.50. Graphe des effets

Graphe des Interaction pour Y

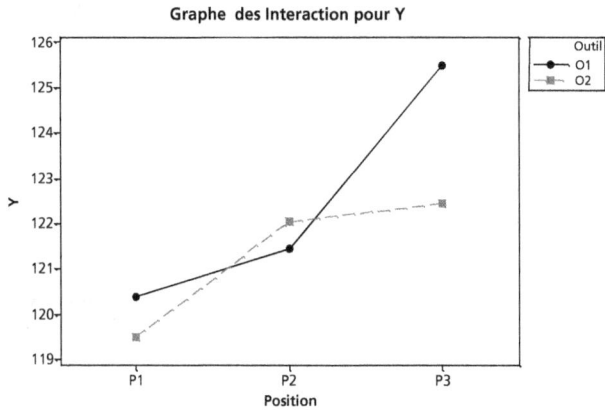

Figure 5.51. Graphe des interactions

6. L'étude des corrélations

6.1. Notion de corrélation

Pour étudier la relation entre deux variables, on utilise le diagramme de corrélation. Il y a corrélation si ces deux variables évoluent de façon commune. Le principe du diagramme est le suivant :

- on représente les mesures sur un diagramme dont les axes représentent les deux variables ;

- chaque mesure représente un point, le relevé de plusieurs mesures formant un nuage de points ;
- la corrélation apparaîtra si le nuage est orienté au sens d'une droite.

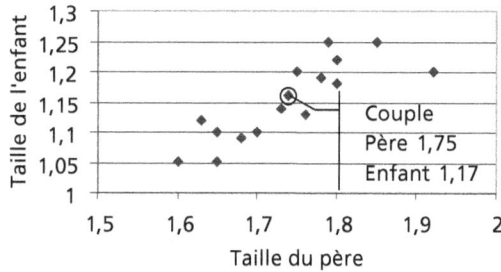

Figure 5.52. Corrélation entre la taille du père et du fils

Dans l'exemple (Figure 5.52), une corrélation apparaît entre la taille du père et celle de l'enfant, car le nuage de points est orienté. Cette corrélation est positive, les deux variables évoluent dans le même sens.

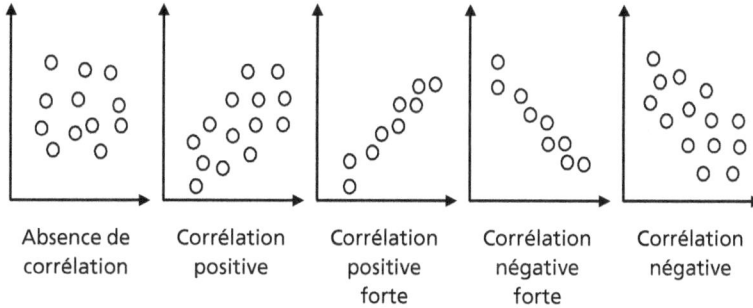

Figure 5.53. Les cinq types de corrélation

On peut classer les diagrammes de corrélation en cinq types selon le nuage de points comme l'indique le graphique (Figure 5.53). De plus, les résultats graphiques peuvent être utilement enrichis par :

- l'équation de la droite de régression qui permet de connaître la pente et l'ordonnée à l'origine de la droite qui passe « au mieux » des points ;
- le coefficient R^2 qui indique le pourcentage des variations de Y que l'on peut imputer aux variations de X.

Il faut cependant prendre garde à ne pas mélanger corrélation et cause/effet ; si dans l'exemple qui précède la corrélation est due à une relation de cause à effet, il n'en est pas toujours de même. Ainsi, dans le graphe présenté ci-après (Figure 5.54), on observe une corrélation entre le poste « automobile » dans le budget familial et le volume moyen de déchets ménagers par foyer. Ce n'est pas pour autant que les voitures génèrent des déchets ménagers mais ces deux facteurs ont plusieurs causes en commun, non étudiées ici : « le pouvoir d'achat », le « nombre de personnes au foyer ».

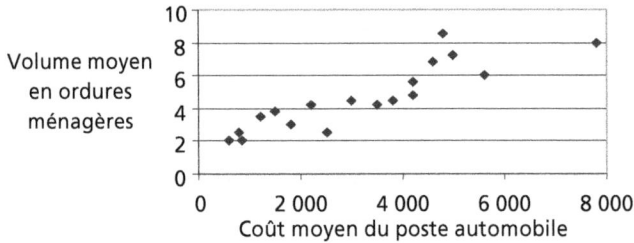

Figure 5.54. Différence entre corrélation et cause/effet

6.2.   Méthode de la médiane

Afin de savoir s'il y a corrélation, la méthode la plus simple est la méthode de la médiane.

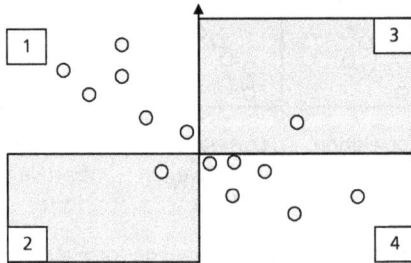

Figure 5.55. Méthode de la médiane

• Tracer la médiane (autant de valeurs d'un côté que de l'autre) sur les deux axes du diagramme de corrélation. On détermine ainsi quatre zones.

• Identifier les quatre zones.

• Compter le nombre de données situées dans les zones 1 et 4 ; faire la même opération pour les zones 2 et 3 (exemple zone 1/4 = 12 ; zone 2/3 = 2).

• Choisir le total le moins élevé entre 1/4 et 2/3 noté k (ici k = 2).

- Le tableau ci-dessous donne, pour un nombre k donné, la taille minimale du nombre de couples pour que la corrélation soit significative au risque bilatéral de 5 %. Par exemple, pour $k = 2$ points, la taille minimale de l'échantillon N est de *12* couples.

- Tirer les conclusions sur la corrélation entre les variables.

k	N	k	N	k	N	k	N	k	N
0	6	10	32	20	56	30	79	40	101
1	9	11	35	21	58	31	81	41	103
2	12	12	37	22	61	32	83	42	105
3	15	13	40	23	63	33	85	43	108
4	17	14	42	24	65	34	88	44	110
5	20	15	44	25	67	35	90	45	112
6	23	16	47	26	70	36	92	46	114
7	25	17	49	27	72	37	94	47	116
8	28	18	51	28	74	38	97	48	119
9	28	19	54	29	76	39	99	49	121

Figure 5.56. Méthode de la médiane, tableau de décision

Le tableau ci-dessus résulte d'un test 1P, de comparaison de la fréquence du nombre de points dans la moitié la moins représentée, à la proportion attendue qui est de 50 %. Ce test est un test non paramétrique, il ne fait pas d'hypothèse sur les lois de distribution.

Application

Si nous reprenons le graphique de corrélation donné ci-dessus en Figure 5.55, on trouve $k = 2$. Le tableau nous donne pour $k = 2$ une taille minimale de 12 points. Dans le graphe on compte 14 points : ce nombre étant supérieur à 12, la corrélation est significative.

Remarques

- Lorsqu'un point est sur un axe, on compte 0,5 dans chaque moitié.

- Lorsqu'un point est à l'intersection des deux axes, on compte 0,25 dans chaque quart.

6.3. Méthode de la régression linéaire

La régression permet de trouver une relation linéaire entre deux variables. Le problème consiste à déterminer quelle équation de droite correspond le mieux à la liaison qui existe.

Rappel : une droite a pour équation $Y = \alpha_0 + \alpha_1 X$.

X	108	102	112	118	118	119	100	108	117
Y	174	173	185	197	191	197	174	188	204

Corrélation Y/X $Y = 1.3947X + 31.719$
$R^2 = 0.7789$

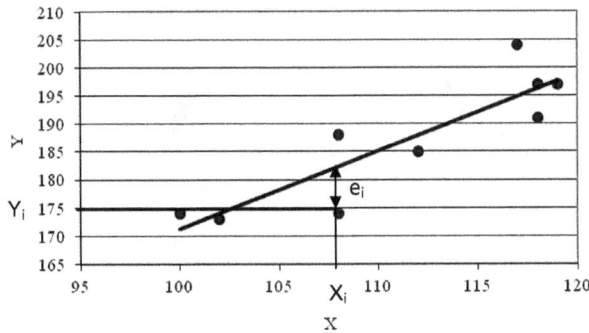

Figure 5.57. Droite de régression

6.3.1. Identification des coefficients

Pour chaque couple de points, on peut écrire : $e_i = Y_i - (\alpha_0 + \alpha_1 X_i)$

Ce qui peut s'écrire sous forme matricielle de la façon suivante :

$$
\begin{bmatrix} e_1 \\ \dots \\ e_i \\ \dots \\ e_n \end{bmatrix} = \begin{bmatrix} Y_1 \\ \dots \\ Y_i \\ \dots \\ Y_n \end{bmatrix} - \begin{bmatrix} 1 & X_1 \\ \dots & \dots \\ 1 & X_i \\ \dots & \dots \\ 1 & X_n \end{bmatrix} \begin{bmatrix} \alpha_0 \\ \alpha_1 \end{bmatrix} \quad \text{soit} \quad e = Y - Xa
$$

Il s'agit de trouver les coefficients α_0 et α_1 qui minimisent les écarts e_i^2 entre la droite et les points. Lorsque ces écarts sont minimaux, on a la droite qui passe « au mieux » des points. On appelle cette méthode la minimisation des moindres carrés de Gauss.

Solution

La somme des écarts e_i^2 s'écrit $e.{}^t e$ avec ${}^t e$ matrice transposée de e.

Minimiser $e.{}^t e$ consiste à trouver les valeurs de α_0 et α_1 qui minimise la dérivée de $e.{}^t e$ par rapport à a

$$e^t.e = [Y - Xa]^t [Y - Xa] = Y^t Y - 2a^t X^t Y + a^t X^t Xa$$

$$\frac{\partial e^t.e}{\partial a} = -2 X^t Y + 2 X^t Xa$$

Pour annuler cette dérivée, on a alors : $\hat{a} = (X^t X)^{-1} \cdot X^t Y$

Application

Tous les logiciels statistiques calculent facilement les coefficients a_0 et a_1; il est possible d'utiliser également un tableur pour retrouver ces valeurs. Appliquons la relation $\hat{a} = (X^t X)^{-1} \cdot X^t Y$ sur les données de l'exemple à partir d'un tableur Excel.

$$\text{Matrices } X = \begin{bmatrix} 1 & 108 \\ ... & ... \\ 1 & 117 \end{bmatrix} \text{ et } Y = \begin{bmatrix} 174 \\ ... \\ 204 \end{bmatrix}$$

$$X^t X = \begin{bmatrix} 9 & 1002 \\ 1002 & 111974 \end{bmatrix}; [X^t X]^{-1} = \begin{bmatrix} 29.76 & -0.266 \\ -0.266 & 0.0024 \end{bmatrix}$$

$$\hat{a} = (X^t X)^{-1} . X^t Y = \begin{bmatrix} 31.719 \\ 1.3947 \end{bmatrix} \text{ qui détermine les coefficients de la droite de}$$

régression.

6.3.2. Test de Student sur les coefficients

La relation $\hat{a} = (X^t X)^{-1} \cdot X^t Y$ permet de trouver les valeurs des coefficients. Mais il faut se poser la question suivante : ces coefficients sont-ils significatifs ? Nous avons déjà montré la méthode de la médiane qui permet de répondre à cette question. Le test de Student – test paramétrique – permet de tester si le coefficient calculé est significativement différent de 0 (hypothèse nulle).

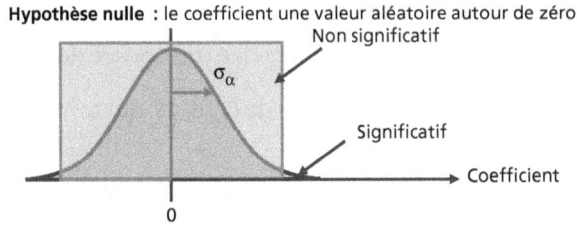

Hypothèse nulle : le coefficient une valeur aléatoire autour de zéro
Non significatif

σ_α

Significatif

Coefficient

0

Figure 5.58. Test de Student sur les coefficients

On rejette l'hypothèse nulle si l'écart entre le coefficient calculé par rapport à 0 ne peut être expliqué par des variations aléatoires (avec un risque alpha). On doit calculer la variable réduite $t = \alpha/\sigma_\alpha$; il faut donc connaître σ_α.

Démonstration

$$\hat{a} = (X^t X)^{-1} \cdot X^t Y \ \text{ donc } \ V(\hat{a}) = V\left((X^t X)^{-1} X^t Y\right)$$

X est la matrice des essais, c'est une constante, on peut donc écrire :

$$V(\hat{a}) = (X^t X)^{-1} X^t . V(Y) . X (X^t X)^{-1}$$

Dans l'hypothèse nulle, $V(Y) = V(e_i)$ est la variance des résultats des essais que l'on suppose homogène dans tout le domaine d'étude.

On peut écrire $V(Y) = \sigma_r^2 I$ (I matrice identité et σ_r^2 variance résiduelle)

$$V(\hat{a}) = \sigma_r^2 (X^t X)^{-1} X^t I X (X^t X)^{-1} = \sigma_r^2 (X^t X)^{-1}$$

La variance sur les coefficients dépend (voir démonstration) :

- de la dispersion résiduelle ;
- de la position des points testés dans le domaine d'étude (matrice X).

Application sur l'exemple présenté en Figure 5.57

X	108	102	112	118	118	119	100	108	117
Y	174	173	185	197	191	197	174	188	204
$\alpha_0 + \alpha_1 X$	182,4	174,0	187,9	196,3	196,3	197,7	171,2	182,4	194,9
$e_i = Y - (\alpha_0 + \sigma_1 X)$	−8,4	−1,0	−2,9	0,7	−5,3	−0,7	2,8	5,6	9,1

Figure 5.59. Calcul des e_i

On calcule $V(ei) = \sigma_r^2 = \sum e_i^2 / ddl = 32{,}98$

avec ici le nombre de degrés de liberté = *9 (données) – 2 (coefficients) = 7*, soit $s_r = 5{,}74$

Connaissant s_r on détermine facilement $V(\hat{a}) = \sigma_r^2 (X^t X)^{-1}$

$$\sigma_r^2 [X^t X]^{-1} = 32{.}98 \begin{bmatrix} 29{.}76 & -0{.}266 \\ -0{.}266 & 0{.}0024 \end{bmatrix} = \begin{bmatrix} 981{.}66 & -8{.}78 \\ -8{.}78 & 0{.}079 \end{bmatrix}$$

Ce qui permet de faire le tableau de test de Student :

Prédicteur	Coef.	Sigma	t	p
Const α_0	31,719	$\sqrt{981{,}66} = 31{,}33$	31,72 / 31,33 = 1,01	0,345
Pente α_1	1,3947	$\sqrt{0{,}079} = 0{,}28$	1,39 / 0,28 = 4,97	0,002

Figure 5.60. Test de Student

Les valeurs de p sont trouvées avec la table de Student pour 7 degrés de liberté. On considère que la corrélation est significative lorsque p est inférieur à 0,05. Dans notre exemple, on conclut que la constante a_0 n'est pas significativement différente de 0.

Le calcul par la méthode de la médiane donnerait : *k = 1*. Le tableau nous donne pour *k = 1* un nombre minimal *N = 9*. Ici *N = 9*, l'écart est donc également significatif au risque bilatéral de 5 %.

6.3.3. Détermination du coefficient R²

Le test de Student permet de savoir si les coefficients calculés sont oui ou non significatifs. Cependant, ce n'est pas parce qu'un facteur X est significatif que l'on a expliqué avec ce facteur une part importante des variations de Y.

Nous allons compléter l'analyse en calculant un coefficient R^2 qui mesure la proportion de la variance sur Y expliquée par la corrélation entre X et Y. Comme la totalité des variations ne peut pas être expliquée par la relation, R^2 est donc toujours inférieur à 1. On peut l'exprimer en pourcentage.

Le coefficient R² se calcule très simplement par la relation suivante :

$$R^2 = \frac{(V(Y) - V(ei))}{V(Y)} = \frac{(130{,}5 - 28{,}858)}{130{,}5} = 0{,}779$$

Cependant, si l'on veut tenir compte des degrés de liberté sur les résidus, il est préférable de calculer le ratio :

$$R^2_{Ajut} = \frac{(V(Y)-\sigma^2_r)}{V(Y)} = \frac{(130,5-32,98)}{130,5} = 0,747$$

Corrélation Y/X $Y = 1.3947X + 31.719$
$R^2 = 0.7789$

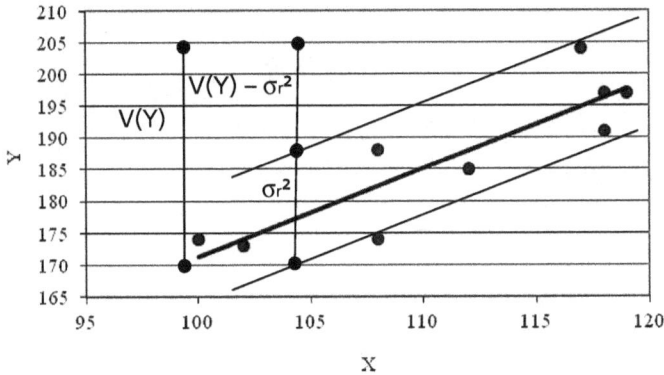

Figure 5.61. Signification de R^2

Pour bien comprendre la signification du ratio R^2, observons le schéma (Figure 5.61). La variance $V(Y)$ correspond à la variance totale observée sur Y. Cette variance peut se décomposer en deux parties :

• une partie imputable à la corrélation donnée par la pente de la droite $(V(Y)-\sigma^2_r)$;
• une partie imputable aux dispersions aléatoires autour de la droite (σ^2_r).

Le ratio R^2 calcule la proportion de la variance totale que l'on peut imputer à la corrélation. Ainsi un coefficient R^2 de $0,3$ pourra-t-il être interprété de la façon suivante : 30% de la variance sur Y sont dus aux variations de X. Cela signifie également que si l'on fige la variable X on obtiendra une réduction de 30% de la variance sur Y.

6.4. Méthode de la régression linéaire multiple

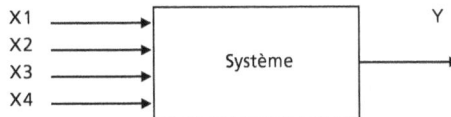

Figure 5.62. Boîte noire

La régression simple permet de relier une sortie *Y* à une entrée *X*. Cependant, dans les projets Six Sigma, il n'est pas rare que la sortie *Y* soit reliée à plusieurs entrées *X*. Dans ce cas, une première solution consisterait à étudier successivement les relations de *Y* avec chacun des *X*. Nous montrerons dans cette section que cette solution n'est pas la bonne. Il est préférable d'étudier en bloc les relations de *Y* avec l'ensemble des *X*.

La régression linéaire multiple permet de répondre à ce problème. C'est une simple généralisation de ce que nous venons de voir avec la régression linéaire simple.

6.4.1. Les limites de la régression simple

L'approche consistant à faire plusieurs corrélations simples entre *Y* et chacun des *X* peut mener à de graves erreurs. Pour illustrer ce point nous allons étudier deux cas.

- Lorsque deux *X* sont corrélés entre eux et qu'il existe une relation entre un des *X* et *Y* ;

- Lorsque deux *X* ont une relation avec *Y* mais qu'une des relations est très supérieure à la seconde.

Cas 1. Risque de voir une fausse corrélation

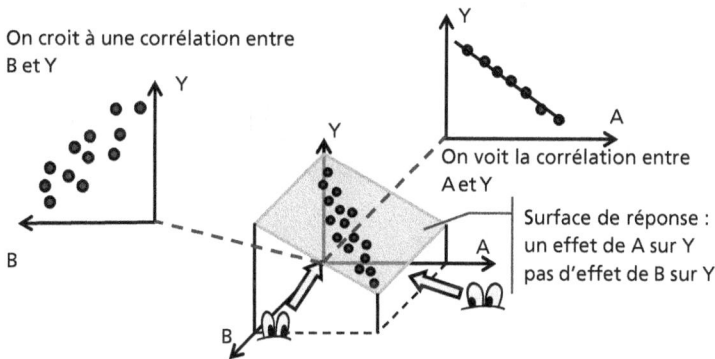

Figure 5.63. Risque de voir une fausse corrélation

Dans l'exemple de la Figure 5.63, la surface de réponse que nous avons représentée montre :

- une absence de corrélation entre *B* et *Y* ;
- une corrélation forte entre *A* et *Y ;*
- une corrélation forte entre *A* et *B ;*
- l'absence de dispersion résiduelle $(\sigma_r = 0)$.

Dans ces conditions, si on établit la corrélation entre *A* et *Y*, on trouvera une corrélation parfaite avec un coefficient $R^2 = 1$ (*100 %* expliqués).

Mais si on établit la corrélation entre *B* et *Y*, on trouvera une corrélation avec un coefficient R^2 non nulle. Cela vient du fait que dans les données de départ il y avait corrélation entre *A* et *B*. On peut donc croire à une corrélation entre *B* et *Y*, qui en fait n'existe pas. Le traitement en régression multiple évite ce grave inconvénient pour l'analyse.

Ce genre d'erreur peut arriver souvent. Supposons que l'on étudie la relation entre un *Y* et deux *X* (température et pression atmosphérique). Température et pression sont en fait corrélées : lorsque les pressions sont élevées il fait beau et la température est également élevée. Si *Y* n'est relié qu'à la pression par exemple, on risque de ne pas s'en rendre compte si l'on se contente de faire plusieurs régressions simples.

Cas 2. Risque de ne pas voir une corrélation

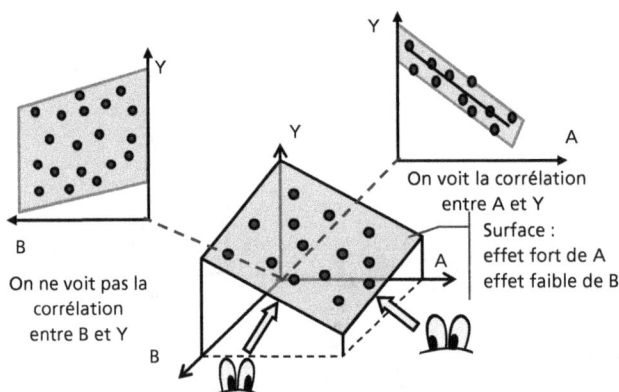

Figure 5.64. Risque de ne pas voir une corrélation

Dans l'exemple (Figure 5.64), la surface de réponse que nous avons représentée montre :

- une corrélation forte entre *A* et *Y ;*
- une corrélation faible entre *B* et *Y* ;
- l'absence de dispersion résiduelle *($\sigma_r = 0$) ;*
- l'absence de corrélation entre *A* et *B*.

Dans ces conditions, si l'on établit la corrélation entre *A* et *Y*, on trouve une corrélation presque parfaite avec un coefficient R^2 proche de *1* ; ce qui apparaît comme de la dispersion résiduelle est en fait l'effet projeté de *B*.

Si l'on établit la corrélation entre B et Y, on trouve une corrélation avec un coefficient R^2 proche de zéro. Cela vient du fait que ce qui apparaît comme de la dispersion résiduelle est en fait l'effet projeté de A, qui est très important. Le traitement en régression multiple évite ce grave inconvénient car on va traiter en même temps l'effet de A et de B. On pourra alors montrer dans ce cas l'existence des deux corrélations avec leur part respective.

6.4.2. Corrélation sur plusieurs facteurs

Pour illustrer le traitement en corrélation multiple, nous allons nous appuyer sur un exemple. Une société de décolletage avait un taux de rebut important sur un usinage de pièces en fonte à cause de la présence de soufflures. On soupçonnait la composition de la fonte d'être à l'origine de ce défaut car les pourcentages de rebut variaient d'un lot à l'autre. Dans l'étape « Mesurer » on a créé un historique des défauts avec la composition de la matière (Figure 5.65).

Coulée	%C	%MN	%SI	%P	%NI	%CR	Y = % soufflure
H064	3,35	0,72	2,44	0,04	0,16	1,04	15,08
H096	3,43	0,74	2,39	0,04	0,17	1,03	14,8
H120	3,46	0,75	2,35	0,05	0,16	1,04	11,9
H131	3,44	0,68	2,41	0,06	0,12	1,02	14,21
H135	3,44	0,64	2,36	0,07	0,12	1,04	17,87
H160	3,44	0,71	2,37	0,06	0,1	1,05	10,75
H166	3,51	0,73	2,4	0,06	0,13	1,04	11,48
H201	3,44	0,75	2,32	0,04	0,1	1,04	7,02
H203	3,44	0,69	2,35	0,04	0,17	1,02	18,12
H225	3,52	0,65	2,42	0,05	0,15	1,04	18,52
H236	3,61	0,7	2,43	0,06	0,11	1,05	10,6
H245	3,41	0,62	2,32	0,07	0,14	1,05	19,2
H256	3,46	0,63	2,35	0,06	0,16	1,04	22,3
H259	3,5	0,75	2,36	0,06	0,12	1,04	9,46

Figure 5.65. Historique du défaut soufflure

On va chercher à expliquer Y (pourcentage de soufflures) par les variations des X (composition de la matière) sous la forme :

$$\hat{Y} = \alpha_0 + \alpha_1 C + \alpha_2 MN + \alpha_3 SI + \alpha_4 P + \alpha_5 NI + \alpha_6 CR$$

La régression multiple a pour objet de trouver ces coefficients α, de savoir s'ils sont significatifs et de connaître le pourcentage de la variance de Y que l'on a expliqué avec cette relation (coefficient R^2).

Le tableau (Figure 5.65) peut s'écrire sous forme matricielle : $Y_i = \hat{Y}_i + e_i$, l'objectif étant de minimiser les e_i.

$$\begin{bmatrix} e_1 \\ ... \\ e_i \\ ... \\ e_n \end{bmatrix} = \begin{bmatrix} Y_1 \\ ... \\ Y_i \\ ... \\ Y_n \end{bmatrix} - \begin{bmatrix} 1 & C_1 & ... & NI_1 & CR_1 \\ ... & ... & ... & ... & ... \\ 1 & C_i & ... & NI_i & CR_i \\ ... & ... & ... & ... & ... \\ 1 & C_n & ... & NI_n & CR_n \end{bmatrix} \begin{bmatrix} \alpha_0 \\ ... \\ \alpha_j \\ ... \\ \alpha_6 \end{bmatrix} \quad \text{soit } e = Y - Xa$$

La solution comme dans le cas de la corrélation simple (paragraphe 6.3) est :

$$\hat{a} = \left(X^t X \right)^{-1} \cdot X^t Y$$

avec comme variance sur a :

$$V(\hat{a}) = \sigma_r^2 \left(X^t X \right)^{-1}$$

et comme coefficient $R_{ajusté}^2$

$$R_{Ajust}^2 = \frac{\left(V(Y) - \sigma_r^2 \right)}{V(Y)}$$

Application sur l'exemple

On trouve :

$$\hat{a} = \begin{bmatrix} 89.9 \\ -4.56 \\ -70.9 \\ 1.0 \\ 16.6 \\ 88.5 \\ -24.8 \end{bmatrix} \quad \text{avec}$$

$$V(\hat{a}) = \sigma_r^2 \begin{bmatrix} 1625.7 & & & & & & \\ & 27.9 & & & & & \\ & & 68.1 & & & & \\ & & & 58.2 & & & \\ & & & & 1700.1 & & \\ & & & & & 207.2 & \\ & & & & & & 1\,152.1 \end{bmatrix}$$

soit $\hat{Y} = 89.9 - 4.56C - 70.9MN + 1.0SI + 16.6P + 88.5NI - 24.8CR$

Pour chaque coulée, on peut calculer la prévision $\hat{Y}$ et le résidu e_i.

N°	%C	%MN	%SI	%P	%NI	%CR	Y	$\hat{Y}$	e_i
H064	3,35	0,72	2,44	0,04	0,16	1,04	15,08	15,1	−0,06
H096	3,43	0,74	2,39	0,04	0,17	1,03	14,8	14,4	0,36
H120	3,46	0,75	2,35	0,05	0,16	1,04	11,9	12,6	−0,69
H131	3,44	0,68	2,41	0,06	0,12	1,02	14,21	14,8	−0,62
H135	3,44	0,64	2,36	0,07	0,12	1,04	17,87	17,3	0,59
H160	3,44	0,71	2,37	0,06	0,1	1,05	10,75	10,1	0,61
H166	3,51	0,73	2,4	0,06	0,13	1,04	11,48	11,3	0,14
H201	3,44	0,75	2,32	0,04	0,1	1,04	7,02	7,2	−0,15
H203	3,44	0,69	2,35	0,04	0,17	1,02	18,12	18,1	−0,03
H225	3,52	0,65	2,42	0,05	0,15	1,04	18,52	18,6	−0,07
H236	3,61	0,7	2,43	0,06	0,11	1,05	10,6	11,0	−0,42
H245	3,41	0,62	2,32	0,07	0,14	1,05	19,2	20,3	−1,12
H256	3,46	0,63	2,35	0,06	0,16	1,04	22,3	21,3	1,04
H259	3,5	0,75	2,36	0,06	0,12	1,04	9,46	9,0	0,42

Figure 5.66. Prévision et résidus

On peut ainsi calculer $\sigma_r^2 = \dfrac{\sum e_i^2}{ddl} = \dfrac{4.43}{14-7} = 0,632$ et $V(Y) = 19,26$

Soit $R_{Aju}^2 = \dfrac{(V(Y) - \sigma_r^2)}{V(Y)} = \dfrac{19,26 - 0,632}{19,26} = 0,967$

Autrement dit, 96,7 % de la variance des Y est expliquée par les variations des X : c'est une excellente corrélation. Pour savoir si ces coefficients sont significatifs, il faut faire le test de Student :

Prédicteur	Coef.	Sigma	t	p
Const α_0	89,94	$\sqrt{0,63 * 1625,7}$	89,9 / 32,06 = 2,81	**0,026**
%C α_1	– 4,56	4,197	– 4,56 / 4,197 = – 1,09	0,313
%MN α_2	– 70,92	6,561	– 10,81	**0,000**
%SI α_3	1,004	6,066	0,17	0,869
%P α_4	16,58	32,79	0,51	0,629
%NI α_5	88,51	11,45	7,73	**0,000**
%CR α_6	– 24,82	22,99	– 0,92	0,388

Figure 5.67. Test de Student

Les trois coefficients qui apparaissent significatifs sont la constante, le manganèse (MN) et le nickel (NI). Les autres n'étant pas significatifs, il convient de refaire la régression en éliminant les coefficients non significatifs. Pour aboutir à :

$$\hat{Y} = 52,3 - 72,5MN + 92,5NI$$

Prédicteur	coef.	sigma	t	p
Const	52,3	3,372	15,51	**0,000**
%MN	– 72,494	4,377	– 16,56	**0,000**
%NI	92,456	8,069	11,46	**0,000**

$R^2_{Ajust} = 0,972$

Figure 5.68. Test de Student

Interprétation

Désormais, tous les coefficients sont significatifs, le pourcentage de manganèse a un coefficient négatif : plus il y a de manganèse, moins il y a de soufflures, et en revanche plus il y a de nickel, plus il y a de soufflures.

6.4.3. Prise en compte des interactions et effets quadratiques

À ce stade, on pourrait être tenté d'améliorer encore la prévision en intégrant des termes quadratiques (MN^2 et NI^2) ou le terme d'interaction MN*NI.

Avec la régression multiple, c'est très facile, il suffit d'introduire dans le tableau ces termes (Figure 5.69) et de faire les mêmes calculs que précédemment.

Coulée	MN	MN²	NI	NI²	MN*NI	Y = % soufflure
H064	0,72	0,5184	0,16	0,0256	0,1152	15,08
H096	0,74	0,5476	0,17	0,0289	0,1258	14,8
...						
H256	0,63	0,3969	0,16	0,0256	0,1008	22,3
H259	0,75	0,5625	0,12	0,0144	0,09	9,46

Figure 5.69. Intégration de termes de second ordre

Ce qui conduit à l'analyse :

$$\hat{Y} = 44,83 - 34,7\,MN - 25,9 * MN - 2,9\,NI + 476,7\,NI - 177,3 * MN * NI$$

Prédicteur	coef.	sigma	t	p
Const.	44,83	81,42	0,55	0,597
MN	– 34,7	215,7	– 0,16	0,876
MN²	– 25,9	151,6	– 0,17	0,868
NI	– 2,9	160,1	– 0,02	0,986
NI²	476,7	791,4	0,60	0,564
MN*NI	– 177,3	992,7	– 0,18	0,863

$R^2_{Ajust} = 0,964$

Figure 5.70. Test de Student

Interprétation

Plus aucun coefficient n'est significatif, il s'agit donc d'une mauvaise idée de rajouter les termes de second ordre. On revient au modèle ne comportant que MN et NI.

6.4.4. *Procédure* StepWise *(pas à pas)*

La procédure pas à pas proposée dans tous les logiciels d'analyse statistique est très intéressante ; elle permet d'introduire ou de supprimer pas à pas des variables, dans le but d'obtenir le sous-ensemble de variables à retenir qui soit le plus pertinent possible.

- La procédure *Forward* part d'un modèle sans prédicteur et permet d'ajouter au fur et à mesure des variables.

- La procédure *Backward* part d'un modèle contenant tous les prédicteurs et permet de retirer au fur et à mesure des variables.

Les logiciels disposent d'une procédure mixte permettant d'ajouter ou d'enlever les variables du modèle en fonction des résultats du test de Student. Il est particulièrement utile d'utiliser cette procédure, surtout lorsque l'on débute dans l'utilisation de la régression multiple.

Cette procédure a donné sur notre exemple :

Alpha pour entrer = 0,15		Alpha pour sortir = 0,15
Pas	**1**	**2**
Const.	69,12	52,30
MN	− 78,5	− 72,5
t	− 5,25	− 16,56
p-value	0,000	0,000
NI		92,5
t		11,46
p-value		0,000
S	2,52	0,731
R^2	69,65	97,65
R^2_{Ajust}	67,12	97,23

Figure 5.71. Procédure pas à pas

- Au premier pas, seul MN a été sélectionné.
- Au second pas, NI a également été sélectionné et la procédure s'est arrêtée.

Au bout de deux pas en *Forward*, la régression avait trouvé le modèle le plus adapté.

6.4.5. Analyse des résidus

À l'issue de la régression multiple, les résidus e_i doivent être aléatoires. Il est utile de tester leur normalité (Figure 5.72).

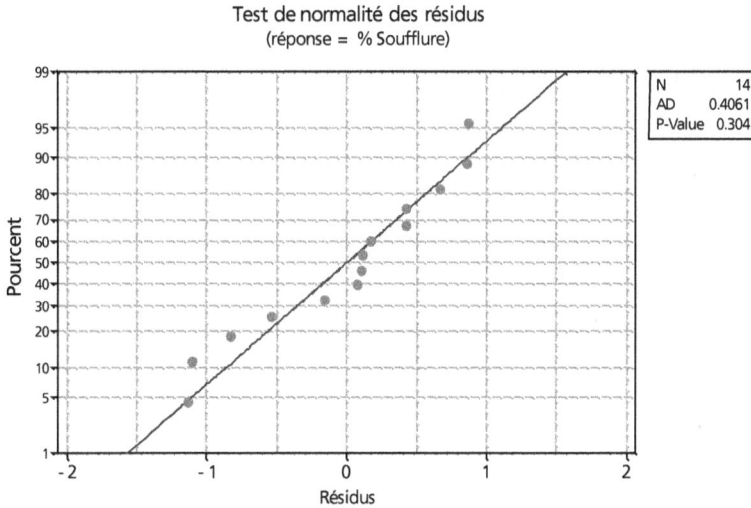

Test de normalité des résidus
(réponse = % Soufflure)

N	14
AD	0.4061
P-Value	0.304

Figure 5.72. Test de la normalité des résidus

Dans cet exemple, la valeur p est supérieure à 5 % ; on peut donc retenir l'hypothèse d'une répartition aléatoire des résidus.

7. Les tests de Shainin

Dorian Shainin est un Américain qui a passé sa vie à résoudre des problèmes industriels. Il a mis au point un certain nombre de tests, très simples à utiliser et extrêmement performants. Le test *B to C* que nous avons déjà présenté fait partie de ceux-ci. Nous présentons dans ce paragraphe deux tests très utiles dans l'étape « Analyser » : le test d'inversion et le test de comparaison par paires.

7.1. Le test d'inversion

Objectif du test

Déterminer quel est le composant coupable d'un problème qualité dans un assemblage démontable. Pour pouvoir réaliser ce test, on fait un certain nombre d'hypothèses.

- On dispose d'un bon produit A et d'un mauvais produit B. Plus ces produits seront extrêmes, mieux marchera le test.

- On sait mesurer la réponse à optimiser par une réponse continue.

- On est capable de démonter et de remonter le système.

- On dispose d'un certain nombre de composants suspects que l'on peut inverser entre le bon produit et le mauvais produit.

Ce test est très proche des démarches empiriques que l'on rencontre en milieu industriel. C'est une des raisons pour lesquelles il est particulièrement apprécié. Pour conduire ce test on procède en 5 étapes.

Étape 1 – Isoler les extrêmes

Mesurer un lot de produits, et isoler deux produits très éloignés Bon (B) et Mauvais (M)

Exemple

Une entreprise a un problème de bruit dans les moteurs qu'elle produit. Un moteur est constitué de cinq sous-ensembles que l'on notera I, J, K, L, M.
Sur deux jours de production, on a isolé deux moteurs B et M. Le moteur B est mesuré à 35 dB et le moteur M est mesuré à 47 dB ; il est particulièrement bruyant.

Étape 2 – Identifier la variabilité

- Démonter et remonter les produits B et M une première fois, et mesurer.
- Démonter et remonter les produits B et M une seconde fois, et mesurer.
- Calculer l'étendue moyenne de démontage remontage $\overline{R}$.
- Calculer l'écart-type de démontage remontage $\sigma = \dfrac{\overline{R}}{d_2^*}$.

d_2^* est égal à 1,806 pour *2 produits et 3 montages*.

- Faire le test de Fisher (test t) pour valider si les deux populations sont statistiquement différentes.

On vérifie si la différence entre les deux moyennes $D > 1,25\overline{R}$
– si OUI on suspecte les composants ;
– si NON on suspecte le montage.

- Calculer les deux plages de contrôle à $\pm\, t\, \sigma$ (95 % de la population). Ces plages définissent les limites des variations aléatoires de démontage-remontage. Pour que le test fonctionne de manière satisfaisante, il est préférable que les deux plages ainsi définies soient bien séparées.

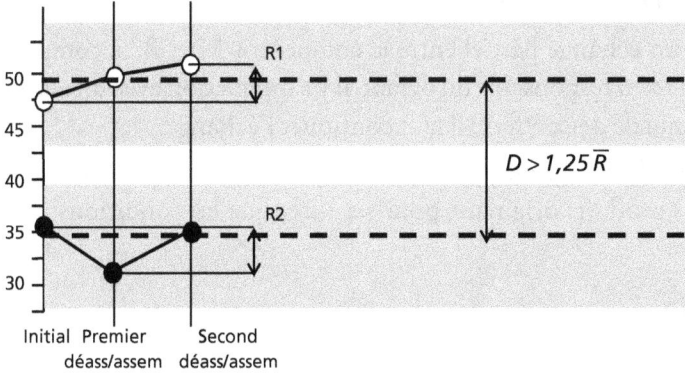

Figure 5.73. Définition des plages de variations aléatoires

Exemple

	Moteur B	Moteur M
Premier montage	35	47
Deuxième montage	31	49
Troisième montage	34	50
Étendue	4	3
Moyenne	33,33	48,67

$d_2{}^* = 1{,}806$ $t_{0,95}$ pour 4 degrés de liberté (2+2) = 2,776

- Étendue moyenne de démontage-remontage $\overline{R} = (4 + 3)/2 = 3{,}5$
- Écart-type de démontage-remontage $S = \dfrac{\overline{R}}{d_2{}^*} = \dfrac{3,5}{1,806} = 1{,}94$
- Test de Fisher

$D = 48{,}67 - 33{,}33 = 15{,}34 > 1{,}25\,\overline{R}$ (= 1,25 x 3,5 = 4,375)

On suspecte les composants.

- Calcul des deux plages de contrôle à $\pm\,t\,S = \pm\,2{,}776 \times 1{,}94 = \pm\,5{,}38$

Étape 3 – Échanger les constituants

On échange tour à tour les composants susceptibles de créer le défaut par démontage-remontage et on mesure le résultat. Pour une plus grande efficacité, on fait les inversions en commençant par le composant le plus suspect.

- Si le M reste le M et le B reste le B, le composant échangé n'intervient pas.

- Si le M devient le B, et le B le M, le composant échangé est le principal responsable du défaut ; on peut arrêter les échanges.

- S'il y a un échange partiel entre le composant M et B, le composant échangé n'est pas le seul responsable du défaut, il y a interaction avec un autre composant, ou un cumul de deux effets ; il faut continuer l'échange.

- À chaque démontage-remontage, on remet les pièces préalablement échangées dans leurs produits originaux pour s'assurer que les conditions initiales restent les mêmes.

Exemple

- On a inversé le composant I, il ne s'est rien passé, il n'est donc pas coupable.
- On a inversé le composant J, cela a dégradé le produit bon mais sans améliorer le produit mauvais. Le composant J participe donc au défaut mais n'est pas le seul responsable.
- On a inversé le composant K, il ne s'est rien passé, il n'est donc pas coupable.
- On a inversé le composant L, cela a dégradé le bon produit mais sans améliorer le mauvais produit. Le composant J participe donc au défaut mais n'est pas le seul responsable.
- Tous les composants ont été inversés.

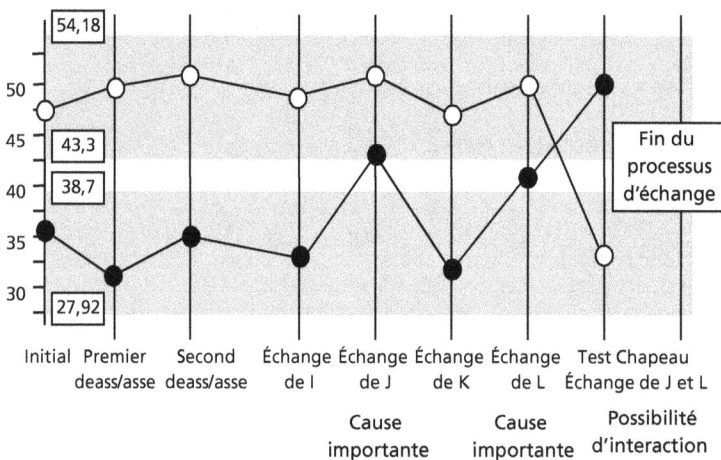

Figure 5.74. Inversion des composants I à L

Étape 4 – Faire l'essai chapeau de vérification

On inverse tous les composants qui ont une influence sur la réponse, on doit avoir une inversion totale des résultats

Exemple

Les deux composants suspects sont les composants J et L. L'essai chapeau consiste à inverser simultanément ces deux composants.
L'inversion de ces deux composants crée l'inversion ; le produit B passe dans la zone M, et le produit M passe dans la zone B. Nous avons donc bien piégé les deux coupables.

Étape 5 – Plan d'expériences complet

À ce stade, on connaît les coupables, mais on ne sait pas si on est en présence de l'addition de deux effets ou de la combinaison d'effets et d'interactions. Pour valider et chiffrer l'influence des facteurs déclarés significatifs par l'inversion, on réalise un plan complet pour déterminer les effets et les interactions de chaque facteur[1].

Exemple

Les facteurs J et L ont été déclarés importants, on fait un plan complet 2 facteurs à 2 niveaux :

N°	J	L	Réponse
1	B	B	35
2	B	M	40
3	M	B	41
4	M	M	48

---

1. Le lecteur pourra se reporter au chapitre 6 pour plus de détails sur les plans d'expériences.

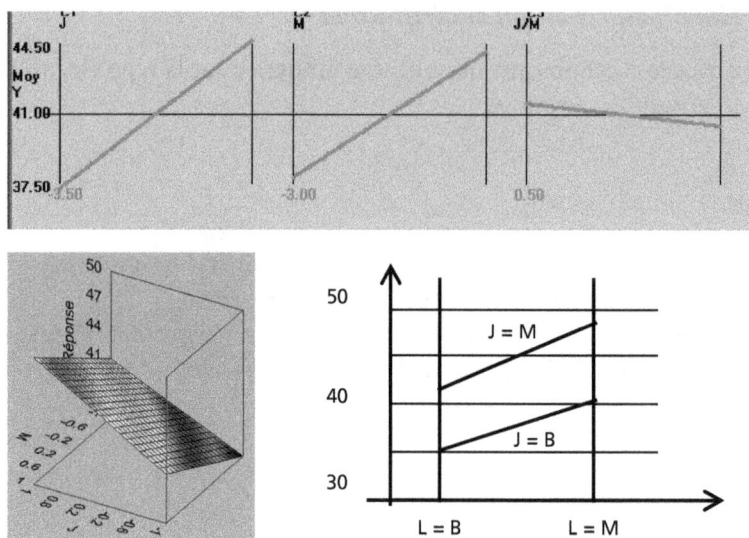

Figure 5.75. Plan d'expériences de validation

Remarque

Toutes les combinaisons du plan d'expériences ont été testées pendant l'inversion ; il suffit de les identifier, en faire la moyenne et les insérer dans le plan d'expériences.

Dans l'exemple présenté, les deux segments de droite sont parallèles, il n'y a pas d'interaction mais simplement addition des deux effets des composants J et L. Avec seulement deux composants extrêmes on a pu, grâce à ce test, piéger les deux principales causes du bruit sur les moteurs.

7.2. Le test de comparaison par paires

Le test de comparaison par paires est le pendant du test d'inversion lorsque l'on ne peut pas inverser les composants. Il consiste à comparer des paires de produits bons et mauvais en notant toutes les différences. En reproduisant plusieurs fois cette comparaison, on peut identifier des différences qui se reproduisent systématiquement. Ce test est constitué de 5 étapes :

- Sélectionner un produit bon (B) et un produit mauvais (M), si possible fabriqués dans les mêmes conditions et en même temps, et qui sont le plus éloignés possible.
- Observer toutes les différences entre ces deux unités B et M.

– Les différences peuvent être visuelles, dimensionnelles, électriques, mécaniques, chimiques...

– Surtout ne pas s'arrêter à la première différence constatée mais faire une investigation complète en utilisant toutes les techniques : le visuel, les rayons X, le microscope, le test de destruction...

• Observer toutes les différences d'une seconde paire B et M comme dans l'étape précédente.

• Continuer l'observation sur d'autres paires jusqu'à ce que ressorte une typologie de défauts répétitifs.

• Négliger les observations qui montrent des directions contraires parmi les paires. Habituellement à la 5e ou 6e paire, de fortes présomptions apparaissent sur les X coupables du défaut. Valider statistiquement la signification du test par un test de comparaison de fréquence.

D'un point de vue statistique, lorsqu'un caractère est présent sur les M et absent sur les B dans 4 paires, cela donne un niveau de signification de 1 %.

Exemple

Dans l'exemple ci-dessous, dans la première paire on note un nombre important de différences. Sur l'ensemble des 4 paires, seule l'encoche sur le bord des ellipses est présente sur les 4 M et absente sur les 4 B.

Un test hypergéométrique avec $n_1 = 4$, $x_1 = 0$, $n_2 = 4$, $x_2 = 4$ donne un écart significatif avec un risque alpha de 1,42 %.

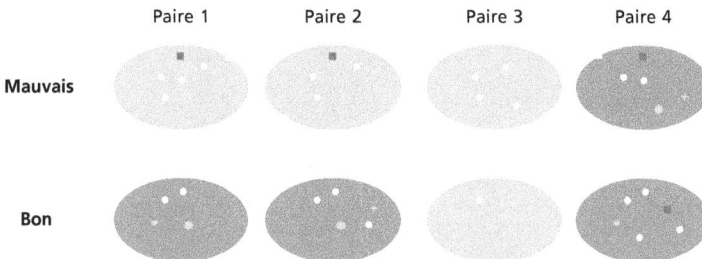

Figure 5.76. Comparaison par paires

Chapitre 6

Étape 4 – Innover/Améliorer

1. Introduction

Les trois premières étapes de l'application de la méthodologie Six Sigma nous ont permis de connaître les facteurs X responsables de la variabilité des Y. Durant ces trois premières étapes, on n'a pas modifié le processus en profondeur. Les modifications introduites n'ont porté jusqu'à maintenant que sur la réduction de la variabilité, en figeant tous les facteurs qui pouvaient l'être (voir l'étape « Mesurer »).

Le temps est venu d'apporter des modifications en profondeur au processus afin d'atteindre l'objectif fixé au début du projet. C'est le but de l'étape « Innover/Améliorer » qui peut se scinder en quatre phases :
- une phase de génération des solutions ;
- une phase d'expérimentation ;
- une phase d'analyse de risques (ce sont les plans d'expérience ?) ;
- une phase de choix de la solution définitive et de sa mise en place.

Nous présentons dans ce chapitre les principaux outils permettant de traiter cette étape, principalement les plans d'expériences.

2. Générer des solutions

Un des dangers de cette étape consiste à s'orienter directement vers la première solution qui vient à l'esprit. Il est nécessaire de pouvoir comparer plusieurs solutions entre elles, et d'aller suffisamment loin dans l'expérimentation de chacune pour pouvoir choisir celle la plus adaptée au problème posé. Pour cela, il faut générer plusieurs solutions et faire appel à la créativité du groupe de travail. De très nombreux outils ont été développés pour assister les groupes de travail dans ce domaine. Nous en présentons deux :
- le déballage d'idées (ou *brainstromimg*), qui permet de stimuler la créativité du groupe ;
- le vote pondéré, qui permet de faire son choix parmi plusieurs solutions.

2.1. Le déballage d'idées

Le travail de groupe coûte cher, il faut donc qu'il soit efficace pour être rentable. Un déballage d'idées bien animé permet de gagner un temps précieux. Le principe de base est de réunir un groupe pluridisciplinaire afin de provoquer la créativité par émulation. On distingue plusieurs phases dans un déballage d'idées : la définition de l'objectif, la réflexion individuelle, la mise en commun, la classification, le choix.

Définition de l'objectif

Le déballage d'idées doit toujours commencer par l'écriture claire de l'objectif de l'étude, ce dernier devant être accepté de façon consensuelle.

Réflexion individuelle

Afin d'éviter d'orienter rapidement le débat sur la première idée évoquée, une bonne pratique consiste à donner cinq minutes à chaque participant pour que, en silence, il recherche les idées qui lui semblent les plus pertinentes sur le sujet proposé. Chaque participant note sur une feuille toutes les idées qu'il a sur le sujet. Ainsi, de manière très efficace, on capte l'ensemble de la créativité des membres du groupe.

Mise en commun

Une fois la réflexion individuelle de chaque participant terminée, on passe à une phase plus dynamique d'échanges entre les participants. Chaque membre du groupe évoque tour à tour l'ensemble des éléments qu'il a notés sur le sujet. La critique des idées est interdite pendant cette mise en commun ; elle viendra en son temps.

Pour être efficace, un animateur doit inscrire sur des bouts de papier les éléments au fur et à mesure qu'ils sont énoncés et les afficher sur un mur à l'aide d'un adhésif repositionnable. Il est très important d'éviter les tableaux papier *(paper boards)*, qui ne permettent pas de structurer efficacement le travail après le déballage. Dans un premier temps, les papiers sont collés en désordre sur le mur et énoncés clairement afin de donner des idées aux autres membres du groupe.

Classification

Pour clarifier l'ensemble des idées émises pendant la mise en commun, il faut classer les données inscrites en vrac. Pour cela, on utilise les outils tels que le diagramme d'Ishikawa autour des 5M, ou un diagramme des affinités qui consiste à regrouper toutes les idées par proximité (par affinités). C'est au cours de ce classement que l'utilisation d'adhésifs repositionnables est appréciée. On élimine les redondances, parfois on démultiplie une idée qui était comprise différemment par deux personnes et, enfin, on regroupe sous la forme de macro-idées les éléments les plus proches. Pendant cette phase, on en profite pour expliciter davantage l'idée afin que chacun sache bien de quoi il retourne.

Choix

Les idées clarifiées, il faut choisir la meilleure solution. Afin d'éviter de retomber dans un débat sur les avantages et les inconvénients de chacune des idées, il est important de procéder de façon formelle en recourant à un vote pondéré. Ce vote, expliqué ci-après, donne rapidement les tendances fortes de ce que pensent les membres du groupe.

2.2. Le vote pondéré

Le vote pondéré permet de faire un choix parmi les différents éléments qui apparaissent après un déballage d'idées.

Supposons que lors d'une séance entre cinq personnes, 15 solutions potentielles aient été évoquées. Comme il n'est pas possible de mettre en place les 15 solutions, il faut choisir celles qui paraissent le plus efficaces. Afin d'éviter de longues et stériles discussions, on donne par exemple cinq droits de vote à chaque membre du groupe. Les cinq personnes réfléchissent individuellement et choisissent les cinq solutions qui leur semblent le plus efficaces. Après réflexion, chacun note au tableau les cinq solutions qu'il a retenues.

En général, à l'issue de ce vote, on trouve trois catégories de solutions.

- Celles qui ont reçu l'unanimité ou presque des votes. Ces solutions seront alors retenues, il n'est pas utile de perdre son temps à les discuter.
- Celles qui n'ont pas eu ou ont eu très peu de votes. Ces solutions ne seront pas retenues, au moins dans un premier temps. Il n'est pas non plus utile de perdre son temps à discuter sur ces solutions.
- Celles qui obtiennent des avis partagés. Elles sont en général peu nombreuses et font l'objet de discussions au sein du groupe afin de savoir s'il faut les retenir ou non.

Dans sa forme la plus simple telle que nous venons de l'exposer, le vote ne prend que quelques minutes. Il permet en revanche de gagner parfois quelques heures de discussions !

On peut cependant avoir recours à un vote plus sophistiqué en incluant plusieurs critères. La Figure 6.1 montre le résultat d'un vote dans lequel on a demandé à chaque membre de noter les idées de 1 à 5 selon trois critères : l'efficacité, le coût et le délai de réalisation. Chaque critère n'ayant pas la même importance, on lui affecte un poids différent : l'efficacité (9), le coût (3) et le délai de réalisation (1). Les notes, qui apparaissent dans le tableau, sont les moyennes des notes données par chaque individu.

La note globale est obtenue en additionnant chaque note pondérée selon le poids du critère correspondant.

Solutions	Efficacité (poids 5)	Coût (poids 3)	Délai (poids 1)	Note globale
Changer le type de joint	4,2	1,2	2,5	27,1
Diminuer la rugosité	2,1	1,7	3,6	19,2
Changer le type de fluide	1,3	1,3	1,2	11,6
Rajouter une gorge	3,5	2,5	2,1	27,1
Modifier le diamètre de gorge	2,8	4,6	4,6	32,4

Figure 6.1. Résultat d'un vote pondéré

Ce vote montre que le meilleur compromis entre l'efficacité, le coût et le délai de mise en œuvre de la solution est réalisé par la solution « modifier le diamètre de gorge ». Bien sûr, dans ce type de vote, le choix des poids affectés à chaque critère reste le problème le plus délicat.

Une fois que l'on a choisi les solutions ou les paramètres qui doivent être modifiés pour atteindre notre objectif, il faut passer à la démarche expérimentale, lors de laquelle nous allons modifier le processus pour définir la meilleure configuration. En général, on ne retient pas qu'une solution mais plusieurs solutions potentielles. Chacune de ces solutions doit suffisamment être testée afin d'avoir un avis pertinent sur la solution la plus efficace.

3. Les démarches expérimentales

3.1. L'importance de la démarche expérimentale

Dans toute démarche de progrès, l'expérimentation doit être privilégiée. Dans une relation $Y = f(X)$, nous devons rechercher une configuration optimale des X pour atteindre l'objectif sur Y. On peut s'enquérir de cette relation au niveau :

- de la recherche pour découvrir de nouvelles relations ou comprendre une nouvelle technologie ;
- de la conception d'un produit dans le choix des composants et la détermination des caractéristiques ;
- de l'industrialisation pour le choix des paramètres, l'établissement des tolérances et la minimisation des coûts ;
- de l'optimisation des processus pour la résolution des problèmes.

Les étapes précédentes de la démarche ont permis d'identifier les facteurs clés et d'orienter la recherche de solutions ; il va falloir maintenant être capable de tester ces solutions et d'optimiser les configurations au moyen d'expériences.

Conduire des expériences est une démarche naturelle d'optimisation, mais cette phase expérimentale est trop souvent conduite de façon informelle à partir d'essais décidés au coup par coup. En général, les démarches d'expérimentations traditionnelles présentent les inconvénients suivants :

- de nombreux essais, au coût important ;
- une faible précision dans le résultat ;
- une absence de modélisation ;
- une solution non optimale.

Pourtant, depuis bien des décennies déjà, les études portant sur l'optimisation des démarches expérimentales ont donné lieu à des méthodes structurées : les plans d'expériences. Relativement simples à mettre en œuvre, ces démarches sont extrêmement efficaces pour améliorer la pertinence des essais réalisés, en les limitant le plus possible.

La science des plans d'expériences appelée parfois « expérimentique » est aujourd'hui très complète. Elle propose des solutions variées adaptées à tous les problèmes rencontrés dans le monde industriel. Il n'est pas dans notre intention de couvrir l'ensemble des solutions proposées et nous décrirons uniquement dans ce chapitre les trois principaux types de plans d'expériences (Figure 6.2).

Les plans de criblage : ils ont pour objet de découvrir parmi un grand nombre de facteurs X les quelques variables ayant une influence forte sur la réponse Y. Dans ce type de plan, on se contente de mettre en évidence les effets principaux en faisant varier les facteurs sur deux niveaux.

Les plans de caractérisation : dans ce type de plan, le nombre de facteurs est généralement limité. On cherche à mettre en évidence des relations plus complexes pour dégager certaines interactions entre les X. Les facteurs sont généralement étudiés sur deux niveaux et on parle de plans de résolution IV ou V.

Les plans de modélisation : la modélisation devient nécessaire lorsque l'on veut connaître la relation exacte entre deux ou trois facteurs X et Y. On cherche alors des relations complexes qui incluent interactions et effets quadratiques (de type X^2). On utilise des plans de résolution V, des plans complets, ou des plans en surface de réponse. Les facteurs sont étudiés sur plus de deux niveaux.

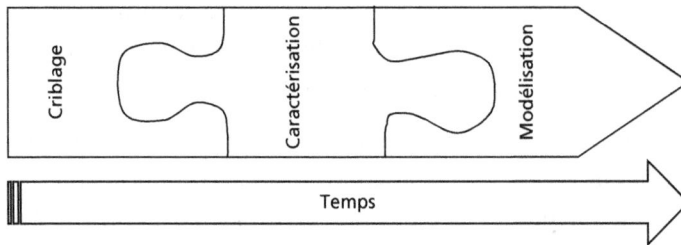

Figure 6.2. Les grands types de plans d'expériences

3.2. Étude d'un facteur à la fois

Dans un certain nombre d'expériences, on ne doit faire varier qu'un seul facteur X afin d'optimiser Y. Dans ces conditions, on cherchera néanmoins à apporter la preuve statistique de l'amélioration en réalisant un test statistique montrant que la nouvelle configuration du X apporte un changement significatif sur le Y. Tous les tests que nous avons présentés au chapitre 5 « Analyser » peuvent être appliqués : tests de comparaison de moyennes, tests de comparaison de variances, tests de comparaison de fréquences, analyse de la variance.

3.3. Étude de plusieurs facteurs à la fois

Lorsque plusieurs facteurs doivent être modifiés, la démarche traditionnellement mise en œuvre consiste souvent à modifier successivement chacun des facteurs. On emploie alors la méthode « un facteur à la fois » de façon séquentielle. Ce n'est pourtant pas la bonne solution, et ce pour deux raisons :

- la précision sur les résultats obtenus n'est pas optimale ;
- l'étude des interactions est difficile.

Lorsque plusieurs facteurs doivent être modifiés, il est préférable de modifier l'ensemble des facteurs en même temps dans un plan d'expériences optimisant le nombre d'essais.

Pour illustrer ce point, prenons l'exemple d'une presse à injecter avec l'étude de deux facteurs (Figure 6.3). La réponse étudiée est la variation sur une cote de la pièce.

Facteur	Mini	Maxi
Pression	300	500
Température	40	60

Figure 6.3. Définition du domaine d'étude

Comparons deux stratégies d'essais pour couvrir le domaine d'étude :

- la stratégie « traditionnelle » qui consiste à faire varier un facteur en plaçant l'autre facteur au niveau moyen ;

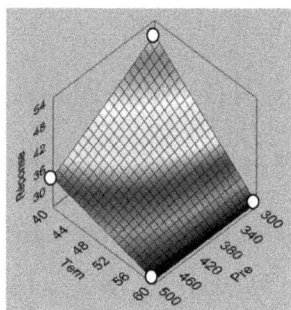

- la stratégie « plan d'expériences » qui consiste à se placer aux extrêmes du domaine d'étude.

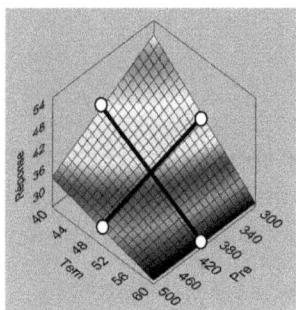

Stratégie traditionnelle   Stratégie plan d'expériences

N°	Pression	Température
1	400	40
2	400	60
3	300	50
4	500	50

N°	Pression	Température
5	300	40
6	300	60
7	500	40
8	500	60

Figure 6.4. Les deux stratégies

Définition d'une interaction

Il y a interaction lorsque l'effet d'un facteur dépend de l'état d'un autre facteur.

Sur le schéma (Figure 6.4), on a vu que, lorsque la pression passe de 500 à 300, la réponse Y monte légèrement. En fait, comme il y a une interaction, lorsque la température est à 60, la pression n'a pas d'effet, alors que lorsque la température est à 40, le passage d'une pression de 500 à 300 modifie de façon importante la réponse.

Avec les quatre essais de la solution « traditionnelle », il n'est pas possible de voir cette interaction, alors qu'elle apparaît de façon claire avec les quatre essais de la solution « plan d'expériences ».

Précision sur les résultats

Si l'on veut calculer l'effet de la température dans le cas de la stratégie traditionnelle, il suffit de comparer le résultat de l'essai 2 au résultat de l'essai 1.

On calcule $E_T = Y_2 - Y_1$

Dans la stratégie « plan d'expériences » on doit faire la moyenne des deux écarts constatés entre Y_5/Y_6 et Y_7/Y_8

On calcule $E_T = \frac{1}{2}\left[(Y_5 - Y_6) + (Y_8 - Y_7)\right]$

Comme il y a de la dispersion sur Y lorsque l'on fait des essais, cette dispersion se retrouvera forcément dans la précision de calcul des effets des facteurs. Si l'on suppose que la dispersion est uniforme dans le domaine d'étude, on a alors :

$$Variance\ (Y_1) = ... = Variance\ (Y_8) = Variance\ (Y).$$

Calculons la variance sur l'effet de la température dans les deux situations (on rappelle que la variance a la propriété d'additivité – voir chapitre 5) :

- Situation traditionnelle :

$$V(E_T) = V(Y_2 - Y_1) = V(Y_2) + V(Y_1) = 2V(Y)$$

- Situation « plan d'expériences » :

$$V(E_T) = V\left\{\frac{1}{2}\left[(Y_5 - Y_6) + (Y_8 - Y_7)\right]\right\} = \frac{1}{4}\left[V(Y_5) + V(Y_6) + V(Y_7) + V(Y_8)\right] = V(Y)$$

On le constate, la variance sur l'effet (et donc la précision de la modélisation) sera deux fois plus faible dans la situation « plan d'expériences » que dans la situation « traditionnelle ».

Ces deux avantages (étude des interactions et précision des résultats), font qu'on privilégie toujours la démarche « plan d'expériences » sur la démarche « un facteur à la fois » lorsqu'une expérimentation concerne plusieurs facteurs.

4. Les plans d'expériences à 2 niveaux

Les plans d'expériences à 2 niveaux sont sans aucun doute les plans les plus utilisés en termes de résultats au vu du nombre d'essais réalisés.

4.1. Deux facteurs à 2 niveaux – Plan complet

Considérons le problème de l'optimisation de la rugosité sur un processus de fabrication. Le *Black Belt* a identifié deux facteurs susceptibles d'améliorer le résultat (la vitesse de coupe et l'avance par tour). L'analyse technique le conduit à mener une expérience avec 2 niveaux par facteurs.

	Vitesse de coupe	Avance
Niveau 1	120	0,010
Niveau 2	200	0,015

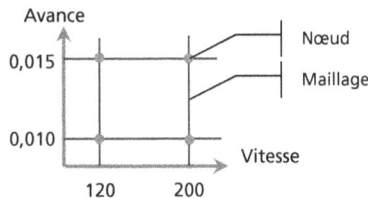

Figure 6.5. Définition du domaine d'étude

Le plan complet consiste à étudier tous les nœuds du maillage du domaine d'étude, ce qui requiert donc 4 essais dans ce cas. Le plan d'expériences s'écrit de la façon suivante :

	Vitesse	Avance	Rugosité
Essai 1	120	0,010	10
Essai 2	120	0,015	16
Essai 3	200	0,010	4
Essai 4	200	0,015	6

Figure 6.6. Plan d'expériences 2 facteurs à 2 niveaux

Interprétation du plan d'expériences

Tableau des moyennes

	Vitesse	Avance
Niveau 1	(10 + 16) / 2 = 13	(10 + 4) / 2 = 7
Niveau 2	5	11

Figure 6.7. Tableau des moyennes

Pour les deux facteurs, on peut calculer l'effet sur la réponse lorsqu'on passe le facteur du niveau 1 au niveau 2.

Lorsque la vitesse est au niveau 1, la pression est une fois à 1 et une fois à 2. De même, lorsque la vitesse est au niveau 2, la pression est une fois à 1 et une fois à 2. On peut donc comparer la moyenne des deux essais réalisés avec la vitesse à 1 et la moyenne des deux essais réalisés avec la vitesse à 2. Le tableau des moyennes peut se présenter graphiquement sous la forme du graphe des effets (Figure 6.8). Le troisième graphe donne l'importance de l'interaction, nous y reviendrons.

Graphe des effets

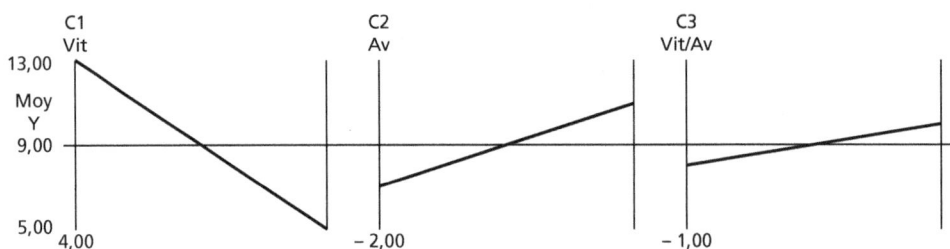

Figure 6.8. Graphe des effets

Tableau des interactions

	Vitesse = 120	Vitesse = 200
Avance = 10	10	4
Avance = 15	16	6

Figure 6.9. Tableau des interactions

Graphe des interactions

Pour visualiser les interactions, il faut considérer les quatre combinaisons de configuration des facteurs. Dans ce cas simple, il s'agit des quatre essais réalisés. Dans les cas plus complexes, il faudra faire la moyenne de tous les essais réalisés dans la configuration considérée. Ce tableau des interactions se représente graphiquement (Figure 6.10).

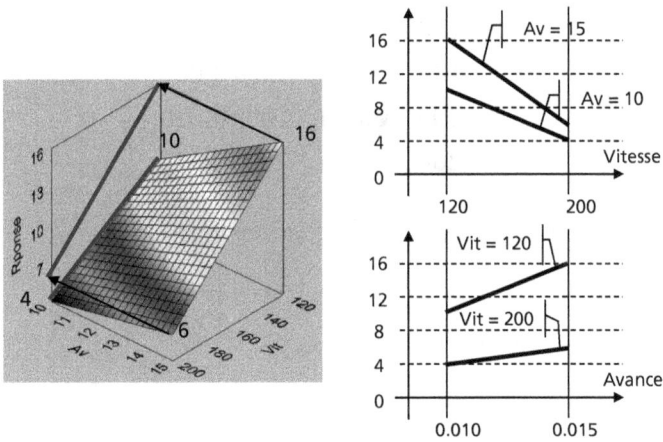

Figure 6.10. Graphe des interactions

Pour visualiser l'interaction entre les deux variables X, il faut un graphe en trois dimensions pour représenter les deux X et la variable Y.

Les logiciels de plans d'expériences permettent en général d'obtenir cette représentation en 3D (Figure 6.10) ainsi qu'une projection suivant un des axes X. Il y a interaction lorsque les deux segments de droite sur la projection ne sont pas parallèles, ce qui est le cas dans la Figure 6.10.

Représentation polynomiale de la surface de réponse

Dans la plupart des situations, une interprétation graphique à partir des graphes des effets et des interactions, couplée à une analyse de la variance, suffit pour interpréter correctement un plan d'expériences. On peut cependant parfois avoir besoin de l'équation de la surface de réponse pour faire une optimisation.

Pour représenter une telle surface (Figure 6.10), on doit rechercher un modèle polynomial de type :

$$\boxed{Y = \alpha_0 + \alpha_1.Vit + \alpha_2.Av + \alpha_3.Vit.Av}$$

Calcul du modèle – Méthode 1

Une première solution consiste à utiliser la régression linéaire multiple que nous avons développée au chapitre 5 « Analyser ».

Nous avons montré que si on écrit le plan d'expériences sous la forme matricielle :

$$Xa = Y \text{ ou encore } \begin{bmatrix} 1 & 120 & 0,010 & 120x0,010 \\ 1 & 120 & 0,015 & 120x0,015 \\ 1 & 200 & 0,010 & 200x0,010 \\ 1 & 200 & 0,015 & 200x0,015 \end{bmatrix} \begin{bmatrix} \alpha_0 \\ \alpha_1 \\ \alpha_2 \\ \alpha_3 \end{bmatrix} = \begin{bmatrix} 10 \\ 16 \\ 4 \\ 6 \end{bmatrix}$$

La solution de la résolution du système d'équations est :

$$\hat{a} = (X^tX)^{-1} \cdot X^tY \quad \text{soit} \quad \hat{a} = \begin{bmatrix} -5 \\ 0,025 \\ 2400 \\ -10 \end{bmatrix}$$

Ce qui donne comme polynôme :

$$Y = -5 + 0,025Vit + 2400\,Av - 10Vit.Av$$

Ce polynôme permet de prévoir une réponse non testée dans le domaine d'étude. Prenons par exemple une vitesse de *130* et une avance de *0,012*, on calcule :

$$Y = -5 + 0,025x130 + 2400x0,012 - 10x130x0,012 = 11,45$$

Dans cette représentation polynomiale, les coefficients α sont difficilement interprétables car ils dépendent de l'unité de la vitesse et de la pression. En général, pour pouvoir comparer ces coefficients, on préfère utiliser une unité standard dans laquelle le domaine d'étude varie de – *1* à *1*.

	Unités du problème		Unités codées	
	Niveau bas	Niveau haut	Niveau bas	Niveau haut
Vitesse	(1) 120	(2) 200	– 1	1
Avance	(1) 0,010	(2) 0,015	– 1	1
Interaction	(1)	(2)	1	– 1

Figure 6.11. Domaine d'étude standardisé

La matrice X devient alors
$$\begin{bmatrix} 1 & -1 & -1 & 1 \\ 1 & -1 & 1 & -1 \\ 1 & 1 & -1 & -1 \\ 1 & 1 & 1 & 1 \end{bmatrix}$$
et le vecteur $\hat{a} = \begin{bmatrix} 9 \\ -4 \\ 2 \\ -1 \end{bmatrix}$

Ce qui donne comme polynôme :

$$Y = 9 - 4.Vit' + 2.Av' - Vit'.Av'$$

Interprétation des coefficients

Dans cette nouvelle unité standard, les coefficients sont beaucoup plus facilement interprétables. Ils sont comparables entre eux et correspondent aux pentes du graphe des effets et de la représentation en surface de réponse (Figure 6.13). L'interaction apparaît comme étant l'écart entre le plan moyen et la surface de réponse réelle.

Calcul du modèle – Méthode 2

On peut également calculer les coefficients du polynôme en unités codées en s'appuyant sur les propriétés graphiques de la surface de réponse lorsque le domaine d'étude varie entre – *1* et *1*.

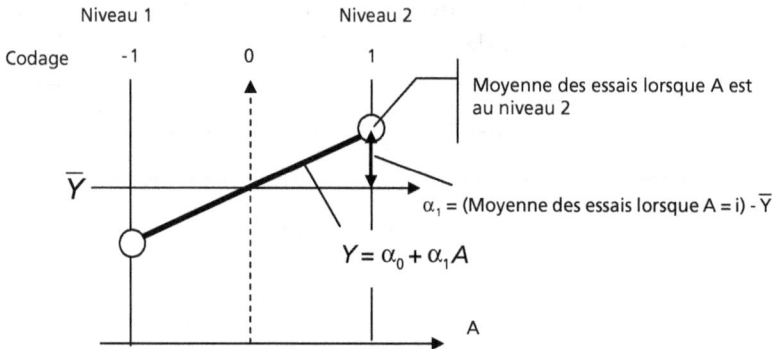

Figure 6.12. Calcul des effets

Lorsqu'il n'y a qu'un seul facteur, le polynôme revient à l'équation d'une droite et on peut procéder aux calculs suivants.

- Effet d'un facteur A au niveau i

$$E_{Ai} = (\text{Moyenne des essais lorsque A} = \text{i}) - \overline{Y}$$

Exemple : $E_{Vit2} = 5 - 9 = -4$ $E_{Av2} = 11 - 9 = 2$

- Interaction lorsque $A = i$ et $B = j$
– L'interaction est définie comme étant l'écart entre le plan moyen et la surface de réponse (Figure 6.13). On peut donc calculer :

$$I_{AiBj} = (\text{Moyenne des essais lorsque A} = \text{i}) - E_{Ai} - E_{Bj} - \overline{Y}$$

avec $\overline{Y}$ la moyenne générale de tous les essais.

Exemple : $I_{Vit2Av2} = 6 - (-4) - (2) - 9 = -1$

Ce qui permet de trouver l'équation : $Y = 9 - 4.Vit' + 2.Av' - Vit'.Av'$

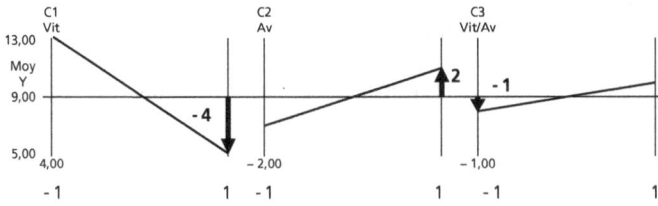

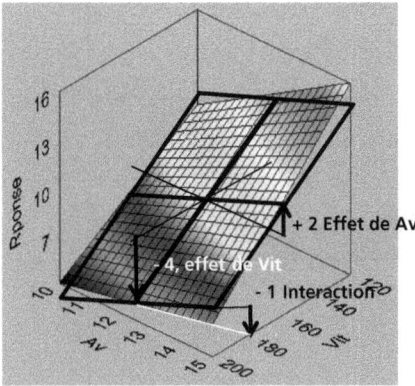

Figure 6.13. Interprétation graphique des coefficients

Plan complet 2 facteurs à 2 niveaux et table L4 de Taguchi

Le plan complet 2 facteurs à 2 niveaux est donné dans les tables de Taguchi qui sont rappelées dans le chapitre 10 de notre ouvrage.

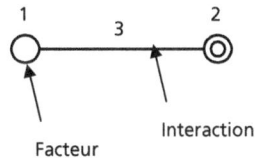

Figure 6.14. Table L_4 de Taguchi et graphe associé

La table donne la configuration des essais à réaliser. Dans un graphe de Taguchi, les facteurs sont représentés par des ronds et l'interaction entre deux facteurs est représentée par un trait.

Le graphe de Taguchi indique que si l'on place les facteurs dans les colonnes (1) et (2) (les ronds dans le graphe), l'interaction se trouve dans la colonne (3) (le trait). Dans le graphe des effets (Figure 6.8) on a représenté l'effet de cette troisième colonne qui correspond à l'effet de l'interaction.

Pour retrouver la colonne d'interaction avec les notations 1/2 on utilise la règle mnémonique suivante :

$(1) \times (1) \rightarrow 1$

$(1) \times (2) \rightarrow 2$

$(2) \times (1) \rightarrow 2$

$(2) \times (2) \rightarrow 1$

	A	B	AB
1	1	1	1
2	1	2	2
3	2	1	2
4	2	2	1

Pour retrouver la colonne d'interaction avec les notations – 1/1 on utilise la règle mnémonique suivante :

$(-1) \times (-1) \rightarrow 1$

$(-1) \times (1) \rightarrow -1$

$(1) \times (-1) \rightarrow -1$

$(1) \times (1) \rightarrow 1$

	A	B	AB
1	-1	-1	1
2	-1	1	-1
3	1	-1	-1
4	1	1	1

4.2. Trois facteurs à 2 niveaux – Plan complet

L'étude de 3 facteurs à 2 niveaux avec un plan complet consiste à réaliser tous les nœuds du maillage d'un cube (Figure 6. 15) soit $2^3 = 8$ essais. On peut généraliser au plan complet de k facteurs à n niveaux qui nécessitera n^k essais.

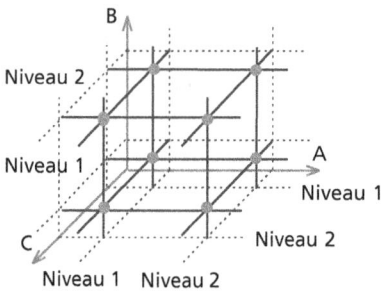

N°	A	B	C
1	1	1	1
2	1	1	2
3	1	2	1
4	1	2	2
5	2	1	1
6	2	1	2
7	2	2	1
8	2	2	2

Figure 6. 15. Plan d'expériences 3 facteurs à 2 niveaux

Pour illustrer l'utilisation d'un plan d'expériences de 3 facteurs à 2 niveaux, nous prendrons l'exemple d'un plan d'expériences réalisé sur une presse à injecter qui possède 16 empreintes. L'objectif est de *minimiser* la dispersion mesurée sur une cote sur l'ensemble des 16 pièces de la moulée. Pour améliorer la précision sur le résultat, on répète 3 fois chaque expérience.

Facteur	Nom court	Niveau 1	Niveau 2
Pression	P	350	600
Température	T	40	60
Lubrifiant	L	Avec	Sans

Figure 6.16. Domaine d'étude

La table (Figure 6.17) montre le plan d'expériences. L'interprétation du plan consiste à déterminer les facteurs et les interactions significatifs afin de les placer au niveau qui optimise la dispersion.

N°	P	T	P*T	L	P*L	T*L	P*T*L	Y1	Y2	Y3
1	(1) 350	(1) 40	1	(1) Avec	1	1	1	0,4	0,71	0,46
2	(1) 350	(1) 40	1	(2) Sans	2	2	2	1,15	1,15	1,24
3	(1) 350	(2) 60	2	(1) Avec	1	2	2	1,02	0,96	1,11
4	(1) 350	(2) 60	2	(2) Sans	2	1	1	1,43	1,48	1,92
5	(2) 600	(1) 40	2	(1) Avec	2	1	2	0,57	0,13	0,34
6	(2) 600	(1) 40	2	(2) Sans	1	2	1	0,87	0,67	0,66
7	(2) 600	(2) 60	1	(1) Avec	2	2	1	0,59	0,58	0,27
8	(2) 600	(2) 60	1	(2) Sans	1	1	2	0,92	0,65	1,06

Figure 6.17. Plan d'expériences

Tableau des moyennes et graphe des effets

N°	P	T	P*T	L	P*L	T*L	P*T*L
Niveau 1	1,0860	0,6958	0,7650	0,5950	0,7908	0,8392	0,8367
Niveau 2	0,6092	0,9992	0,9300	1,1000	0,9042	0,8558	0,8583

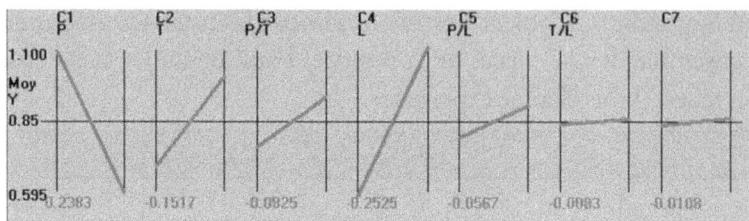

Figure 6.18. Graphe des effets

Le tableau des moyennes est obtenu en réalisant la moyenne de tous les essais lorsque l'action (facteur ou interaction) est placée au niveau considéré. Ainsi 1,086 est la moyenne des 4 premières lignes d'essais (12 essais).

Le graphe des effets montre que les 3 facteurs, ainsi que deux interactions semblent significatifs. Pour pouvoir conclure, il faut faire l'analyse de la variance (Figure 6.19) qui permet de conclure sur le niveau de signification d'un effet. Le lecteur se reportera au chapitre 5 « Analyser » pour la description de l'analyse de la variance.

Dans l'exemple traité, seule l'interaction $P*T$ est significative (niveau de risque alpha = $0,035 < 0,05$). Les autres interactions ne sont pas significatives, on ne les tracera pas.

Col.	Source	S²	ddl	Var	F	F_{lim}	p	Contrib.	Conclusion
1	P	1,363	1	1,363	44,13	4,494	0,000	32,6 %	Significatif
2	T	0,552	1	0,552	17,87	4,494	0,001	13,2 %	Significatif
3	P*T	0,163	1	0,163	5,29	4,494	0,035	3,9 %	Significatif
4	L	1,530	1	1,530	49,53	4,494	0,000	36,6 %	Significatif
5	P*L	0,077	1	0,077	2,49	4,494	0,134	1,8 %	Non significatif
6	T*L	0,001	1	0,001	0,05	4,494	0,819	0,0 %	Non significatif
7	P*T*L	0,002	1	0,002	0,09	4,494	0,767	0,0 %	Non significatif
	Résidus	0,494	16	0,494				11,8 %	
	Total	4,185	23						

Figure 6.19. Analyse de la variance

Tableau des interactions et graphe des interactions

On ne s'intéresse qu'à l'interaction $P*T$ jugée significative.

	Temp. = 40	Vitesse = 60
Pression = 350	0,852	1,320
Pression = 600	0,540	1,100

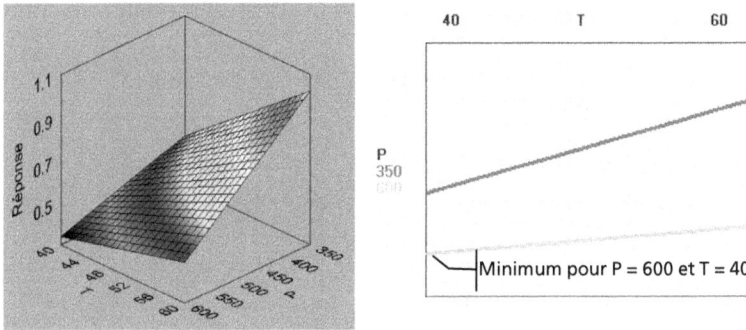

Figure 6.20. Interaction Pression*Température

Modélisation polynomiale

En ne conservant que les facteurs significatifs on calcule facilement un modèle polynomial du comportement du processus dans les unités standardisées $(-1/1)$:

$$Y = 0,8475 - 0,2383P + 0,1517T + 0,2525L - 0,0825P*T$$

Le calcul des effets de P se fait avec la méthode matricielle ou avec la méthode du calcul des effets. Par exemple :

$$E_{p2} = 0,6092 - 0,8475 = -0,2383$$

Optimisation

L'objectif du plan d'expériences est de minimiser la réponse. La meilleure configuration consiste à :

- augmenter la pression $(P = 600)$;
- diminuer la température $(T = 40)$;
- utiliser le lubrifiant $(L = Avec – Niveau 1 ; Figure 6.18)$.

4.3. Trois facteurs à 2 niveaux – Plan fractionnaire

Dans le cas où on suppose que seuls les effets de premier ordre sont significatifs et que toutes les interactions sont nulles (ou faibles devant l'effet des facteurs) on peut modéliser les comportements du système par :

$$Y = \alpha_0 + \alpha_1 A + \alpha_2 B + \alpha_3 C$$

Ce modèle comporte 4 inconnues (α_0..α_3), il suffit donc de faire 4 essais. Comparons deux stratégies à 4 essais qui permettent d'étudier un modèle sans interaction.

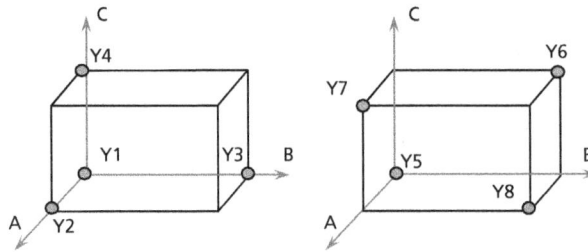

Figure 6.21. Deux stratégies de plans fractionnaires

• Dans la première stratégie, on réalise un essai de référence (1) et on modifie à chaque essai un facteur par rapport à cette référence.

– l'effet du facteur A est calculé par $E_A = Y2 - Y1$

– la variance sur l'effet de A est calculée par :

$$V(E_A) = V(Y_2) + V(Y_1) = 2V(Y)$$

• Dans la seconde stratégie lorsqu'un facteur est placé à un niveau, tous les autres facteurs sont placés autant de fois au niveau 1 qu'au niveau 2. On dit qu'on a un plan orthogonal. Cette configuration correspond aux 3 colonnes de la table L_4 de Taguchi.

– On peut calculer :

– l'effet de A par $E_A = 1/2\left[(Y_7 + Y_8) - (Y_6 + Y_5)\right]$

– la variance sur l'effet de A

$$V(E_A) = 1/4\left[V(Y_7) + V(Y_8) + V(Y_6) + V(Y_5)\right] = V(Y)$$

– Dans ce cas, la variance sur l'effet de A est deux fois plus faible dans la stratégie « plan d'expériences » que dans la stratégie « un facteur à la fois ».

Plan d'expériences sur la presse à injecter avec un plan fractionnaire

Supposons que l'on souhaite étudier le plan d'expériences de la presse à injecter (Figure 6.17) avec un plan d'expériences fractionnaire à 4 essais (Figure 6.22). Les quatre essais font partie des 8 essais du plan complet.

N°	P	T	P*T	L	P*L	T*L	P*T*L	Y1	Y2	Y3
1	(1) 350	(1) 40	1	(1) Avec	1	1	1	0,4	0,71	0,46
4	(1) 350	(2) 60	2	(2) Sans	2	1	1	1,43	1,48	1,92
6	(2) 600	(1) 40	2	(2) Sans	1	2	1	0,87	0,67	0,66
7	(2) 600	(2) 60	1	(1) Avec	2	2	1	0,59	0,58	0,27

Figure 6.22. Plan fractionnaire à 4 essais

Le traitement du plan donne ceci.

Graphe des effets

N°	P	T	L
Niveau 1	1,067	0,628	0,502
Niveau 2	0,607	1,045	1,172

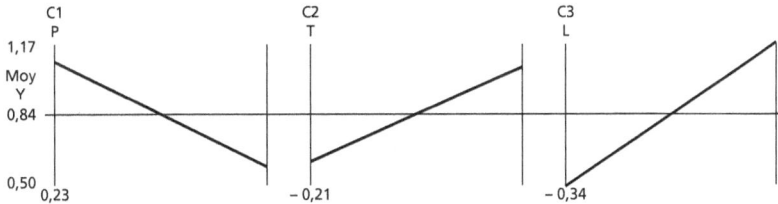

Figure 6.23. Graphe des effets

Analyse de la variance

Col.	Source	S²	ddl	Var	F	F$_{lim}$	p	Contrib.	Conclusion
1	P	0,63	1	0,63	17,3	5,32	0,003	22,67 %	Significatif
2	T	0,52	1	0,52	14,19	5,32	0,006	18,6 %	Significatif
3	L	1,35	1	1,35	36,69	5,32	0,000	48,2 %	Significatif
4	Résidus	0,294	8	0,037				10,5 %	
5	Total	2,80	11						

Figure 6.24. ANAVAR

Modélisation

On trouve comme équation de la surface de réponse :

$$Y = 0,837 - 0,23 P' + 0,208 T' + 0,335 T'$$

On retrouve facilement ces coefficients par la formule :

$$E_{Ai} = (\text{Moyenne des essais lorsque A} = i) - \overline{Y}$$

$E_{P2} = 0,607 - 0,837 = -0,230$

$E_{T2} = 1,045 - 0,837 = 0,208$

$E_{L2} = 1,172 - 0,837 = 0,335$

Notion d'alias

Lorsqu'on regarde le plan fractionnaire à 4 essais (Figure 6.22), on constate que la colonne d'interaction $P \times T$ est la même que la colonne L. De même $P \times L$ est confondu à T et $T \times L$ est confondu à P. Lorsque deux actions sont confondues, on dit que les deux actions sont *alias*. En fait, lorsqu'on calcule l'effet de L, on calcule l'effet cumulé de L et $P \times T$. On le constate dans l'effet : *0,335 = 0,2525 + 0,0825*

C'est la même chose avec T et $P \times L$, L et $P \times T$, mais comme ces deux interactions ne sont pas significatives, l'erreur est beaucoup plus faible, et n'influe pas sur le résultat de la table L_4.

On peut donc établir le tableau des alias :

Action	Alias	Signification
Constante	$P \times T*L$	Lorsqu'on calcule la constante, on calculera en fait la constante + l'effet de $P \times T \times L$
P	$T \times L$	Lorsqu'on calcule l'effet de P, on calculera en fait P + l'effet de $T \times L$
T	$P \times L$	Lorsqu'on calcule l'effet de T, on calculera en fait T + l'effet de $P \times L$
L	$P \times T$	Lorsqu'on calcule l'effet de L, on calculera en fait L + l'effet de $P \times T$

Figure 6.25. Tableau des alias

Dans cet exemple, l'interaction $P \times T$ est relativement faible devant l'effet du facteur L. L'erreur commise ne remet pas en question les conclusions si l'on souhaite minimiser la réponse. Cependant, en cas d'interaction forte, on peut commettre de graves erreurs d'interprétation si on utilise un plan fractionnaire.

Comment se rendre compte de l'erreur ?

Pour valider un plan d'expériences fractionnaire, il est indispensable de faire un essai de confirmation *en dehors des essais du plan*. Dans l'exemple traité, l'objectif est de minimiser la réponse (dispersion sur l'ensemble des 16 pièces d'une même moulée). Le graphe des effets (Figure 6.23) montre clairement que la solution consiste à fixer :

- la pression au maximum (600) ;
- la température au minimum (40) ;
- la lubrification au niveau 1 (Avec).

Or cet essai n'a pas été réalisé ! En faisant l'essai de confirmation – essai n° 5 du plan complet (Figure 6.17) –, on trouve une moyenne de *0,347*.

La prévision de la réponse avec le modèle obtenu avec la table L_4 donne :

$$Y = 0,837 - 0,23(1) + 0,208(-1) + 0,335(-1) = 0,086$$

L'erreur est donc de 0,347 – 0,086 = 0,283

La variance résiduelle est de 0,037 (Figure 6.24) soit un écart-type de $\sqrt{0,037} = 0,192$

Pour évaluer l'importance de l'erreur, on peut calculer l'écart en nombre d'écarts-types en tenant en compte que la valeur 0,347 est une moyenne de 3 valeurs :

$$\text{Erreur standardisée} = \frac{0,283}{0,192/\sqrt{3}} = 2,54$$

Dans cet exemple, l'erreur standardisée étant inférieure à 4, il est difficile de conclure que le modèle est inadéquat. Si cela avait été le cas, il faudrait réaliser les 3 essais manquants (2,3,8) pour compléter le plan complet (Figure 6.17).

On peut noter dans l'exemple que nous avons traité que, même si l'on fait une erreur, il est toujours possible de passer au plan complet. On dit que l'on « désaliasse » le plan. On peut retrouver cette stratégie sur la table de construction des plans à 2 niveaux (Figure 6.27) pour la ligne 3 facteurs. On note que l'on peut commencer par les 4 essais du plan fractionnaire et compléter, si besoin est, pour retomber sur le plan complet.

4.4. Construction d'un plan fractionnaire à 2 niveaux

4.4.1. *Notion de résolution des plans d'expériences*

On vient de voir qu'il peut être risqué de mélanger dans un plan d'expériences fractionnaires des effets de premier ordre *A* avec des effets de second ordre *AB*. Ces plans sont

Situation de confusion d'actions	Résolution	Qualité
On trouve au moins un facteur confondu avec une interaction d'ordre II. A alias BC I II	III	☹ Criblage
Les facteurs sont confondus avec les interactions d'ordre III. A alias BCD I III Les interactions d'ordre II sont confondues avec d'autres interactions d'ordre II. AB alias CD II II	IV	☺ Caractérisation
Les facteurs sont confondus avec les interactions d'ordre IV. A alias BCDE I IV Les interactions d'ordre II sont confondues avec d'autres interactions d'ordre III. AB alias CDE II III	V	☺ Modélisation

Figure 6.26. Résolution et alias

appelés des plans de résolution *III*. En revanche, généralement, les interactions de troisième ordre de type *ABC* sont d'un ordre de grandeur très faible par rapport aux effets de premier ordre. L'erreur est donc très faible si, dans un plan d'expériences, on mélange un effet *A* avec une interaction *BCD*. Ces plans sont appelés des plans de résolution *IV*.

Les plans de résolution *V* seront encore moins risqués ; on mélange les effets de premier ordre *A* avec des interactions de quatrième ordre *BCDE*. En fait, un plan de résolution *V* est quasiment identique à un plan complet. Ils sont cependant onéreux à réaliser car ils demandent de nombreux essais.

Le tableau en Figure 6.27 donne en fonction du nombre de facteurs à étudier les tables que l'on peut utiliser et la résolution obtenue.

- La notation utilisée de quatre étoiles à une étoile est attribuée en fonction :
  – du risque de confondre un effet avec une interaction de second ordre ;
  – de la possibilité de désaliasser tout en restant dans des plans à moins de 20 essais ;
  – de l'efficacité du plan (nombre de ddl/nombre d'essais).
- Les flèches indiquent les possibilités de désaliasser un plan pour passer à un plan de résolution plus élevée.

Nombre de facteurs	Table L₄	Table L₈	Table L₁₆	Table L₁₂
2	★★★★ • Plan complet • Aucun risque			
3	★★★ • Fractionnaire, résolution III • Facile à désaliasser en passant au plan complet L₈ ⇨	★★★★ • Plan complet • Utiliser les colonnes 1, 2, 4 • Aucun risque		
4		★★★ • Fractionnaire, résolution IV • Utiliser les colonnes 1, 3, 5, 7 • Facile à désaliasser en passant au plan complet L₁₆ ⇨	★★★★ • Plan complet • Utiliser les colonnes 1, 2, 4, 8 • Aucun risque	
5		★★ • Fractionnaire résolution III • Pas de colonne à privilégier	★★★★ • Fractionnaire, résolution V • Utiliser les colonnes 1, 2, 4, 8, 15	★★★ • Plan fractionnaire • Ne permet pas d'étudier des interactions • Choix des colonnes en fonction de la difficulté des modifications des facteurs • Idéal pour débroussailler • Les interactions sont diluées
6		• Facile à désaliasser en continuant les colonnes impaires de la table L₁₆	★★★ • Fractionnaire, résolution IV • Utiliser les colonnes impaires ⇨	
7				
8				
9 à 11			★ • Fractionnaire, résolution III • Pas de colonne à privilégier	
11 à 15				

Figure 6.27. Utilisation des plans à 2 niveaux - Résumé

4.5. Construction de plans fractionnaires à partir de la table L_8

4.5.1. Présentation de la table

La table L_8 permet l'étude de 3 à 7 facteurs à 2 niveaux :

- 3 facteurs donnent un plan complet (utilisation des colonnes 1, 2 et 4) ;
- 4 facteurs donnent un plan de résolution IV (utilisation des colonnes 1, 3, 5,7) ;
- 5 à 7 facteurs donnent un plan de résolution III (pas de colonne privilégiée).

N°	1	2	3	4	5	6	7
1	1	1	1	1	1	1	1
2	1	1	1	2	2	2	2
3	1	2	2	1	1	2	2
4	1	2	2	2	2	1	1
5	2	1	2	1	2	1	2
6	2	1	2	2	1	2	1
7	2	2	1	1	2	2	1
8	2	2	1	2	1	1	2
	a	b	a	c	a	b	a
			b		c	c	b
							c
Groupe	1	2			3		

Figure 6.28. Table L_8

Cette table est accompagnée de deux graphes des effets permettant de donner deux solutions de plan d'expériences en résolution IV (à 4 facteurs).

Figure 6.29. Graphe des effets

Interprétation des graphes

Dans les graphes des effets les ronds représentent les facteurs, les traits représentent les interactions. La couleur des ronds est liée à la difficulté de modification des facteurs (Figure 6.30).

Symbole	Groupe	Difficulté de modification des niveaux
○	1	Difficile
◎	2	Assez difficile
◉	3	Assez facile
●	4	Facile

Figure 6.30. Signification des ronds

Ainsi, le premier graphe a-t-il un plan de 4 facteurs dont les trois premiers (placés dans les colonnes 1, 3, 5) sont tous reliés par des interactions et le quatrième facteur (placé dans la colonne 7) est indépendant. L'équation polynomiale de ce plan est :

$$Y = \alpha_0 + \alpha_1 A + \alpha_2 B + \alpha_3 C + \alpha_4 D + \alpha_5 AB + \alpha_6 AC + \alpha_7 BC$$

Le facteur A placé en colonne 1 ne change de niveau qu'une fois pendant les essais. En revanche, le facteur C placé en colonne 5 change presque à chaque essai.

Cette table est associée au triangle des interactions (Figure 6.31).

	2	**3**	4	**5**	6	**7**
(1)	3	**2**	5	4	7	**6**
	(2)	1	6	7	4	5
		(3)	7	**6**	5	**4**
			(4)	1	2	3
				(5)	3	**2**
					(6)	1

Figure 6.31. Triangle des interactions de la table L$_{16}$

Cette table donne les colonnes d'interactions entre toutes les colonnes de la table L$_8$. Ainsi l'interaction entre la colonne 3 et la colonne 5 se trouve en colonne 6.

On pourrait retrouver ce résultat en appliquant les règles de construction des colonnes d'interactions que nous avons vues au paragraphe 4.1.

On remarque qu'en plaçant les facteurs dans des **colonnes impaires**, les interactions sont dans des **colonnes paires**. Il n'y a pas de mélange entre les facteurs et les interactions, le plan est donc de résolution IV.

Tableau des alias pour le premier graphe

À partir du triangle des interactions, il est facile d'établir le tableau des alias pour le premier graphe.

N° de colonne	Action du modèle	Alias
1	A	
2	AB	CD
3	B	
4	AC	BD
5	C	
6	BC	AD
7	D	

Figure 6.32. Tableau des alias du premier graphe.

Remarque sur l'ordre des essais

L'ordre proposé dans les tables permet d'affecter des colonnes aux facteurs dont la modification de niveau est difficile dans les colonnes 1 et 3. Cependant, dans un certain nombre de cas, on risque d'observer une dérive de la réponse au cours des essais (fatigue d'un opérateur, épuisement d'un bain, évolution d'une température...). Dans ces conditions, il ne faut pas réaliser les essais dans l'ordre, mais plutôt observer un ordre afin qu'il n'y ait pas de biais dans les résultats.

4.5.2. Construction d'un plan de résolution III avec la table L_8

Les graphes des effets donnent des solutions pour 4 facteurs. Pour étudier un plan de 5 à 7 facteurs à partir de la table L_8, il faut modifier les graphes.

Supposons que l'on souhaite étudier un modèle comportant 5 facteurs (A, B, C, D, E) et 2 interactions (AB, AC). Les experts considèrent que les autres interactions sont nulles ou faibles devant l'effet des facteurs.

Les difficultés de modification des facteurs sont les suivantes :

- *D*, il est très difficile de changer de niveau ;
- *A*, il est difficile de changer de niveau ;
- *B, C, E*, il est facile de changer de niveau.

Voici le modèle polynomial de ce plan :

$$Y = \alpha_0 + \alpha_1 A + \alpha_2 B + \alpha_3 C + \alpha_4 D + \alpha_5 E + \alpha_6 AB + \alpha_7 AC$$

Il a 8 coefficients et demande donc au moins 8 essais.

Si l'on veut tenir compte de la difficulté de modification des facteurs, il faut placer *D* dans la colonne qui change le moins souvent de niveaux (colonne 1) et *A* dans la colonne 3 :

Les autres colonnes sont choisies à partir du triangle des interactions. Par exemple on place *B* en colonne 4, l'interaction *AB* est alors en 7. On place *C* en colonne 5, l'interaction *AC* est alors en 6. Il reste la colonne 2 pour placer le facteur *E*.

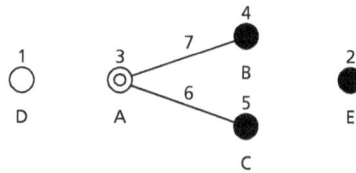

Figure 6.33. Graphe de résolution III

Plan d'expériences

N°	3	4	5	1	2
Facteur	A	B	C	D	E
1	1	1	1	1	1
2	1	2	2	1	1
3	2	1	1	1	2
4	2	2	2	1	2
5	2	1	2	2	1
6	2	2	1	2	1
7	1	1	2	2	2
8	1	2	1	2	2

Figure 6.34. Plan d'expériences

Tableau des alias

N° de colonne	Action du modèle	Alias
1	D	AE + BC
2	E	AD
3	A	DE
4	B	CD
5	C	BD
6	AC	BE
7	AB	CE

Figure 6.35. Tableau des alias

Le tableau des alias (Figure 6.35) montre bien qu'on est en résolution *III*. Il y a au moins une confusion entre un facteur et une interaction de second ordre.

Les dangers sont donc importants si on se trompe sur les interactions actives. Pour savoir si le modèle trouvé convient, il faut nécessairement faire des essais de confirmation. En cas de doute sur les interactions, nous verrons ci-après comment désaliasser ce plan en rajoutant 8 essais complémentaires pour passer à une table L_{16} en résolution *IV*.

4.5.3.   Limite de la table L_8

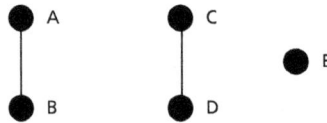

Figure 6.36. Interactions disjointes

La table L_8 ne permet pas d'étudier des interactions disjointes, c'est-à-dire ne comportant pas de facteurs en commun pour des propriétés d'orthogonalité. Le graphe (Figure 6.36) a un modèle polynomial de la forme :

$$Y = \alpha_0 + \alpha_1 A + \alpha_2 B + \alpha_3 C + \alpha_4 D + \alpha_5 E + \alpha_6 AB + \alpha_7 CD$$

Il a 8 coefficients et demande donc au moins 8 essais. Pourtant, il n'existe pas de solution pour ce plan en 8 essais, il faut passer à un plan en 16 essais.

4.6. Construction de plans fractionnaires à partir de la table L$_{16}$

La table L$_{16}$ se présente de la même manière que la table L$_8$ avec une table, un triangle des interactions et des graphes d'effets. Les graphes d'effets (présentés au chapitre 10 de notre ouvrage) pour la table L$_{16}$ sont établis en plaçant les facteurs dans les colonnes impaires, ce sont donc des plans de résolutions *IV*. Notons que les graphes 1a, 1b, 1c sont des graphes de résolution *V*.

La table L$_{16}$ possédant 8 colonnes impaires (1, 3, ..., 13, 15), on peut étudier jusqu'à 8 facteurs en résolution *IV*. De plus, cette table n'a pas de restriction sur les interactions disjointes.

La construction de plans à partir de la table L$_{16}$ suit la même logique qu'une construction à partir de la table L$_8$.

4.7. Construction de plans gigognes à partir des graphes de Taguchi

Dans la phase « Innover », une des premières préoccupations du *Black Belt*, consiste à limiter, si possible, le nombre d'essais. Pour cela, il pourra faire un certain nombre d'hypothèses restrictives, notamment sur les interactions. Il faut cependant pouvoir désaliaser le plan d'expériences lorsque les hypothèses restrictives se révèlent fausses à la suite d'un essai de confirmation.

On a vu que, pour obtenir un plan de résolution *IV*, il suffisait de placer tous les facteurs dans des colonnes impaires. Si l'on souhaite désaliaser le plan de la Figure 6.33 il faudrait alors passer à une table L$_{16}$ en plaçant les facteurs dans des colonnes impaires et en « récupérant », si possible, les huit premiers essais.

Là encore, il est très facile d'utiliser les particularités des tables proposées par Taguchi. Les tables 2^k, en particulier, ont deux propriétés intéressantes.

- Les lignes de la première moitié de la table 2k sont en fait la table 2k-1. Ainsi, les huit premières lignes des colonnes 2 et 3 de la table L16 sont en fait la colonne 1 de la table L8. De même, les huit premières lignes des colonnes 4 et 5 de la table L16 sont en fait la colonne 2 de la table L8. On retrouve les mêmes propriétés pour les autres couples de colonnes.

- Les colonnes paires des tables sont construites en recopiant la première moitié à l'identique dans la seconde moitié. Les colonnes impaires des tables sont construites de telle sorte que la seconde moitié de la table est l'inverse de la première moitié (on inverse les 1 et les 2).

On peut donc établir le tableau des colonnes mères et filles entre les tables 2^k :

L_4				1				2				3		
L_8		1		2		3		4		5		6		7
L_{16}	1	2	3	4	5	6	7	8	9	10	11	12	13	14	15

Figure 6.37. Colonnes mères et filles

Il est alors facile de désaliasser une table L_8 en passant à une table L_{16} et d'une table L_{16} à une table L_{32}. En effet, si dans un plan de 8 essais, un facteur se trouve dans la colonne mère 3, pour désaliasser le plan, il suffira de placer ce facteur dans la colonne fille 7 de la table L_{16}. Les 8 premières lignes de la colonne 7 de la L_{16} sont identiques aux lignes de la colonne 3 de la L_8. Le principe est bien sûr le même pour passer de la table L_{16} à la table L_{32}, et plus généralement de la table 2^n à la table 2^{n+1}.

On note évidemment qu'après avoir réalisé le second demi-plan, on se retrouve systématiquement dans une colonne impaire ; le plan est donc de résolution *IV*.

Application

Supposons que dans le cas du plan (Figure 6.34) qui est en résolution *III*, on ait des doutes sur les interactions retenues ; on peut alors passer à un plan en résolution *IV* en ajoutant 8 essais.

On note que les 8 premiers essais de la table L_{16} (Figure 6.38) sont déjà réalisés (Figure 6.34). À l'issue des 16 essais, on peut établir le nouveau tableau des alias (Figure 6.39).

On note que dans la table L_{16} il n'y a plus d'ambiguïté sur les facteurs. Il reste cependant une confusion d'actions possible entre quelques interactions. Dans le cas d'un plan à 5 facteurs, en faisant directement une table L_{16} avec les colonnes 1, 2, 4, 8, 15, on obtiendrait un plan de résolution *V*.

4.8.   Lever les ambiguïtés dans un plan de résolution *IV*

Comme on vient de le voir, dans un plan de résolution *IV*, il peut rester des ambiguïtés dues à des confusions d'actions entre interactions. Pour lever le doute, on peut utiliser le principe d'hérédité : « Pour qu'une interaction soit active, il faut qu'au moins un des facteurs qui la compose soit actif. » Une autre façon de comprendre ce principe, c'est de dénoncer que plus les facteurs qui composent une interaction sont actifs, plus l'interaction a des chances d'être elle-même active. Attention, ce principe n'est que général et il y a parfois des exceptions.

Facteur	A	B	C	D	E
Colonnes mères plan L_8	3	4	5	1	2
Colonnes filles plan L_{16}	7	9	11	3	5

Colonnes L_8		3	4	5	1	2	
	Bloc	A	B	E	C	D	
1	1	1	1	1	1	1	
2	1	1	2	2	1	1	
3	1	2	1	1	1	2	
4	1	2	2	2	1	2	Premier plan
5	1	2	1	2	2	1	
6	1	2	2	1	2	1	
7	1	1	1	2	2	2	
8	1	1	2	1	2	2	
9	2	2	2	2	2	2	
10	2	2	1	1	2	2	
11	2	1	2	2	2	1	Complément à réaliser
12	2	1	1	1	2	1	
13	2	1	2	1	1	2	
14	2	1	1	2	1	2	
15	2	2	2	1	1	1	
16	2	2	1	2	1	1	
Colonnes L_{16}	1	7	9	11	3	5	

Figure 6.38. Désaliasser un plan d'expériences

Colonne L_8	1	2	3	4	5	6	7								
Actions	D	E	A	B	C	AB	AC								
Alias	AE + BC	AD	DE	CD	BD	BE	CE								
Colonne L_{16}	1	2	3	4	5	6	7	8	9	10	11	12	13	14	15
Actions			D		E		A		B		C	AC		AB	
Alias		AE + BC	-	AD	-	DE	-	CD	-	BD	-	BE		CE	

Figure 6.38. Tableau des alias

Application du principe d'hérédité

Pour étudier 6 facteurs dont on ignorait *a priori* les interactions actives, on a choisi de faire un plan de résolution *IV* en utilisant les colonnes impaires de la table L_{16}. Le tableau (Figure 6.40) donne les colonnes utilisées et le tableau des alias.

Colonne L_{16}	Actions	Alias
1	A	
2		AB + CD + EF
3	B	
4		AC + BD
5	C	
6		AD + BC
7	D	
8		AE + BF
9	E	
10		AF + BE
11	F	
12		CE + DF
13		
14		CF + DE
15		

Figure 6.40. Tableau des alias

Le graphe des effets (Figure 6.41) montre que la colonne 2 qui contient des interactions est active. Cependant, dans cette colonne, il y a 3 interactions (AB, CD, EF). Laquelle des trois retenir ?

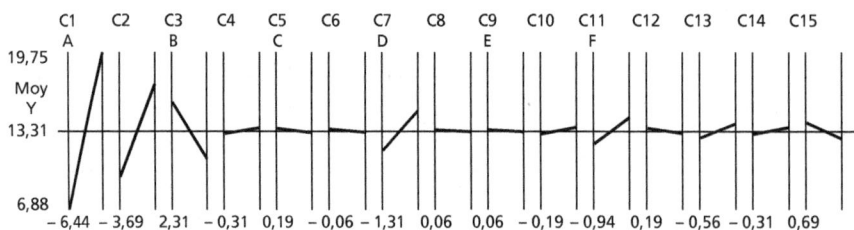

Figure 6.41. Graphe des effets

En appliquant le principe d'hérédité, on conclut rapidement que A et B étant très actifs, l'interaction est très probablement l'interaction AB.

4.9. Les plans de criblage à 2 niveaux

Parmi les tables à 2 niveaux, seuls les multiples de 8 permettent d'étudier des interactions. La table L_{12} ou la table L_{20} ne permettent pas d'étudier des interactions. Ces tables permettent de faire du criblage (*screening*), c'est-à-dire détecter parmi un grand nombre de facteurs les facteurs actifs. En ce sens, la place des plans de criblage est plus dans l'étape « Analyser » que dans l'étape « Innover/Améliorer ».

Exemple d'application

Gravage après métallisation d'une plaque de verre

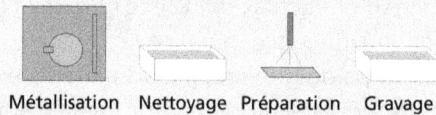

Métallisation   Nettoyage   Préparation   Gravage

Figure 6.42. Processus de gravage

Une entreprise qui fait de la gravure chimique observe de grandes variations dans les temps de gravure. Elle veut isoler parmi 11 facteurs pris sur l'ensemble du processus de gravage ceux qui sont actifs. Dans ce cas, on ne cherche pas à modéliser le comportement de la gravure, mais à « sortir le loup du bois ». Il n'est donc pas utile d'utiliser une table de résolution *IV* ou supérieure, mais il convient

plutôt de privilégier le nombre de facteurs à tester. C'est précisément ce que font les plans de criblage.

	Sup	pr1	te1	net	tdu	cgr	te2	asp	cst	te3	pul	Rép 1	Rép 2
1	1	1	1	1	1	1	1	1	1	1	1	39	42
2	1	1	1	1	1	2	2	2	2	2	2	9	9
3	1	1	2	2	2	1	1	1	2	2	2	49	50
4	1	2	1	2	2	1	2	2	1	1	2	15	16
5	1	2	2	1	2	2	1	2	1	2	1	11	12
6	1	2	2	2	1	2	2	1	2	1	1	6	7
7	2	1	2	2	1	1	2	2	1	2	1	35	40
8	2	1	2	1	2	2	2	1	1	1	2	9	9
9	2	1	1	2	2	2	1	2	2	1	1	13	15
10	2	2	2	1	1	1	1	2	2	1	2	27	31
11	2	2	1	2	1	2	1	1	1	2	2	8	8
12	2	2	1	1	2	1	2	1	2	2	1	9	10

Figure 6.43. Utilisation d'une table L_{12}

On affecte les colonnes en fonction de la difficulté de modification des facteurs. Du plan résulte le graphe des effets (Figure 6.44).

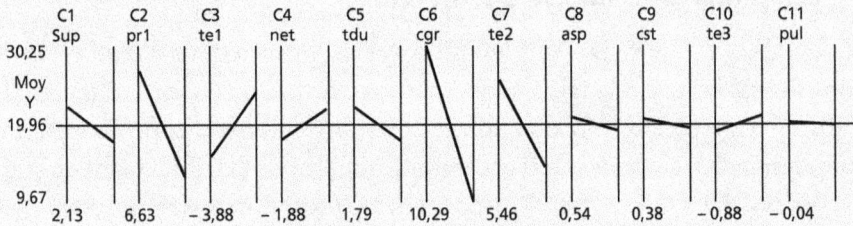

Figure 6.44. Graphe des effets de la table L_{12}

L'interprétation est immédiate :
- il y a un facteur très actif : cgr en colonne 6 ;
- 3 facteurs sont moyennement actifs : pr1 (2), te1 (3), te2 (7) ;
- les autres facteurs ont une influence mineure.

Si l'on veut maîtriser le temps de gravure, il faudra maîtriser les 4 facteurs actifs identifiés avec le plan de criblage. Il peut être intéressant de refaire un plan d'expériences de résolution plus élevée uniquement sur ces 4 facteurs.

Remarque 1

En cas d'interaction AB dans une table L_{12}, cette interaction va affecter toutes les autres colonnes que A et B pour le tiers de la valeur de l'interaction.

Remarque 2

La table L_{20} joue le même rôle que la table L_{12}.

5. Les plans pour surface de réponse

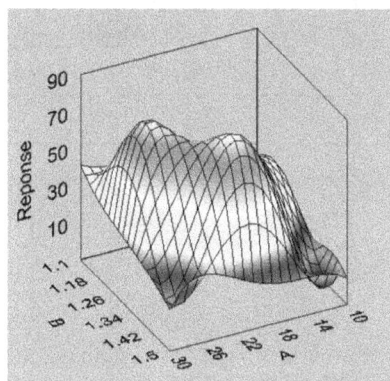

Figure 6.45. Exemple de surface de réponse

Les plans à 2 niveaux permettent de résoudre un très grand nombre de problèmes. Cependant, ils sont insuffisants lorsque l'on veut réaliser une modélisation fine d'une surface de réponse. Habituellement, on recherche un modèle en surface de réponse lorsque l'on a identifié les 2 ou 3 facteurs les plus influents. Le nombre de facteurs étudiés est donc en général assez faible.

Nous allons décrire trois méthodes pour aborder les surfaces de réponse :

- les plans complets ;
- les plans composites centrés ;
- les plans de Box Benhken.

5.1. Les plans complets

Les plans complets consistent à étudier tous les nœuds d'un maillage. Ils permettent d'obtenir une bonne image d'une surface de réponse, à condition de mailler de façon suffisamment fine le domaine d'étude.

Prenons l'exemple d'un soudage laser dans lequel on souhaite maximiser la profondeur de soudure. Les deux facteurs étudiés sont :

- la vitesse ;
- la puissance.

Domaine d'étude

Facteurs	Mini du domaine	Maxi du domaine
Vitesse	30 mm/mn	60 mm/mn
Puissance	200 W	600 W

Figure 6.46. Domaine d'étude

Plan d'expériences

En plaçant 4 niveaux par facteur, on réalise un maillage de 16 nœuds (4^2), ce qui donne le plan suivant :

N°	Vitesse	Puissance	P1	P2
1	30	200	23	26
2	30	350	57	68
3	30	500	73	76
4	30	650	61	60
5	40	200	29	36
6	40	350	63	65
7	40	500	78	80
8	40	650	59	60
9	50	200	37	39
10	50	350	61	68
11	50	500	77	79
12	50	650	56	53
13	60	200	42	40
14	60	350	64	61
15	60	500	72	69
16	60	650	48	44

Figure 6.47. Plan complet 2 facteurs à 4 niveaux

L'analyse du plan d'expériences donne le graphe des effets et le graphe des interactions (Figure 6.48). L'analyse de la variance (Figure 6.49) permet de conclure que les deux facteurs et l'interaction sont significatifs.

Moyenne des essais lorsque
la vitesse est placée au niveau 1

	Vitesse	Puissance
Niveau 1	55,50	34,00
Niveau 2	58,75	63,38
Niveau 3	58,75	75,50
Niveau 4	55,00	55,13

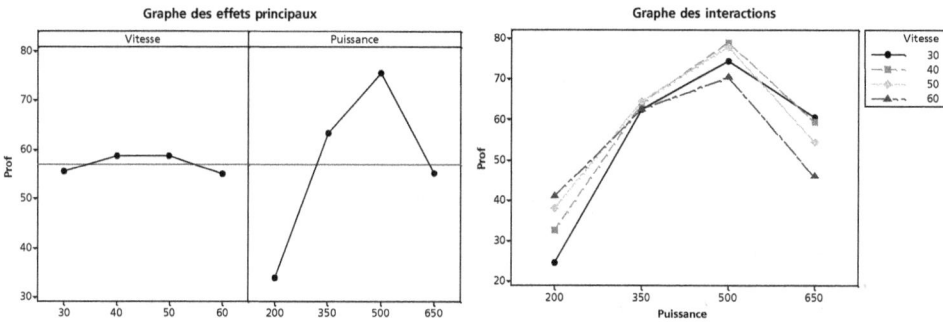

Figure 6.48. Graphe des effets et des interactions

Source	S²	Ddl	Var.	F	P	Contrib.	Signif.
Vit.	99,00	3	33,00	3,50	0,040	1,2 %	Oui
Puis.	7 323,25	3	2 441,08	258,66	0,000	89,9 %	Oui
V*P	574,75	9	63,86	6,77	0,001	7,1 %	Oui
Résidus	151,00	16	9,44				
Total	8 148,00	31					

Figure 6.49. Tableau d'ANAVAR

En lissant les points obtenus par le plan complet, il est possible d'avoir une image en 3D de la surface de réponse (Figure 6.50). L'optimum de profondeur (à maximiser) se situe pour une puissance de 508 et une vitesse de 43.

5.2. Les plans composites centrés

Les plans composites centrés sont des plans d'expériences spécialement étudiés pour que l'on puisse identifier des modèles du type :

$$Y = \alpha_0 + \alpha_1 A + \alpha_2 B + \alpha_3 AB + \alpha_4 A^2 + \alpha_5 B^2$$

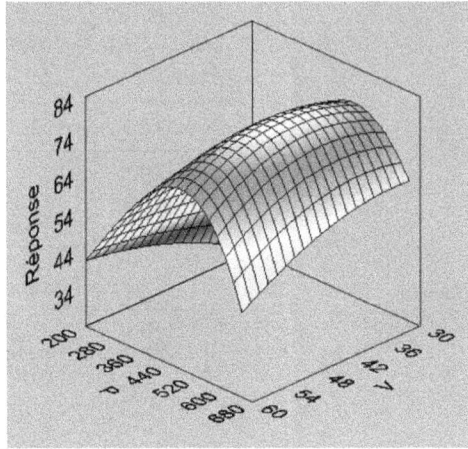

Figure 6.50. Surface de réponse

- Les termes de type AB sont les interactions.
- Les termes de type A^2 sont appelés quadratiques.

Pour identifier un modèle quadratique, il faut évidemment au moins 3 niveaux par facteur. Le principe des plans composites centrés consiste, à partir du plan complet à 2 niveaux, à ajouter des essais au centre du domaine d'étude et à étendre le domaine suivant les axes de chaque facteur.

5.2.1. Plan composite centré à 2 facteurs

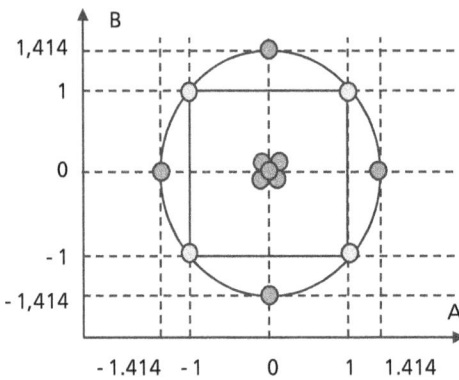

N°	A	B
1	− 1	− 1
2	− 1	1
3	1	− 1
4	1	1
5	− 1,414	0
6	1,414	0
7	0	− 1,414
8	0	1,414
9	0	0
10	0	0
11	0	0
12	0	0
13	0	0

Figure 6.51. Plan composite à 2 facteurs

Étape 4 – Innover/Améliorer **291**

Le plan composite centré à 2 facteurs se compose :
- des 4 essais du plan complet 2 facteurs à 2 niveaux (essais 1 à 4) ;
- de 2 essais suivant l'axe de A, avec B au centre (essais 5, 6) ;
- de 2 essais suivant l'axe de B, avec A au centre (essais 7, 8) ;
- de 5 essais au centre du domaine (essais 9 à 13).

Les essais sur les axes sont placés de telle sorte qu'ils figurent sur un cercle à ± α. Dans le cas à 2 niveaux, α = *1,414.*

Application

Pour illustrer les plans composites centrés, nous avons recommencé le plan d'expériences sur la profondeur de soudure (Figure 6.46) en utilisant un plan composite centré en utilisant le même domaine d'étude.

N°	Vit.	Puis.	P1	P2
1	34,39	265,88	41	46
2	34,39	584,12	74	73
3	55,61	265,88	53	43
4	55,61	584,12	65	62
5	30	425	75	78
6	60	425	70	67
7	45	200	31	42
8	45	650	58	57
9	45	425	71	72
10	45	425	70	78
11	45	425	71	63
12	45	425	74	82
13	45	425	79	74

Figure 6.52. Plan composite à 2 facteurs

Modèle polynomial

Le modèle recherché est :

$$Y = \alpha_0 + \alpha_1 V' + \alpha_2 P' + \alpha_3 V'P' + \alpha_4 V'^2 + \alpha_5 P'^2$$

© Groupe Eyrolles

Pour trouver le modèle polynomial, on utilise la méthode de la régression multiple (voir chapitre 5) :

$$Xa = Y + e \text{ ou encore}$$

$$\begin{bmatrix} 1 & -1 & -1 & 1 & 1 & 1 \\ 1 & -1 & 1 & -1 & 1 & 1 \\ \cdots & \cdots & \cdots & \cdots & \cdots & \cdots \\ 1 & 0 & 0 & 0 & 0 & 0 \\ 1 & 0 & 0 & 0 & 0 & 0 \end{bmatrix} \begin{bmatrix} \alpha_0 \\ \alpha_1 \\ \alpha_2 \\ \alpha_3 \\ \alpha_4 \\ \alpha_5 \end{bmatrix} = \begin{bmatrix} 43.5 \\ 73.5 \\ \cdots \\ 78 \\ 76.5 \end{bmatrix} + \begin{bmatrix} e_1 \\ e_2 \\ \cdots \\ e_{12} \\ e_{13} \end{bmatrix}$$

La solution qui minimise e est $\hat{a} = (X^t X)^{-1} \cdot X^t Y$

soit
$$\begin{bmatrix} \alpha_0 \\ \alpha_1 \\ \alpha_2 \\ \alpha_3 \\ \alpha_4 \\ \alpha_5 \end{bmatrix} = \begin{bmatrix} 73,4 \\ -2,10 \\ 9,40 \\ -3,63 \\ -1,11 \\ -13,86 \end{bmatrix}$$

Pour savoir si tous les coefficients sont significatifs, on fait un test de Student (voir chapitre 5, section sur les corrélations).

Source	Coefficients	Sigma	Statistique t	Probabilité
Constante	73,40	1,575	46,60	0,0000
V	−2,10	1,245	−1,69	0,1070
P	9,40	1,245	7,55	0,0000
VP	−3,63	1,761	−2,06	0,0528
V²	−1,11	1,336	−0,83	0,4175
P²	−13,86	1,336	−10,38	0,0000

Figure 6.53. Test de Student

V^2 n'étant pas significatif, on l'enlève du modèle pour aboutir à une modélisation polynomiale :

$$Y = 72,63 - 2,10V' + 9,40P' - 3,63V'P' - 13,72P'^2$$

La représentation 3D est donnée sur le schéma (Figure 6.54). L'optimum trouvé (point le plus haut de la surface) correspond à une vitesse de 30 et à une puissance de 515.

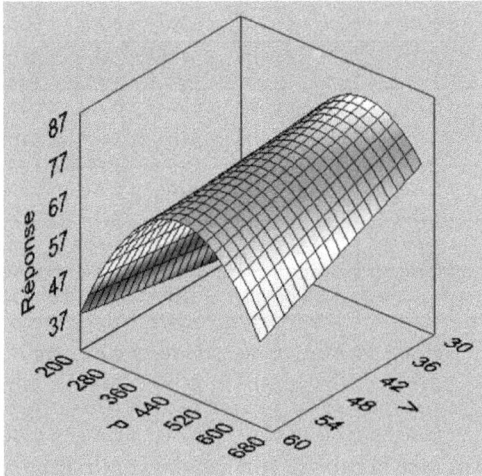

Figure 6.54. Représentation 3D de la surface de réponse

5.2.2. Plan composite centré à 3 facteurs

Le plan composite centré à 3 facteurs est créé de la même façon que le plan composite à 2 facteurs à partir du plan complet 3 facteurs à 2 niveaux (8 essais). On rajoute deux points sur chaque axe $\pm \alpha$, et 6 essais au centre.

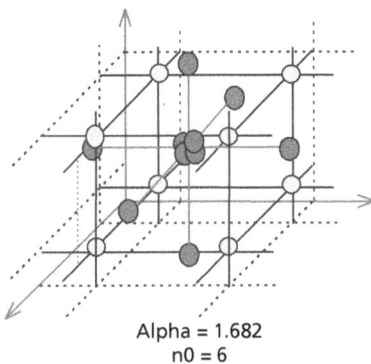

Alpha = 1.682
n0 = 6

N°	A	B	C
1 ... 8	Plan complet 2^3		
9-10	$\pm \alpha$		
11-12		$\pm \alpha$	
13-14			$\pm \alpha$
15 ... 20	0 ... 0	0 ... 0	0 ... 0

Figure 6.55. Plan composite centré à 3 facteurs

Le coefficient alpha est égal à $\sqrt[4]{N_b}$, avec N_b le nombre d'essais du plan de base (ici $N_b = 8$; $\alpha = 1{,}682$).

5.2.3. Les plans composites centrés

Le tableau (Figure 6.56) donne l'ensemble des plans composites centrés de base pour 2 à 5 facteurs.

Nombre de facteurs	2	3	4	5	6
Plan factoriel de base (N_b)	L_4 (complet)	L_8 (complet)	L_{16} (complet)	L_{16} (resV)	L_{32} (complet)
Valeur d'alpha ($\sqrt[4]{N}$)	1,414	1,682	2	2	2,378
Points au centre	5	6	7	6	10
Nbre d'essais	**13**	**20**	**31**	**32**	**52**

Figure 6.56. Plans composites centrés de base

Remarques

- Le choix d'alpha donne la propriété d'isovariance par rotation.
- Le choix du nombre d'essais au centre donne la propriété de variance uniforme dans le domaine d'étude.

5.3. Les plans de Box Benhken

Les plans de Box Benhken permettent d'étudier des surfaces de réponse avec 3 niveaux par facteur. Ils permettent d'obtenir un modèle quadratique et sont définis pour *3 à k* facteurs. Le principe de construction est de combiner des plans complets 2 facteurs à 2 niveaux pendant que les autres facteurs restent au centre du domaine.

5.3.1. Plan de Box Benhken pour 3 facteurs

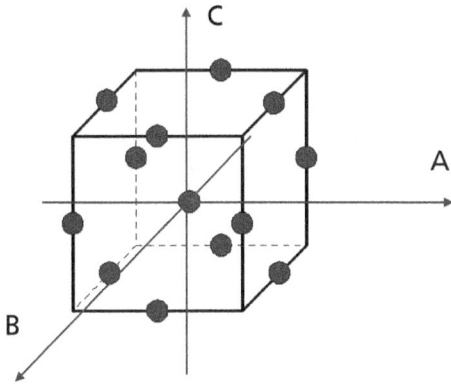

N°	A	B	C
1	– 1	– 1	0
2	1	– 1	0
3	– 1	1	0
4	1	1	0
5	– 1	0	– 1
6	1	0	– 1
7	– 1	0	1
8	1	0	1
9	0	– 1	– 1
10	0	1	– 1
11	0	– 1	1
12	0	1	1
13	0	0	0
14	0	0	0
15	0	0	0

Figure 6.57. Plan de Box Benhken pour 3 facteurs

On retrouve, dans la construction de ce plan, les trois plans complets AB (4 premiers essais), AC (essais 5 à 8) et BC (essais 9 à 12), complétés par 3 essais au centre du domaine.

Une façon plus réduite d'écrire ce plan consiste à l'écrire tel que :

N°	A	B	C
1 à 4	± 1	± 1	0
5 à 8	±1	0	±1
9 à 12	0	±1	±1
13 à 15	0	0	0

Figure 6.58. Notation abrégée d'un plan de Box Benhken

5.3.2. Plan de Box Benhken pour 4 facteurs

La logique de construction est la même que pour 3 facteurs, le tableau (Figure 6.59) donne le plan en notation abrégé.

N°	A	B	C	D
1 à 4	± 1	± 1	0	0
5 à 8	±1	0	±1	0
9 à 12	0	±1	±1	0
13 à 16	± 1	0	0	± 1
17 à 20	0	± 1	0	± 1
21 à 24	0	0	± 1	± 1
25 à 27	0	0	0	0

Figure 6.59. Plan de Box à 4 facteurs

On constate que les douze premiers essais correspondent au plan de Box Benhken à 3 facteurs. Il est donc tout à fait possible d'introduire séquentiellement les facteurs dans ce type de plan.

On peut ainsi commencer par un plan complet de 2 facteurs A et B (essais 1 à 4). Puis, si l'on n'a pas trouvé une configuration souhaitable, on peut introduire le facteur C (essais 5 à 12). Ensuite, on peut introduire un quatrième facteur D (essais 13 à 24).

5.3.3. Plan de Box Benhken pour 5 facteurs

N°	A	B	C	D	E
1 à 4	± 1	± 1	0	0	0
5 à 8	±1	0	±1	0	0
9 à 12	0	±1	±1	0	0
13 à 16	± 1	0	0	± 1	0
17 à 20	0	± 1	0	± 1	0
21 à 24	0	0	± 1	± 1	0
25 à 28	± 1	0	0	0	± 1
29 à 32	0	± 1	0	0	± 1
33 à 36	0	0	± 1	0	± 1
37 à 40	0	0	0	± 1	± 1
41 à 46	0	0	0	0	0

Figure 6.60. Plan de Box à 5 facteurs

5.3.4. Comparaison entre les plans composites et les plans de Box Benhken

Les deux types de plans ont le même objectif de modélisation : obtenir un polynôme de second degré.

Voici les avantages des plans composites :

- ils sont des extensions des plans factoriels à 2 niveaux ;
- ils ont une meilleure précision sur les coefficients ;
- ils comportent moins d'essais pour les plans de plus de 4 facteurs.

Et les avantages des plans de Box Benhken :

- moins d'essais à réaliser pour 3 et 4 facteurs ;
- pas d'essais aux positions extrêmes du domaine ;
- aspect séquentiel permettant d'introduire les facteurs successivement ;
- plus faciles à réaliser (3 niveaux par facteur).

6. Analyser les risques – L'Amdec

Chaque fois qu'une nouvelle solution est choisie, qu'une modification est apportée à un processus, que ce soit du point de vue technologique ou organisationnel, il y a un risque potentiel qui doit être détecté préventivement.

Dans cette étape « Innover/Améliorer », le groupe de travail innove en modifiant les procédures, les processus et le niveau des facteurs. Il y a donc un risque que ces modifications aient des conséquences qui n'apparaissent pas de premier abord. Si l'on veut limiter les risques, il faut réaliser une analyse formelle des défaillances potentielles du nouveau système que l'on vient de concevoir. L'AMDEC est un outil qui permet de faire ce type d'analyse.

L'AMDEC (Analyse des Modes de Défaillance, de leurs Effets et de leur Criticité) est quelquefois présentée sous le sigle anglais FMECA (*Failure Mode, Effect and Criticality Analysis*).

Le principe de base de l'AMDEC est de réaliser une étude fondée sur le **travail de groupe** destinée à mettre en évidence le **plus tôt possible** les **défaillances potentielles** d'une étude. Pour cela, on cherche à :

- identifier les défaillances potentielles ;
- identifier leurs effets pour les clients ;

- identifier la chaîne des causes qui peuvent conduire à ces défaillances ;
- identifier les détections mises en place ;
- hiérarchiser les défaillances par une notation ;
- apporter des actions correctives en prévention pour toutes les défaillances dont le risque apparaît trop important.

Mode de défaillance

Dans l'AMDEC, on parle de « mode de défaillance ». C'est la manière dont un système peut être conduit à mal fonctionner. Pour illustrer cette notion, prenons l'exemple d'une brosse à dents (Figure 6.61).

Le libellé de la défaillance est « Rupture du manche ». À partir de ce libellé, le groupe de travail doit :

- identifier l'effet ressenti par l'ensemble des clients du processus ;
- rechercher la/les cause(s) ou la chaîne de causes qui peuvent conduire à cette défaillance ;
- vérifier pour chaque cause si un système de détection ou une démarche de validation garantit que la cause est bloquée ou que la défaillance ne peut pas atteindre le client.

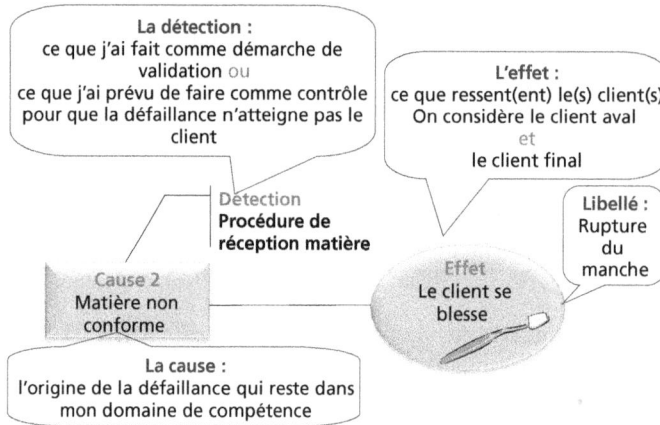

Figure 6.61. Mode de défaillance

Cotation d'un mode de défaillance

L'originalité de la méthode AMDEC consiste à noter chaque mode de défaillance identifié selon trois axes de notation :

- la fréquence d'apparition, c'est-à-dire la probabilité que la cause existe multi-pliée par la probabilité que cette cause crée une défaillance ;
- la gravité, c'est-à-dire l'évaluation de l'effet non-qualité ressenti par le client ;
- la détection, c'est-à-dire la probabilité de ne pas livrer une défaillance poten-tielle quand la cause existe.

Pour chacun de ces axes, on fixe une note de 1 à 10 en fonction d'une grille de nota-tion (Figure 6.62). Le « Niveau de Priorité de Risque » (NPR) est le produit de ces trois notes. On considère généralement que toute défaillance potentielle ayant une note supérieure à 100 est jugée à risque. Il faut apporter une action corrective.

Exemple

Casse du manche/Matière non conforme/Erreur du fabricant

$$F = 3/G = 10/D = 2 ; NPR = 3 \times 10 \times 2 = 60$$

Le *NPR* étant inférieur à 100, aucune action corrective n'est jugée nécessaire.

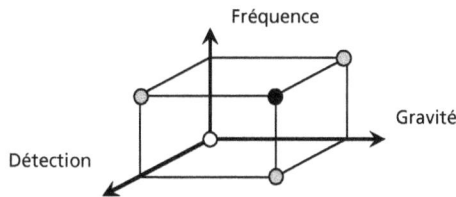

Cotation	F – Fréquence	G – Gravité	D – Détection
1 à 3	Jamais ou presque	Sans conséquence	100 % ou presque
4 à 6	Possible	Mécontentement	Non optimal
7 à 9	Souvent	Très mécontent Panne critique	Inexistante, incertaine
10	Toujours	Problème de sécurité	Impossible

Figure 6.62. Calcul du NPR

Chaque fois qu'une action corrective est envisagée, on fait une nouvelle évaluation du NPR en tenant compte des améliorations.

Synthèse sur la feuille AMDEC

L'ensemble de l'étude est synthétisé sur une feuille d'analyse qui a la forme suivante (Figure 6.63) dans le cas d'un processus AMDEC.

OP	Produit		Processus	Prévu/Existant						Actions			Résultat			
	Défaut potentiel	Effet défaut	Cause défaut	Plan de surveillance	Note				Respons.	Délai	Mesures	Note			
					D	F	G	NPR				D′	F′	G	NPR
30	Résistance du manche faible	Casse	Erreur matière	Néant	9	3	9	243	M. Aubel	S47	Création procédure magasin	3	3	9	27

Figure 6.63 – Feuille d'analyse AMDEC

Chapitre 7

Étape 5 – Contrôler

1. Introduction

L'ensemble des étapes « Définir », « Mesurer », « Analyser », « Innover/Améliorer » a permis de fournir une solution afin d'améliorer le z du processus. L'objectif de cette cinquième étape est de se donner les moyens de contrôler le processus pour garantir la stabilité de la solution trouvée.

Le point essentiel de cette étape est la mise sous contrôle du procédé. Pour cela, il faut :

- valider les spécifications ;
- formaliser les modes opératoires ;
- surveiller que le processus ne dérive pas en appliquant les méthodes de la maîtrise statistique des processus.

Nous détaillerons dans ce chapitre ces trois points qui seront appuyés par la dernière étape « Standardiser », laquelle permettra de garantir que le maintien du niveau de qualité atteint se fera à « énergie minimale », donnant ainsi aux progrès accomplis un caractère pérenne.

2. Valider les spécifications

À ce stade du projet Six Sigma, les relations entre les X et les Y sont bien établies. Avant de mettre sous contrôle les caractéristiques, il faut valider les spécifications.

Une spécification se compose d'une cible et de limites de tolérance. Il faut donc déterminer la cible de telle sorte que les tolérances permises soient maximales tout en garantissant le respect des spécifications sur les caractéristiques critiques pour le client (les Y).

2.1. Détermination des tolérances par corrélation

2.1.1. Utilisation du parallélogramme des tolérances

Le tolérancement doit garantir le bon fonctionnement des produits à la fin du processus. Pour y pourvoir, lorsque l'on a identifié une relation entre une caractéristique élémentaire et une caractéristique finale, on doit déterminer les tolérances sur la caractéristique élémentaire de manière à garantir la satisfaction du client.

Prenons l'exemple de la relation entre une variable élémentaire X et la variable résultante Y (Figure 7.1).

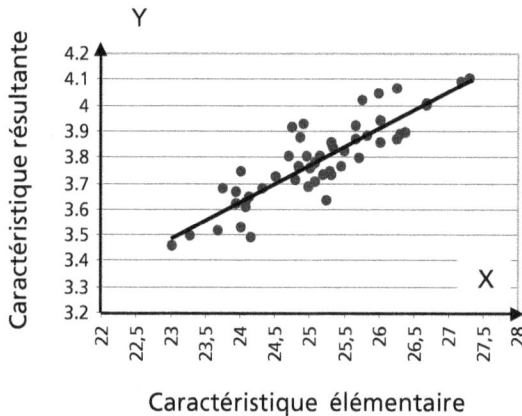

Figure 7.1. Relation de corrélation entre X et Y

La variable Y a pour cible *3,8* et pour tolérance ± *0,3*. Comment déterminer les tolérances sur la variable X compte tenu de la relation qui existe entre ces deux variables ?

- *Première étape :* tracer la droite de régression (voir chapitre 5 « Analyser »).

- *Deuxième étape :* déterminer la cible sur X.

En partant de la cible visée sur Y et en la projetant sur la droite de régression, on détermine aisément la cible sur X. Dans l'exemple, on trouve comme cible *25,3*.

- *Troisième étape :* déterminer les tolérances sur X.

– On trace les tolérances sur la variable résultante.

– On trace l'enveloppe de la corrélation, parallèle à la droite de régression (Figure 7.2).

– On fixe les tolérances sur X en complétant le parallélogramme des tolérances (Figure 7.3). Dans l'exemple, on fixe les tolérances à *25,33 ± 0,9*.

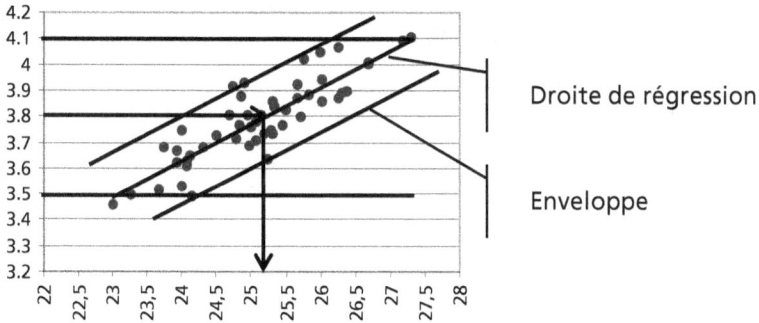

Figure 7.2. Enveloppe de la corrélation

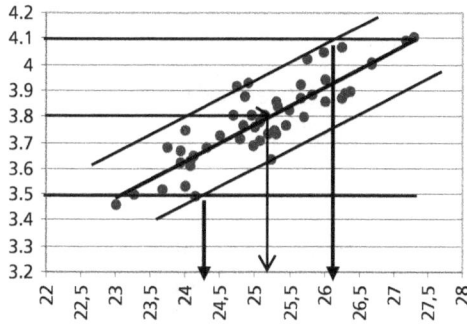

Figure 7.3. Parallélogramme des tolérances

2.1.2. Méthode statistique

La méthode statistique vise à déterminer les tolérances en utilisant les relations de corrélation. La première chose à faire est de calculer l'écart-type cible que l'on souhaite sur la variable résultante. On suppose que l'on vise un *Pp* de *1* sur Y ($6\sigma_{\text{Long terme}}$ dans la tolérance).

Dans ce cas, $\sigma_Y = 0,6/6 = 0,1$.

Soit une variance cible sur $Y : 0,1^2 = 0,01$.

En utilisant la régression linéaire, on établit la relation entre X et Y (utilisation de l'utilitaire d'analyse d'Excel, par exemple).

Statistiques de la régression			
R²	0,74		
Écart-type résiduel	0,07834584		
	Coef.	Écart-type	t	Probabilité
X	0,15	0,000440	341,8	2E-84

Détermination de la cible

On en déduit la relation pour établir la cible : $Y_{cible} = 0,15 X_{cible}$

Soit : $X_{cible} = Y_{cible}/0,15 = 3,8/0,15 = 25,33$

Détermination des tolérances

Pour les limites, on utilise l'additivité des variances :

$$V(Y) = 0,15 \ V(X) + V_{résidue}$$

Pour établir la relation, on est obligé de tenir compte de la variance résiduelle, c'est-à-dire des variations sur Y qui ne sont pas expliquées par les variations de X. Cette variance est déterminée par l'étude de régression linéaire, c'est le carré de l'écart-type résiduel.

On a donc : $V(X) = \dfrac{V(Y) - V_{résiduel}}{0,15^2} = \dfrac{0,01 - 0,0783^2}{0,15^2} = 0,17$

Soit $\sigma_{cible(X)} = \sqrt{0,17} = 0,41$

En fixant un objectif de *Ppk* de *1,00* sur *X*, on trouve comme intervalle de tolérance :

$$6 \times 0,41 = 2,4$$

La tolérance sur *X* est donc fixée à *25,33 ± 1,20*

2.1.3. *Cas d'une tolérance unilatérale*

On cherche à montrer l'influence d'un défaut de concentricité d'un axe sur le bruit mesuré sur le produit fini. Il ne semble pas possible aux ingénieurs d'établir une relation entre ce bruit en final et la concentricité par une relation mathématique issue d'un modèle. De plus, il n'est pas facile de recréer le défaut de concentricité sur la pièce. L'utilisation de plans d'expériences pour déterminer la relation est donc difficile.

Pour résoudre ce problème, on a recours à une analyse en régression. Celle-ci consiste à mesurer la concentricité de 50 arbres et à réaliser l'assemblage sur lequel on mesurera le bruit. Le bruit maximum toléré est de 43 dB.

On établit la relation entre le bruit et la concentricité au moyen du graphique de corrélation.

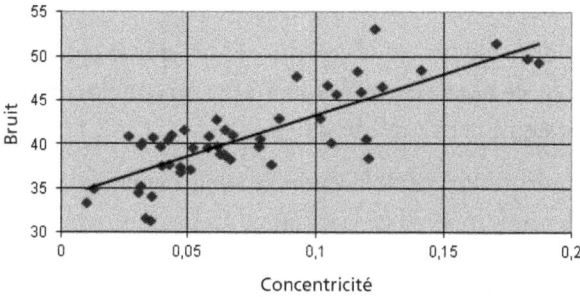

Figure 7.4. Relation entre le bruit et la concentricité

Méthode graphique

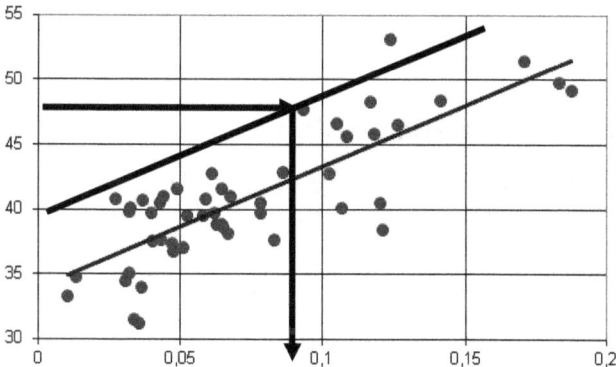

Figure 7.5. Détermination graphique des tolérances

Graphiquement, on constate aisément qu'une concentricité élevée correspond toujours à un bruit élevé. À partir du graphique (Figure 7.5), on détermine la limite supérieure sur la concentricité à *0,08*.

Méthode statistique

Pour savoir si la relation entre le bruit et la concentricité est significative, on réalise un test de Student.

Voici l'équation de régression : $Bruit_{moyen} = 33,96 + 93,8\ Conc$

Régresseur	Coef.	Écart-type	t	p
Constante	33,96	0,836	40,599	8,06E-39
Concentricité	93,80	9,923	9,4525	1,54E-12

$S = 2,96$ $R^2 = 65\ \%$ $R^2\ (ajus) = 64,3\ \%$

La probabilité p indique le risque de conclure à tort que le régresseur est significatif. Dans notre exemple, ce risque est inférieur à 5 % ; on conclut donc que la concentricité a bien un effet significatif sur le bruit.

Le coefficient R^2 indique la part de la variance sur le bruit expliquée par la concentricité. Dans notre exemple, *64,3 %* de la variance du bruit provient des variations sur la concentricité. Ce n'est pas négligeable.

$$Bruit_{Max} = 33,96 + 93,8\ Conc_{Max} + 3\sigma_{résiduel}$$

L'écart-type résiduel $\sigma_{résiduel}$ est donné par l'étude de régression $S = 2,96$

Dans notre cas, on cherche à déterminer la concentricité maximale. On a donc :

$$Conc_{Max} = \frac{Bruit_{Max} - 33,96 - 3x2,96}{93,8} = 0,076$$

2.2. Exemple en corrélation multiple

Dans certains cas de figure on ne cherchera pas la relation entre un résultat final et une seule variable explicative, mais avec plusieurs variables élémentaires candidates.

On pourrait envisager de faire plusieurs corrélations simples comme dans l'exemple précédent, mais ce n'est pas la solution car les effets d'une variable élémentaire peuvent être masqués par les effets des autres variables (Voir chapitre 5 « Analyser »). Il est donc préférable de tout inclure dans la même corrélation.

Exemple

On recherche sur un produit la relation entre l'amplitude d'un mouvement et plusieurs variables initiales : Diamètre (*D*), Force d'un ressort (*F*), Rugosité (*R*), Concentricité (*C*), Jeu (*J*).
La méthode est la même que précédemment : on mesure préalablement les candidats, puis on mesure le résultat sur les produits assemblés.

D	F	R	C	J	A
2,999	1,76	0,68	1,08	0,04	19,95
3,002	1,83	2,96	0,26	0,04	18,04
3,001	1,83	1,66	1,81	0,02	18,87
3,001	1,81	3,07	1,3	0,04	17,75
3,001	1,84	0,78	0,52	0,03	19,83
3,003	1,70	1,19	1,18	0,04	19,52
3,002	1,80	1,21	0,28	0,02	19,48
3,001	1,78	0,15	0,1	0,03	20,22
3,001	1,87	0,91	1,12	0,03	19,64
3,003	1,87	1,3	3,22	0,03	19,78
3,000	1,86	1,86	1,04	0,04	19,10
3,004	1,69	1,16	0,18	0,02	19,20
3,000	1,89	1,21	0,65	0,03	19,42
3,000	1,75	0,69	1,33	0,04	20,08
3,002	1,86	0,09	0,97	0,05	20,46
2,998	1,77	1,64	0,13	0,02	18,79
3,003	1,79	2,32	1,05	0,02	18,49
3,004	1,92	2,34	0,19	0,03	18,73
3,004	1,85	2,89	0,73	0,02	18,04
3,004	1,79	2,61	0,89	0,03	18,39
2,997	1,69	6,67	0,2	0,04	15,12
2,997	1,80	0,72	0,21	0,03	19,80
3,001	1,76	2,45	5,17	0,04	18,39
3,002	1,78	2,05	1	0,03	18,46
2,999	1,83	1,69	3,89	0,02	19,07
3,000	1,78	0,52	0,5	0,03	19,85
3,003	1,66	1,74	0,21	0,02	18,55
3,000	1,79	1,84	0,2	0,02	18,84
3,001	1,85	0,9	0,62	0,01	19,70
2,999	1,88	2,11	0,13	0,04	19,08

Figure 7.6

En ne gardant que les régresseurs significatifs, on trouve la relation :

$$Amp = 17,4 + 1,51\,F - 0,798\,R + 8,71\,J$$

Régresseur	Coef.	σ	T	P
Constante	17,4	0,82	21,28	0,000
F	1,51	0,45	3,36	0,002
R	− 0,798	0,02	-34,58	0,000
J	8,71	2,98	2,92	0,007

$S = 0,1508$ $R^2 = 98,0\,\%$ $R^2\,(ajus) = 97,8\,\%$

Figure 7.7

L'équation précédente explique 97,8 % des fluctuations mesurées sur l'amplitude. L'erreur résiduelle a comme écart-type $\sigma_e = 0,1508$.

Les valeurs cibles sont fixées par la relation :

$$Amp = 17,4 + 1,51\,F - 0,798\,R + 8,71\,J$$

On en déduit facilement les tolérances avec la relation suivante :

$$V(Amp) = 1,51^2\,V(F) + 0,80^2\,V(R) + 8,71^2\,V(J) + \sigma_e^2$$

Soit $\sigma(amp) = \sqrt{2,28\sigma_{(F)}^2 + 0,64\sigma_{(R)}^2 + 75,9\sigma_{(J)}^2 + 0,1508^2}$

En supposant un coefficient de proportionnalité entre les écarts-types σ et les intervalles de tolérance IT (par exemple $IT = 8\,\sigma$), on peut écrire :

$$IT(amp) = \sqrt{2,28\,IT_{(F)}^2 + 0,64\,IT_{(R)}^2 + 75,9\,IT_{(J)}^2 + 0,1508^2}$$

3. Formaliser les modes opératoires

3.1. Espace de défaillance

Pour maîtriser un processus, il faut d'abord formaliser les modes opératoires. Garantir la performance d'un poste de travail, c'est mettre en place un système capable de rendre le poste robuste par rapport aux pertes de performance du processus. Par perte de performance, on entend plusieurs éléments : qualité, coûts, délais, sécurité, environnement.

3.1.1. Les trois axes de la défaillance

Lorsque l'on étudie les causes de défaillances récurrentes dans un processus de production, on identifie trois axes majeurs :

- l'axe de la connaissance/compétence ;
- l'axe de la formalisation ;
- l'axe de l'application.

L'ensemble des défaillances étudiées peut être positionné dans l'espace de défaillance.

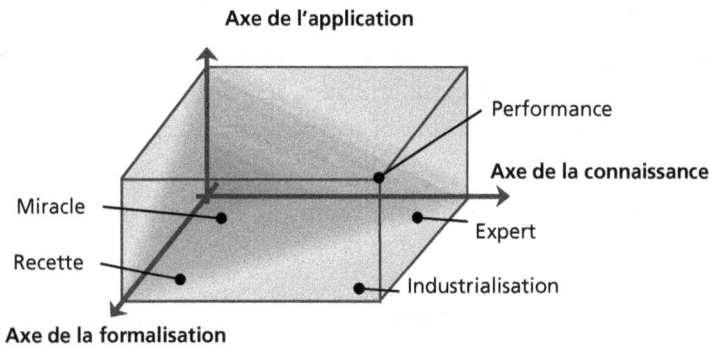

Figure 7.8. Espace de la défaillance

Axe de la connaissance/compétence

Cet axe décrit les connaissances et la maîtrise du sujet par les personnes concernées (opérateurs, encadrement méthodes...). Cela implique des niveaux de connaissance pauvres ou très complets dans le cas d'experts. Une défaillance sur cet axe peut se traduire de plusieurs manières :

- les moyens à disposition de l'opérateur sont satisfaisants, mais son manque de connaissance ne lui permet pas de les utiliser de façon satisfaisante ;
- le manque de compétences sur le sujet dépasse le cadre de l'entreprise et les moyens qui permettraient d'assurer une performance correcte n'existent pas ;
- les moyens qui permettraient d'atteindre la performance existent, mais ne sont pas utilisés par l'entreprise.

Les quatre premières étapes de la démarche Six Sigma nous auront permis de progresser suivant cet axe.

Axe de la formalisation

Cet axe décrit le degré de formalisation de règles à respecter qui existent sur le sujet concerné. Cela peut aller de l'inexistence totale de règles formalisées jusqu'à la description très complète de l'ensemble des actions nécessaires pour accomplir la tâche sans défaillance et des réactions préconisées en cas de dérive du processus.

Les quatre premières étapes de la démarche Six Sigma ont permis de connaître les règles, mais à ce stade elles ne sont pas formalisées.

Axe de l'application

Cet axe décrit le degré de correspondance entre les connaissances acquises et/ou formalisées et la véritable application sur le terrain. Il ne suffit pas que les connaissances soient dans l'entreprise et que celles-ci soient formalisées, encore faut-il qu'elles soient appliquées.

Cet axe sera particulièrement étudié dans la dernière étape de Six Sigma « Standardiser ».

3.1.2.   Aspect statique et dynamique de la défaillance

On conçoit aisément qu'un processus parfaitement maîtrisé du point de vue de la connaissance, dont les règles ont été formalisées et sont appliquées avec rigueur, ne soit pas l'objet de problèmes récurrents. Hélas, la situation dans cet espace de la défaillance n'est pas statique mais dynamique, et on peut à tout moment glisser selon un des trois axes.

Glissement de l'axe de la connaissance : la perte de savoir-faire

On sait faire, mais pour une raison quelconque on perd la connaissance. Parmi les raisons qui peuvent être invoquées ici, on peut citer la périodicité d'une activité (une fonctionnalité d'un logiciel qui n'est utilisé que tous les trois mois par exemple ou une production qui change après une longue période, ce qui fait que la bonne pratique de la campagne précédente a été oubliée) ou un changement de personnel. Dans ces deux situations, il faut pouvoir compter sur une formalisation *ad hoc* permettant de garantir une certaine continuité et de pallier le « manque de mémoire ».

Glissement de l'axe de la formalisation : elle devient obsolète

On a fait évoluer le processus mais pas la documentation ou les règles à respecter qui lui sont associées. De ce fait, la formalisation qui était parfaitement adaptée n'est plus utilisable dans le cadre du nouveau processus puisqu'elle conduira immanquablement à des erreurs.

Glissement de l'axe de l'application : les règles ne sont plus respectées

On sait faire mais le temps, les habitudes conduisent à ne plus respecter ce qui avait été établi. On peut citer l'exemple du non-respect des limitations de vitesse sur la route, par exemple ! Si ce cas se répète régulièrement, la formalisation existante ne sera probablement plus utilisable puisque déconnectée de la vie du processus. En fait, et quelle que soit la qualité de la formalisation existante, ce cas nous ramène à une situation où la formalisation n'existe pas.

Cette petite analyse de l'espace de défaillance nous montre l'importance de formaliser les processus opératoires pour maîtriser un processus.

3.2. Formaliser les modes opératoires

La formalisation des modes opératoires permet de constituer une mémoire de l'entreprise. C'est également la première étape de la standardisation des opérations. Cette formalisation peut prendre plusieurs formes.

- La mise en place de procédures génériques garantissant la conformité de la tâche. Par exemple, la couleur rouge est systématiquement réservée aux produits non conformes.

- La rédaction de documents synthétiques tels que les fiches de poste, les instructions de travail… qui permettent de mettre sur le papier la façon dont on réalise une tâche ou dont on réagit face à une situation.

- La création de check-lists qui permettent de garantir qu'une suite d'actions sera bien réalisée. C'est particulièrement utile notamment dans les changements de fabrication qui sont très souvent des sources de pertes de performance importantes.

- La mise en place de feuilles de relevés qui permettent de s'assurer de la continuité de la performance du processus.

Le groupe de travail devra réaliser cette tâche de formalisation pour que ce qui a été décidé ne soit pas oublié. Il ne s'agit en aucun cas de noircir du papier. Ce serait sans intérêt ici. Bien du papier peut être évité par les procédures génériques.

Exemple

Une machine nécessitait une maintenance préventive complexe pour mettre sous contrôle le processus. Certaines opérations étaient journalières, d'autres hebdomadaires. Une première solution a consisté à décrire sur des documents l'ensemble des points. Il en est résulté un petit document de plusieurs feuilles malgré le recours intensif aux photos et croquis. Une seconde solution a consisté à peindre en jaune tous les points nécessitant un entretien journalier et en bleu ceux qui requéraient un entretien hebdomadaire. Une simple check-list a alors permis de formaliser ce point. La méthode a été étendue à tout le site de production, simplifiant ainsi un très grand nombre de documents.

Formalisation n'est pas synonyme d'écriture, même si un minimum d'écriture est souvent nécessaire. Dans ce cas, on doit avoir le souci de l'efficacité et se poser la question de l'utilité du document que l'on rédige. On identifie en général quatre cas d'utilisation des documents de formalisation d'une activité :

- lorsqu'une personne nouvelle doit réaliser l'activité ;
- lorsqu'on doit refaire une activité après un certain temps et que l'on en a tout oublié ;
- lorsqu'on veut auditer l'activité et que l'on a besoin d'une référence ;
- lorsqu'on veut conserver la mémoire des évolutions d'un processus.

La formalisation de l'activité doit répondre à ces objectifs, ce qui ne nécessite pas, en général, qu'on la décrive de façon exhaustive. La meilleure façon de formaliser consiste à faire en sorte que le standard s'applique naturellement, sans avoir besoin de consulter une fiche de poste, une instruction ou une procédure. Les codes de couleurs, les Poka Yoke, les standards visuels doivent ainsi être recherchés de manière systématique.

4. Processus « sous contrôle »

4.1. Les causes communes et les causes spéciales

Lorsque l'on suit un processus de production, il y a toujours des variations dues à de nombreuses causes ; la question alors que l'on se pose est la suivante : à partir de quel écart faut-il intervenir sur le processus ?

Film de la production de Y

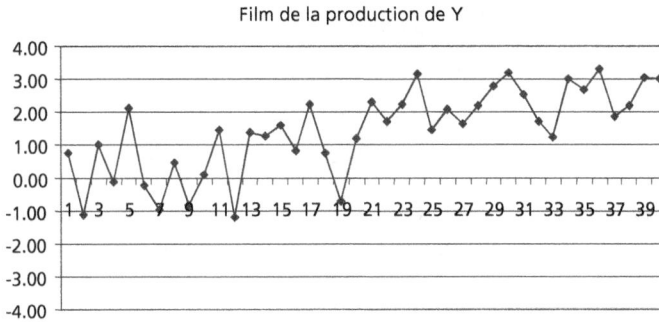

Figure 7.9. Procédé avec dérive

L'exemple (Figure 7.9) donne le film d'une production sur laquelle on a mesuré la totalité des unités produites. Le processus est visiblement en train de dériver et il faudrait sans doute intervenir pour le ramener sur sa cible (*0*). Mais quel critère va nous donner la preuve statistique que le processus a dérivé et qu'il est nécessaire d'intervenir ?

Dès 1931 Walter A. Shewhart a proposé une approche permettant de répondre à ces questions, en dissociant les causes dispersion en deux catégories :

- les dispersions dues aux causes communes ;
- les dispersions dues aux causes spéciales.

Cette dichotomie entre les causes de dispersion est une des bases fondamentales de la méthode MSP (Maîtrise Statistique des Procédés). Il convient donc de les expliciter davantage.

Les causes communes

Ce sont les nombreuses sources de variations difficilement maîtrisables qui sont toujours présentes à des degrés divers dans différents procédés. Ces causes étant toujours présentes et, de plus, en grand nombre, il faudra « vivre avec ». L'ensemble de ces causes communes forme la variabilité intrinsèque du procédé. Cette variabilité suit généralement une loi de Gauss.

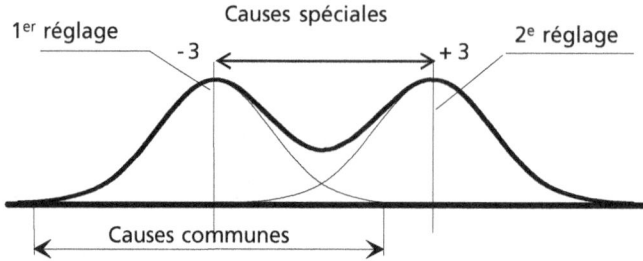

Figure 7.10. Causes communes et causes spéciales

Les causes spéciales

Ce sont les causes de dispersion identifiables, souvent irrégulières et instables, et par conséquent difficiles à prévoir. L'apparition d'une cause spéciale nécessite une intervention sur le processus. Contrairement aux causes communes, les causes spéciales sont en général peu nombreuses. Un déréglage dû à une usure d'outil est une cause spéciale.

4.2. Le principe d'une carte de contrôle

La démarche vise donc à identifier la dispersion due aux causes communes afin de détecter les limites de variations admissibles.

N°	Y	R	N°	Y	R	N°	Y	R	N°	Y	R
1	0,77		11	1,47	1,36	21	2,29	1,08	31	2,53	0,64
2	−1,13	1,9	12	−1,2	2,67	22	1,71	0,58	32	1,72	0,81
3	1,02	2,15	13	1,38	2,58	23	2,23	0,52	33	1,25	0,47
4	−0,14	1,16	14	1,27	0,11	24	3,15	0,92	34	3	1,75
5	2,13	2,27	15	1,61	0,34	25	1,44	1,71	35	2,66	0,34
6	−0,25	2,38	16	0,83	0,78	26	2,08	0,64	36	3,31	0,65
7	−0,99	0,74	17	2,24	1,41	27	1,62	0,46	37	1,85	1,46
8	0,47	1,46	18	0,74	1,5	28	2,21	0,59	38	2,19	0,34
9	−0,82	1,29	19	−0,7	1,44	29	2,78	0,57	39	3,03	0,84
10	0,11	0,93	20	1,21	1,91	30	3,17	0,39	40	3,02	0,01

Figure 7.11 – Calcul de l'étendue glissante

Dans l'exemple de la Figure 7.9, on peut faire l'hypothèse que les variations d'une unité à l'autre sont la manifestation des causes communes ; la dérive que l'on constate représente une cause spéciale. Pour identifier l'écart-type des causes communes, nous pouvons utiliser la méthode des étendues glissantes entre deux valeurs consécutives que nous avons présentée dans les chapitres précédents.

$$R = \text{valeur absolue } (X_i - X_{i-1})$$

Exemple : $R_2 = \text{Abs}(-1,13 - 0,77) = 1,9$

On calcule la moyenne des étendues et on calcule l'écart-type par la relation :

$$\sigma = \frac{\overline{R}}{1,128} = \frac{1,11}{1,128} = 0,98$$

Il est donc facile de placer les limites des fluctuations naturelles du processus à *Cible ± 3σ, soit 0 ± 3x0,98 = ± 2,94.*

Ayant déterminé les limites naturelles du processus, il est facile de déterminer une règle claire d'intervention. Ainsi, dès le 24ᵉ point on est sorti des limites naturelles ; il y a une forte probabilité qu'il y ait la présence d'une cause spéciale. Il faut donc intervenir sur le procédé.

Ce principe relativement simple est à la base des cartes de contrôle que nous allons présenter. Nous avons surveillé dans ce petit exemple la position du procédé, mais pour mettre sous contrôle un procédé, il faudra surveiller également sa dispersion. Ainsi, il faudra en général suivre deux cartes :

- une, pour garantir l'absence de cause spéciale sur la position ;
- l'autre, pour garantir la stabilité de la dispersion naturelle du procédé.

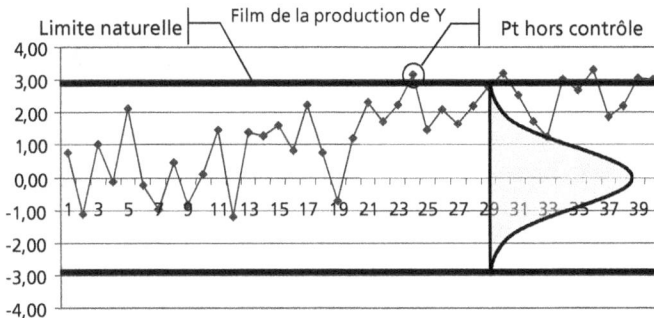

Figure 7.12. Limites naturelles du processus

5. Cartes de contrôle pour caractéristiques continues

5.1. Carte valeurs individuelles/étendues glissantes

La carte valeurs individuelles/étendues glissantes consiste à représenter sur un graphique l'ensemble des mesures réalisées. On utilise cette carte principalement dans deux situations :

- le suivi de processus en petites séries pour lesquels on a peu de données et où la notion de lot n'a pas de sens ;
- le suivi de caractéristiques process telles que la température, la pression.

Elle est constituée de deux graphiques : les valeurs mesurées et les étendues glissantes calculées sur deux (ou plus) valeurs consécutives. L'exemple (Figure 7.13) reprend les données du tableau présenté en Figure 7.11. Il montre que le processus subit une dérive sur la position avec de nombreux points hors contrôle sur la carte des valeurs individuelles. En revanche, la dispersion est sous contrôle avec une carte des étendues qui ne possède pas de point hors contrôle.

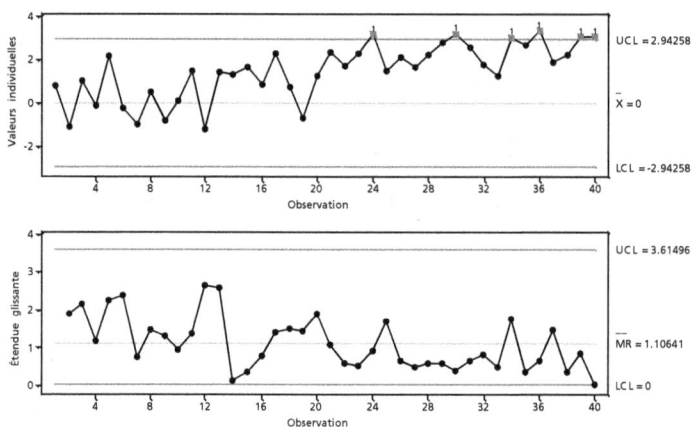

Figure 7.13. Carte de contrôle valeurs individuelles/étendues glissantes

Pour les valeurs individuelles, les limites sont fixées à $Cible \pm 3\sigma$. Le calcul des limites s'effectue à partir des formules suivantes :

$$LIC_x = Cible - 3 \cdot \sigma = Cible - 3\frac{\overline{R}}{d_2} = Cible - A_4 \cdot \overline{R}$$

$$LSC_x = Cible - 3 \cdot \sigma = Cible - 3\frac{\overline{R}}{d_2} = Cible - A_4 \cdot \overline{R}$$

Pour les étendues mobiles, les limites sont fixées à $\overline{R} \pm 3\sigma_R$, ce qui, après simplification, donne les équations :

$$LIC_R = D_3 \cdot \overline{R}$$

$$LSC_R = D_4 \cdot \overline{R}$$

n	2	3	4	5
A_4	2,660	1,772	1,457	1,290
D_3	–	–	–	–
D_4	3,267	2,574	2,282	2,114

Figure 7.14. Tableau des coefficients

Les coefficients sont choisis en fonction de la taille retenue du sous-groupe pour calculer l'étendue glissante. Dans notre exemple, nous avons choisi $n = 2$.

La cible est soit la valeur sur laquelle on veut se centrer dans le cas de processus réglables, soit la moyenne historique du processus sur laquelle on souhaite rester centré.

5.2. Interprétation des cartes de contrôle

Graphique	Description	Décision carte de position	Décision carte de dispersion
LSC $\overline{X}$ LIC	**Procédé sous contrôle** Les courbes $\overline{X}$ et R oscillent de chaque côté de la moyenne. 2/3 des points sont dans le tiers central de la carte.	Production	Production
LSC LIC	**Point hors limites** Le dernier point tracé a franchi une limite de contrôle.	**Régler le procédé** de la valeur de l'écart qui sépare le point de la valeur cible.	**Cas limite supérieure** • La capabilité court terme se détériore. Il faut trouver l'origine de cette détérioration et intervenir. • Il y a une erreur de mesure. **Cas limite inférieure** • La capabilité court terme s'améliore. • Le système de mesure est bloqué.
LSC LIC	**Tendance supérieure ou inférieure** 7 points consécutifs sont supérieurs ou inférieurs à la moyenne.	**Régler le procédé** de l'écart moyen qui sépare la tendance à la valeur cible.	**Cas tendance supérieure** • La capabilité court terme se détériore. Il faut trouver l'origine de cette détérioration et intervenir. **Cas tendance inférieure** • La capabilité court terme s'améliore. Il faut trouver l'origine de cette amélioration pour la maintenir.
LSC LIC	**Tendance croissante ou décroissante** 7 points consécutifs sont en augmentation régulière ou en diminution régulière.	**Régler le procédé** si le dernier point approche les limites de contrôle de l'écart qui sépare le dernier point à la valeur cible.	**Cas série croissante** • La capabilité court terme se détériore. Il faut trouver l'origine de cette détérioration et intervenir. **Cas série décroissante** • La capabilité court terme s'améliore. Il faut trouver l'origine de cette amélioration pour la maintenir.
LSC LIC	**1 point proche des limites** Le dernier point tracé se situe dans le 1/6 au bord de la carte de contrôle.	**Confirmer** en prélevant immédiatement un autre échantillon. • Si le point revient dans le tiers central : production. • Si le point est proche des limites ou hors limites, régler la valeur moyenne des deux points.	**Cas limite supérieure Surveiller la capabilité** Si plusieurs points de la carte sont également proches de la limite supérieure, la capabilité se détériore. Il faut trouver l'origine de cette détérioration et intervenir.
En cas de réglage : un nouvel échantillon est mesuré et marqué sur la carte. Pour être acceptable, le point doit se situer dans le tiers central de la carte des moyennes.			

Figure 7.15. Les règles de pilotage des cartes de contrôle

Pour interpréter les cartes de contrôle, il faut appliquer les règles de pilotage (Figure 7.15). Ces règles sont différentes pour les cartes de position et de dispersion.

La première chose à faire est de valider la carte de dispersion. En effet, si la dispersion du procédé augmente, il faut arrêter tout de suite le processus, car la capabilité court terme est en train de chuter. De plus les limites de contrôle en position étant calculées à partir de l'étendue moyenne, elles ne sont plus valables. En revanche, une variation sur la carte de position se résoudra souvent par un réglage.

5.3.   Carte de contrôle des moyennes/étendues

La carte de contrôle moyennes/étendues est la plus souvent rencontrée. Plutôt que de représenter les valeurs individuelles, on va représenter sur la carte de position la moyenne d'un échantillon de plusieurs unités réalisées consécutivement, sans intervention et représentatif de la dispersion court terme. L'étendue est calculée sur les n valeurs de l'échantillon. La taille n sera déterminante pour l'efficacité de la carte à détecter un décentrage. Nous reviendrons sur ce point au paragraphe suivant.

Calcul des limites de contrôle

Les limites de contrôle sont fixées à $\pm 3\sigma$ de la répartition des moyennes et des étendues. Elles se calculent en utilisant les formules suivantes :

- Pour la carte des moyennes :
– limite de contrôle supérieure $LSC_{\overline{X}} = Cible + A_2.\overline{R}$

– limite de contrôle inférieure $LIC_{\overline{X}} = Cible - A_2.\overline{R}$

- Pour la carte de contrôle des étendues :
– limite de contrôle supérieure $LSC_R = D_4.\overline{R}$

– limite de contrôle inférieure $LIC_R = D_3.\overline{R}$

La cible est la valeur sur laquelle il faut se centrer. Elle est souvent fixée sur le milieu de l'intervalle de tolérance. Pour les procédés qui ne peuvent être centrés sur la cible idéale (cote résultant d'un moule par exemple), on fixe la cible sur la moyenne des moyennes $(\overline{\overline{X}})$ de la carte d'observation.

Les coefficients *A2, D3, D4* sont fonction de la taille des échantillons. L'origine de ces coefficients est démontrée dans la littérature spécialisée[1].

---

1. Appliquer la Maîtrise Statistique des Procédés (MSP/SPC), *Maurice Pillet, op. cit.*

n	2	3	4	5	6	7	8	9	10
A_2	1,88	1,02	0,73	0,58	0,48	0,42	0,37	0,34	0,31
D_3	–	–	–	–	–	0,07	0,14	0,18	0,22
D_4	3,27	2,57	2,28	2,11	2,00	1,92	1,86	1,82	1,78

Figure 7.16. Tableau des coefficients pour le calcul des cartes

N°	20	21	22	23	24	25	26	27	28	29	30
Y1	24,82	25,33	25,00	24,73	25,33	25,17	25,22	25,50	25,31	25,42	25,35
Y2	24,77	25,22	25,07	25,12	25,15	25,18	25,43	25,04	25,20	25,37	25,39
Y3	25,11	25,20	25,00	25,07	25,49	25,24	25,38	25,38	25,22	25,40	25,58
Y4	25,10	25,02	24,84	25,09	25,25	25,23	25,21	25,28	25,43	25,54	25,25
Moyennes	24,95	25,19	24,98	25,00	25,31	25,21	25,31	25,30	25,29	25,43	25,39
Étendues	0,34	0,31	0,23	0,39	0,34	0,07	0,22	0,46	0,23	0,17	0,33

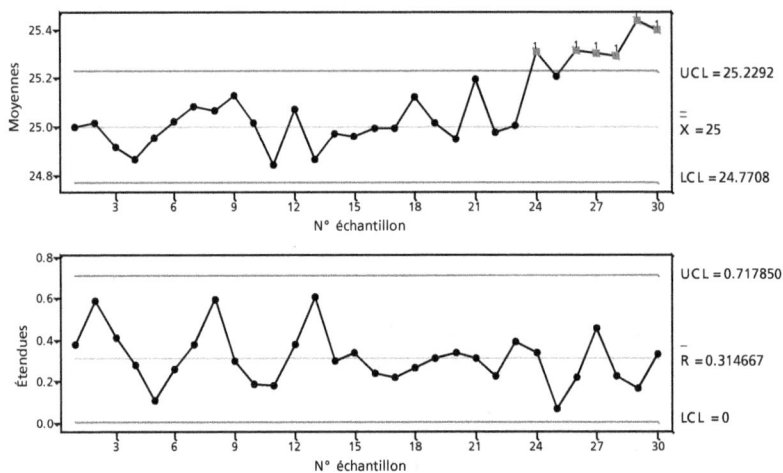

Figure 7.17. Carte de contrôle des moyennes/étendues

Exemple de calcul d'une carte de contrôle

Prenons le cas d'une caractéristique de valeur cible *25*. Les échantillons prélevés sont des groupes de 4 pièces. À l'issue de la phase d'observation du procédé, nous avons calculé la moyenne des étendues de chaque sous-groupe $\overline{R} = 0,315$. La cible est le milieu de l'intervalle de tolérance soit *25,00*.

Choix des coefficients

Les groupes étant de 4 pièces, nous prenons les coefficients *A2, D3, D4* dans la colonne 4 du tableau présenté en Figure 7.14 : *A2 = 0,73* ; *D3 = –* ; *D4 = 2,28*
En appliquant les formules, nous trouvons :

- *Limite supérieure de contrôle des moyennes*
$$LSC_{\overline{X}} = 25,00 + 0,73 \times 0,315 = 25,23$$

- *Limite inférieure de contrôle des moyennes*
$$LIC_{\overline{X}} = 25,00 - 0,73 \times 0,315 = 24,77$$

- *Limite supérieure de contrôle des étendues*
$$LSC_R = 2,28 \times 0,315 = 0,718$$

Il n'y a pas de limite inférieure pour des groupes de 4 pièces.

5.4. Efficacité des cartes de contrôle en fonction de la taille de l'échantillon

L'efficacité d'une carte de contrôle tient à sa capacité à détecter un déréglage. En effet, lorsqu'on pilote un procédé avec des méthodes statistiques, on a toujours deux risques décisionnels :

- le risque de première espèce α de conclure à un déréglage alors qu'il n'y en a pas ;

- le risque de seconde espèce β de ne pas déceler un déréglage alors que celui-ci existe.

Le schéma (Figure 7.18) montre le risque α dans le cas d'un réglage parfait et le risque β dans le cas d'un décentrage.

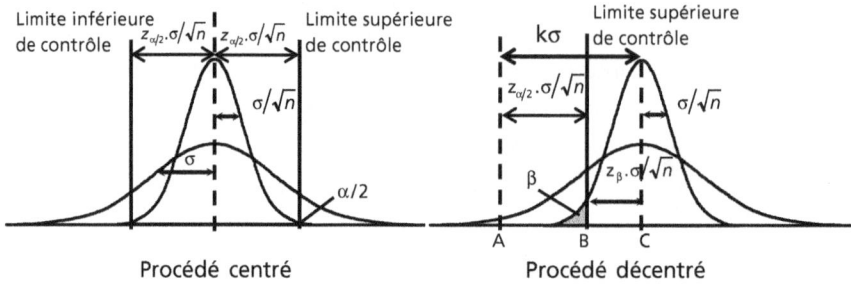

Figure 7.18. Les risques α et β

Soient :

- A : la valeur cible recherchée.

- B : la limite de contrôle des moyennes éloignées de la valeur cible de $z_{\alpha/2} \dfrac{\sigma}{\sqrt{n}}$

- C : la position du centrage de la machine. Le décentrage supposé est exprimé dans la variable réduite. Il est égal à $k.\sigma$.

La répartition des moyennes d'un échantillon de n pièces suit une loi normale d'écart-type $\sigma/\sqrt{n}$. Dans le cas d'un procédé décentré, la probabilité de ne pas détecter le déréglage $k.\sigma$ (risque β) est égale à la surface grisée.

Pour calculer la probabilité de détecter un déréglage $k.\sigma$, il faut calculer z_β en fonction du déréglage k, du nombre de valeurs dans l'échantillon et de $z_{\alpha/2}$ retenu pour le calcul des limites.

On peut écrire $AC = AB + BC$ soit $k.\sigma = z_{\alpha/2} \cdot \dfrac{\sigma}{\sqrt{n}} + z_\beta \cdot \dfrac{\sigma}{\sqrt{n}}$

D'où :

$$z_\beta = k \cdot \sqrt{n} - z_{\alpha/2}$$

qui représente l'équation de la courbe d'efficacité. Cette équation peut également se noter :

$$n = \left[\frac{z_\beta + z_{\alpha/2}}{k} \right]^2 \quad \text{qui devient avec } z_{\sigma/2} = 3 \quad n = \left[\frac{z_\beta + 3}{k} \right]^2$$

Elle permet de calculer la taille d'un échantillon en fonction d'un décentrage que l'on souhaite détecter (k) et du risque β correspondant à ce décentrage.

La courbe présentée ci-après (Figure 7.19) donne la courbe d'efficacité du contrôle en fonction de la taille de l'échantillon. En abscisse, on trouve le décentrage en nombre d'écarts types et en ordonnée, la probabilité de ne pas détecter ce décentrage.

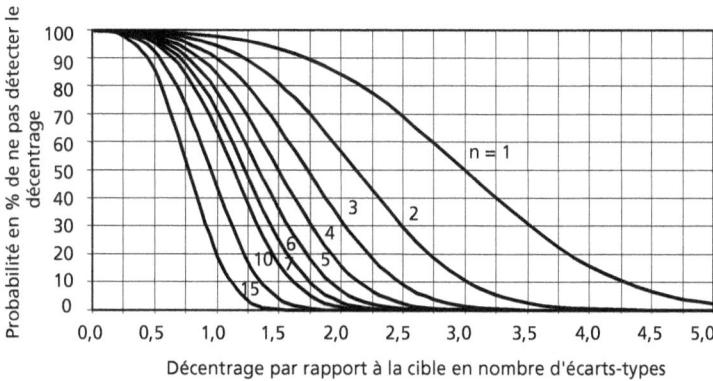

Figure 7.19. Courbe d'efficacité des cartes de contrôle

On note sur cette courbe la très grande difficulté de détecter un décentrage inférieur à 1,5 sigma. C'est de là que vient le décalage de 1,5 sigma pour calculer le z du procédé (chapitre 4, section 4.1).

Exemple d'utilisation

Une production a un écart-type historique de 2. On veut détecter dans 90 % des cas un décentrage de 4 (2 écarts-types). Quelle taille de l'échantillon faut-il choisir ?

Sur la courbe de la Figure 7.19, on prend la première courbe qui passe sous le point d'abscisse 2 et d'ordonnée 10 qui est la courbe $n = 5$.

On note sur ce graphique tout l'intérêt de travailler avec une carte de contrôle plutôt que de procéder de façon traditionnelle en raisonnant sur la dernière pièce. Le raisonnement traditionnel a pour efficacité la courbe $n = 1$. Dès que le raisonnement a lieu sur deux pièces plutôt que sur une pièce, la courbe d'efficacité s'incline de façon importante.

5.5. Carte de contrôle des moyennes/écarts-types

Lorsque la taille des échantillons augmente ($n > 6$) l'étendue n'est plus vraiment pertinente. En effet, cette dernière est calculée à partir des deux valeurs extrêmes et ne prend pas en compte l'information contenue dans les valeurs intermédiaires. Il est alors préférable de remplacer la carte des étendues par la carte des écarts-types S.

On dessine alors sur la carte l'estimateur S de l'écart-type de l'échantillon :

$$\sigma_{n-1} = S = \sqrt{\frac{\sum_{i=1}^{n}\left(X_i - \overline{X}\right)^2}{n-1}}$$

Calcul des limites de contrôle :

- Limite de contrôle supérieure : $LSC_S = B_4.\overline{S}$
- Limite de contrôle inférieure : $LIC_S = B_3.\overline{S}$

n	2	3	4	5	6	7	8	9	10
B_3	–	–	–	–	0,030	0,118	0,185	0,239	0,284
B_4	3,267	2,568	2,266	2,089	1,970	1,882	1,815	1,761	1,716

Figure 7.20 – Tableau des coefficients- carte des écarts-types

L'interprétation de la carte des écarts-types est identique à l'interprétation de la carte des étendues. Les règles d'interprétation sont données dans le tableau de la Figure 7.15.

L'exemple suivant (Figure 7.21) montre le tracé d'une carte des moyennes/écarts-types à partir des données de l'exemple précédent (Figure 7.17). On constate que pour une taille d'échantillon faible, la carte des écarts-types est semblable à la carte des étendues.

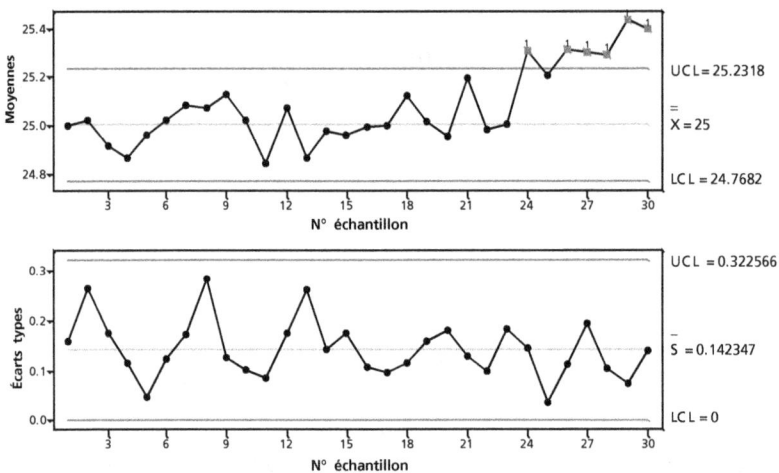

Figure 7.21. Carte des moyennes/écarts-types

5.6. Carte de contrôle des médianes/étendues

La carte de contrôle des médianes est une alternative intéressante à la carte des moyennes. La médiane est la valeur telle qu'il y a autant de valeurs d'un côté que de l'autre (Figure 7.22). Le symbole représentant la médiane est $\tilde{X}$. Le rang de la valeur médiane se calcule par : $rang = (n+1)/2$

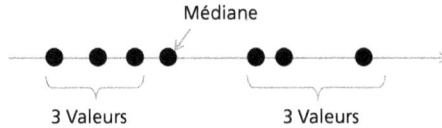

Médiane

3 Valeurs   3 Valeurs

Figure 7.22. La médiane

Exemple

Soit 5 valeurs *(11, 12, 13, 16, 16)* arrangées dans l'ordre croissant, la médiane est la valeur telle qu'il y ait 2 valeurs de part et d'autre, c'est donc *13* dans ce cas $(rang = (5+1)/2 = 3^e$ valeur).

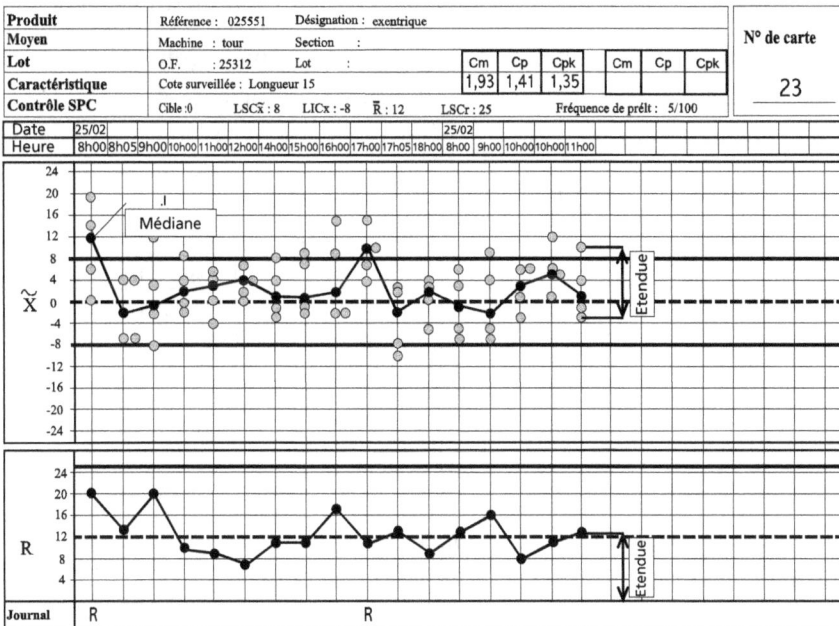

Figure 7.23. Exemple de carte des médianes

Avantage de la carte des médianes

La carte de la Figure 7.23 donne un exemple de carte des médianes associée à une carte des étendues. Par exemple, le premier échantillon a donné comme valeurs *0, 6, 12, 14, 20*. L'opérateur reporte sur la carte les 5 valeurs et repère la valeur médiane. Il reporte ensuite l'écart entre la plus forte et la plus faible valeur sur la carte des étendues. Cette carte ne nécessite aucun calcul, contrairement aux cartes des moyennes. Ainsi, dans le cas de cartes de contrôle tenues manuellement, cela peut être très intéressant. De plus, le fait de reporter les valeurs individuelles et de repérer la médiane permet à l'opérateur de bien dissocier les deux aspects du pilotage des procédés :

- l'action sur les produits (bon/pas bon) fondée sur les valeurs mesurées ;
- l'action sur le procédé (réglage) fondée sur la médiane.

Inconvénient de la carte des médianes

Bien que plus facile d'utilisation que la carte des moyennes, elle ne donne pas une aussi bonne finesse d'analyse que cette dernière. Son efficacité est un peu moins bonne.

Compte tenu de la facilité de mise en œuvre de cette carte, nous conseillons de l'utiliser au détriment de la carte des moyennes dans le cas d'un suivi manuel.

Calcul des limites : les limites se calculent de la même façon qu'une carte des moyennes ; seul le coefficient A_2 est remplacé par le coefficient $\tilde{A}_2$

- Limite de contrôle supérieure : $LSC_{\tilde{X}} = Cible + \tilde{A}_2.\overline{R}$
- Limite de contrôle inférieure : $LIC_{\tilde{X}} = Cible - \tilde{A}_2.\overline{R}$

n	2	3	4	5	6	7	8	9	10
$\tilde{A}_2$	1,88	1,187	0,796	0,691	0,548	0,508	0,433	0,412	0,362

Figure 7.24. Coefficients pour la carte des médianes

5.7. Carte de *precontrol*

Les cartes de *precontrol* ont été développées pour fournir une alternative aux cartes de Shewhart. Elles ont été largement popularisées dans les méthodes de Shainin[1].

---

1. World Class Quality : Using Design of Experiments to Make It Happen, *Keki R. Bhote, Dorian Shainin, Amacom*, 1991.

Le but des cartes de *precontrol* n'est pas de détecter qu'un processus devient hors contrôle, mais de garantir la conformité aux spécifications. En ce sens, le fondement de ces cartes est fondamentalement différent, et bien que plus simples d'utilisation, elles ne peuvent pas garantir le même niveau de capabilité que les cartes de contrôle traditionnelles.

Outre l'aspect calcul des limites, les cartes de Shainin offrent l'avantage de la simplicité d'utilisation pour les opérateurs.

On illustre le fonctionnement d'une carte de Shainin sur le schéma suivant (Figure 7.25). Le principe en est de partager la tolérance par deux afin de définir trois zones :

- la zone verte (la moitié de la tolérance) ;
- la zone orange (les deux quarts extérieurs de la tolérance) ;
- la zone rouge (hors tolérance).

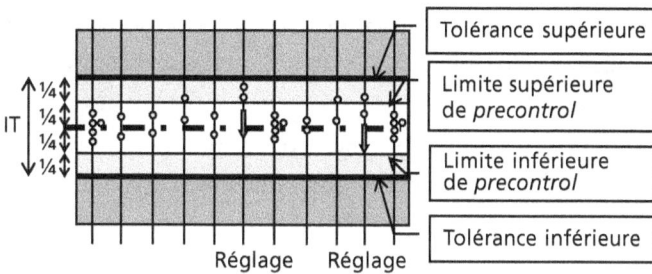

Figure 7.25. Carte *precontrol* de Shainin

On prélève 5 pièces en début de production. Pour que le réglage soit accepté, les 5 pièces doivent se situer dans la zone verte. Après ce réglage initial, on réalise un suivi de la production par le prélèvement de 2 pièces consécutives. Tant que les deux pièces se situent dans la zone verte, on continue la production. Si les deux pièces sont dans la zone orange ou si deux fois de suite une pièce se trouve dans la zone orange, on règle le procédé.

Le pilotage se résume par l'application des quatre règles suivantes.

Règle 1

Diviser la spécification en 4 ; la zone située dans la moitié de la spécification est appelée « zone verte ». Les limites sont appelées « lignes de *precontrol* (*PC lines*) ». Les deux zones situées de chaque côté des lignes de *precontrol* sont appelées « zones jaunes ».

Zone rouge		← Tolérance supérieure
Zone jaune		← Limite supérieure de *precontrol*
Zone verte		← Cible
Zone jaune		← Limite inférieure de *precontrol*
Zone rouge		← Tolérance inférieure

Figure 7.26 – Les trois zones de la carte de *precontrol*

Règle 2

Pour déterminer si le processus est capable, prendre cinq pièces consécutives issues du processus. Si toutes les cinq sont dans la zone verte, conclure à ce moment que le process est sous contrôle. (En fait, avec cette simple règle, l'échantillonnage habituel de 50 à 100 pièces pour calculer le *Cp* et le *Cpk* devient inutile. Par l'application du théorème de multiplication des probabilités ou la distribution binomiale, il peut être prouvé qu'un minimum de *Cpk* de *1,33* sera automatiquement obtenu.) La production peut alors commencer.

Si une pièce tombe en dehors de la zone verte, le procédé est hors contrôle. Pour déterminer la cause de la dispersion, conduire une investigation.

Règle 3

Une fois que la production est démarrée, prendre deux pièces consécutives de façon périodique. Le tableau suivant (Figure 7.27) récapitule les règles de pilotage à appliquer. Lorsque le process a été stoppé (3, 4 et 5) recommencer l'étape 2 de validation de la capabilité.

Règle 4

La fréquence de prélèvement est déterminée en divisant le temps moyen entre deux interventions par six.

Ces cartes sont très simples à utiliser, mais il faut faire très attention dans leur emploi. On fait l'hypothèse dans ces cartes que la capabilité court terme est bonne. Il est assez facile de démontrer que la méthode ne donne une bonne production ***que si la capabilité court terme est supérieure à 2.***

Dans les cas où la capabilité court terme est inférieure à 2, il faut proscrire cette méthode si l'on veut garantir la conformité de la production.

N°	Schéma	Description	Action
1	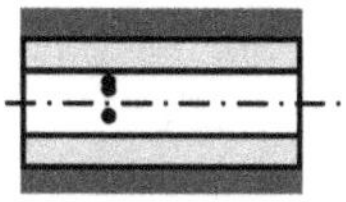	Les deux pièces sont dans la zone verte.	Continuer la production.
2	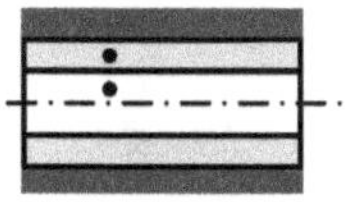	Une pièce est dans la zone verte, une autre dans la zone jaune.	Continuer la production.
3	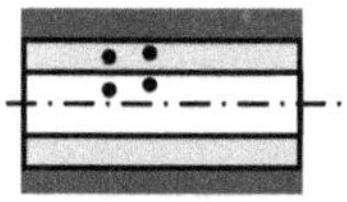	Sur 2 prélèvements consécutifs, on trouve une pièce dans la zone jaune.	Régler le procédé.
4	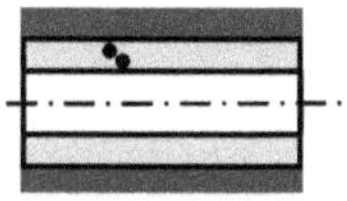	Si les 2 unités sont dans la même zone jaune.	Régler le procédé.
5	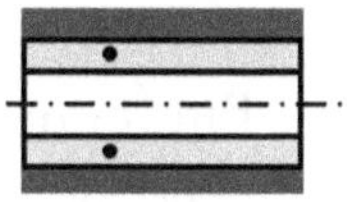	Si les 2 unités sont dans des zones jaunes différentes.	Arrêter le procédé et conduire une investigation sur la cause de la dispersion.
6	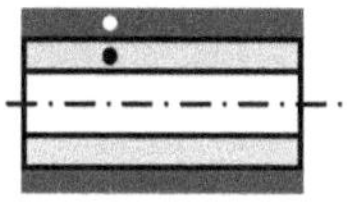	Si une pièce est dans la zone rouge.	Il y a un défectueux connu, il faut arrêter le process pour trouver la cause.

Figure 7.27. Règles de pilotage d'une carte de Shainin

5.8. Carte EWMA *(Exponentially Weighted Moving Average)*

La carte EWMA permet de détecter de petites dérives plus rapidement que la carte de Shewhart. Le calcul EWMA réalise un filtre des variations aléatoires en faisant la moyenne pondérée des dernières valeurs en donnant un poids plus important aux valeurs récentes.

Si l'on regarde la carte EWMA (Figure 7.28) réalisée à partir des données du paragraphe 4.1, on constate que dès la 17ᵉ valeur, on détectait une dérive du processus. Cette dérive n'était détectée qu'à partir de la 24ᵉ valeur avec la carte de Shewhart. La carte EWMA montre également que la dérive du processus se poursuit jusqu'à la 40ᵉ valeur alors qu'on pouvait avoir l'impression que l'écart s'était stabilisé avec la carte de Shewhart.

Carte de contrôle EWMA

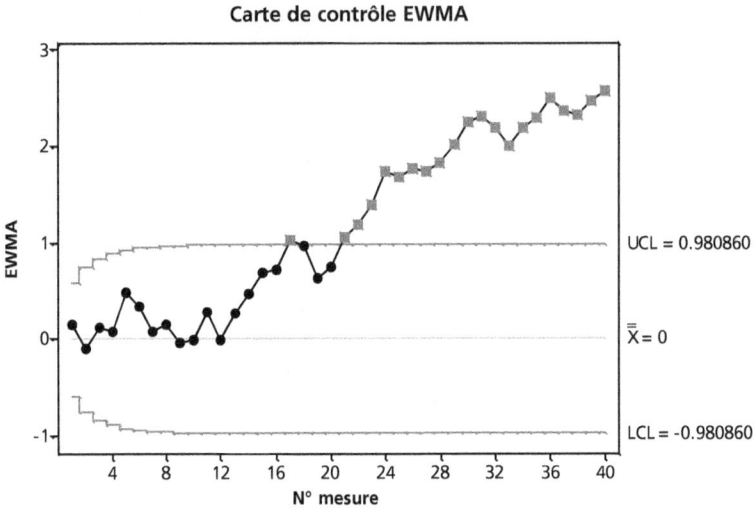

Figure 7.28. Carte de contrôle EWMA

Dans la carte EWMA, pour chaque point, on va tenir compte de l'historique des valeurs mesurées. Pour chaque échantillon, on calcule une moyenne pondérée par un coefficient λ telle que :

$$M_i = \lambda \overline{x}_i + (1-\lambda)M_{i-1}$$

C'est cette valeur M_i qui apparaît sur la carte EWMA.

Avec :

- $\lambda \leq 1$ une constante (on prend souvent $\lambda = 0,2$)
- M_0, valeur initiale = cible

N°	1	2	3	4	5	6
Y	0,77	$-1,13$	1,02	$-0,14$	2,13	…
M	0,1543	$-0,102$	0,1226	0,0695	0,4822	…

Par exemple $(M_0 = 0 ; \lambda = 0,2)$:

- pour le point 1 : $M_1 = 0,2 \times 0,77 + 0,8 \times 0 = 0,1543$
- pour le point 2 : $M_2 = 0,2 \times (-1,13) + 0,8 \times 0,1543 = -0,102$
- …

On détectera la présence d'une cause spéciale lorsque M_i franchira une limite supérieure ou inférieure de contrôle.

Calcul des limites d'une carte EWMA

Les limites sont calculées à ± 3 écarts types de la valeur M_i. On montre que les limites se calculent par les relations :

$$LSC_{M_i} = Cible + 3\sigma\sqrt{\frac{\lambda\left[1-(1-\lambda)^{2i}\right]}{n(2-\lambda)}}$$

$$LIC_{M_i} = Cible - 3\sigma\sqrt{\frac{\lambda\left[1-(1-\lambda)^{2i}\right]}{n(2-\lambda)}}$$

Avec :
- i : le numéro de l'échantillon
- σ : l'écart-type de la population
- n : la taille de l'échantillon
- λ : le coefficient de pondération
- *Cible* : la valeur sur laquelle on veut centrer la carte

Les limites dépendent donc du numéro de l'échantillon, mais elles convergent très vite vers une droite comme le montre le graphique de la Figure 7.28. Lorsque i augmente, le terme $\left[1-(1-\lambda)^{2i}\right]$ tend vers 1, les limites deviennent donc :

$$LSC_{M_i} = Cible + 3\sigma\sqrt{\frac{\lambda}{n(2-\lambda)}}$$

$$LIC_{M_i} = Cible - 3\sigma\sqrt{\frac{\lambda}{n(2-\lambda)}}$$

Ces limites sont deux droites qui dépendent du coefficient λ, de la taille des échantillons n et bien sûr de l'écart-type σ.

Exemple de calcul de limites de contrôle

Dans le cas de l'exemple de la Figure 7.28, il s'agit de valeurs individuelles, la taille de l'échantillon est donc $n = 1$. On prend $\lambda = 0,2$ et $Cible = 0$.
On estime l'écart-type à partir de la loi des étendues réduites :

$$\sigma = \frac{\overline{R}}{1,128} = \frac{1,11}{1,128} = 0,98$$

$$LSC_{M_i} = Cible + 3\sigma\sqrt{\frac{\lambda}{n(2-\lambda)}} = 0 + 3 \times 0,98\sqrt{\frac{0,2}{(2-0,2)}} = 0,98$$

$$LIC_{M_i} = Cible - 3\sigma\sqrt{\frac{\lambda}{n(2-\lambda)}} = 0 - 3 \times 0,98\sqrt{\frac{0,2}{(2-0,2)}} = -0,98$$

Interprétation des cartes EWMA

Les règles d'interprétation des cartes EWMA ne sont pas les mêmes que les cartes de contrôle de Shewhart. Ainsi, les règles des tendances à partir des 7 points ne s'appliquent pas. Seul le franchissement des limites déclenche un signal de dérive du processus.

En cas de réglage, la valeur M_i apparaît comme une estimation de la valeur moyenne du processus ; il convient donc de régler le processus de l'écart entre la valeur M_i et la *cible*.

Enfin, si la carte EWMA est très performante pour détecter des dérives lentes, elle est en revanche moins performante que la carte de Shewhart pour détecter des dérives rapides. L'idéal consiste donc à utiliser ensemble les trois cartes : EWMA, moyennes (ou valeurs individuelles), étendues (Figure 7.29).

N°	340	581	983	1760	2365	2928	3243	3297	3631	3811	4036	4354	4354	4887	5190	5482	5791
Xi	6.05	5.94	5.96	5.95	6.08	6.19	6.35	6.02	5.92	6.30	6.18	6.14	6.02	6.06	5.90	6.02	6.02
Mi	6.01	6.00	5.99	5.98	6.00	6.04	6.10	6.08	6.05	6.10	6.12	6.12	6.00	6.01	5.99	5.99	6.00
R	0.10	0.10	0.02	0.01	0.13	0.10	0.16	0.33	0.10	0.38	0.12	0.04	0.04	0.04	0.16	0.12	0.01
Jo													R2				

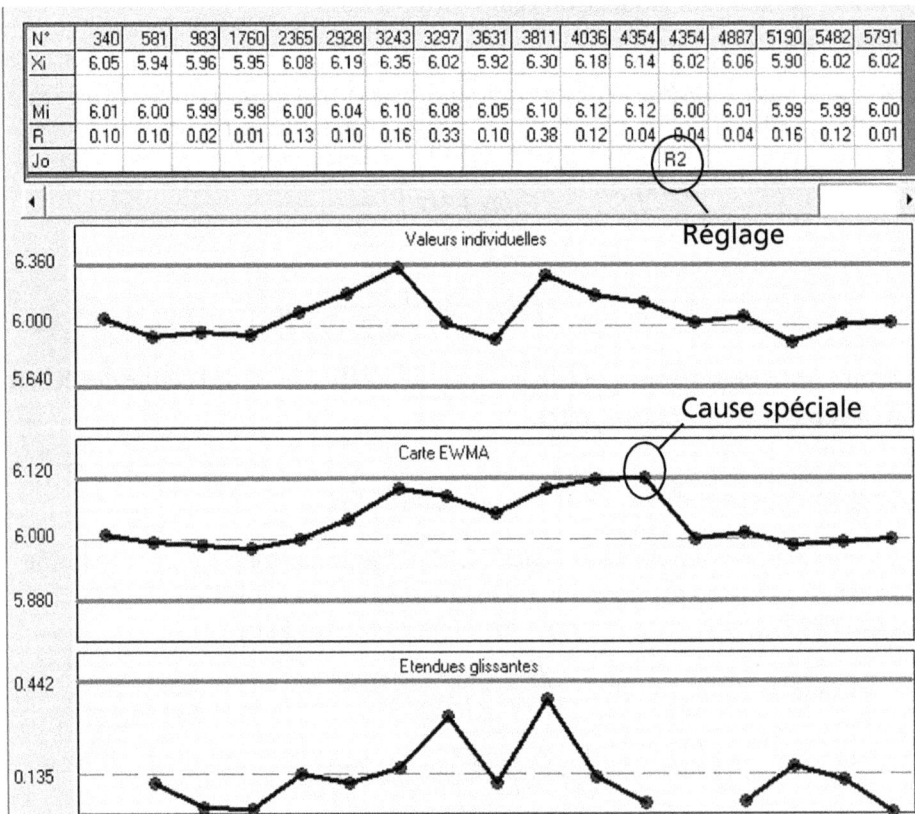

Figure 7.29. Cartes EWMA, valeurs individuelles et étendues

6. Cartes de contrôle pour caractéristiques non mesurables

6.1. Principes

Les cartes que nous venons de présenter sont adaptées lorsqu'on dispose d'une grandeur mesurable sur laquelle on peut faire un calcul de moyenne et d'écart-type.

Cependant, dans un projet Six Sigma, on doit parfois suivre des caractéristiques non mesurables comme une proportion de produits non conformes (attributs). Dans ce cas, si l'on trace sur un graphique (Figure 7.30) l'évolution de la proportion de produits non conformes issus d'un processus, on trouvera des fluctuations importantes.

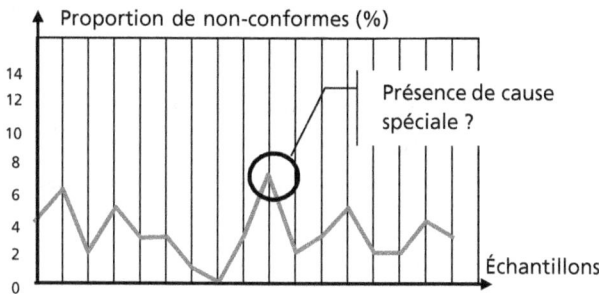

Figure 7.30. Suivi d'une proportion d'unités non conformes

Les questions que l'on doit se poser sont les suivantes : ces fluctuations sont-elles le résultat de variations aléatoires ? À partir de quelle proportion peut-on avoir la preuve statistique de la présence de cause spéciale ? Y a-t-il dégradation ou amélioration du processus ?

Pour répondre à toutes ces questions, il faut enrichir le graphique de suivi (Figure 7.30) de deux éléments statistiques (Figure 7.31) :

- la moyenne historique des proportions de non-conformes observée sur le procédé ;
- la limite naturelle supérieure (et éventuellement inférieure) calculée statistiquement permettant de déterminer les limites des fluctuations aléatoires de la proportion de non-conformes du procédé.

L'interprétation d'une carte de contrôle aux attributs est presque identique à l'interprétation d'une carte de contrôle aux mesures.

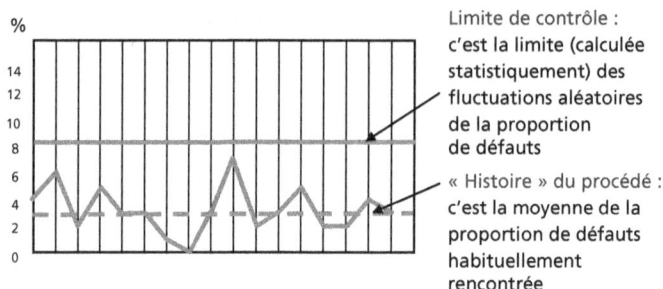

Figure 7.31. Carte *p* – Proportion de non-conformes

Détérioration du processus : une détérioration sera détectée si l'on observe un point au-dessus de la limite supérieure de contrôle ou si l'on obtient une série d'au moins 7 points supérieurs à la moyenne historique.

Amélioration du processus : une amélioration sera détectée si l'on observe un point en dessous de la limite inférieure de contrôle (lorsqu'elle existe) ou si l'on obtient une série d'au moins 7 points inférieurs à la moyenne historique.

6.2. Les différentes cartes

Le suivi de la qualité d'un produit sur un critère par attributs peut être fait de plusieurs manières selon que l'on s'intéresse au défaut ou à l'unité.

- Dans certaines situations, seul le suivi de l'unité est intéressant. C'est le cas où le produit est déclaré conforme ou non conforme. Par exemple, pour une machine à souder à la vague pour cartes électroniques, on déclarera une carte non-conforme lorsque celle-ci comportera un ou plusieurs défauts de soudure. On suivra alors des *unités non conformes*.

- Dans d'autres situations, on cherche plutôt à suivre le nombre de non-conformités. C'est le cas d'un défaut pouvant apparaître plusieurs fois sur une unité. Dans l'exemple des cartes électroniques, on suivra, avec ce type de carte, le nombre de courts-circuits réalisés par la machine. Une carte peut comporter plusieurs courts-circuits. On suivra alors des *non-conformités*.

On peut également distinguer deux cas de figure selon que l'on suive le nombre ou la proportion.

- Dans le cas d'unités non conformes par exemple, le suivi en nombre sera simple : il suffira de reporter sur la carte le nombre d'unités non conformes que l'on a trouvé. Ce type de suivi nécessite des échantillons de taille constante.

- Le suivi par proportion (en pourcentage) d'unités non conformes demande un calcul supplémentaire, mais permet de s'accommoder d'échantillons de taille variable.

La double classification (unités non conformes/non-conformités et nombre/ proportion) se résume donc en quatre situations, rapportées dans le tableau (Figure 7.32), qui conditionnent quatre cartes de contrôle.

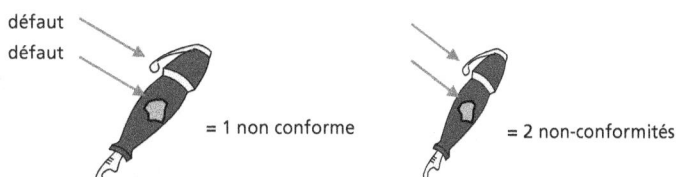

	Unités non conformes	Non-conformités
Nombre	Carte *np* Nombre de produits non conformes	Carte *c* Nombre de non-conformités
Proportion	Carte *p* Proportion de produits non conformes	Carte *u* Proportion de non-conformités

Figure 7.32. Les différentes cartes de contrôle par attributs

Les cartes de contrôle sur les unités non conformes sont fondées sur la loi binomiale alors que les cartes sur les non-conformités sont fondées sur la loi de Poisson.

6.3. Le calcul des limites

Pour chaque carte, les limites de contrôle sont placées à ± trois écarts types de la loi considérée (binomiale ou Poisson).

6.3.1. Carte np – Nombre d'unités non conformes

Calcul du nombre moyen de défectueux

$$\overline{np} = \frac{np_1 + np_2 + ... + np_k}{k} = \frac{\text{Nb total de défauts}}{\text{Nb d'échantillons}}$$

Proportion moyenne de défectueux $\overline{p} = \overline{np}/n$

Avec :
- np_i : nombre de défauts dans l'échantillon i
- k : nombre d'échantillons

- $\bar{p}$: proportion moyenne de défectueux
- n : nombre de pièces par échantillon

Calcul des limites de contrôle supérieures et inférieures

$$LSC_{np} = \overline{np} + 3\sqrt{\overline{np}(1-\bar{p})}$$

$$LIC_{np} = \overline{np} - 3\sqrt{\overline{np}(1-\bar{p})}$$

6.3.2.   Carte p – Proportion d'unités non conformes

Calcul de la proportion moyenne de défectueux

$$\bar{p} = \frac{np1 + np2 + np3 + ... + npk}{n1 + n2 + n3 + ... + nk} = \frac{\text{Nbre total de défauts}}{\text{Nbre total de pièces contrôlées}}$$

Avec :
- np_i : nombre de défauts dans l'échantillon i
- n : nombre d'unités dans l'échantillon i

Calcul des limites de contrôle

$$LSC_p = \bar{p} + 3\sqrt{\frac{\bar{p}(1-\bar{p})}{n_i}}$$

$$LIC_p = \bar{p} - 3\sqrt{\frac{\bar{p}(1-\bar{p})}{n_i}}$$

6.3.3.   Carte c – Nombre de non-conformités

Calcul du nombre moyen de défauts dans le procédé

$$\bar{c} = \frac{c1 + c2 + ... + ck}{k} = \frac{\text{Nbre total de non-conformités}}{\text{Nbre d'échantillons}}$$

Avec :
- k : nombre d'échantillons (de sous-groupes)
- c_i : nombre de non-conformités dans le sous-groupe i

Calcul des limites de contrôle

$$LSC_c = \bar{c} + 3\sqrt{\bar{c}}$$

$$LIC_c = \bar{c} - 3\sqrt{\bar{c}}$$

6.3.4. Carte u – Proportion de non-conformités

Nombre moyen de non-conformités par unité dans le procédé

$$\bar{u} = \frac{c1 + c2 + ... + ck}{n1 + n2 + ... + nk} = \frac{\text{Nbre total de non-conformités}}{\text{Nombre (ou quantité) total de produits contrôlés}}$$

Avec :

- n_i : taille du sous-groupe i
- c_i : nombre de non-conformités dans le sous-groupe i

Calcul des limites de contrôle

$$LSC_u = \bar{u} + 3\sqrt{\bar{u}/n_i}$$
$$LIC_u = \bar{u} - 3\sqrt{\bar{u}/n_i}$$

6.4. Exemple de carte de contrôle p

Une machine réalise en automatique un assemblage de 2 pièces extrêmement délicat. À l'issue de cet assemblage, on réalise un contrôle à 100 % sur la fonctionnalité. En cas d'assemblage non conforme, le produit est orienté vers un opérateur pour réaliser une retouche. Chaque jour, on relève le nombre de produits assemblés et le nombre de produits nécessitant une retouche.

Les 25 derniers jours de production ont donné les résultats suivants :

Production	Retouches	p
118	7	5,9 %
108	8	7,4 %
124	4	3,2 %
94	2	2,1 %
87	4	4,6 %
120	5	4,2 %
102	3	2,9 %
130	3	2,3 %
105	5	4,8 %
90	5	5,6 %
102	9	8,8 %
88	14	15,6 %

120	6	5,0 %
114	6	5,3 %
118	7	5,9 %
120	6	5,0 %
89	6	6,7 %
98	6	6,1 %
103	9	8,7 %
98	1	1,0 %
105	10	9,5 %
96	2	2,1 %
102	10	9,8 %
106	3	2,8 %
86	8	9,3 %

Calcul de la proportion moyenne d'unités non conformes

$$\bar{p} = \frac{\text{Nbre total de défauts}}{\text{Nbre total de pièces contrôlées}} = \frac{149}{2625} = 0,0568$$

Calcul des limites de contrôle

Ici, la taille des échantillons n'est pas constante ; or, elle intervient dans le calcul des limites. Dans ce cas, lorsque les variations sont inférieures à 25 % de la taille moyenne, on peut calculer les limites à partir de la taille moyenne :

$$\bar{n} = \frac{\sum n}{k} = \frac{2625}{25} = 105$$

$$LSC_p = \bar{p} + 3\sqrt{\frac{\bar{p}(1-\bar{p})}{n_i}} = 0,0568 + 3\sqrt{\frac{0,0568(1-0,0568)}{105}} = 0,1245$$

$$LIC_p = \bar{p} - 3\sqrt{\frac{\bar{p}(1-\bar{p})}{n_i}} = 0,0568 - 3\sqrt{\frac{0,0568(1-0,0568)}{105}} = -0,0110$$

La limite inférieure étant inférieure à zéro, on ne met pas de limite. La carte (Figure 7.33) montre un point hors contrôle.

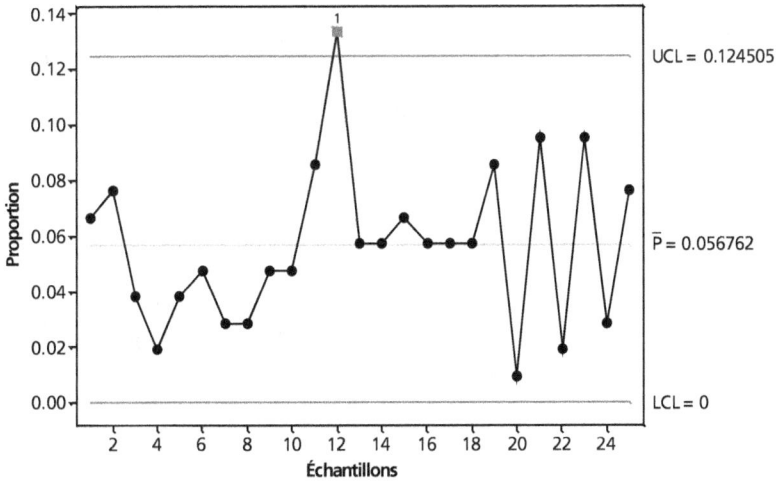

Figure 7.33. Carte p en considérant la taille $n = 105$

Avec les logiciels statistiques (ou même avec les tableurs), il n'est pas souhaitable de prendre une taille d'échantillon moyenne. Il est préférable de recalculer pour chaque échantillon les limites de contrôle en fonction de la taille réelle de l'échantillon (Figure 7.34).

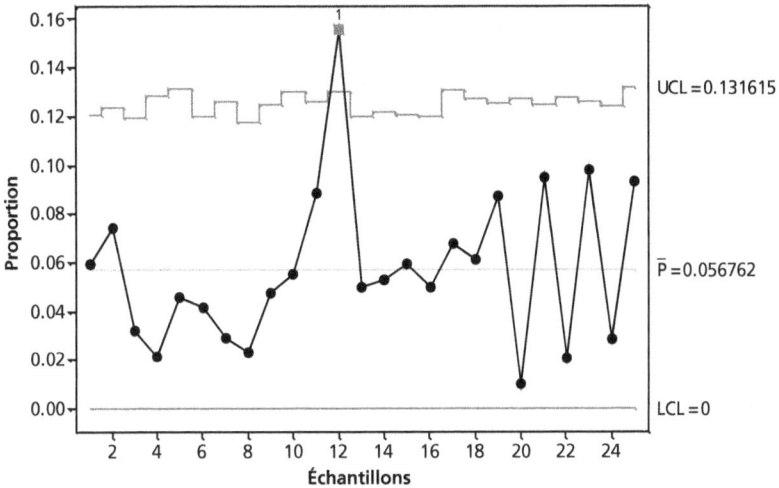

Figure 7.34. Carte p avec n réel

Comme la carte montre un point hors contrôle (point 12) il faut trouver l'origine de cette détérioration (mauvais réglage, mauvaise qualité des éléments de l'assemblage...). Pour pouvoir continuer à suivre la production avec cette carte, il faut recalculer la proportion de non-conformes ($\overline{p}$) en éliminant le point 12, ce qui donnerait un nouveau $\overline{p} = 0.0533$.

6.5. Suivi des défauts rares

Dans un certain nombre de cas, l'apparition de défauts est extrêmement rare ; par exemple, une ou deux fois par semaine pour des productions journalières de plusieurs centaines de produits réalisés. Le traitement par les cartes de contrôle aux attributs ne donne alors pas d'information. Pourtant, il peut être très important de suivre l'évolution de ce défaut car à chaque fois qu'il apparaît la machine est arrêtée, ce qui entraîne une perte de productivité importante.

Considérons l'historique rapporté dans le tableau (Figure 7.35) qui donne à partir du jour 1, date de début de l'observation, le jour d'apparition du défaut et le nombre de pièces produites entre deux apparitions de défaut.

N°	Jour	Nombre de pièces entre deux apparitions	Transformation
1	5	1 250	7,24
2	12	1 810	8,03
3	17	1 125	7,04
4	24	1 903	8,14
5	30	1 498	7,62
6	33	782	6,36
7	38	1 263	7,27
8	44	1 504	7,63
9	50	1 489	7,61
10	52	525	5,69
11	55	746	6,28
12	57	499	5,61
13	60	758	6,30
14	63	820	6,44

Figure 7.35. Historique d'apparition de défauts

Une première solution consisterait à faire une carte c (nombre de non-conformités par jour) en prenant $\bar{c}$ sur les 50 premiers jours ($\bar{c} = 0,18$).

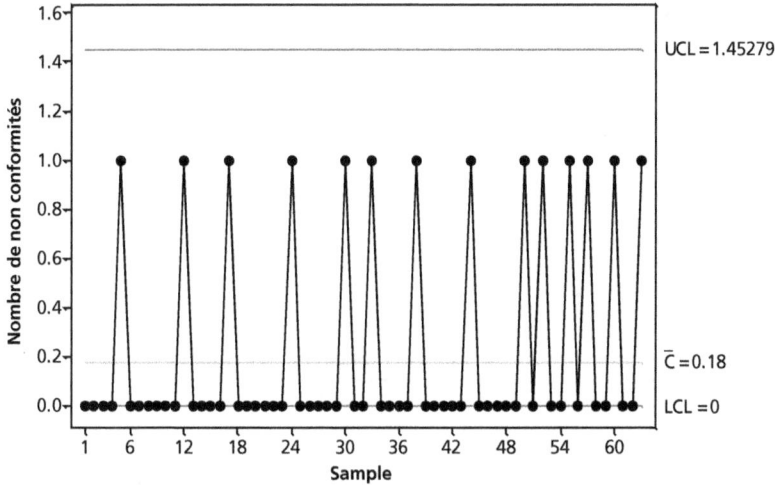

Figure 7.36. Carte c

La carte c (Figure 7.36) fait apparaître sur la fin un accroissement de la fréquence des défauts, mais aucun point hors contrôle n'apparaît. Il faudrait pour cela avoir deux défauts dans la même journée.

Pour pouvoir suivre ce type de défaut, on doit s'intéresser au nombre d'unités entre deux apparitions de défauts qui suit une loi exponentielle. Pour le ramener à une loi normale, on applique une transformation :

$$Y_{norm} = Y^{0,2777}$$

Par exemple, pour la première observation on a 1 250 produits. La transformation donne :

$$Y_{norm} = 1250^{0,2777} = 7,24$$

En cas de production « sous contrôle », les données transformées devraient être distribuées selon une loi normale. Il est donc facile de suivre ces données avec une carte valeurs individuelles/étendues glissantes (Figure 7.37) ou mieux encore avec une carte EWMA (Figure 7.38). Les exemples ont été traités avec une moyenne historique calculée sur les 50 premiers jours. La carte aux valeurs individuelles fait apparaître une petite tendance sur les dernières valeurs (mais la règle des 7 points n'est pas atteinte), la carte EWMA met clairement en évidence la dégradation du processus.

Carte VI/Etendues glissantes sur valeurs transformées

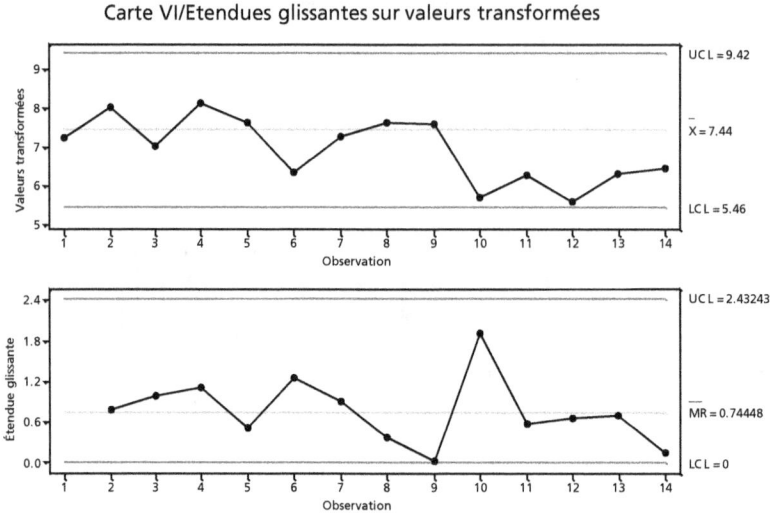

Figure 7.37. Carte aux valeurs individuelles/étendues glissantes sur Y_{norm}

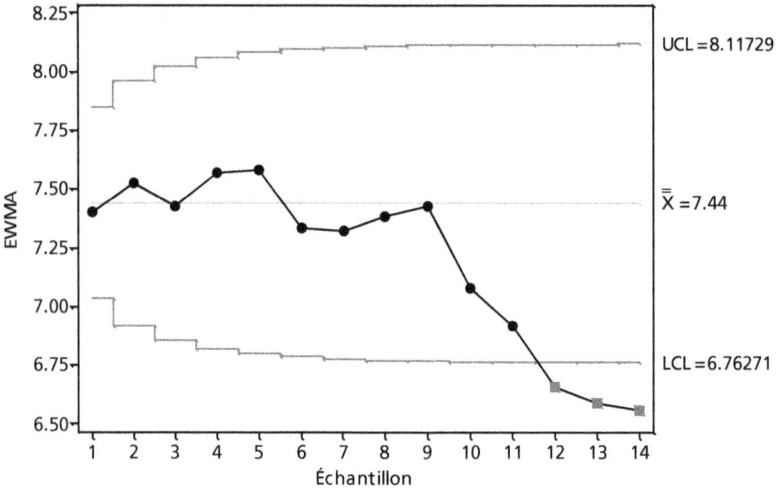

Figure 7.38. EWMA sur les valeurs transformées

6.6. Suivi des défauts importants

6.6.1. Cartes de Laney

Le suivi de proportion de pièces non conformes est assez classique dans un projet Six Sigma. Il arrive cependant, notamment en début de projet, que le nombre de non-conformes soit assez important. L'exemple ci-dessous (Figure 7.39) récapitule la récolte de données. La taille des échantillons n'étant pas constante, nous nous orientons naturellement vers une carte *p*. Cependant, le tracé de la carte montre une situation totalement hors contrôle, dans lequel il est difficile d'identifier les causes spéciales. En effet, presque tous les points sont hors contrôle.

Taille	1 000	839	977	883	1 017	906	944	719	848	907
Nbre rebuts	48	24	39	0	2	349	17	0	47	62
Taille	991	911	836	957	1 030	836	944	897	909	910
Nbre rebuts	24	141	131	16	83	13	41	67	124	77
Taille	886	947	800	803	807	1 056	960	892	861	833
Nbre rebuts	79	18	111	20	63	26	61	370	38	77

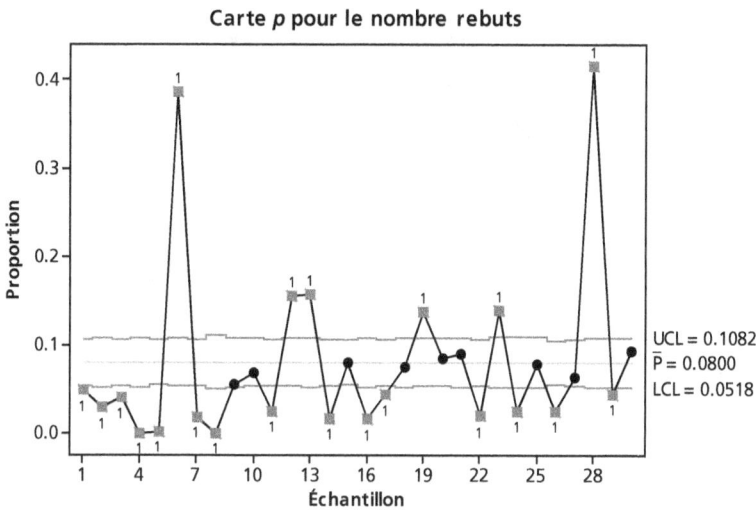

Figure 7.39. Carte *p* pour des donnés avec une forte variabilité

En fait, le calcul des cartes de contrôle aux attributs repose sur l'hypothèse suivante : la proportion de non-conformes est constante, la variabilité de la proportion de non-conformes proviennent de l'échantillonnage. Cette hypothèse forte n'est pratiquement jamais vérifiée, notamment en début de projet Six Sigma. De nombreuses causes interviennent, et la proportion de non-conformes est non constante. Les variations de proportion de non-conformes entre les lots proviennent des variations dues à l'échantillonnage, mais également des variations sur la moyenne de la proportion de non-conformes.

Laney[1] a proposé une carte spécialement adaptée à ce type de situation. Il considère que la variabilité naturelle du processus doit prendre en compte les variabilités inter-échantillons. À cet effet, il introduit le calcul de l'écart-type de la variabilité sur le nombre d'écarts-types (le z) entre le point et la moyenne historique.

Le calcul traditionnel des cartes p est le suivant :

$$LC = \overline{p} \pm 3 \cdot \sigma_{pi}.$$

Le calcul proposé par Laney est le suivant :

$$LC = \overline{p} \pm (3 * \sigma_z) \cdot \sigma_{pi}.$$

La carte de contrôle donnée dans la Figure 7.40 montre le résultat de ce calcul. Il fait apparaître deux points hors contrôle en lieu et place de la quasi-totalité des points dans la carte P.

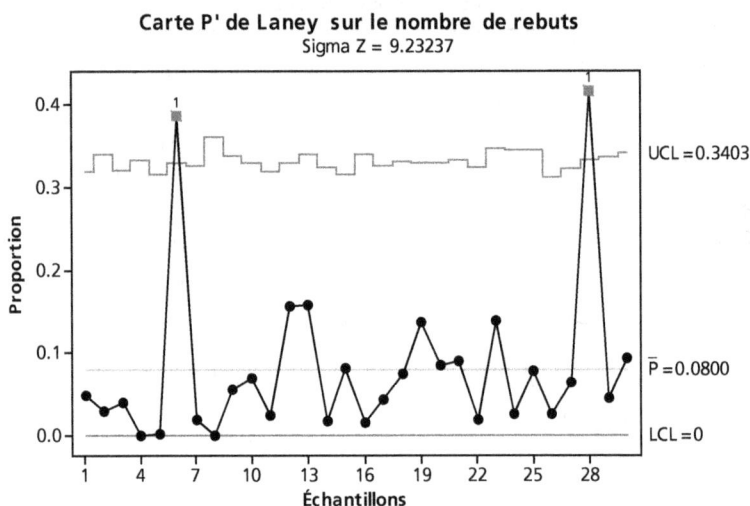

Figure 7.40. Carte de Laney

1. David B. Laney, *Improved Control Charts for Attributes Quality Engineering*, Volume 14, Issue 4, 2002, pages 531-537.

Le tableau ci-dessous (Figure 7.41) résume les calculs nécessaires pour tracer la carte de Laney :

N°	Def.	N	p_i	σ_{pi}	z	R	Limite inf.	Limite sup.
1	48	1 000	0,048	0,00858	– 3,73		0	0,317
2	24	839	0,029	0,00937	– 5,49	1,76	0	0,339
3	39	977	0,040	0,00868	– 4,62	0,87	0	0,320
…	…	…	…	…	…	…	…	…
28	370	892	0,415	0,00908	36,86	38,74	0	0,331
29	38	861	0,044	0,00924	– 3,88	40,74	0	0,335
30	77	833	0,092	0,00940	1,33	5,20	0	0,339

Figure 7.41. Tableau de calcul des cartes de Laney

Avec :

- Proportion moyenne des défauts :

$$\overline{p} = \sum Def / \sum N$$

- Proportion de défauts pour chaque échantillon :

$$p_i = def / N$$

- Écart-type de la loi binomiale pour l'échantillon i :

$$\sigma_{pi} = \sqrt{\frac{\overline{p}(1-\overline{p})}{ni}}$$

- Nombre d'écarts-types :

$$z = \frac{p_i - \overline{p}}{\sigma_{pi}}$$

- Étendue sur deux z consécutifs

$$R : \textit{étendue glissante sur les } z$$

- Écart-type de la variabilité des σ_i.

$$\sigma_z = \overline{R} / d_2$$

- Limite inférieure de contrôle :

$$Lim.\, inférieure = Max(0, \overline{p} - (3^*\sigma_z) \cdot \sigma_{pi})$$

- Limite supérieure de contrôle :

$$Lim.\, supérieure = \overline{p} + (3^*\sigma_z) \cdot \sigma_{pi}$$

6.6.2. *Carte aux valeurs individuelles*

Une autre solution à ce problème consiste à considérer les p_i comme des variables distribuées aléatoirement. Ainsi en traçant la carte aux valeurs individuelles/étendues glissantes, on trouve facilement les situations hors contrôle. La carte ci-dessous reprend les données de la Figure 7.39. Les résultats sont très similaires à ceux que l'on obtient avec une carte de Laney :

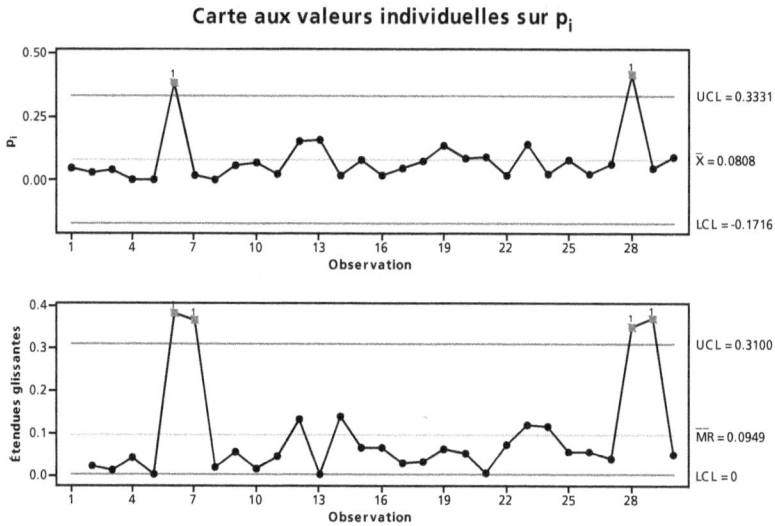

Figure 7.42. Carte aux valeurs individuelles appliquée sur une proportion

7. Création d'un plan de surveillance du processus

7.1. L'entonnoir à X

Le projet Six Sigma doit être un entonnoir à X au niveau du contrôle des paramètres. Les caractéristiques CTQ du projet dépendent de nombreux X. Le projet Six Sigma a montré les relations de dépendance entre les Y et les X. Le plan de surveillance va consister à identifier l'ensemble des X à contrôler avec toutes leurs caractéristiques (taille d'échantillons, fréquence...). Si le processus a été bien conçu, il n'est pas nécessaire de contrôler tous les X. En effet, de nombreux X seront naturellement sous contrôle, et seuls ceux sur lesquels on prévoit une éventuelle dérive, un décalage, nécessitent d'être surveillés au cours du temps. Contrôler, c'est avouer que l'on ne maîtrise pas ! Si une caractéristique est naturellement maîtrisée, il n'est bien évidemment pas nécessaire de contrôler.

L'industrialisation d'un processus doit jouer le rôle d'entonnoir à X, c'est-à-dire garantir la maîtrise de la majorité des X ayant une incidence sur le Y. Il restera à identifier dans le plan de surveillance les éléments ne pouvant être totalement maîtrisés par l'industrialisation.

7.2. Les différentes dérives

Le tableau présenté ci-dessous donne les principales dérives que l'on peut craindre sur un paramètre du processus. À chaque type de dérive, un plan de surveillance spécifique peut être appliqué. Identifier le plan de surveillance du processus revient ainsi à identifier dans un premier temps le type de dérive que l'on peut craindre de chacune des caractéristiques.

Type	Schéma	Exemples		Plan de surveillance	
		Ponctuel ou arrivée prévisible		**Constant ou arrivée non prévisible**	
Processus stable		Géométrie donnée par la géométrie de la machine — Entraxe dans outillage de découpe			
		Validation à la conception du processus			
Décentrage		Changement outils Remontage machine	Contrôle systématique après événement causal	Casse, collision… Problème sur un lot de matière première	Contrôle libératoire fréquentiel
Dérive en position		Machine froide Premières minutes de fonctionnement		Usure d'outils Variations thermiques	SPC, contrôle sur les limites naturelles du processus
Dérive en dispersion		Défauts de localisation suite à outil mal centré dans la broche		Usure d'un foret Jeux processus	
Événement erratique				Copeaux sur butée Erreur opérateur	Poka Yoke Contrôle à 100 %

Figure 7.43. Identification des types de dérive

7.3. Matrice d'impact

L'analyse du plan de surveillance consiste à identifier les modes de défaillance d'une caractéristique au travers des trois axes bien connus de l'AMDEC :

- la gravité de la défaillance ;
- l'occurrence de cette défaillance ;
- la détection de cette défaillance.

Cette analyse peut être réalisée au moyen d'une AMDEC, ou réalisée de façon plus simple à partir d'un tableau d'analyse des situations présentées en Figure 7.44.

Niveau de détection nécessaire		Processus stable			Décalage ou dérive prévisible			Décalage ou dérive imprévisible			Cause erratique
Sévérité de la tolérance		1	2	3	1	2	3	1	2	3	
Importance du X	Forte	8	6	4	6	4	2	4	2	1	1
	Moyenne	10	8	6	8	6	4	6	4	2	1
	Faible	10	10	8	10	8	6	8	6	4	4
	Très faible	10	10	10	10	10	8	10	8	6	8

Niveau de détection	Contrôle feu vert	Contrôle libératoire hors ligne	Contrôle MSP	Contrôle sur événement (chgt. outils…)	Contrôle à 100 % ou Poka Yoke
1	Obligatoire		Possible	Obligatoire	Obligatoire automatique
2	Obligatoire		OUI	Obligatoire	Possible
3	Obligatoire		OUI	Obligatoire	Possible
4	Obligatoire		OUI	Obligatoire	Possible
5	Obligatoire	OUI	Possible	Possible	Visuel
6	Obligatoire	OUI	Possible	Possible	
7	Obligatoire	OUI possible sur opération aval		Possible	
8	Possible	OUI possible sur opération aval			
9	Possible	OUI possible sur opération aval			
10	Possible				

Figure 7.44. Matrice d'impact pour la détermination du plan de surveillance

Exemples d'utilisation de cette matrice d'impact

Exemple 1

On a identifié que la température d'un four pouvait avoir une incidence forte sur le Y. Cette température est régulée, mais on craint un déréglage de la fonction de régulation. L'intersection entre une importance forte et un décalage ou dérive imprévisible donne une note allant de 1 à 4 suivant la sévérité de la tolérance. Dans notre cas, la plage de fonctionnement étant large par rapport à la variabilité attendue de la température, nous prendrons le niveau 4. Ce niveau 4 nous donne un plan de surveillance type avec :

- un contrôle feu vert à chaque démarrage de série de la température ;
- un contrôle par carte de contrôle de cette température ;
- éventuellement, un contrôle de la température (cas de maintenance du processus, par exemple).

Exemple 2

On a identifié que la teneur en sodium d'une solution de préparation avait une influence faible sur le Y du processus. Les spécifications sur cette teneur en sodium sont moyennement difficiles à tenir et l'on peut craindre une dérive de cette teneur dans le temps. Le tableau d'analyse des situations donne un niveau de 8. Le plan de surveillance minimale consistera à identifier sur le contrôle libératoire hors ligne, la teneur en sodium. Éventuellement, ce contrôle pour avoir lieu en aval du processus de production de la préparation.

7.4. Plan de surveillance

Le plan de surveillance du processus résume l'ensemble des éléments de contrôle des paramètres « processus » et des paramètres « produit » qui garantissent la maîtrise des caractéristiques Y du processus.

Le plan de surveillance est généralement résumé dans un tableau tel que celui proposé en Figure 7.45. Ce tableau peut être largement détaillé en indiquant par exemple les tailles d'échantillons, les différents contextes dans lesquels le contrôle doit être effectué, les actions nécessaires en cas de situations hors contrôle...

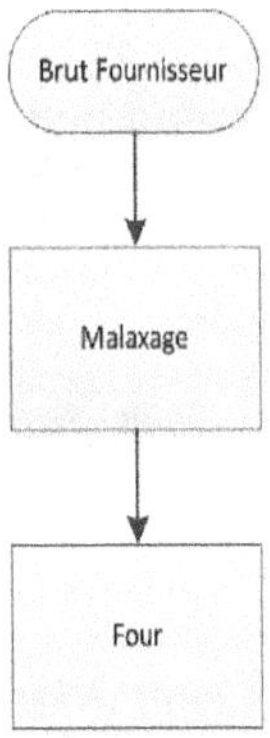

Cartographie du processus	Paramètres	Produit	Process	Spécifications	Moyen de contrôle	Paramètres de collecte	Suivi du paramètre
Brut Fournisseur	Sodium	X		< 0,3 %	Spectromètre	Échantillon à réception	Carte de suivi
	Dureté	X		25 ± 5	Pénétromètre	Échantillon à réception	Carte de suivi
Malaxage	Couleur	X		LAB Cible 25/32/24	LAB	Chaque lot	Enregistrement
Four	Température		X	220 °C	Thermomètre	Feu vert Maintenance	Suivi MSP
	Dureté	X		25 ± 5	Pénétromètre	Chaque lot	Suivi MSP

Figure 7.45. Exemple de plan de surveillance

Chapitre 8

Étape 6 – Standardiser/Pérenniser

1. Introduction

Cette sixième étape est souvent confondue avec l'étape 5 « Contrôler ». Dans notre approche, nous avons souhaité séparer la phase de standardisation et de clôture du projet de la phase « Contrôler ». Plusieurs entreprises optent pour cette solution qui permet de mettre en évidence la réflexion spécifique que demande cette phase d'un projet Six Sigma. Certains[1] vont même jusqu'à intégrer deux étapes supplémentaires (« Standardiser » et « Intégrer »).

Dans cette sixième étape, notre objectif prioritaire sera de mettre en place tous les moyens pour garantir la pérennité dans le temps des progrès accomplis et la démultiplication des solutions apportées, lorsque cela est possible.

S'il est souvent facile de progresser sur un sujet lorsque les moyens humains, financiers, managériaux sont disponibles, il est plus difficile de garantir que ces progrès seront définitivement ancrés dans l'entreprise lorsqu'on ne s'intéressera plus spécifiquement à ce sujet. Un problème est parfois comme une bougie magique que l'on met sur les gâteaux d'anniversaire des enfants ; vous avez beau l'éteindre, elle se rallume toujours ! Pour réellement pouvoir l'éteindre, il faut aller plus loin que les actions traditionnelles, il ne suffit pas de souffler dessus. En quoi les modifications apportées au processus ou au produit me donnent la garantie que j'ai éteint de manière définitive la bougie ?

Enfin, cette étape permettra de clore le projet dans les délais les plus serrés possible. Il n'est pas bon qu'un projet traîne en longueur. La clôture du projet sera l'occasion de faire le bilan des améliorations apportées et des gains induits. Elle permettra également de faire le point sur les difficultés rencontrées afin d'enrichir la démarche Six Sigma dans l'entreprise et de communiquer sur les résultats obtenus.

---

1. M. Harry, R. Schroeder, *Six Sigma : The Breakthrough Management Strategy Revolutionizing The World's Stop Corporation*, Crown Business, 2006.

2. Pérenniser la solution

2.1. Les difficultés

De plus en plus d'entreprises se rendent compte actuellement de l'importance des étapes finales pour pérenniser les actions Six Sigma. En effet, si l'on se satisfait des cinq étapes traditionnelles, comment garantir que l'action mise en place sera encore présente dans deux ans ?

Cette notion de pérennité est un véritable problème industriel. Comment pérenniser une action réussie ? Quels sont les outils, les méthodes à notre disposition pour garantir cette pérennité ? Si l'on se réfère à la bibliographie, on est bien obligé de constater la pauvreté des réponses qui nous sont apportées sur le sujet et il ne faut pas s'étonner que les industriels se retrouvent désarmés devant ce problème.

Pour illustrer ce vide, relatons l'expérience d'un groupe d'industriels réunis autour du thème « Pérennisation des actions réussies ». Chaque industriel devait apporter un exemple d'action d'amélioration réussie pérennisée et un exemple d'action réussie qui n'a pas été pérennisé. Tous avaient facilement identifié une action non pérennisée et il leur était plus difficile d'identifier un exemple d'action pérennisée.

Cet état de fait a été confirmé par la suite plusieurs fois auprès d'industriels de tous secteurs d'activités. Il y a une réelle difficulté à maintenir dans le temps les progrès d'une action. Combien d'entreprises ont fait des progrès considérables dans un domaine, pour constater deux ans plus tard que l'on était revenu à un état proche de l'état initial ! Chacun peut s'interroger dans sa propre entreprise en regardant les cinq dernières années : combien de projets ont été menés ? Que reste-t-il de ces projets un ou deux ans après ? A-t-on été capable de capitaliser ces progrès ?

Souvent la réponse à ces questions est surprenante, on ne sait pas bien pérenniser une action et ce n'est pas parce que l'on vient de faire un projet Six Sigma que l'on saura mieux capitaliser si l'on ne modifie pas notre façon de faire. C'est pourquoi cette sixième étape « Standardiser/Pérenniser » nous semble indispensable.

2.2. Les causes de ces difficultés

Partant de cette constatation, nous nous sommes interrogés au sein de l'université de Savoie sur les causes de ces difficultés. Sans avoir la prétention d'être exhaustifs, nous avons identifié les causes suivantes (l'ordre ne traduit pas de hiérarchie dans les causes).

- la lassitude d'appliquer une procédure contraignante ;
- le maintien de l'action est lié à l'implication du chef de projet, et le chef de projet... a désormais d'autres projets ;
- la bonne pratique s'est perdue à cause d'une rotation du personnel ;
- à force de prendre des raccourcis dans la procédure, on a perdu l'essence de l'action d'amélioration ;
- de nouvelles démarches de progrès ont contrarié l'application d'une démarche plus ancienne ;
- l'absence d'outils et de méthodes pour valider la pérennisation ;
- la multiplicité des projets, on ne va pas au bout de chaque démarche.

Les causes sont si nombreuses qu'il ne faut pas s'étonner de voir autant d'actions riches en progrès tomber dans l'oubli.

2.3. Les principes de base de la pérennisation d'une action

Principe n° 1 – L'état organique

Un des principes importants de cette étape est le principe de l'état organique. Si la mise en application d'un progrès demande un effort particulier de la part du personnel, il y a fort à parier que l'on ne saura pas maintenir cet effort dans le temps lorsque la pression sur le sujet diminuera. Si l'on veut que la solution soit pérenne sans avoir besoin de maintenir une pression permanente, il faut atteindre l'« état organique ».

Nous définissons l'« état organique » comme l'état du processus vers lequel il retournera naturellement.

Exemple

Dans la nature, un pré qui n'est plus entretenu retournera naturellement à l'état de bois. En revanche, un bois non entretenu aura certes un rendement plus faible, mais sa situation n'évoluera pas fondamentalement.

Une des définitions données par l'Académie française du terme d'organique est : « Qui est organisé, qui implique une force centrale agissant, consciemment ou non, en vue d'une fin. » Lorsqu'une situation ne coïncide pas avec un état organique, il faut absolument prévoir des actions conscientes de maintien du niveau atteint. En reprenant l'exemple du pré, on doit ainsi prévoir de le faucher et d'entretenir les haies si l'on ne veut pas que la situation se dégrade.

Dans un processus, l'expérience nous montre que la situation est à peu près identique. Plus la solution choisie sera proche de l'état organique et moins les efforts nécessaires pour la maintenir seront importants. Lorsqu'on atteint cet état, la mise en œuvre de la solution se fait naturellement sans effort ni contrainte.

La notion d'effort et de contrainte doit être détaillée, il ne s'agit pas de ne rien faire.

Exemples

Prenons l'exemple du rangement d'un poste de travail, l'absence de contrainte ne correspond pas à l'absence de rangement. Cela va dépendre de la culture d'entreprise du personnel. Dans certaines entreprises qui ont une culture du rangement et de la propreté très ancrée, le personnel ne supportera pas de laisser se dégrader une situation. Les actions de rangement et de nettoyage ne seront pas vues comme une contrainte. La contrainte consisterait à demander aux opérateurs de travailler dans un environnement mal rangé, ou de pousser trop loin le besoin de propreté.

Si l'on demande à un opérateur de faire un suivi d'une caractéristique sur carte de contrôle alors que la culture de l'entreprise consiste à ne jamais demander aux opérateurs de prendre un stylo, il est absolument indispensable de prévoir les formations et les suivis nécessaires. Dans le cas d'entreprises qui ont déjà intégré la culture du suivi de production sur feuille de relevés par les opérateurs, l'action passera sans la moindre contrainte si la formation est correctement réalisée.

Cette notion d'« état organique » est donc intimement liée à la culture de l'entreprise et la pérennité d'une même action peut être très différente dans deux entreprises aux cultures opposées. Si l'on veut garantir la pérennité d'une action, il faut donc intégrer cette notion. Si une action Six Sigma demande la mise en œuvre d'une procédure éloignée des règles standards de l'entreprise, il faudra renforcer considérablement les formations et les suivis de l'action. L'objectif consistera dans ce cas à faire évoluer l'état organique de l'entreprise, mais cela demande beaucoup de temps et de labeur.

Exemple

Si l'on reprend l'exemple de la nature pour expliquer cette évolution, on peut s'intéresser à l'entretien d'une butte de terre. Faire évoluer l'état organique de l'entreprise consisterait à planter des arbustes rampants, garantissant un bel aspect visuel mais ne nécessitant pas d'entretien. Il faudra quand même attendre quelques années pour obtenir le résultat souhaité pendant lesquelles un minimum d'entretien sera nécessaire.

Atteindre cet état organique consiste donc à se poser un certain nombre de questions.

- Comment simplifier les procédures mises en place pour qu'elles soient appliquées naturellement ?
- Comment standardiser les procédures afin qu'elles soient naturellement intégrées dans la culture de l'entreprise ?
- Quelles sont les formations à organiser pour garantir que la rotation du personnel ne remette pas en cause les progrès réalisés ?
- Comment démultiplier les bonnes pratiques sur d'autres processus pour faire évoluer l'état organique de l'entreprise ?
- Comment intégrer les méthodes et processus standards dans le développement de nouveaux produits ?

Principe n° 2 – La contrepartie

La recherche d'un état organique élevé doit être une priorité car, dans cet état, le maintien de l'action ne demande pas d'effort. Cependant, dans la nature il y a des prés et il faut les faucher ! On ne pourra pas toujours atteindre le résultat escompté sans effort. Dans ces conditions, pourquoi chaque individu a-t-il intérêt à maintenir ses efforts pendant de nombreuses années ? Parce qu'il y trouve un intérêt, une contrepartie. Il faut donner du sens aux actions.

Dans le cas contraire, il veut bien « faire plaisir au chef de projet » pendant un certain temps mais, très vite, dès que la pression sur le sujet retombe, il cessera peu à peu de faire des efforts.

Si l'on veut appliquer ce principe, il faut savoir reconnaître les efforts demandés aux acteurs du processus et évaluer les contreparties qu'ils reçoivent en échange.

Exemples

Si l'on reprend l'exemple d'une action dont la pérennité dépend de la bonne application d'une carte de contrôle, on doit se poser la question de l'intérêt qu'aura l'opérateur à suivre cette carte et à modifier sa façon de piloter le processus. Comment est-il responsabilisé ? En quoi une bonne capabilité va l'intéresser ?

On accepte de faucher un pré parce qu'on a besoin du foin ! On accepte de faire une action parce qu'elle est prioritaire sur d'autres actions. Qu'est-ce qui fait que le niveau de cette action restera prioritaire ?

Principe n° 3 – La facilitation

Le troisième et dernier axe fait référence à ce qui permet d'alléger l'effort supplémentaire qu'une pérennisation amène à fournir. Qu'est-ce qui permet de soulager l'effort, ou comment faire en sorte que cet effort paraisse plus surmontable ?

Pour y parvenir, plusieurs types d'actions contribuant à « faciliter » l'effort à produire sont possibles. Celles-ci peuvent se structurer autour de trois grandes directions.

Développer l'habileté technique des acteurs du système

Le même effort n'apparaîtra pas aussi important pour l'ensemble des collaborateurs selon la qualification et l'habileté technique. Plus on a l'habitude de réaliser une tâche, et moins sa réalisation demandera de réflexion, d'analyse. Elle apparaîtra plus facile. Plus l'habileté et la qualification des collaborateurs seront importantes, moins le niveau d'effort à fournir sans contrepartie sera important.

Dans cette direction, on trouvera, notamment, toutes les actions de formation.

Développer le phénomène de groupe

Si tout le monde accepte de réaliser la tâche, la perception de la tâche apparaît moins fastidieuse. Si l'on prend l'exemple du rangement, il est plus facile de maintenir un lieu propre et rangé si tout le monde participe au rangement que si cette action est isolée dans l'entreprise.

Dans cette direction, on trouvera toutes les actions de déploiement des bonnes pratiques.

Simplifier les tâches

Réaliser une tâche compliquée demande un effort. Si on simplifie cette tâche, par exemple en recourant à des outils informatiques, méthodologiques, mécaniques, etc., l'opérateur acceptera plus facilement de la réaliser de façon pérenne. Toutes les actions prises pour simplifier le travail des gens participent donc à la pérennisation.

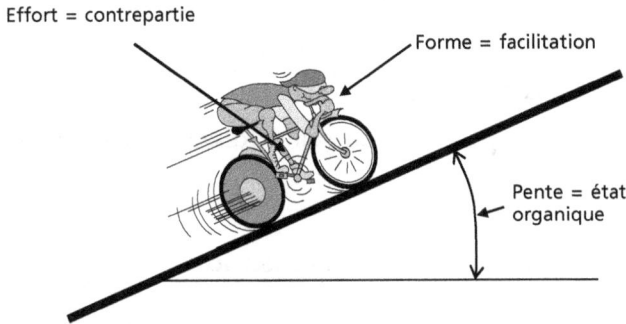

Figure 8.1. Les trois principes de la pérennisation

Pour illustrer les trois principes de base de la pérennisation des actions, nous allons nous appuyer sur l'illustration d'un cycliste qui doit rouler (Figure 8.1), le plus facilement possible. L'avancement du cycliste représentera le maintien de l'action.

• La pente à monter représente ce que nous appelons l'état organique qui définit l'effort nécessaire à fournir pour avancer. Cet état dépend de ce qu'on demande de faire, mais aussi de la culture de l'entreprise et de son historique.

• Si le cycliste accepte de fournir un effort, c'est qu'il a une contrepartie. Cela peut être le besoin de se déplacer, ou le plaisir de faire du sport.

• Enfin, selon la forme et l'entraînement du cyclisme, la même pente n'apparaîtra pas avec un niveau de difficulté équivalent. C'est la facilitation. De même, rouler en peloton permettra au cycliste de monter plus facilement et avec plus de plaisir.

2.4. L'épreuve du feu

Toute mesure d'amélioration doit passer l'épreuve du feu. C'est le « check du PDCA de Deming ». Après quelque temps de mise en application d'une nouvelle procédure, on doit faire une validation de la procédure pour vérifier :

• que l'on a bien pris en compte les différents éléments de l'environnement ;

• que toutes les hypothèses envisagées ont bien été validées ;

• que ce qui est appliqué correspond à ce qui a été décidé.

Cette notion de « revisitage » de toute procédure modifiée après un certain temps d'épreuve du feu est un point très important pour la pérennisation. Un projet Six Sigma ne peut être considéré comme terminé si cette étape n'a pas été franchie.

Cette étape a donc pour objectifs d'identifier les risques liés à la pérennité de l'action et de prendre les mesures limitant le besoin de recourir à des contraintes pour garantir l'avenir du projet.

Deux grands types d'actions peuvent être pris :

- simplifier les procédures pour ramener le processus à l'état organique ;
- faire évoluer l'état organique en standardisant et en déployant les bonnes pratiques.

2.5. Le changement vers la pérennisation

La Figure 8.2 illustre le passage vers un état organique pérenne. Dans un premier temps, le changement réussi apporte des gains significatifs sur la performance, mais l'état organique n'a pas encore évolué. Ces gains résultant directement des efforts réalisés par les acteurs du changement, des contreparties doivent être rapidement mises en place.

Si l'on s'arrête là, très vite les contreparties se révéleront insuffisantes et le système retournera vers son état organique initial. Il s'agit donc que les actions de facilitation prennent rapidement le relais pour maintenir l'acquis, ces facilitations pouvant prendre la forme de formations, d'actions simplificatrices, ou de développement d'habilités techniques. Dans le même temps, il s'agit également d'identifier et d'affirmer les nouvelles valeurs de l'entreprise qui permettront de faire évoluer l'état organique.

Au terme de cette transformation de l'état organique, une action pérenne ne doit plus exiger de contreparties. Les facilitations mises en place doivent faire partie de la culture de l'entreprise et l'état organique doit assurer à lui seul cette pérennisation.

3. L'audit de pérennité

3.1. Objectif de l'audit

Cette étape peut commencer par un audit de pérennité après un certain temps d'épreuve du feu, que l'on fait accompagner du questionnaire d'alerte.

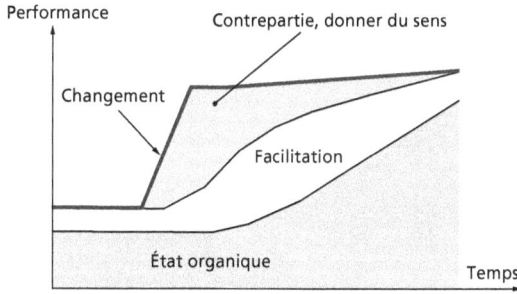

Figure 8.2. L'évolution vers l'état organique

L'audit de processus a pour objectif de s'assurer que les CTQ sont bien mesurés et suivis, qu'un minimum de formalisation existe et qu'on applique bien les procédures décidées. On doit vérifier :

- que les nouvelles méthodes, les procédures sont suffisamment documentées pour pouvoir faire l'objet d'un audit par une personne étrangère au projet Six Sigma ;
- que les modifications décidées sur le processus sont effectivement en place ;
- que les procédures définies sont effectivement appliquées ;
- s'il n'existe pas des difficultés à faire vivre au quotidien les nouveaux processus ;
- que les capabilités atteintes à la fin de l'étape « Contrôler » sont bien maintenues.

Le questionnaire d'alerte (Figure 8.4) permet de détecter les risques quant à la pérennité de l'action et si elle va nécessiter un suivi constant. Il reprend les principales causes de dégradation dans l'application des actions. Lorsqu'au moins une alerte est active, on considère qu'il y a un risque et on doit mettre en place une action garantissant la pérennité.

Par exemple, si l'on constate après un certain temps d'épreuve du feu que déjà un certain nombre de raccourcis ont été pris par rapport à ce qui avait été décidé, il y a fort à parier qu'ils seront de plus en plus nombreux avec le temps et que la qualité des résultats se diluera.

3.2. Grille d'audit

Pour valider l'application des points qui ont été décidés, on utilise une grille d'audit semblable à celle donnée en exemple :

	Points d'audit	I	E	M	S	E	Actions correctives
Mesure	Les caractéristiques critiques pour le client (CTQ) font l'objet d'une mesure.						
	Les moyens de contrôle présents sur le poste sont à jour du point de vue vérification.						
	Les fréquences de contrôle sont respectées.						
	Les CTQ sont suivies dans le temps.						
	Les capabilités mesurées sont conformes avec l'objectif du projet Six Sigma.						
Processus	Les procédures, méthodes à appliquer ont été documentées.						
	Les modifications décidées dans le projet Six Sigma sont effectivement en place.						
	Les procédures, méthodes appliquées sont conformes à ce qui a été défini.						
	Les compétences et les formations nécessaires ont été définies et sont en accord avec les faits.						

Figure 8.3. Grille d'audit d'un processus Six Sigma

On recourt à la méthode IEMSE pour procéder à l'évaluation :

I (Inexistence) : ce point n'est pas traité sur le poste audité.

E (Existence) : il existe une réponse montrant que le poste a pris en compte le point.

M (Méthode) : la réponse à la question est traitée selon une méthode susceptible d'être généralisée.

S (Systématique) : la réponse est traitée avec méthode, et l'application sur le terrain est effective et systématique (pérennité dans le temps).

E (exemplarité) : la méthode, son application et ses résultats méritent d'être communiqués à l'extérieur parce que simples, efficaces, efficients...

4. Les actions de pérennisation

4.1. Simplifier les procédures et les processus

Après quelque temps de mise en place d'une nouvelle procédure, il se produit nécessairement un phénomène de rodage. On s'aperçoit que les fréquences de contrôle ne

© Groupe Eyrolles

	Points d'audit	OUI	NON
Mise en place	La procédure est simple de lecture et de compréhension, facile d'accès et bien communiquée.	☀	☁
	Les principes que l'on doit appliquer sont conformes aux règles et standards de l'entreprise.	☀	☁
	L'habilitation au poste de travail d'un nouveau collaborateur inclut la formation à cette procédure.	☀	☁
	Il existe un support de communication pour proposer des améliorations à cette procédure.	☀	☁
Application	La nouvelle procédure introduit des lourdeurs ; les utilisateurs trouvent que la nouvelle procédure est plus contraignante que l'ancienne.	☁	☀
	Les utilisateurs du processus utilisent parfois des raccourcis dans l'application de la nouvelle procédure.	☁	☀
	La bonne application est dépendante de l'implication active du porteur de projet.	☁	☀

Figure 8.4. Questionnaire d'alerte

sont pas adaptées, qu'on a introduit une lourdeur finalement inutile à tel endroit de la procédure...

La revue de processus après un certain temps de fonctionnement, lorsqu'on a subi l'épreuve du feu est donc indispensable. Si l'on veut garantir la pérennité, il faut toiletter la nouvelle procédure pour éliminer les lourdeurs et les actions inutiles, ou parfois la renforcer. Cette revue est facilitée si l'on a prévu dès le départ un support de communication permettant d'enrichir la procédure.

Exemple de simplification de processus

Pour piloter le maintien d'une cote sur la cible, les opérateurs devaient utiliser une vis dont la précision était incompatible avec la précision de réglage demandée. Il en résultait une perte de temps importante (environ un quart d'heure) à chaque réglage.
Une étude de simplification a permis de régler la machine en interposant des flasques entre l'outil et le porte-outil. Le nouveau réglage est quasi instantané.

Exemple de simplification de procédure

La mise en place d'une carte de contrôle des moyennes/étendues manuelle sur un processus procurait des contraintes aux opérateurs :
• une fréquence élevée de contrôle ;
• la nécessité d'effectuer des calculs à chaque prélèvement.
Après avoir analysé les résultats en capabilité et la stabilité du processus, on a pu simplifier la procédure en remplaçant la carte aux moyennes par une carte aux médianes (qui ne nécessite pas de calculs) et diminuer les fréquences de contrôle.

Dans cette phase, on doit faire les transformations pour que le nouveau standard soit appliqué simplement et sans effort ni contrainte.

4.2.   Rendre robuste le point de fonctionnement

Il n'est pas toujours réaliste de penser que le point de fonctionnement choisi à l'issue des étapes DMAICS soit un point de fonctionnement absolu. Il dépend d'un contexte, d'un environnement, et celui-ci va sans doute évoluer dans l'avenir.

Comment adapter le point de fonctionnement aux évolutions futures de l'environnement ou du processus lui-même ?

Une façon de faire consiste à figer un certain nombre de règles de pilotage, ce qui permet d'adapter la valeur de la sortie *Y* sur la consigne désirée lorsque l'environnement évolue. Mais parfois ce sont les règles de pilotage elles-mêmes qui doivent évoluer.

Exemple

Prenons l'exemple de la conduite automobile : le conducteur doit adapter la course de la pédale de frein en fonction de l'usure des plaquettes. Au cours de la vie de l'automobile, il adapte sa conduite à l'évolution du comportement. Les règles figées lorsque la voiture est neuve peuvent devenir catastrophiques lorsque la même voiture comptabilise au compteur 200 000 km.

Pour prévoir cette adaptation des règles au cours de la vie du processus, plusieurs solutions sont à la disposition du *Black Belt* :
• le revisitage des règles à des périodes régulières ;
• la présence d'un paramètre de pilotage permettant de ramener le processus sur la cible en cas d'évolution de l'environnement.

4.3. Identifier et dupliquer les bonnes pratiques

La connaissance est certainement la plus grande richesse de l'entreprise. Cependant, la plupart du temps, cette connaissance est « nichée » dans la tête des personnes et, lorsque celles-ci quittent l'entreprise, la connaissance part avec elles. De plus, une connaissance dans un secteur peut souvent être utile à d'autres secteurs de l'entreprise. Pour en profiter, il faut :

- avoir pris conscience qu'il y a une « bonne pratique » à cet endroit ;
- être capable de formaliser cette connaissance ;
- mettre en œuvre les moyens et méthodes qui permettront de la démultiplier.

« Bonne pratique »

Une bonne pratique est définie[1] par « une technique, une méthode ou un procédé qui a été mis en place et qui a amélioré les résultats de l'entité. La bonne pratique est supportée par des données concrètes et vérifiables à la place où les expérimentations ont été effectuées ».

Une autre définition en est donnée par Prax[2] : « Toute pratique, connaissance ou savoir-faire qui a montré son efficacité ou sa valeur dans une partie de la société et qui est applicable à une autre partie de la société. »

On l'a souligné, on met en place un projet Six Sigma pour améliorer un point critique pour les clients de l'entreprise. Lorsqu'on parvient à cette sixième étape « Standardiser », on doit avoir mis en place de nouveaux moyens et de nouvelles procédures qui donnent satisfaction. C'est sans doute le bon moment pour identifier une « bonne pratique » qu'il peut être utile de formaliser et de démultiplier.

Pour identifier la bonne pratique, on la situe sur la cartographie efficacité/efficience :

- l'efficacité est relative au résultat obtenu ;
- l'efficience l'est par rapport à l'effort que l'on déploie pour atteindre le résultat.

La bonne pratique facile à maintenir est une pratique dont le résultat est très satisfaisant sans nécessiter d'effort particulier (état organique).

---

1. The European Quality Promotion Policy (European Commission DG III Industry), « Benchmarking Introduction and main principles », *Quality Series*, number 7, January 1998.
2. J.Y. Prax, *Le Guide du Knowledge Management*, Dunod, 2000.

Pour qualifier l'efficacité de la bonne pratique, on note trois critères (note de 1 à 5). Le résultat est la somme de ces trois notes.

- **Qualité** : aptitude du processus à délivrer un produit ou service conforme aux spécifications du client.

- **Coût** : aptitude du processus à délivrer un produit ou un service à un coût compatible avec celui que le client est prêt à supporter.

- **Délai** : aptitude du processus à délivrer un produit ou un service dans un délai compatible avec celui que le client est prêt à accepter.

Pour qualifier l'efficience, on note également trois critères (note de 1 à 5). Le résultat est la somme de ces trois notes.

- **Simplicité** : le déploiement sera d'autant plus facile à déployer que sa mise en œuvre est simple.

- **Économie** : un processus sera d'autant plus pertinent à déployer que son exécution ne requiert qu'un nombre limité de ressources humaines et techniques.

- **Sécurité** : le processus ne peut être déployé que si sa mise en œuvre ne risque pas de mettre en péril l'organisation dans laquelle il est implanté.

Le résultat des deux notes « efficacité » et « efficience » est placé sur la cartographie efficacité/efficience (Figure 8.5) pour juger de la pertinence à déployer la pratique. Pour pouvoir être dupliquée, la bonne pratique doit être formalisée.

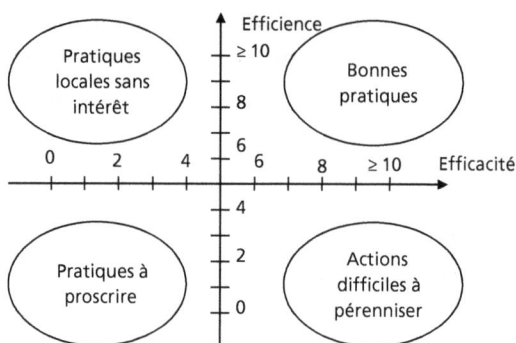

Figure 8.5. Cartographie efficacité/efficience

Le fait d'identifier et de dupliquer des bonnes pratiques est sans aucun doute une excellente façon de faire évoluer l'état organique de l'entreprise. Lorsqu'une bonne pratique est appliquée systématiquement, elle entre dans la culture de l'entreprise et le niveau de contrainte nécessaire pour la maintenir est considérablement moindre.

Exemples

Citons deux pratiques : le rangement et le management visuel par cartes de contrôle.

Concernant le rangement, quiconque a visité plusieurs entreprises, même dans un secteur d'activité identique, a pu constater des différences considérables en matière de rangement et de nettoyage. Lorsque cette bonne pratique est partagée par l'ensemble du personnel, elle est réalisée naturellement et la pérennité en est garantie avec un minimum de contraintes.

En matière de management visuel par cartes de contrôle, de nombreuses sociétés ont mis en place des pratiques de pilotage visuel des activités. Là encore, c'est le partage des pratiques qui donne la culture. Une application isolée ne peut changer la culture de l'entreprise, et la bonne pratique ne sera pas robuste à un changement de management dans le secteur.

4.4. Finaliser la documentation du poste

Toute modification dans la façon de procéder doit être un minimum formalisée si l'on veut en garantir la pérennité. Dans la phase « Contrôler », on a pris soin de réaliser cette documentation en établissant les règles de pilotage. Il est toujours difficile de trouver le point d'équilibre entre une documentation insuffisante et une documentation qui nuit à la créativité. Il faut sans arrêt avoir en tête la phrase de Bernard Nadoulek : « Une entreprise dans laquelle il n'y a pas d'ordre est incapable de survivre, mais une entreprise sans désordre est incapable d'évoluer[1]. » Le but de cette nouvelle visite de la documentation est de valider avec un peu de recul les points suivants :

- ce qui est écrit correspond à ce qui est réalisé ;

- ce qui est écrit est bien compris ;

- les nécessaires ajustements réalisés dans les premiers temps de mise en place sont bien intégrés.

En fonction des résultats de l'audit et du questionnaire d'alerte, on n'hésitera pas à adapter le système documentaire.

© Groupe Eyrolles

---

1. L. Boyer, M. Marchesnay, *La Stratégie en citations – 500 citations d'Aragon à Saint-Augustin*, Éditions d'Organisation, 2002.

4.5.   Intégrer les processus et méthodes standards dans le développement de nouveaux produits

Les nouveaux standards et les nouvelles pratiques qui ont démontré leur efficacité dans le projet Six Sigma doivent pouvoir être intégrés dans les nouveaux développements de produits ou de processus. On doit à cet effet créer un référentiel interne à l'entreprise, capitalisant ces nouvelles connaissances.

Exemple

Pour illustrer cette capitalisation, prenons l'exemple d'une entreprise de micro-mécanique qui vient de faire un projet Six Sigma à la suite de nombreux retours clients en raison de pertes de vis. Le projet a permis à l'entreprise de comprendre parfaitement les causes de la mauvaise tenue des vis aux chocs, et a conduit à établir des règles concernant :
- le profil des filets qu'il fallait utiliser ;
- la façon de réaliser ces filets ;
- la façon de monter les vis.

Toutes ces améliorations ont fait l'objet de normes internes qui garantissent que, désormais, l'entreprise ne pourra plus sortir un produit défaillant au niveau de sa visserie. Même un jeune développeur qui n'a pas connu cet incident devra se conformer aux normes internes de conception. Dans son travail, il ne devrait donc pas rencontrer cette défaillance.

5. Mettre en place le cliquet antiretour

L'ensemble des six étapes a permis d'améliorer le service rendu aux clients, ce dont on peut juger par l'amélioration du niveau atteint sur les caractéristiques CTQ. De nombreuses actions ont été menées dans l'étape « Standardiser » pour pérenniser la solution adoptée. Toutefois, sans mesure, il n'est pas possible de garantir le maintien dans le temps du niveau de performance.

C'est pour cela que l'on doit mettre en place un tableau de bord formé d'indicateurs de performance.

Indicateur de performance

« Un indicateur de performance est une donnée quantifiée qui mesure l'efficacité de tout ou partie d'un processus ou d'un système par rapport à une norme, un plan ou un objectif qui aura été déterminé et accepté, dans le cadre d'une stratégie d'ensemble. » (Définition de la commission IP de l'AFGI, 1992)

L'efficacité du processus est étroitement dépendante du niveau atteint sur les CTQ ou sur toutes les caractéristiques élémentaires dont on a montré le lien avec les CTQ. Les indicateurs de performance doivent montrer l'évolution de toutes ces caractéristiques par rapport aux cibles et aux spécifications qui ont été fixées dans le cadre du projet Six Sigma.

Un indicateur de performance très simple est le z du processus ou mieux, la suite des trois indicateurs Cp, Pp, Ppk permettant de connaître les performances du processus (Voir chapitre 4 – « Mesurer »).

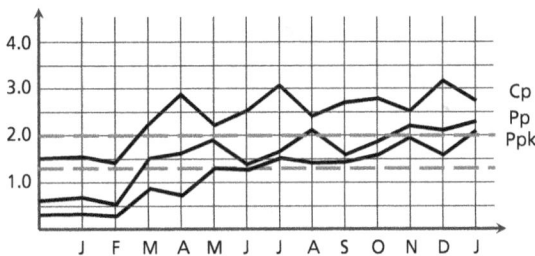

Figure 8.6. Suivi des capabilités

Un suivi graphique de ces trois indicateurs (Figure 8.6) permet de s'assurer du maintien de la performance et de la réaction rapide en cas de perte de capabilité. On fait apparaître sur ce graphique les deux limites :

- le niveau limite de 2,0 pour le Cp qui correspond à l'objectif 6σ sur la dispersion court terme ;

- le niveau limite de 1,33 qui est souvent admis pour l'indicateur de capabilité long terme Ppk.

6. Communiquer

C'est le dernier « coup de reins » à donner, mais il est important. Ce dernier effort permet de réfléchir sur ce que l'on a fait, la façon dont on l'a fait et de progresser sur la méthodologie mise en œuvre.

6.1. Préparer un bilan du projet

Le bilan du projet doit être le plus complet possible ; il doit comporter les volets technique, financier, humain et méthodologique.

Bilan technique

- Synthèse des améliorations techniques apportées.
- Modification de procédures, de méthodes.
- Amélioration des capabilités.
- ...

Bilan financier

- Synthèse des coûts mesurables et non mesurables.
- Synthèse des gains mesurables et non mesurables.
- ...

Bilan humain

- Fonctionnement du groupe de travail.
- Identification des manques en matière de formation, de compétences.
- ...

Bilan méthodologique
- Si c'était à refaire, adopterions-nous la même démarche ?
- Qu'avons-nous oublié de faire qu'il ne faudra plus oublier ?
- En quoi ce projet peut-il enrichir la démarche Six Sigma dans notre société ?

6.2. Présenter le bilan

Les *Black Belts* tirent leurs connaissances de leurs propres expériences de conduites de projet, mais ils peuvent également profiter de celles de leurs collègues *BB*. Il est très important de partager entre *BB* le bilan d'un projet qui vient de se terminer.

L'apport en est double :

- celui qui écoute bénéficie d'une partie de l'expérience acquise par le porteur de projet, dans la conduite d'un projet, l'utilisation des outils…
- celui qui expose s'enrichit en reformulant son propre vécu et en s'obligeant à une réflexion supplémentaire pour répondre aux questions.

Cette présentation formelle doit également intéresser un plus large public, notamment les *Champions* qui trouveront sans doute dans ce type d'exposé des idées pour de nouveaux chantiers Six Sigma.

Cette présentation doit aussi être l'occasion de célébrer de façon festive la fin du projet afin de remercier toutes les personnes qui s'y sont impliquées. La reconnaissance de l'effort est une valeur forte de la motivation. Il ne faut pas la négliger.

Enfin, tout en conservant une nécessaire confidentialité, il ne faut pas hésiter à sortir de l'entreprise pour présenter ces bilans devant la communauté scientifique. L'élévation de niveau qui en résulte profite à tout le monde.

Chapitre 9

Le management Six Sigma

1. Introduction

Six Sigma repose sur la démarche DMAICS que nous avons largement évoquée dans les chapitres précédents. L'approche DMAICS est le moyen d'action de Six Sigma, mais pour qu'il réussisse dans l'entreprise, il lui faut une logistique de soutien apportée par le management.

Introduire Six Sigma ne peut se faire de façon ponctuelle, ce doit être une véritable stratégie d'entreprise. Lancer une application DMAICS dans une entreprise, c'est mettre en œuvre sur un problème précis une démarche de résolution de problème. Mettre en œuvre Six Sigma, c'est être capable de multiplier le nombre de projets, ce qui nécessite :

- le partage des valeurs de Six Sigma ;
- l'organisation du management en management par projets ;
- la démultiplication de compétences souvent inexistantes dans nos entreprises (par exemple une solide culture statistique) ;
- la formation de plusieurs *Black Belts* capables de conduire des projets ;
- la conduite de nombreux projets à différents niveaux de l'entreprise.

1.1. Le partage des valeurs de Six Sigma

Pour mettre en œuvre Six Sigma, il faut que toute l'entreprise adopte un certain nombre de valeurs qui font la force de Six Sigma. Nous avons développé dans cet ouvrage les valeurs de Six Sigma, nous allons revenir sur celles qui nous semblent essentielles mais qui ne sont pas forcément présentes dans nos entreprises.

La maîtrise de la variabilité

La variabilité est l'ennemi ; il faut absolument chercher à l'éliminer. Pour cela, il faut se dégager de la culture traditionnelle de la tolérance qui consiste à accepter une certaine variabilité. Dans l'esprit Six Sigma, certes, on cherche à éliminer la non-conformité, mais avant tout on cherche le centrage absolu des valeurs sur la cible souhaitée par le client.

La culture de la mesure

Pour pouvoir progresser, il faut mesurer, et mesurer ne consiste pas simplement à donner un chiffre. Encore faut-il que ce chiffre signifie quelque chose ! Cette culture de la mesure comme base de l'analyse, avec la mesure du niveau de capabilité comme preuve de l'amélioration réalisée est sans aucun doute un élément culturel très difficile à faire entrer dans nos entreprises.

La recherche des caractéristiques critiques pour le client (CTQ)

Un projet Six Sigma commence par la recherche des CTQ. Cela force l'entreprise à se tourner résolument vers le client, point de départ de la démarche et point d'arrivée de tous projets Six Sigma. Ce point est culturellement déjà très présent dans les approches de type EFQM ou ISO.

La notion de preuve statistique

Lorsque l'on donne un résultat, il en faut la preuve statistique. Nous avons détaillé dans cet ouvrage un certain nombre d'outils permettant d'apporter cette preuve. Nous sommes loin d'avoir été exhaustifs. Pourtant si une majorité de cadres était capable de mettre en place les outils détaillés, que de progrès les entreprises pourraient-elles faire ! Malheureusement, nous constatons tous les jours le manque de connaissances statistiques des cadres européens... qui les conduisent parfois à faire du Six Sigma sans statistiques. Ce qui – de notre point de vue – détourne complètement Six Sigma de ce qui a fait sa force.

Le respect de la démarche : ne rien toucher avant d'avoir analysé le système

Dès qu'un problème survient, on évoque une solution. Ce n'est pas la culture Six Sigma. L'amélioration n'est que la quatrième étape du processus DMAICS. Avant, on se donne les moyens de remonter aux causes racines du problème. Les « y a qu'à faut qu'on » ne font pas partie de la culture Six Sigma.

1.2. Le management Six Sigma

Figure 9.1. Structure de management hiérarchique

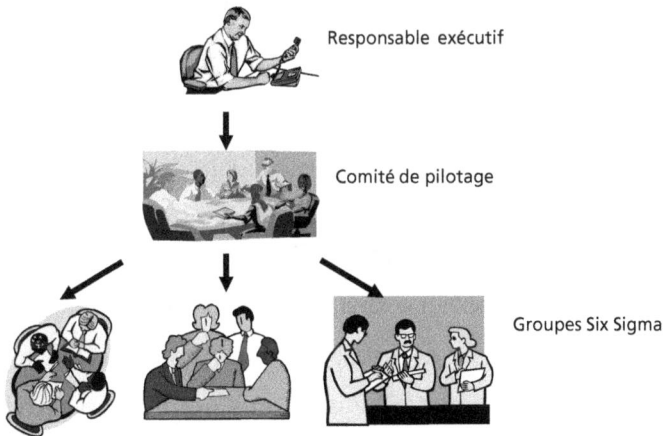

Figure 9.2. Structure de management Six Sigma

Le management Six Sigma est un management par projet. Les groupes constitués cassent la traditionnelle hiérarchie et demandent un pilotage matriciel des projets Six Sigma. Le *Black Belt* n'a pas de pouvoir hiérarchique sur le groupe, il a un rôle de leader. L'implication de la direction se traduit par sa participation active au comité de pilotage Six Sigma qui définit les priorités stratégiques concernant les projets sur lesquels on investit du temps et des moyens. Le comité est constitué des *Champions* et du responsable exécutif. Il suit activement l'avancement des différents chantiers par le biais des *Champions* qui ont, en charge directe, les différents *Black Belts*.

Le suivi des chantiers ne consiste pas à faire un simple point de temps en temps ; cela demande la participation active du *Champion* qui dirige les revues permettant d'officialiser le passage d'une étape à une autre.

La mise en place des projets Six Sigma doit pouvoir concerner toute l'entreprise à tous les niveaux. On distingue trois niveaux d'application de Six Sigma.

Niveau entreprise

D : Définir les priorités de l'entreprise et les plans qui doivent être mis en place pour améliorer sa rentabilité.

M : Mesurer le *business system* qui supporte ces plans.

A : Analyser les écarts avec les meilleures pratiques.

I : Innover, améliorer les systèmes pour atteindre l'objectif de performance.

C : Mettre sous contrôle les caractéristiques critiques.

S : Standardiser les systèmes qui ont démontré leurs qualités de meilleures pratiques.

Niveau opérationnel

D : Définir les projets Six Sigma permettant d'atteindre les objectifs du plan d'entreprise.

M : Mesurer la performance des projets Six Sigma.

A : Analyser cette performance au regard des objectifs opérationnels.

I : Innover, améliorer le système de management des projets Six Sigma.

C : Mettre sous contrôle les caractéristiques d'entrée critiques du système de management des projets.

S : Standardiser les meilleures pratiques de conduite de projet.

Niveau processus

D : Définir les processus qui contribuent au problème fonctionnel.

M : Mesurer les capabilités de chaque processus.

A : Analyser les données pour mettre en relation les X et les Y.

I : Innover, améliorer les caractéristiques clés des processus clés.

C : Mettre sous contrôle les caractéristiques critiques.

S : Standardiser les méthodes et processus qui forment de bonnes pratiques.

1.3. Variabilité et Six Sigma, le paradoxe

On l'a dit plusieurs fois déjà, l'ennemi de la qualité est la variabilité et Six Sigma cherche à la réduire dans les processus qu'il étudie. Cependant, il y a une autre source de variabilité à laquelle on ne pense pas forcément *a priori* : c'est la variabilité dans la méthode d'approche d'un problème. C'est d'ailleurs tout le problème des entreprises qui font des démarches d'amélioration sans utiliser des approches structurées de type DMAICS ! Elles partent alors dans tous les sens, font des expériences inutiles, applique le « y a qu'à faut qu'on » pour aboutir, après une débauche d'énergie, à de bien pauvres résultats.

C'est d'abord en réduisant la variabilité sur la méthode que l'on peut réduire la variabilité sur le processus.

Cependant, curieusement, pour diminuer la variabilité, il ne faut pas hésiter à l'augmenter, notamment dans les phases « Analyser » et « Innover/Améliorer ». En effet, pour voir l'influence des X sur les Y, il faut nécessairement que les X varient, créant alors une augmentation de la variabilité sur les Y que l'on doit être capable d'accepter. Cette augmentation ponctuelle de la variabilité nous permettra de trouver le point de fonctionnement idéal à variabilité minimale.

Cette gestion de l'augmentation de la variabilité doit nécessairement se faire dans un cadre extrêmement rigoureux si l'on veut pouvoir tirer des relations claires entre les X et les Y ; d'où l'importance d'avoir une méthode structurée DMAICS qui va encadrer la création de la variabilité. On ne touche à rien avant l'étape « Innover/Améliorer ».

2. Les différents acteurs de Six Sigma

2.1. Le comité de pilotage

Le comité de pilotage regroupe l'ensemble des *Champions* et le responsable exécutif de l'entreprise. Il est parfois confondu avec le comité de direction, mais il est quand même nécessaire de planifier à intervalles réguliers un point sur l'avancement des projets Six Sigma afin de suivre la dynamique de motivation pour l'application de

Six Sigma et les éventuelles difficultés à lever. Il devra avoir un certain nombre d'outils à disposition dont :

- un plan de déploiement du programme Six Sigma ;
- un outil de suivi des projets ;
- un outil de mesure des résultats atteints ;
- un moyen de communication pour faire partager les objectifs stratégiques.

2.2. Les *Champions*

Les *Champions* sont des cadres de haut niveau dans l'entreprise qui s'impliquent dans l'application de Six Sigma. Le rôle du *Champion* consiste à :

- garantir le succès du déploiement de Six Sigma dans un secteur de l'entreprise ;
- être moteur dans le choix des projets à développer ;
- suivre l'avancement des projets en réalisant les revues à la fin de chaque étape ;
- s'assurer que les ressources sont disponibles pour permettre l'avancement des chantiers ;
- organiser la reconnaissance des contributions des différents acteurs.

Le rôle des *Champions* se situe au niveau stratégique et tactique.

2.3. Les *Masters Black Belts* (MBB)

Les MBB ont un rôle plus managérial. Ils sont là pour encadrer l'ensemble des projets Six Sigma dans un secteur d'activité. Ce sont eux qui forment les BB et soutiennent l'application des projets. Ils participent également aux revues de projet. Ils sont censés avoir une connaissance étendue et profonde de tous les aspects de Six Sigma, aussi bien les outils statistiques que les aspects plus conceptuels. Ils sont en général d'anciens *Black Belts* ayant mené à bien de nombreux projets. Dans les plus petites structures le MBB est un consultant extérieur à l'entreprise.

2.4. Le groupe Six Sigma

2.4.1. Définition du groupe Six Sigma

La mise en œuvre d'un projet Six Sigma doit résulter d'un travail de groupe. Il y a deux façons d'apporter des améliorations : améliorer les performances du système ou améliorer le système lui-même. On considère généralement que l'amélioration des performances est la source de seulement 20 % des améliorations. Autant la première façon peut être réalisée par un seul individu ou un groupe d'individus d'un même secteur, autant l'amélioration du système nécessite la création d'un groupe pluridisciplinaire.

Selon l'importance du projet, un groupe Six Sigma se compose de 3 à 10 personnes aux compétences transversales. Les participants sont sélectionnés parce qu'ils ont des choses en commun, mais aussi parce qu'ils ont différents points de vue sur le sujet. On cherche, si possible, à réunir des personnes de différents services. Si ce ne sont que des personnes d'un même service, il y a de gros risques que l'amélioration locale apportée ne participe pas à l'amélioration globale du système.

Le travail de groupe a des avantages qu'il faut savoir utiliser et des inconvénients que l'on doit être capable d'éviter.

- Les avantages sont principalement la créativité, la prise en compte de différents points de vue, la démultiplication de la puissance de travail dans les analyses à réaliser et la force de persuasion sur les résultats obtenus.

- L'inconvénient principal est une perte de temps :
  – si les réunions ne sont pas préparées et limitées dans le temps ;
  – si les rôles de chacun ne sont pas définis ;
  – si il n'y a pas un minimum de culture commune entre les membres du groupe, notamment concernant Six Sigma, d'où l'importance de la formation initiale ;
  – si la compétence des gens est décalée par rapport au sujet, d'où l'intérêt de bien choisir les membres du groupe.

On doit chercher à former un groupe susceptible de créer un climat de créativité et à même de trouver un consensus par le biais de votes. On évitera par exemple de réunir des personnes ayant un contentieux. Nous reviendrons sur la composition du groupe un peu plus loin.

2.4.2. La place du Black Belt dans le groupe

L'animateur du groupe est le *Black Belt* qui n'a pas de responsabilité hiérarchique mais matricielle. Il doit agir davantage comme le capitaine d'une équipe de football que comme un responsable hiérarchique. Il doit être leader sur le terrain, mais aussi dans les vestiaires. C'est souvent à la mi-temps, lorsque les troupes sont démotivées par une première partie difficile, que le capitaine joue un rôle décisif.

La hiérarchie crée la contrainte ; le leadership crée la motivation. Si les personnes s'investissent dans le groupe de travail c'est parce qu'elles ont confiance dans le leader. Le *Black Belt* devra donc imposer son emprise non par un statut, mais par ses compétences, son charisme et son engagement dans le projet. Ce point est particulièrement important et il faudra en tenir compte dans le choix des collaborateurs amenés à être des futurs *Black Belts*.

Le *Black Belt* doit diriger le groupe ; c'est lui qui a les compétences pour choisir un outil, faire les analyses nécessaires. Il s'appuie sur le groupe pour émettre les hypothèses, effectuer les expériences. Il facilite le consensus au moment des choix et en suit l'application. Il doit donc parfaitement connaître les règles de fonctionnement d'un groupe de travail.

2.4.3.   Conditions de bon fonctionnement du groupe de travail

Le groupe de travail produira des résultats satisfaisants si les acteurs apprécient le fonctionnement du groupe et le travail qu'il réalise. Selon Herzberg[1], la satisfaction dans le travail dépend de cinq facteurs liés à la tâche à accomplir :

- l'accomplissement (donner du sens à sa vie) ;
- la reconnaissance de l'extérieur ;
- l'attirance pour le travail ;
- la responsabilité ;
- la possibilité d'avancement.

Les causes de non-satisfaction sont également au nombre de cinq. Elles ne sont pas liées à la tâche mais à l'environnement :

- la politique de l'entreprise ;
- le poids de la hiérarchie ;
- la rémunération ;
- les relations dans le travail ;
- les conditions de travail.

Pour compter des personnes motivées dans un groupe de travail, il faut avoir supprimé les causes de non-satisfaction et créé au moins une condition de satisfaction. Si la suppression des causes de non-satisfaction n'est pas toujours du ressort du *Black Belt*, il est en revanche de sa responsabilité de créer les conditions de satisfaction en :

- créant une ambiance de travail ;
- formant les membres du groupe ;

---

1. Chercheur psychologue américain, spécialiste de la motivation au travail.

- déléguant les tâches et les responsabilités ;
- communiquant sur la réussite du projet.

D'une façon générale, un certain nombre d'actions permettent de former des groupes de travail efficaces.

Écouter et communiquer : encourager un dialogue à double sens, ouvert et honnête. Développer le partage d'informations.

Former les collaborateurs : la formation est à la base de l'ouverture d'esprit. Un collaborateur raisonne à partir de ses connaissances. Si ses connaissances sont limitées, son raisonnement sera limité et on ne peut pas attendre de performances d'un groupe aux connaissances limitées ; d'où l'importance de développer une politique de formation importante dans l'entreprise.

Favoriser l'ambiance de travail : toutes les techniques de travail en groupe ne permettront pas de compenser la stérilité d'un climat de travail empreint d'agressivité, de rancœurs sourdes. Il faut encourager les actions visant à renforcer un climat de travail amical et positif.

Croire dans ses collaborateurs : soutenir les décisions des groupes de travail, même si celles-ci vont à l'encontre de la croyance *a priori* des connaissances des responsables.

Fournir un retour d'information : « Laisser à César ce qui revient à César. » Valoriser et partager les bénéfices des actions passées, c'est la meilleure garantie de pouvoir enclencher de nouvelles actions.

2.4.4. Les différents éléments d'un groupe de travail

Si la complémentarité technique est nécessaire à la création du groupe de travail, la recherche de la complémentarité humaine est tout au moins aussi essentielle. Pour obtenir cette complémentarité, on peut par exemple utiliser la typologie dite « Belbin » qui regroupe les différentes contributions utiles à un groupe de projet[1]. Le groupe idéal serait composé d'un membre de chaque type.

Le président

Le président n'est pas nécessairement le *Black Belt*. Certains préconisent que le *Black Belt* soit plutôt le « moteur ». Il a de l'autorité sur le groupe et le souci de l'objectif à atteindre. Il identifie les points forts et les points faibles des équipiers et

1. H. P. Maders, *Animer une équipe projet avec succès*, Eyrolles, 2012.

favorise l'efficacité du groupe. Il sait écouter tout en prenant facilement la parole. Il est capable de faire rapidement la synthèse des contributions et de prendre les décisions lorsque cela s'impose.

L'organisateur

Ordonné, il sait traduire une décision en planning et en organigramme. Il aime l'organisation, et sa contribution lui permet d'être le référent en matière de tâches à accomplir, de délais, de responsabilités. Il doit avoir une grande force de caractère. Il est intègre et a confiance dans les membres du groupe.

Le moteur

Le moteur est une personne extravertie qui bouillonne d'idées et d'énergie. Il s'énerve parfois mais c'est sans rancœur. Il respire la confiance en soi, même si c'est parfois pour cacher ses propres doutes. Sa contribution à l'avancement du projet est importante, il relève facilement les défis. Il donne forme au projet.

Le semeur

Plutôt une personne introvertie, le semeur est doté d'une grande intelligence. Sa contribution consiste à émettre des idées originales qui vont nourrir la réflexion du groupe. Il est principalement intéressé par la recherche de solutions innovantes, et critique facilement les idées qui ne sont pas les siennes. En revanche, il supporte difficilement la critique de ses propres idées. Il faut donc du doigté afin qu'il ne se mette en retrait.

L'explorateur

Il aime la nouveauté, les relations avec les autres, le travail en groupe. Il est extraverti et ne cherche pas à dominer le groupe de travail. Il a tissé des liens d'amitié avec de très nombreuses personnes et a l'image de quelqu'un de sympathique, sociable. Ayant tendance parfois à papillonner d'une activité à l'autre, il risque cependant de s'attacher un peu trop aux détails qui l'intéressent au mépris des objectifs majeurs. Il fait avancer le groupe et l'empêche de s'enfermer sur lui-même.

Le rationnel

Intelligent, extraverti, il se distingue du semeur par sa froideur. Plutôt que de chercher à apporter des idées novatrices, il va s'imprégner du travail du groupe pour fournir un avis sans concession. Il apparaît parfois comme un rabat-joie, mais son avis est rarement mis en défaut. Il évite au groupe de s'engager sur des voies fantaisistes.

L'équipier

Extraverti et peu dominanteur, il est sensible au vécu et aux sentiments des personnes qui l'entourent. Il est sympathique, simple, modéré ; c'est le ciment du groupe Il a besoin d'harmonie et fait tout pour la constituer au sein du groupe. Il soutient les propositions des autres membres et fait œuvre de construction à partir d'elles. Sa contribution est davantage au niveau des relations au sein le groupe que par les idées et apports techniques qu'il peut apporter.

Le perfectionniste

Plutôt introverti, il a la préoccupation de l'ordre. Il fait ressortir tout ce qui fait défaut. Sa capacité à persévérer est précieuse, même si parfois il s'attache trop aux détails qui lui font perdre de vue l'objectif global.

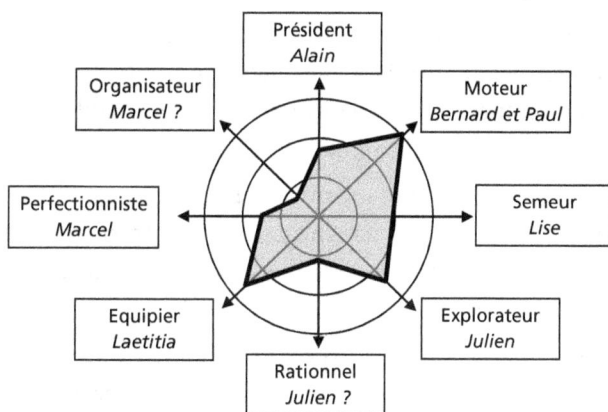

Figure 9.3. Évaluation d'un groupe de travail Six Sigma

Pour analyser la qualité d'un groupe de travail, on utilise le schéma radar (Figure 9.3) qui permet d'évaluer la façon dont est composé le groupe. On identifie le type qu'in-carne chaque participant et on quantifie avec une grille de 1 à 3, son adéquation. Un type de comportement peut être éventuellement représenté par plus d'une personne et certains types de comportement peuvent ne pas être représentés. De même une personne peut être classée dans deux catégories ; c'est le cas de Marcel et de Julien dans la Figure 9.3. En cas où un comportement type n'a pas de représentant, il faut en analyser les risques et éventuellement ajouter un membre ou voir comment un des membres actuels peut jouer ce rôle.

L'exemple (Figure 9.3) montre un groupe de travail possédant deux moteurs, mais pas d'« organisateur ». Le risque est grand de se disperser au niveau des réunions, et que rien n'avance entre celles-ci faute de planning et de responsabilités définies. L'absence de « rationnel » renforce ce danger dans la mesure où aucun « contre-pouvoir » ne viendra faire l'analyse rationnelle des idées qui seront émises.

2.5. Les compétences du *Black Belt* (BB)

Le *Black Belt* est véritablement la colonne vertébrale de l'application de Six Sigma. Il est donc important de bien définir les compétences qu'il doit posséder. En général, il dépend de la structure qualité et non de la structure fonctionnelle dans laquelle il intervient. Il travaille à temps plein sur la résolution de problèmes mais doit cependant être capable de traiter plusieurs projets à la fois. Ses compétences doivent être à la fois techniques, managériales et personnelles.

• Ses compétences techniques relèvent du domaine où il intervient, y compris la maîtrise de l'ensemble des outils statistiques que nous avons présentés dans cet ouvrage. Cela représente déjà une compétence considérable, mais pas suffisante pour mener à bien un projet Six Sigma.

• Ses compétences managériales recouvrent la capacité à conduire un groupe de travail, à animer une réunion et à manager plusieurs projets à la fois. On attend du *Black Belt* des résultats financiers ; il est donc nécessaire que les techniques financières de l'entreprise lui soient connues.

• Ses compétences personnelles doivent lui permettre d'exposer clairement, par écrit et par oral, les résultats d'un projet et de synthétiser le travail d'un groupe. En tant que leader des groupes de travail, il doit disposer d'une autorité et d'un rayonnement naturels. Des qualités pédagogiques lui seront également nécessaires dans les phases de formation des groupes de travail.

Exemple

Comme il est très difficile de juger de l'ensemble de ces compétences au départ, General Electric, par exemple, ne certifie ses BB que lorsqu'ils ont conduit plusieurs projets réussis.

3. La formation

3.1. Les formations Six Sigma

Mettre en place Six Sigma demande de nombreuses compétences que l'on peut regrouper dans 4 domaines :

- les compétences fonctionnelles sur le produit ou le processus étudié ;
- les compétences dans la conduite d'un projet et l'animation de groupe ;
- les compétences en méthodes de résolution de problème ;
- les compétences en statistiques.

Il est peu vraisemblable qu'une entreprise trouve directement dans son personnel les « oiseaux rares » qui disposent d'un tel *curriculum vitae*. Mettre en place Six Sigma nécessite donc de lancer un vaste plan de formation qui va s'adresser à tous les acteurs de l'entreprise.

La place de la formation est très importante dans le déploiement d'un programme Six Sigma. Elle va concerner l'ensemble du personnel de l'entreprise, en commençant par l'équipe de direction qui doit s'approprier les valeurs de Six Sigma pour en faire les valeurs sous-jacentes de son management.

Les formations sont essentiellement tournées vers l'action, voilà pourquoi on pratique une alternance entre les séances de formation, d'application et de rebouclage (Figure 9.4).

Les rôles étant très différents entre les uns et les autres, *Champion, Master Black Belt, Black Belt, Green Belt, White Belt*, les formations le sont aussi tant par la durée que par le contenu. La Figure 9.5 donne un exemple de l'architecture formation, application, rebouclage en alternance.

3.2. L'approche pratique

Outre l'alternance qui donne un aspect appliqué aux formations, on doit avoir le souci d'avoir une approche pédagogique très pratique pour faire passer les notions relativement abstraites.

En effet, une approche purement académique des notions de statistique notamment ne peut pas atteindre l'objectif de la formation. Pour comprendre, il faut appliquer, il faut saisir avec ses mains les concepts de variabilité, de dérive, de causes spéciales, communes. L'expérimentique (sciences de l'expérimentation) particulièrement

Exemple de déploiement de Six Sigma		
Étapes	**Semaines**	**Description**
1	1-3	Orientation et définition du déploiement de Six Sigma. Choix des *Black Belts*.
2	4-7	Formation des *Champions*.
3	8	Revue de projet du comité de pilotage. Choix des premiers projets.
4	9-30	Formation des premiers *Black Belts* en alternance avec leurs premières applications : • une semaine de formation ; • trois semaines d'application ; • une journée de revue. Formation des participants aux premiers groupes de travail.
5	31	Évaluation des premières expériences et qualification des *Black Belts*.
6	32-52	Prise en autonomie des projets suivants par les *Black Belts* qualifiés. Formation des *Black Belts* pour les qualifier à former les groupes de travail.
7	52	Les *Black Belts* expérimentés forment les *Green Belts*. De nouveaux *Black Belts* sont formés.

Figure 9.4. Planning de déploiement de Six Sigma

	Qualification	**Formation**
Champion	Dirigeant de haut niveau (directeur, responsable de service) familier avec les statistiques.	Cinq jours de formation en alternance avec le choix des premiers projets : formation axée sur la conduite et le management de projets Six Sigma.
Master Black Belt	Cadre technique tel qu'ingénieur ou chef d'un service. Il a l'expérience de la conduite de projets Six Sigma. Il maîtrise les outils statistiques de base et avancés.	Deux semaines de formation (en plus de la formation de *Black Belts*) : formation à la conduite et au management de projets et compléments statistiques.
Black Belt	Cadre technique tel qu'ingénieur, il a des compétences reconnues dans le domaine où il devra conduire les projets. Il maîtrise les outils statistiques de base.	Six semaines de formation en alternance avec l'application sur le terrain : développement des six étapes DMAICS.
Green Belt	Technicien ayant des compétences dans le domaine du projet. Il est familier avec les outils statistiques de base.	Six jours de formation en alternance avec la conduite du projet.
Yellow Belt	Compétent dans le domaine du projet, il participe à un projet Six Sigma.	Six heures de tour d'horizon sur la démarche Six Sigma.

Figure 9.5. Les différentes formations dans Six Sigma

utile dans les étapes 3 et 4 (« Analyser », « Innover ») ne peut se satisfaire d'une approche purement mathématique. Une bonne formation doit alterner les exposés théoriques et les applications pratiques. De nombreux objets didactiques sont disponibles sur le marché pour enseigner de façon concrète la démarche Six Sigma et les différents outils tels que les plans d'expériences, les analyses de données, les cartes de contrôle...

Signalons quelques outils qui sont souvent utilisés par les organismes de formation.

Les simulateurs SIMDI

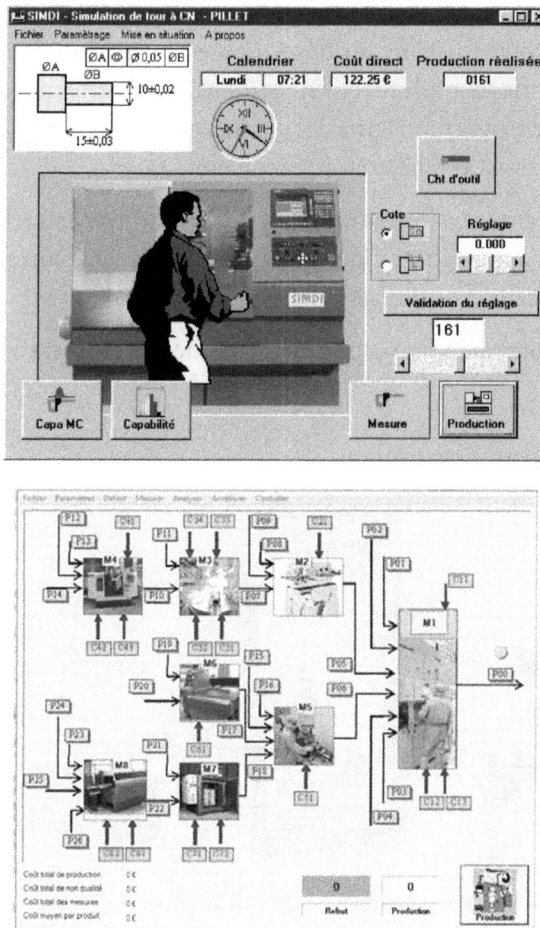

Figure 9.6. Simulateurs SIMDI

Ils permettent une simulation informatique interactive de processus industriels afin d'enseigner les cartes de contrôle, les plans d'expériences, les outils Shainin, Six Sigma...

L'objectif des simulateurs SIMDI est de mettre en situation le stagiaire. Par exemple, dans le simulateur de tour à commande numérique, le stagiaire doit piloter une production sans carte de contrôle dans un premier temps, puis avec une carte de contrôle de son choix (moyenne, médiane, *precontrol*...). On valide avec les capabilités obtenues et les coûts de revient, l'apport des cartes de contrôle. Il a la possibilité de réaliser un plan d'expériences pour améliorer la capabilité court terme *Cp* (le *z* du processus).

Le simulateur Six Sigma permet au *Black Belt* en formation de résoudre plusieurs scénarios de problèmes complexes en enchaînant l'utilisation des différents outils. Il doit être capable de trouver l'origine des défauts trouvés sur le produit fini, qui peut provenir d'un processus aval pour une pièce élémentaire.

L'intérêt des simulateurs informatiques est la rapidité avec laquelle les productions ou les expériences sont réalisées, permettant ainsi aux stagiaires de se consacrer à l'essentiel : la démarche d'optimisation.

Les différents simulateurs sont disponibles en mode démonstration sur le site *www.ogp.annecy.com*

Les objets didactiques statistiques

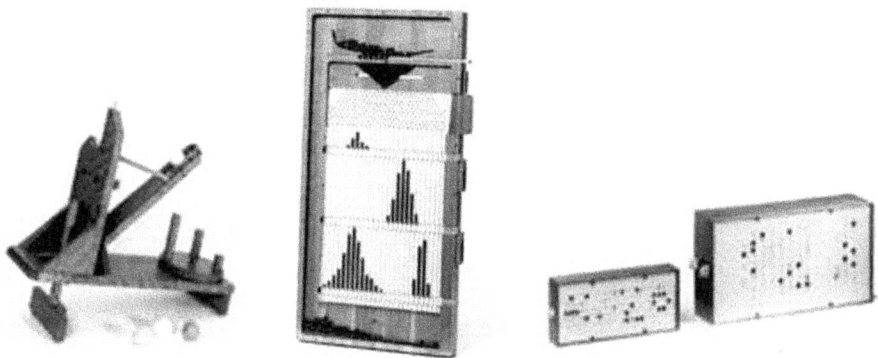

Figure 9.7. Exemple d'objets didactiques statistiques

De nombreux objets didactiques ont été créés depuis plusieurs dizaines d'années principalement aux États-Unis pour enseigner les notions d'échantillonnage, de cartes de contrôle, de plans d'expériences... Citons parmi ces outils, le Quincunx, la boîte d'échantillonnage, la catapulte, le tunnel de Deming...

L'utilisation d'objets courants

De très nombreux jeux didactiques peuvent être réalisés à partir d'objets de la vie courante par exemple :

- l'apprentissage de la variabilité à partir de dés, de pailles que l'on découpe, de gommettes que l'on colle...
- l'apprentissage de plans d'expériences à partir de fours à micro-ondes, de simulateurs de tir de golf, de machines à café...

Les jeux Six Sigma

Certaines entreprises ont développé pour leurs besoins internes, ou pour assurer des prestations de formation, des jeux qui permettent de mettre en œuvre l'ensemble de la démarche Six Sigma. Citons le jeu des trombones[1] qui consiste à améliorer le fonctionnement d'un service fictif d'assemblage et de distribution de documents.

3.3. L'importance du coaching

La formation apporte les outils mais si l'on se contente de la formation, le *Black Belt* nouvellement formé aura bien du mal à savoir exactement quand utiliser tel ou tel outil. Pour progresser plus vite et profiter pleinement des formations, il est indispensable de prévoir un coaching du BB par un *Master Black Belt* ou par un consultant extérieur qui jouera le rôle de MBB.

Le MBB doit faire des revues de projets avec le BB, mais ces revues n'ont pas le même objectif que celles qui sont réalisées avec le *Champion*. Le but est ici de valider la démarche intellectuelle, le choix des outils, la justesse de l'interprétation des résultats... C'est une revue technique qui va permettre au BB de progresser dans l'utilisation judicieuse des différents outils. Cette revue permet également de valider la façon dont le BB manage ses différents projets et anime ses groupes de travail.

© Groupe Eyrolles

---

1. Dana Rasis, Howard S. Gitlow, Edward Popovich, « Paper Organizers International : A Fictitious Six Sigma Green Belt Case Study », I, *Quality Engineering*, Vol. 15, N° 1, September 2002, pp. 127-145.

4. Les outils du management d'un projet Six Sigma

Nous avons vu au cours des différents chapitres de nombreux outils permettant de faire avancer un projet Six Sigma et nous sommes loin d'avoir été exhaustifs. Nous détaillerons dans ce chapitre quelques outils utiles pour garantir le respect des coûts, des délais et des objectifs.

4.1. La charte du projet

La charte du projet reprend les éléments majeurs du projet. Elle résume les différents aspects sous la forme des questions QUI, QUOI, QUAND, COMMENT, POUR-QUOI du projet. Établie à la fin de la première étape, elle a valeur de feuille de route pour le groupe de travail. Les objectifs, les délais et les coûts prévisionnels doivent être clairement définis dans cette charte.

Nous avons largement détaillé au chapitre 3 les différentes phases qui conduisent à la création de cette charte du projet qui est reprise au chapitre 11 « Fiches – Résumés ».

4.2. Le diagramme de Gantt

Le diagramme de Gantt permet de visualiser la planification et la réalisation des différentes étapes d'un projet avec les éventuels recouvrements. Dans une planification d'un projet Six Sigma, les six étapes doivent être planifiées comme le montre l'exemple (Figure 9.8). Évidemment, on peut et on doit aller plus loin dans le détail de la planification des tâches. Chaque étape peut faire l'objet d'un autre diagramme de Gantt composé des principales phases de l'étape que nous avons développées.

Il est important de faire apparaître sur le diagramme de Gantt les points de synchronisation du projet. Dans Six Sigma, ces points sont principalement constitués des revues qui permettent de valider chaque fin d'étape. Cependant, se contenter des revues est insuffisant pour garantir une évolution du projet. Une réunion d'avancement toutes les trois semaines semble, à l'usage, un bon compromis.

4.3. Le diagramme PERT

PERT[1] signifie *Program and Evaluation Review Technique*, soit « Technique d'élaboration et de contrôle des projets » pourrait-on traduire en français. C'est également un outil de planification des délais d'un projet Six Sigma.

---

1. Voir pour plus de détails sur le diagramme PERT, *Gestion de Production*, M. Pillet, C. Martin-Bonnefous, P. Bonnefous, A. Courtois, Éditions d'Organisation, 5e édition, 2011.

Étape	Janv.	Févr.	Mars	Avr.	Mai	Juin	Juill.
Définir							
Mesurer							
Analyser							
Innover							
Contrôler							
Standardiser							

Planifié   Réalisé   Revues

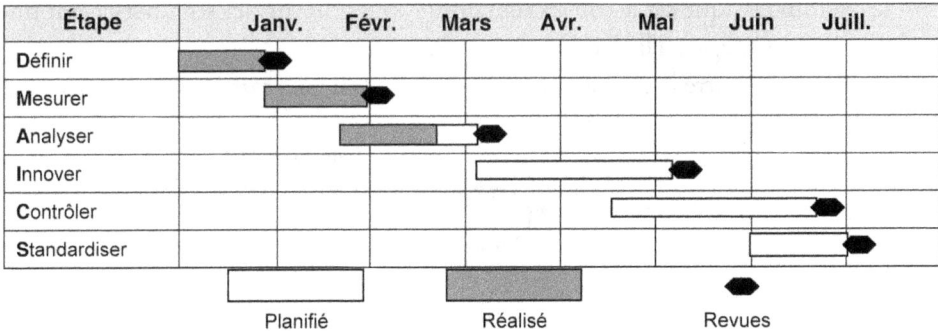

Figure 9.8. Exemple de macro-Gantt pour un projet Six Sigma

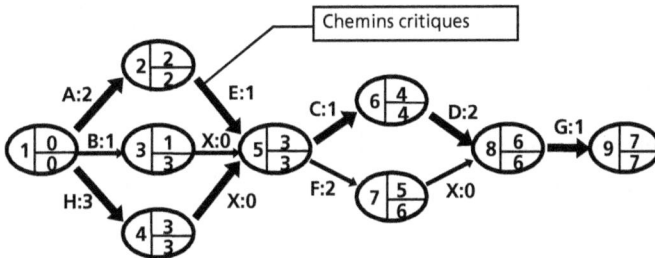

Figure 9.9. Exemple de diagramme PERT

Le diagramme PERT (Figure 9.9) permet de visualiser l'enchaînement des tâches en faisant apparaître les dates au plus tôt, au plus tard, et le chemin critique qui est l'enchaînement des tâches sur lequel chaque retard impliquera un retard sur le délai total du projet.

- Une tâche est matérialisée par la flèche et possède une durée. Par exemple, une tâche A d'une durée de deux jours sera représentée comme ceci :

2

- Un sommet correspond à la synchronisation entre deux tâches. Il est matérialisé par un cercle qui possède trois informations : le numéro du sommet, la date au plus tôt, la date au plus tard :
– la date au plus tôt est obtenue en additionnant la durée des tâches depuis le premier sommet vers le dernier ;
– la date au plus tard est obtenue en soustrayant la durée des tâches depuis le dernier sommet vers le premier ;

– le chemin critique est le (ou les) chemin(s) qui relie(nt) les sommets ayant une date au plus tôt égale à la date au plus tard ;
– la différence entre la date au plus tôt et la date au plus tard détermine la marge de liberté.

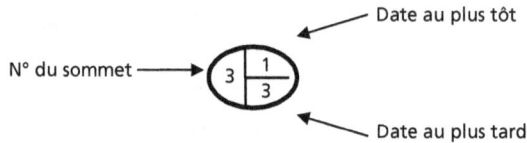

4.4. Le diagramme en flèche

Le diagramme en flèche donne une représentation visuelle des différentes étapes et décisions d'un projet. C'est une version simplifiée d'un diagramme PERT.

4.5. L'analyse budgétaire

Une des difficultés de tout projet est de tenir les délais et les coûts. Les méthodes de type Gantt ou PERT permettent de suivre les délais ; il faut maintenant essayer d'évaluer et de tenir les coûts.

4.5.1. Étude analytique

Dans un projet de type Six Sigma, une des méthodes d'estimation des coûts la plus facile à utiliser est l'étude analytique phase par phase des coûts engendrés. On procède aisément à cette analyse à l'aide d'un tableur.

Pour chaque étape, les principales sources de dépense sont :

- les coûts salariaux, le temps passé ;
- la formation des acteurs ;
- les coûts expérimentaux ;
- les coûts de ralentissement (perte de productivité du poste sur lequel on travaille) ;
- les coûts de collecte d'informations ;
- les frais de mission ;
- les honoraires de prestataires de services ;
- les investissements ;
- les achats de matière ;
- les frais généraux.

Pour chaque item et chaque étape, on fixe une estimation minimale et maximale du budget prévu. Le coût est souvent lié au délai d'exécution d'une tâche. Ainsi, une réduction du délai imparti à une tâche s'accompagne d'une augmentation du coût. Pour prendre en compte cet élément, l'analyse doit inclure une analyse de la relation coût/temps.

À la suite des analyses Gantt et PERT, on peut établir pour une tâche particulière deux points :

- le délai normal de déroulement de la tâche associé à son coût normal ;
- le délai critique de déroulement et le coût critique.

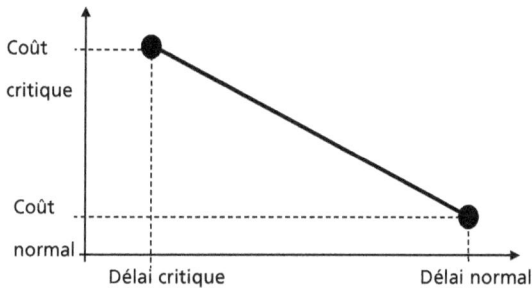

Figure 9.10. La relation coût/délai

Le diagramme (Figure 9.10) permet de définir le coût par unité de temps sauvé :

$$\text{Coût d'une unité de temps sauvé} = \frac{\text{Coût critique} - \text{Coût normal}}{\text{Délai critique} - \text{Délai normal}}$$

4.5.2. Étude analogique

Lorsque l'entreprise est très habituée à la conduite de projets Six Sigma, on peut établir un devis sur des critères moins analytiques mais en affectant un coût standard pour chaque étape, pondéré par des coefficients définis expérimentalement à partir des projets existants.

Dans l'exemple (Figure 9.11), on a identifié pour l'étape « Mesurer » un certain nombre de critères. En partant d'un coût standard de l'étape « Mesurer », on calcule une estimation du coût de l'étape pour le projet par la relation :

$$\text{Estimation} = \text{coût standard} \times 1{,}00 \times 1{,}36 \times 1{,}00 \times 0{,}95 \times 1{,}24$$

Critère	Faible	Moyen	Fort
Complexité du projet	0,85	(1,00)	1,50
Intérêt des moyens de mesure existants	(1,36)	1,00	0,50
Compétences de l'équipe	1,13	(1,00)	0,90
Compétences de l'entreprise	1,10	1,00	(0,95)
Facilité à obtenir des données	(1,24)	1,00	0,63

Figure 9.11. Méthode analogique d'estimation des coûts

5. Les clés du succès d'un projet Six Sigma

Le management de projets Six Sigma peut être vu sous la forme d'une relation Y/X. Le Y critique est l'efficacité dans la conduite des projets ; les X sont les facteurs de succès incluant différents aspects que l'on peut regrouper autour de trois pôles :

- le management d'un programme Six Sigma ;
- la conduite des projets Six Sigma ;
- les acteurs d'un projet Six Sigma.

5.1. Le management d'un programme Six Sigma

5.1.1. Le plan d'action et de déploiement

On l'a dit à plusieurs reprises, Six Sigma n'est pas qu'une méthode de résolution de problèmes dupliquée sur quelques points précis de l'entreprise. Six Sigma part d'une stratégie d'entreprise qu'on doit déployer au niveau tactique et opérationnel. À cet effet, il faut avoir un plan détaillé permettant de décrire cette démarche *top/down*. Ce plan engage la direction en prévoyant l'infrastructure à mettre en place, les formations, la politique de communication, les gratifications...

5.1.2. La communication sur le programme Six Sigma

Lancer Six Sigma dans une entreprise n'est pas une mince affaire. Il faut pouvoir embarquer tout le monde dans le voyage. Pour cela, il faut avoir un plan de communication interne sur le sujet qui commence dès le début du programme, afin d'expliquer aux collaborateurs les raisons et les objectifs du programme. Cette communication doit se poursuivre lorsque les projets avancent en faisant le point sur les résultats obtenus.

Ce programme de communication doit permettre d'impliquer toute l'entreprise et de valoriser les acteurs des projets de par le travail réalisé.

5.1.3. La participation active des cadres supérieurs

L'implication ne suppose pas simplement de dispenser un soutien, mais de « mouiller la chemise » ! Voilà pourquoi les cadres supérieurs ont une fonction de *Champion*. Ils doivent être formés et organiser les revues de projets dans lesquels ils auront un rôle de leader actif en n'hésitant pas à faire approfondir certaines questions. Leur participation les mène aussi à soutenir les *Black Belts* pour lever les obstacles. Ils se doivent également d'être présents au démarrage des formations pour rappeler la place stratégique de Six Sigma dans la politique de l'entreprise et insuffler leur enthousiasme au groupe, et lorsqu'elles prennent fin pour recueillir les réactions.

5.1.4. La mise en place d'un système de suivi des projets

La mise en place de Six Sigma va concerner de nombreux projets dans divers secteurs. Si l'on veut pouvoir capitaliser toutes ces expériences, il faut disposer d'un outil de gestion permettant le suivi des projets en cours et la capitalisation des connaissances sur les projets terminés. Cet outil sera utile autant pour le comité de pilotage que pour les acteurs des projets.

Le comité de pilotage du programme Six Sigma doit disposer d'un tableau de bord afin de :

- suivre l'avancement de chaque projet ;
- mesurer l'effet cumulatif des projets terminés.

Les *Black Belts* doivent disposer d'une base de données afin de :

- connaître les problèmes qui ont déjà été traités ;
- connaître la façon dont on a traité le problème ;
- faire du benchmarking entre plusieurs processus.

5.1.5. La formation

Les formations dispensées tant aux *Black Belts* qu'aux autres acteurs du projet doivent être de qualité. Même si la formation initiale de plus de cinq semaines paraît souvent lourde, elle ne permet pas de développer l'exhaustivité des outils qui pourraient être utilisés dans un projet Six Sigma. La formation doit donc être un processus continu fondé sur le support des *Master Black Belts* qui sauront développer, lorsque le besoin s'en fera sentir, les outils et méthodes complémentaires.

Les séances de formation doivent être particulièrement soignées et menées par des personnes compétentes au plan pédagogique. La pédagogie est un métier et on ne s'improvise pas formateur du jour au lendemain. Il convient donc de choisir un formateur ayant les trois qualités suivantes :

- compétence scientifique ;
- expérience de l'application sur le terrain ;
- charisme pour faire partager ses compétences.

Une formation bien conduite est source de motivation. Une formation qui n'est pas adaptée, c'est déjà, en quelque sorte, le son du glas du projet.

5.1.6. La reconnaissance

L'implication forte des acteurs de Six Sigma mérite la reconnaissance de la société. Cette reconnaissance sera source de motivation pour les futurs projets. Elle peut prendre diverses formes, mais l'important est que chacun sente son travail pris en compte. Le comité de pilotage doit intégrer cet aspect dans son plan de déploiement, en prévoyant par exemple :

- des présentations formelles devant un large public des résultats des projets ;
- une politique de communication qui met en avant le travail réalisé par les équipes ;
- un intéressement financier aux résultats.

5.2. La conduite des projets Six Sigma

5.2.1. Le choix des projets

Pour réussir, il faut pouvoir mesurer des écarts entre la situation initiale et la situation finale. Comme on ne peut pas tout traiter faute de ressources, il faut être capable de se concentrer sur ce qui rapportera le plus à l'entreprise. Les bonnes décisions doivent être prises dès le choix des sujets.

Un impact pour un client

Un bon projet est un projet qui aura un impact mesurable sur une CTQ. Si vous avez choisi un projet approprié et l'avez mené à son terme, votre client (interne ou externe) devrait être capable d'observer une différence. L'idéal serait même d'impressionner le client final par l'amélioration des prestations du produit ou du service. Cela permet de renouveler l'adhésion du client et déclenche à coup sûr de nouvelles commandes.

Un impact financier

Un bon projet Six Sigma doit avoir un impact financier pour l'entreprise. On doit être capable dès le début du projet de faire apparaître ces gains en mesurant les coûts associés aux défauts, retouches, ajustements rendus nécessaires par la situation actuelle. On identifie 5 façons de mesurer l'impact d'un projet Six Sigma :

- le nombre de défauts par million d'opportunités ;
- une réduction vérifiable sur les coûts fixes ou variables ;
- une réduction dans le coût de non-qualité pour produire 100 % de produits conformes du premier coup ;
- le taux de rendement synthétique (TRS) d'un équipement qui mesure la capacité à produire un nombre d'unités pendant un temps donné ;
- le délai de production pour fournir un produit ou un service.

Le tableau d'évaluation (Figure 9.12) permet de choisir sur une ligne de production les chantiers Six Sigma. Après avoir fait la cartographie du processus, on a évalué la performance de chaque élément. Cette étude permet de faire ressortir trois projets aux objectifs différents :

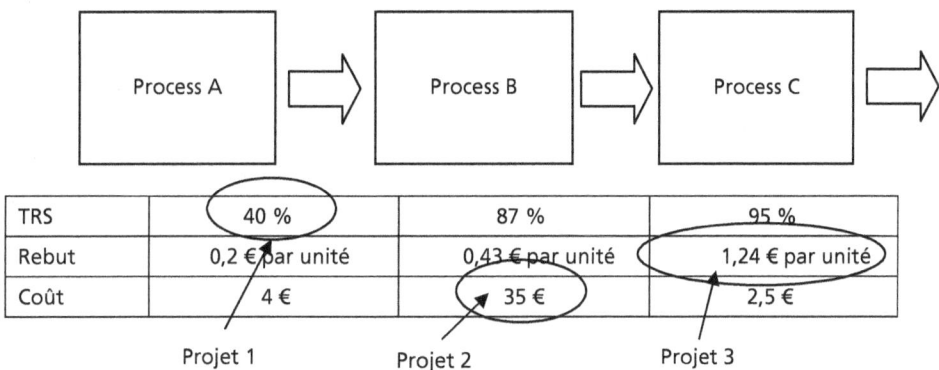

	Process A	Process B	Process C
TRS	40 %	87 %	95 %
Rebut	0,2 € par unité	0,43 € par unité	1,24 € par unité
Coût	4 €	35 €	2,5 €
	Projet 1	Projet 2	Projet 3

Figure 9.12. Choix d'un projet Six Sigma

Réalisme du projet

Un projet bien dimensionné doit pouvoir être conduit en quatre à huit mois. Pour cela, il faut vérifier dès le début un certain nombre de critères :

- on doit pouvoir trouver un moyen de mesure de la sortie dans un délai raisonnable ;
- les données nécessaires à l'analyse peuvent être rassemblées facilement ;
- les compétences techniques nécessaires existent ;
- la probabilité de succès est importante.

5.2.2. Les revues de projet

Le respect des revues de projet à chaque étape est un point essentiel. Une revue de projet n'est pas une réunion de travail technique. C'est l'outil qui permet de s'assurer que le groupe de travail suit correctement la méthodologie Six Sigma. Les revues de projet permettent également de maintenir une pression garantissant le respect des délais. C'est l'occasion pour les cadres supérieurs de se rendre compte du travail accompli, d'encourager l'équipe, de prendre conscience des obstacles qui empêchent d'avancer... C'est aussi l'occasion de prendre les décisions qui dépassent les compétences du groupe de travail.

5.3. Les acteurs d'un projet Six Sigma

5.3.1. Le choix des Black Belts

On a largement souligné dans cet ouvrage l'importance primordiale qu'avaient les *Black Belts* dans un programme Six Sigma. Ils doivent avoir des compétences techniques, scientifiques, managériales et humaines. Il faut donc choisir les meilleurs pour devenir *Black Belts*. Mais la conduite d'un projet n'est pas « un long fleuve tranquille », il y a des difficultés, des obstacles qui paraissent parfois infranchissables. Pour surmonter ces problèmes il faut une motivation telle que ce rôle de *Black Belt* doit être assumé volontairement et non de façon imposée.

5.3.2. Le temps consacré au projet

Dans la plupart des entreprises, la responsabilité de projets importants est donnée à des personnes qui sont affectées à temps partiel sur le sujet. Si le sujet du projet Six Sigma a été bien choisi, il mérite que l'on s'y consacre à plein-temps pour en respecter les délais, les coûts et les objectifs. Certes, tous les projets Six Sigma ne demandent pas un plein-temps sur le sujet, mais démarrer un déploiement Six Sigma en affectant tous les projets en surcharge à des collaborateurs souvent déjà bien occupés, c'est à coup sûr courir droit à l'échec.

Parmi les projets, il doit y avoir des projets stratégiques pour l'entreprise et seule l'affectation d'un *Black Belt* à temps plein peut permettre de les mener à bien.

5.3.3. Disposer d'un support technique et scientifique

Le groupe de travail doit pouvoir avoir un référent si un problème qu'il ne sait pas résoudre, ou qu'il ne sait pas comment aborder, se pose. Faire du Six Sigma, c'est un peu comme faire du ski, il y a toujours quelqu'un qui skie mieux que soi et qui a quelque chose à nous apprendre. Les *Master Black Belts* sont là pour jouer ce rôle. Ils rencontrent régulièrement les *Black Belts* (toutes les trois semaines par exemple) pour évaluer l'état du projet en cours. L'objectif n'est pas le même que dans les revues. Ces réunions sont plus techniques ; le *Master Black Belt* y joue le rôle de guide.

Cependant, le support peut aussi provenir de l'extérieur ; les *Black Belts* doivent sortir de l'entreprise, participer à des congrès, rencontrer des universitaires, se faire un carnet d'adresses de spécialistes de telle ou telle discipline. Il est dommage de voir le peu d'industriels européens qui s'inscrivent aux congrès scientifiques tels que « Qualita[1] ». La participation à de telles manifestations est source d'ouverture, et l'ouverture est une des qualités premières que l'on demande aux *Black Belts*.

© Groupe Eyrolles

---

1. Qualita, congrès international bisannuel sur la qualité et la sûreté de fonctionnement organisé tous les deux ans par Rufereq - http://www.rufereq.org/

Chapitre 10

Tables

T1. Tableau des *ppm* en fonction du *z* du processus

z	*Ppm* centré dans les tolérances	*Ppm* avec un décalage de 1,5
1	317 310,52	697 672,15
1,2	230 139,46	621 378,38
1,4	161 513,42	541 693,78
1,6	109 598,58	461 139,78
1,8	71 860,53	382 572,13
2	45 500,12	308 770,21
2,2	27 806,80	242 071,41
2,4	16 395,06	184 108,21
2,6	9 322,44	135 686,77
2,8	5 110,38	96 809,10
3	2 699,93	66 810,63
3,2	1 374,40	44 566,73
3,4	673,96	28 716,97
3,6	318,29	17 864,53
3,8	144,74	10 724,14
4	63,37	6 209,70
4,2	26,71	3 467,03
4,4	10,83	1 865,88
4,6	4,23	967,67
4,8	1,59	483,48
5	0,57	232,67
5,2	0,20	107,83
5,4	0,07	48,12
5,6	0,02	20,67
5,8	0,01	8,55
6	0,00	3,40
6,2	0,00	1,30
6,4	0,00	0,48
6,6	0,00	0,17
6,8	0,00	0,06
7	0,00	0,02

T2. Table de la loi normale

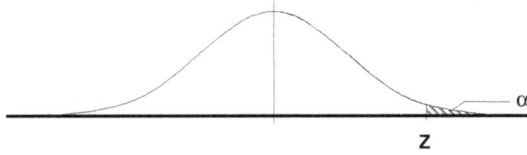

z	0,00	0,01	0,02	0,03	0,04	0,05	0,06	0,07	0,08	0,09
0,0	0,5000	0,4960	0,4920	0,4880	0,4840	0,4801	0,4761	0,4721	0,4681	0,4641
0,1	0,4602	0,4562	0,4522	0,4483	0,4443	0,4404	0,4364	0,4325	0,4286	0,4247
0,2	0,4207	0,4168	0,4129	0,4090	0,4052	0,4013	0,3974	0,3936	0,3897	0,3859
0,3	0,3821	0,3783	0,3745	0,3707	0,3669	0,3632	0,3594	0,3557	0,3520	0,3483
0,4	0,3446	0,3409	0,3372	0,3336	0,3300	0,3264	0,3228	0,3192	0,3156	0,3121
0,5	0,3085	0,3050	0,3015	0,2981	0,2946	0,2912	0,2877	0,2843	0,2810	0,1776
0,6	0,2743	0,2709	0,2676	0,2643	0,2611	0,2578	0,2546	0,2514	0,2483	0,2451
0,7	0,2420	0,2389	0,2358	0,2327	0,2296	0,2266	0,2236	0,2206	0,2177	0,2148
0,8	0,2119	0,2090	0,2061	0,2033	0,2005	0,1977	0,1949	0,1922	0,1894	0,1867
0,9	0,1841	0,1814	0,1788	0,1762	0,1736	0,1711	0,1685	0,1660	0,1635	0,1611
1,0	0,1587	0,1562	0,1539	0,1515	0,1492	0,1469	0,1446	0,1423	0,1401	0,1379
1,1	0,1357	0,1335	0,1314	0,1292	0,1271	0,1251	0,1230	0,1210	0,1190	0,1170
1,2	0,1151	0,1131	0,1112	0,1093	0,1075	0,1056	0,1038	0,1020	0,1003	0,0985
1,3	0,0968	0,0951	0,0934	0,0918	0,0901	0,0885	0,0869	0,0853	0,0838	0,0823
1,4	0,0808	0,0793	0,0778	0,0764	0,0749	0,0735	0,0721	0,0708	0,0694	0,0681
1,5	0,0668	0,0655	0,0643	0,0630	0,0618	0,0606	0,0594	0,0582	0,0571	0,0559
1,6	0,0548	0,0537	0,0526	0,0516	0,0505	0,0495	0,0485	0,0475	0,0465	0,0455
1,7	0,0446	0,0436	0,0427	0,0418	0,0409	0,0401	0,0392	0,0384	0,0375	0,0367
1,8	0,0359	0,0351	0,0344	0,0336	0,0329	0,0322	0,0314	0,0307	0,0301	0,0294
1,9	0,0287	0,0281	0,0274	0,0268	0,0262	0,0256	0,0250	0,0244	0,0239	0,0233
2,0	0,0228	0,0222	0,0217	0,0212	0,0207	0,0202	0,0197	0,0192	0,0188	0,0183
2,1	0,0179	0,0174	0,0170	0,0166	0,0162	0,0158	0,0154	0,0150	0,0146	0,0143
2,2	0,0139	0,0136	0,0132	0,0129	0,0125	0,0122	0,0119	0,0116	0,0113	0,0110

	0,0	0,1	0,2	0,3	0,4	0,5	0,6	0,7	0,8	0,9
2,3	0,0107	0,0104	0,0102	0,0099	0,00964	0,00939	0,00914	0,00889	0,00866	0,00842
2,4	0,00820	0,00798	0,00776	0,00755	0,00734	0,00714	0,00695	0,00676	0,00657	0,00639
2,5	0,00621	0,00604	0,00587	0,00570	0,00554	0,00539	0,00523	0,00508	0,00494	0,00480
2,6	0,00466	0,00453	0,00440	0,00427	0,00415	0,00402	0,00391	0,00379	0,00368	0,00357
2,7	0,00347	0,00336	0,00326	0,00317	0,00307	0,00298	0,00289	0,00280	0,00272	0,00264
2,8	0,00256	0,00248	0,00240	0,00233	0,00226	0,00219	0,00212	0,00205	0,00199	0,00193
2,9	0,00187	0,00181	0,00175	0,00169	0,00164	0,00159	0,00154	0,00149	0,00144	0,00139
3,0	0,00135	0,00131	0,00126	0,00122	0,00118	0,00114	0,00111	0,00107	0,00104	0,00100
3,1	0,00097	0,00094	0,00090	0,00087	0,00085	0,00082	0,00079	0,00076	0,00074	0,00071
3,2	0,00069	0,00066	0,00064	0,00062	0,00060	0,00058	0,00056	0,00054	0,00052	0,00050
3,3	0,00048	0,00047	0,00045	0,00043	0,00042	0,00040	0,00039	0,00038	0,00036	0,00035
3,4	0,00034	0,00033	0,00031	0,00030	0,00029	0,00028	0,00027	0,00026	0,00025	0,00024
3,5	0,00023	0,00022	0,00022	0,00021	0,00020	0,00019	0,00019	0,00018	0,00017	0,00017
3,6	0,00016	0,00015	0,00015	0,00014	0,00014	0,00013	0,00013	0,00012	0,00012	0,00011
3,7	0,00011	0,00010	0,00010	9,6 E-5	9,2 E-5	8,8 E-5	8,5 E-5	8,2 E-5	7,8 E-5	7,5 E-5
3,8	7,2 E-5	6,9 E-5	6,7 E-5	6,4 E-5	6,2 E-5	5,9 E-5	5,7 E-5	5,4 E-5	5,2 E-5	5,0 E-5
3,9	4,8 E-5	4,6 E-5	4,4 E-5	4,2 E-5	4,1 E-5	3,9 E-5	3,7 E-5	3,6 E-5	3,4 E-5	3,3 E-5
z	**0,0**	**0,1**	**0,2**	**0,3**	**0,4**	**0,5**	**0,6**	**0,7**	**0,8**	**0,9**
4	3,17 E-5	2,07 E-5	1,33 E-5	8,54 E-6	5,41 E-6	3,40 E-6	2,11 E-6	1,30 E-6	7,93 E-7	4,79 E-7
5	2,87 E-7	1,70 E-7	9,96 E-8	5,79 E-8	3,33 E-8	1,90 E-8	1,07 E-8	5,99 E-9	3,32 E-9	1,82 E-9
6	9,87 E-10	5,30 E-10	2,82 E-10	1,49 E-10	7,77 E-11	4,02 E-11	2,06 E-11	1,04 E-11	5,23 E-12	2,60 E-12

T3. Table de Student

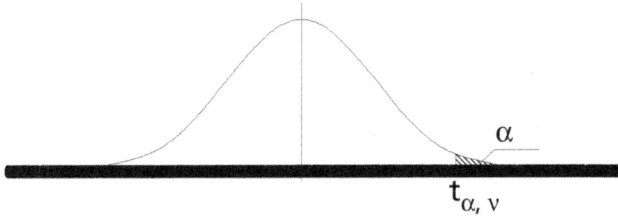

$\alpha \rightarrow$ $\nu \downarrow$	0,40	0,25	0,10	0,05	0,025	0,01	0,005	0,0025	0,001	0,0005
1	0,325	1,000	3,078	6,314	12,706	31,821	63,657	127,32	318,31	636,62
2	0,289	0,816	1,886	2,920	4,303	6,965	9,925	14,089	23,326	31,598
3	0,277	0,765	1,638	2,353	3,182	4,541	5,841	7,453	10,213	12,924
4	0,271	0,741	1,533	2,132	2,776	3,747	4,604	5,598	7,173	8,610
5	0,267	0,727	1,476	2,015	2,571	3,365	4,032	4,773	5,893	6,869
6	0,265	0,718	1,440	1,943	2,447	3,143	3,707	4,317	5,208	5,959
7	0,263	0,711	1,415	1,895	2,365	2,998	3,499	4,019	4,785	5,408
8	0,262	0,706	1,397	1,860	2,306	2,896	3,355	3,833	4,501	5,041
9	0,261	0,703	1,383	1,833	2,262	2,821	3,250	3,690	4,297	4,781
10	0,260	0,700	1,372	1,812	2,228	2,764	3,169	3,581	4,144	4,587
11	0,260	0,697	1,373	1,796	2,201	2,718	3,106	3,497	4,025	4,437
12	0,259	0,695	1,356	1,782	2,179	2,681	3,055	3,428	3,930	4,318
13	0,259	0,694	1,350	1,771	2,160	2,650	3,012	3,372	3,852	4,221
14	0,258	0,692	1,345	1,761	2,145	2,624	2,977	3,326	3,787	4,140
15	0,258	0,691	1,341	1,753	2,131	2,602	2,947	3,286	3,733	4,073
16	0,258	0,690	1,337	1,746	2,120	2,583	2,921	3,252	3,686	4,015
17	0,257	0,689	1,333	1,740	2,110	2,567	2,898	3,222	3,646	3,965
18	0,257	0,688	1,330	1,734	2,101	2,552	2,878	3,197	3,610	3,922
19	0,257	0,688	1,328	1,729	2,093	2,539	2,861	3,174	3,579	3,883

20	0,257	0,687	1,325	1,725	2,086	2,528	2,845	3,153	3,552	3,850
21	0,257	0,686	1,323	1,721	2,080	2,518	2,831	3,135	3,527	3,819
22	0,256	0,686	1,321	1,717	2,074	2,508	2,819	3,119	3,505	3,792
23	0,256	0,685	1,319	1,714	2,069	2,500	2,807	3,104	3,485	3,767
24	0,256	0,685	1,318	1,711	2,064	2,492	2,797	3,091	3,467	3,745
25	0,256	0,684	1,316	1,708	2,060	2,485	2,787	3,078	3,450	3,725
26	0,256	0,684	1,315	1,706	2,056	2,479	2,779	3,067	3,435	3,707
27	0,256	0,684	1,314	1,703	2,052	2,473	2,771	3,057	3,421	3,690
28	0,256	0,683	1,313	1,701	2,048	2,467	2,763	3,047	3,408	3,674
29	0,256	0,683	1,311	1,699	2,045	2,462	2,756	3,038	3,396	3,659
30	0,256	0,683	1,310	1,697	2,042	2,457	2,750	3,030	3,385	3,646
40	0,255	0,681	1,303	1,684	2,021	2,423	2,704	2,971	3,307	3,551
60	0,254	0,679	1,296	1,671	2,000	2,390	2,660	2,915	3,232	3,460
120	0,254	0,677	1,289	1,658	1,980	2,358	2,617	2,860	3,160	3,373
∞	0,253	0,674	1,282	1,645	1,960	2,326	2,576	2,807	3,090	3,291

T4. Table de Snedecor pour p = 0,95

v2	1	2	3	4	5	6	7	8	9	10
				v1 Degré de liberté du numérateur						
1	161,45	199,50	215,71	224,58	230,16	233,99	236,77	238,88	240,54	241,88
2	18,51	19,00	19,16	19,25	19,30	19,33	19,35	19,37	19,38	19,40
3	10,13	9,55	9,28	9,12	9,01	8,94	8,89	8,85	8,81	8,79
4	7,71	6,94	6,59	6,39	6,26	6,16	6,09	6,04	6,00	5,96
5	6,61	5,79	5,41	5,19	5,05	4,95	4,88	4,82	4,77	4,74
6	5,99	5,14	4,76	4,53	4,39	4,28	4,21	4,15	4,10	4,06
7	5,59	4,74	4,35	4,12	3,97	3,87	3,79	3,73	3,68	3,64
8	5,32	4,46	4,07	3,84	3,69	3,58	3,50	3,44	3,39	3,35
9	5,12	4,26	3,86	3,63	3,48	3,37	3,29	3,23	3,18	3,14
10	4,96	4,10	3,71	3,48	3,33	3,22	3,14	3,07	3,02	2,98
11	4,84	3,98	3,59	3,36	3,20	3,09	3,01	2,95	2,90	2,85
12	4,75	3,89	3,49	3,26	3,11	3,00	2,91	2,85	2,80	2,75
13	4,67	3,81	3,41	3,18	3,03	2,92	2,83	2,77	2,71	2,67
14	4,60	3,74	3,34	3,11	2,96	2,85	2,76	2,70	2,65	2,60
15	4,54	3,68	3,29	3,06	2,90	2,79	2,71	2,64	2,59	2,54
16	4,49	3,63	3,24	3,01	2,85	2,74	2,66	2,59	2,54	2,49
17	4,45	3,59	3,20	2,96	2,81	2,70	2,61	2,55	2,49	2,45
18	4,41	3,55	3,16	2,93	2,77	2,66	2,58	2,51	2,46	2,41
19	4,38	3,52	3,13	2,90	2,74	2,63	2,54	2,48	2,42	2,38
20	4,35	3,49	3,10	2,87	2,71	2,60	2,51	2,45	2,39	2,35
21	4,32	3,47	3,07	2,84	2,68	2,57	2,49	2,42	2,37	2,32
22	4,30	3,44	3,05	2,82	2,66	2,55	2,46	2,40	2,34	2,30
23	4,28	3,42	3,03	2,80	2,64	2,53	2,44	2,37	2,32	2,27
24	4,26	3,40	3,01	2,78	2,62	2,51	2,42	2,36	2,30	2,25
25	4,24	3,39	2,99	2,76	2,60	2,49	2,40	2,34	2,28	2,24

26	4,23	3,37	2,98	2,74	2,59	2,47	2,39	2,32	2,27	2,22
27	4,21	3,35	2,96	2,73	2,57	2,46	2,37	2,31	2,25	2,20
28	4,20	3,34	2,95	2,71	2,56	2,45	2,36	2,29	2,24	2,19
29	4,18	3,33	2,93	2,70	2,55	2,43	2,35	2,28	2,22	2,18
30	4,17	3,32	2,92	2,69	2,53	2,42	2,33	2,27	2,21	2,16
32	4,15	3,29	2,90	2,67	2,51	2,40	2,31	2,24	2,19	2,14
35	4,12	3,27	2,87	2,64	2,49	2,37	2,29	2,22	2,16	2,11
40	4,08	3,23	2,84	2,61	2,45	2,34	2,25	2,18	2,12	2,08
50	4,03	3,18	2,79	2,56	2,40	2,29	2,20	2,13	2,07	2,03
60	4,00	3,15	2,76	2,53	2,37	2,25	2,17	2,10	2,04	1,99
80	3,96	3,11	2,72	2,49	2,33	2,21	2,13	2,06	2,00	1,95
100	3,94	3,09	2,70	2,46	2,31	2,19	2,10	2,03	1,97	1,93
150	3,90	3,06	2,66	2,43	2,27	2,16	2,07	2,00	1,94	1,89
300	3,87	3,03	2,63	2,40	2,24	2,13	2,04	1,97	1,91	1,86

v_1 - Degré de liberté du numérateur
v_2 - Degré de liberté du dénominateur

T5. Table de la loi du χ^2

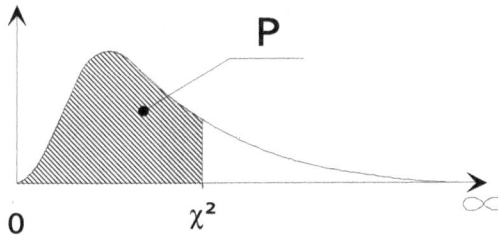

ν P	0,005	0,010	0,025	0,050	0,100	0,250	0,500	0,750	0,900	0,950	0,975	0,990	0,995
1	0,000	0,000	0,001	0,004	0,016	0,102	0,455	1,32	2,71	3,84	5,02	6,63	7,88
2	0,010	0,020	0,051	0,103	0,201	0,575	1,39	2,77	4,61	5,99	7,38	9,21	10,6
3	0,072	0,115	0,216	0,352	0,584	1,21	2,37	4,11	6,25	7,81	9,35	11,3	12,8
4	0,207	0,297	0,484	0,711	1,06	1,92	3,36	5,39	7,78	9,49	11,1	13,3	14,9
5	0,412	0,554	0,831	1,15	1,61	2,67	4,35	6,63	9,24	11,1	12,8	15,1	16,7
6	0,676	0,872	1,24	1,64	2,20	3,45	5,35	7,84	10,6	12,6	14,4	16,8	18,5
7	0,989	1,24	1,69	2,17	2,83	4,25	6,35	9,04	12,0	14,1	16,0	18,5	20,3
8	1,34	1,65	2,18	2,73	3,49	5,07	7,34	10,2	13,4	15,5	17,5	20,1	22,0
9	1,73	2,09	2,70	3,33	4,17	5,90	8,34	11,4	14,7	16,9	19,0	21,7	23,6
10	2,16	2,56	3,25	3,94	4,87	6,74	9,34	12,5	16,0	18,3	20,5	23,2	25,2
11	2,60	3,05	3,82	4,57	5,58	7,58	10,3	13,7	17,3	19,7	21,9	24,7	26,8
12	3,07	3,57	4,40	5,23	6,30	8,44	11,3	14,8	18,5	21,0	23,3	26,2	28,3
13	3,57	4,11	5,01	5,89	7,04	9,30	12,3	16,0	19,8	22,4	24,7	27,7	29,8
14	4,07	4,66	5,63	6,57	7,79	10,2	13,3	17,1	21,1	23,7	26,1	29,1	31,3
15	4,60	5,23	6,26	7,26	8,55	11,0	14,3	18,2	22,3	25,0	27,5	30,6	32,8
16	5,14	5,81	6,91	7,96	9,31	11,9	15,3	19,4	23,5	26,3	28,8	32,0	34,3
17	5,70	6,41	7,56	8,67	10,1	12,8	16,3	20,5	24,8	27,6	30,2	33,4	35,7
18	6,26	7,01	8,23	9,39	10,9	13,7	17,3	21,6	26,0	28,9	31,5	34,8	37,2
19	6,84	7,63	8,91	10,1	11,7	14,6	18,3	22,7	27,2	30,1	32,9	36,2	38,6
20	7,43	8,26	9,59	10,9	12,4	15,5	19,3	23,8	28,4	31,4	34,2	37,6	40,0
21	8,03	8,90	10,3	11,6	13,2	16,3	20,3	24,9	29,6	32,7	35,5	38,9	41,4
22	8,64	9,54	11,0	12,3	14,0	17,2	21,3	26,0	30,8	33,9	36,8	40,3	42,8

23	9,26	10,2	11,7	13,1	14,8	18,1	22,3	27,1	32,0	35,2	38,1	41,6	44,2
24	9,89	10,9	12,4	13,8	15,7	19,0	23,3	28,2	33,2	36,4	39,4	43,0	45,6
25	10,5	11,5	13,1	14,6	16,5	19,9	24,3	29,3	34,4	37,7	40,6	44,3	46,9
26	11,2	12,2	13,8	15,4	17,3	20,8	25,3	30,4	35,6	38,9	41,9	45,6	48,3
27	11,8	12,9	14,6	16,2	18,1	21,7	26,3	31,5	36,7	40,1	43,2	47,0	49,6
28	12,5	13,6	15,3	16,9	18,9	22,7	27,3	32,6	37,9	41,3	44,5	48,3	51,0
29	13,1	14,3	16,0	17,7	19,8	23,6	28,3	33,7	39,1	42,6	45,7	49,6	52,3
30	13,8	15,0	16,8	18,5	20,6	24,5	29,3	34,8	40,3	43,8	47,0	50,9	53,7
40	20,7	22,2	24,4	26,5	29,1	33,7	39,3	45,6	51,8	55,8	59,3	63,7	66,8
50	28,0	29,7	32,4	34,8	37,7	42,9	49,3	56,3	63,2	67,5	71,4	76,2	79,5
80	51,2	53,5	57,2	60,4	64,3	71,1	79,3	88,1	96,6	101,9	106,6	112,4	116,3
100	67,3	70,1	74,2	77,9	82,4	90,1	99,3	109,1	118,5	124,3	129,6	135,8	140,2

T6. Test de Hartley – Valeurs limites de *r*

Risque α = 0,05

	Nombre de variances										
v	2	3	4	5	6	7	8	9	10	11	12
2	39	87,5	142	202	266	333	403	475	550	626	704
3	15,4	27	39,2	50,7	62	72,9	83,6	93,9	104	114	124
4	9,6	15,5	20,6	25,2	29,5	33,6	37,5	41,1	44,6	48	51,4
5	7,15	10,8	13,7	16,3	18,7	20	22,9	24,7	26,5	28,2	29,9
6	5,02	8,8	10,4	12,1	13,7	15	16,3	17,5	18,6	19,7	20,7
7	4,99	6,94	8,44	9,7	10,8	11	12,7	13,5	14,3	15,1	15,8
8	4,43	6	7,18	8,12	9,03	9,78	10,5	11,1	11,7	12,2	12,7
9	4,03	5,34	6,31	7,11	7,8	8,41	8,95	9,45	9,91	10,3	10,7
10	3,72	4,85	5,67	6,34	6,92	7,42	7,07	8,28	8,66	9,01	9,34
12	3,11	4,00	4,59	5,07	5,46	5,80	6,11	6,39	6,65	6,88	6,87
15	2,86	3,54	4,01	4,37	4,68	4,95	5,19	5,4	5,59	5,77	5,03
20	2,46	2,95	3,29	3,54	3,76	3,94	4,1	4,24	4,37	4,49	4,59
30	2,07	2,4	2,61	2,78	2,91	3,02	3,12	3,21	3,29	3,36	3,39
60	1,67	1,85	1,96	2,04	2,11	2,17	2,22	2,26	2,30	2,33	2,36
Inf.	1,00	1,00	1,00	1,00	1,00	1,00	1,00	1,00	1,00	1,00	1,00

Risque α = 0,01

v	\multicolumn{11}{c}{Nombre de variances}
	2	3	4	5	6	7	8	9	10	11	12
2	199	448	729	1 036	1 362	1 705	2 063	2 432	2 813	3 204	3 605
3	47,5	85	120	151	184	216	249	281	310	337	361
4	23,2	37	49	59	69	79	89	97	106	113	120
5	14,9	22	28	33	38	42	46	50	54	57	60
6	11,1	15,5	19,1	22	25	27	30	32	34	36	37
7	8,89	12,1	14,5	16,5	18,4	20	22	23	24	26	27
8	7,50	9,9	11,7	13,2	14,5	15,8	16,9	17,9	18,9	19,8	21
9	6,54	8,5	9,9	11,1	12,1	13,1	13,9	14,7	15,3	16,0	16,6
10	5,85	7,4	8,6	9,6	10,4	11,1	11,8	12,4	12,9	13,4	13,9
12	4,91	6,1	6,9	7,6	8,2	8,7	9,1	9,5	9,9	10,2	10,6
15	4,07	4,9	5,5	6,0	6,4	6,7	7,1	7,3	7,5	7,8	8,0
20	3,32	3,8	4,3	4,6	4,9	5,1	5,3	5,5	5,6	5,8	5,9
30	2,63	3,0	3,3	3,4	3,6	3,7	3,8	3,9	4,0	4,1	4,2
60	1,96	2,2	2,3	2,4	2,4	2,5	2,5	2,6	2,6	2,7	2,7
Inf.	1,00	1,00	1,00	100	1,00	1,00	1,00	1,00	1,00	1,00	1,00

T7. Taille des échantillons – Comparaisons de deux échantillons Test z

$$n_i = n_j = \frac{2(u_{\alpha/2} + u_\beta)^2}{k}$$

δ/σ	Alpha = 20 %				Alpha = 10 %				Alpha = 5 %				Alpha = 1 %			
	β 20 %	β 10 %	β 5 %	β 1 %	β 20 %	β 10 %	β 5 %	β 1 %	β 20 %	β 10 %	β 5 %	β 1 %	β 20 %	β 10 %	β 5 %	β 1 %
0.1	902	1 314	1 713	2 603	1 237	1 713	2 164	3 154	1 570	2 101	2 599	3 674	2 336	2 976	3 563	4 806
0.2	225	328	428	651	309	428	541	789	392	525	650	919	584	744	891	1 202
0.3	100	146	190	289	137	190	240	350	174	233	289	408	260	331	396	534
0.4	56	82	107	163	77	107	135	197	98	131	162	230	146	186	223	300
0.5	36	53	69	104	49	69	87	126	63	84	104	147	93	119	143	192
0.6	25	36	48	72	34	48	60	88	44	58	72	102	65	83	99	134
0.7	18	27	35	53	25	35	44	64	32	43	53	75	48	61	73	98
0.8	14	21	27	41	19	27	34	49	25	33	41	57	36	46	56	75
0.9	11	16	21	32	15	21	27	39	19	26	32	45	29	37	44	59
1	9	13	17	26	12	17	22	32	16	21	26	37	23	30	36	48
1.1	7	11	14	22	10	14	18	26	13	17	21	30	19	25	29	40
1.2	6	9	12	18	9	12	15	22	11	15	18	26	16	21	25	33
1.3	5	8	10	15	7	10	13	19	9	12	15	22	14	18	21	28
1.4	5	7	9	13	6	9	11	16	8	11	13	19	12	15	18	25
1.5	4	6	8	12	5	8	10	14	7	9	12	16	10	13	16	21
1.6	4	5	7	10	5	7	8	12	6	8	10	14	9	12	14	19
1.7	3	5	6	9	4	6	7	11	5	7	9	13	8	10	12	17
1.8	3	4	5	8	4	5	7	10	5	6	8	11	7	9	11	15
1.9	2	4	5	7	3	5	6	9	4	6	7	10	6	8	10	13
2	2	3	4	7	3	4	5	8	4	5	6	9	6	7	9	12
2.1	2	3	4	6	3	4	5	7	4	5	6	8	5	7	8	11
2.2	2	3	4	5	3	4	4	7	3	4	5	8	5	6	7	10
2.3	2	2	3	5	2	3	4	6	3	4	5	7	4	6	7	9
2.4	2	2	3	5	2	3	4	5	3	4	5	6	4	5	6	8
2.5	1	2	3	4	2	3	3	5	3	3	4	6	4	5	6	8
2.6	1	2	3	4	2	3	3	5	2	3	4	5	3	4	5	7
2.7	1	2	2	4	2	2	3	4	2	3	4	5	3	4	5	7
2.8	1	2	2	3	2	2	3	4	2	3	3	5	3	4	5	6
2.9	1	2	2	3	1	2	3	4	2	2	3	4	3	4	4	6
3	1	1	2	3	1	2	2	4	2	2	3	4	3	3	4	5
3.2	1	1	2	3	1	2	2	3	2	2	3	4	2	3	3	5
3.4	1	1	1	2	1	1	2	3	1	2	2	3	2	3	3	4
3.6	1	1	1	2	1	1	2	2	1	2	2	3	2	2	3	4
3.8	1	1	1	2	1	1	1	2	1	1	2	3	2	2	2	3
4	1	1	1	2	1	1	1	2	1	1	2	2	1	2	2	3

Décalage entre les deux échantillons en nombre d'écarts-types

T8. Taille des échantillons pour le test *t*

La taille des échantillons est calculée pour un risque α de 5 % et un risque β de 10 %.

Décentrage δ	0,2	0,3	0,4	0,5	0,6	0,7	0,8	0,9	1	1,1	1,2	1,3	1,4	1,5	1,6
Taille	527	235	133	86	60	45	35	28	23	19	17	14	13	11	10

Décentrage δ	1,7	1,8	1,9	2	2,1	2,2	2,3	2,4	2,8	2,9	3,6	3,7	4	5	6
Taille	9	8	8	7	7	6	6	5	5	4	4	3	3	3	2

T9. Taille des échantillons pour le test *z*

La taille des échantillons est calculée pour un risque α de 5 % et un risque β de 10 %.

Décentrage δ	0,2	0,3	0,4	0,5	0,6	0,7	0,8	0,9	1	1,1	1,2	1,3	1,4	1,5	1,6
Taille	525	234	131	84	58	43	33	26	21	17	15	12	11	9	8

Décentrage δ	1,7	1,8	1,9	2	2,1	2,2	2,4	2,5	2,8	2,9	3,7	3,8	4	5	6
Taille	7	6	6	5	5	4	4	3	3	2	2	1	1	1	1

T10. Taille des échantillons pour le test *F*

La taille des échantillons est calculée pour un risque α de 5 % dans l'hypothèse H_0 pour deux échantillons de même taille.

Ratio entre les 2 écarts types	Ratio entre les 2 variances	Taille n mini
1,1	1,21	301
1,2	1,44	83
1,3	1,69	41
1,4	1,96	25
1,5	2,25	18
1,6	2,56	14
1,7	2,89	11
1,8	3,24	9
1,9	3,61	8
2	4	7
2,1	4,41	6
2,2	4,84	6
2,3	5,29	5
2,4	5,76	5
2,5	6,25	5
2,6	6,76	4
2,7	7,29	4
2,8	7,84	4
2,9	8,41	4
3	9	4
4	16	3
5	25	2

T11. Tableau des coefficients

n	c_4	d_2	d_3	A	A_2	A_3	$\tilde{A}_2$	$\tilde{A}$	B_3	B_4	B_5	B_6	D_3	D_4	D_5	D_6
	Estimation de σ			**Pour le calcul de la carte $\overline{X}$**			**Carte médiane**		**Pour le calcul de la carte des S**				**Pour le calcul de la carte des R**			
2	0,7979	1,128	0,853	2,121	1,880	2,659	1,880	2,121	–	3,267	–	2,606	–	3,267	–	3,686
3	0,8862	1,693	0,888	1,732	1,023	1,954	1,187	2,010	–	2,568	–	2,276	–	2,574	–	4,358
4	0,9213	2,059	0,880	1,500	0,729	1,628	0,796	1,639	–	2,266	–	2,088	–	2,282	–	4,698
5	0,9400	2,326	0,864	1,342	0,577	1,427	0,691	1,607	–	2,089	–	1,964	–	2,114	–	4,918
6	0,9515	2,534	0,848	1,225	0,483	1,287	0,548	1,389	0,030	1,970	0,029	1,874	–	2,004	–	5,078
7	0,9594	2,704	0,833	1,134	0,419	1,182	0,508	1,374	0,118	1,882	0,113	1,806	0,076	1,924	0,205	5,203
8	0,9650	2,847	0,820	1,061	0,373	1,099	0,433	1,233	0,185	1,815	0,178	1,752	0,136	1,864	0,387	5,307
9	0,9693	2,970	0,808	1,000	0,337	1,032	0,412	1,224	0,239	1,761	0,232	1,707	0,184	1,816	0,546	5,394
10	0,9727	3,078	0,797	0,949	0,308	0,975	0,362	1,114	0,284	1,716	0,277	1,669	0,223	1,777	0,687	5,469
11	0,9754	3,173	0,787	0,905	0,285	0,927			0,321	1,679	0,314	1,637	0,256	1,744	0,812	5,534
12	0,9776	3,258	0,778	0,866	0,266	0,886			0,354	1,646	0,346	1,609	0,283	1,717	0,924	5,592
13	0,9794	3,336	0,770	0,832	0,249	0,850			0,382	1,618	0,374	1,585	0,307	1,693	1,026	5,646
14	0,9810	3,407	0,762	0,802	0,235	0,817			0,406	1,594	0,399	1,563	0,328	1,672	1,121	5,693
15	0,9823	3,472	0,755	0,775	0,223	0,789			0,428	1,572	0,420	1,544	0,347	1,653	1,207	5,937
20	0,9869	3,735	0,729	0,671	0,180	0,680			0,510	1,490	0,503	1,471	0,415	1,585	1,548	5,922

Coefficient d_2^* pour l'estimation de σ à partir de $\overline{R}$

Nombre de mesures par échantillon		Nombre d'échantillons														
		1	2	3	4	5	6	7	8	9	10	11	12	13	14	15	> 15
	2	1,414	1,279	1,231	1,206	1,191	1,181	1,173	1,168	1,163	1,160	1,157	1,154	1,153	1,151	1,149	1,128
	3	1,912	1,806	1,769	1,750	1,739	1,731	1,726	1,722	1,719	1,716	1,714	1,712	1,711	1,710	1,708	1,693
	4	2,239	2,151	2,121	2,105	2,096	2,090	2,086	2,082	2,08	2,078	2,076	2,075	2,073	2,072	2,071	2,071
	5	2,481	2,405	2,379	2,366	2,358	2,353	2,349	2,346	2,344	2,342	2,34	2,339	2,338	2,337	2,337	2,326

T12. Principales tables de Taguchi

Nombre de facteurs	Table L_4	Table L_8	Table L_{16}	Table L_{12}
2	******** • Plan complet • Aucun risque		La notation utilisée de quatre étoiles à une étoile est attribuée en fonction : • du risque de confondre un effet avec une interaction de second ordre ; • de la possibilité de désaliasser tout en restant dans des plans à moins de vingt essais ; • de l'efficacité du plan (nombre de ddl/nombre d'essais).	
3	******* • Fractionnaire, résolution III • Facile à désaliasser en passant au plan complet L_8	******** • Plan complet • Utiliser les colonnes 1, 2, 4 • Aucun risque		
4		******* • Fractionnaire, résolution IV • Utiliser les colonnes 1, 3, 5, 7 • Facile à désaliasser en passant au plan complet L_{16}	******** • Plan complet • Utiliser les colonnes 1, 2, 4, 8 • Aucun risque	
5		****** • Fractionnaire résolution III • Pas de colonne à privilégier	******** • Fractionnaire, résolution V • Utiliser les colonnes 1, 2, 4, 8, 15	******* • Plan fractionnaire • Ne permet pas d'étudier des interactions
6		• Facile à désaliasser en continuant les colonnes impaires de la table L_{16}	******* • Fractionnaire, résolution IV • Utiliser les colonnes impaires	• Choix des colonnes en fonction de la difficulté des modifications des facteurs
7				• Idéal pour débroussailler
8				
9 à 11			***** • Fractionnaire, résolution III • Pas de colonne à privilégier	• Les interactions sont diluées
11 à 15				

Rappel des symboles utilisés :

Symbole	Groupe	Difficulté de modification des niveaux
○	1	Difficile
◎	2	Assez difficile
◉	3	Assez facile
●	4	Facile

Table $L_4 (2^3)$

	1	2	3
1	1	1	1
2	1	2	2
3	2	1	2
4	2	2	1
	a	b	a b
Groupe	1	2	

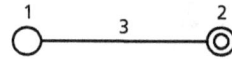

		2	3
(1)		3	2
		(2)	1

Table $L_8 (2^7)$

N°	1	2	3	4	5	6	7
1	1	1	1	1	1	1	1
2	1	1	1	2	2	2	2
3	1	2	2	1	1	2	2
4	1	2	2	2	2	1	1
5	2	1	2	1	2	1	2
6	2	1	2	2	1	2	1
7	2	2	1	1	2	2	1
8	2	2	1	2	1	1	2
	a	b	a b	c	a c	b c	a b c
Groupe	1	2			3		

Triangle des interactions entre deux colonnes

	2	3	4	5	6	7
(1)	3	2	5	4	7	6
	(2)	1	6	7	4	5
		(3)	7	6	5	4
			(4)	1	2	3
				(5)	3	2
					(6)	1

Graphe des effets

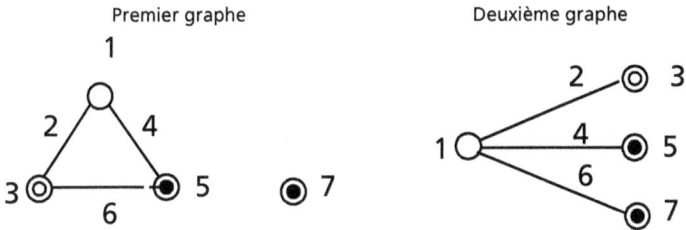

Premier graphe   Deuxième graphe

Table $L_9 (3^4)$

N°	1	2	3	4
1	1	1	1	1
2	1	2	2	2
3	1	3	3	3
4	2	1	2	3
5	2	2	3	1
6	2	3	1	2
7	3	1	3	2
8	3	2	1	3
9	3	3	2	1
	a	b	a b	a b^2
Groupe	1	2		

Table L₁₂ (2¹¹)

La table L$_{12}$ est une table spéciale dans laquelle les interactions sont distribuées plus ou moins uniformément dans toutes les colonnes. Il n'y a pas de graphe pour cette table, elle ne peut donc pas être utilisée pour étudier des interactions.

N°	1	2	3	4	5	6	7	8	9	10	11
1	1	1	1	1	1	1	1	1	1	1	1
2	1	1	1	1	1	2	2	2	2	2	2
3	1	1	2	2	2	1	1	1	2	2	2
4	1	2	1	2	2	1	2	2	1	1	2
5	1	2	2	1	2	2	1	2	1	2	1
6	1	2	2	2	1	2	2	1	2	1	1
7	2	1	2	2	1	1	2	2	1	2	1
8	2	1	2	1	2	2	2	1	1	1	2
9	2	1	1	2	2	2	1	2	2	1	1
10	2	2	2	1	1	1	1	2	2	1	2
11	2	2	1	2	1	2	1	1	1	2	2
12	2	2	1	1	2	1	2	1	2	2	1
Groupe	1	2									

Table $L_{16}(2^{15})$

	1	2	3	4	5	6	7	8	9	10	11	12	13	14	15
1	1	1	1	1	1	1	1	1	1	1	1	1	1	1	1
2	1	1	1	1	1	1	1	2	2	2	2	2	2	2	2
3	1	1	1	2	2	2	2	1	1	1	1	2	2	2	2
4	1	1	1	2	2	2	2	2	2	2	2	1	1	1	1
5	1	2	2	1	1	2	2	1	1	2	2	1	1	2	2
6	1	2	2	1	1	2	2	2	2	1	1	2	2	1	1
7	1	2	2	2	2	1	1	1	1	2	2	2	2	1	1
8	1	2	2	2	2	1	1	2	2	1	1	1	1	2	2
9	2	1	2	1	2	1	2	1	2	1	2	1	2	1	2
10	2	1	2	1	2	1	2	2	1	2	1	2	1	2	1
11	2	1	2	2	1	2	1	1	2	1	2	2	1	2	1
12	2	1	2	2	1	2	1	2	1	2	1	1	2	1	2
13	2	2	1	1	2	2	1	1	2	2	1	1	2	2	1
14	2	2	1	1	2	2	1	2	1	1	2	2	1	1	2
15	2	2	1	2	1	1	2	1	2	2	1	2	1	1	2
16	2	2	1	2	1	1	2	2	1	1	2	1	2	2	1
	a	b	a b	c	a c	b c	a b c	d	a d	b d	a b d	c d	a c d	b c d	a b c d
Groupe	1	2		3				4							

Table L_{16} - Triangle des interactions

	2	3	4	5	6	7	8	9	10	11	12	13	14	15
(1)	3	2	5	4	7	6	9	8	11	10	13	12	15	14
	(2)	1	6	7	4	5	10	11	8	9	14	15	12	13
		(3)	7	6	5	4	11	10	9	8	15	14	13	12
			(4)	1	2	3	12	13	14	15	8	9	10	11
				(5)	3	2	13	12	15	14	9	8	11	10
					(6)	1	14	15	12	13	10	11	8	9
						(7)	15	14	13	12	11	10	9	8
							(8)	1	2	3	4	5	6	7
								(9)	3	2	5	4	7	6
									(10)	1	6	7	4	5
										(11)	7	6	5	4
											(12)	1	2	3
												(13)	3	2
													(14)	1

Table L_{16} - Graphes de résolution V

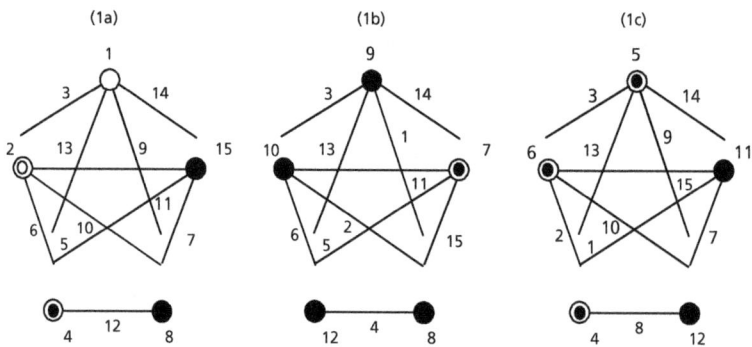

Table L$_{16}$ - Graphes de résolution IV

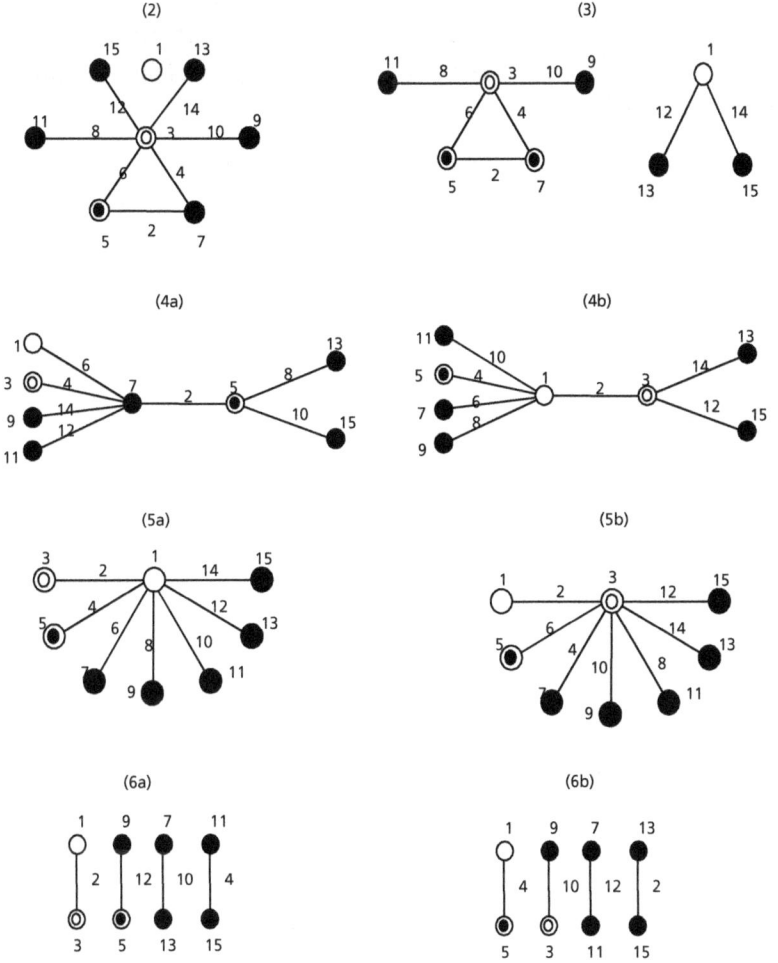

Table L_{18} ($2^1 x 3^7$)

De même que la table L_{12} (2^{11}), cette table est une table spéciale. Une interaction peut-être étudiée entre les deux premières colonnes sans sacrifier une autre colonne. Les interactions entre les colonnes à 3 niveaux sont réparties plus ou moins uniformément sur toutes les autres colonnes à 3 niveaux.

N°	1	2	3	4	5	6	7	8
1	1	1	1	1	1	1	1	1
2	1	1	2	2	2	2	2	2
3	1	1	3	3	3	3	3	3
4	1	2	1	1	2	2	3	3
5	1	2	2	2	3	3	1	1
6	1	2	3	3	1	1	2	2
7	1	3	1	2	1	3	2	3
8	1	3	2	3	2	1	3	1
9	1	3	3	1	3	2	1	2
10	2	1	1	3	3	2	2	1
11	2	1	2	1	1	3	3	2
12	2	1	3	2	2	1	1	3
13	2	2	1	2	3	1	3	2
14	2	2	2	3	1	2	1	3
15	2	2	3	1	2	3	2	1
16	2	3	1	3	2	3	1	2
17	2	3	2	1	3	1	2	3
18	2	3	3	2	1	2	3	1

Table $L_{20}(2^{19})$

Ce plan, issu d'un plan de Plackett et Burman, permet d'étudier jusqu'à 19 facteurs à 2 niveaux. Il a des propriétés du même type que la table $L_{12}(2^{11})$.

	1	2	3	4	5	6	7	8	9	10	11	12	13	14	15	16	17	18	19
1	1	1	1	1	1	1	1	1	1	1	1	1	1	1	1	1	1	1	1
2	1	1	1	1	2	1	2	1	2	2	2	2	1	1	2	2	1	2	2
3	1	1	1	2	1	2	1	2	2	2	2	1	1	2	2	1	2	2	1
4	1	1	2	2	1	2	2	1	1	1	1	2	1	2	1	2	2	2	2
5	1	1	2	1	2	1	2	2	2	2	1	1	2	2	1	2	2	1	1
6	1	2	2	1	1	1	1	2	1	2	1	2	2	2	2	1	1	2	2
7	1	2	2	1	2	2	1	1	1	1	2	1	2	1	2	2	2	2	1
8	1	2	2	2	2	1	1	2	2	1	2	2	1	1	1	1	2	1	2
9	1	2	1	2	2	2	2	1	1	2	2	1	2	2	1	1	1	1	2
10	1	2	1	2	1	2	2	2	2	1	1	2	2	1	2	2	1	1	1
11	2	1	1	2	2	1	2	2	1	1	1	1	2	1	2	1	2	2	2
12	2	1	1	1	1	2	1	2	1	2	2	2	2	1	1	2	2	1	2
13	2	1	2	1	2	2	2	2	1	1	2	2	1	2	2	1	1	1	1
14	2	1	2	2	1	1	1	1	2	1	2	1	2	2	2	2	1	1	2
15	2	1	2	2	2	2	1	1	2	2	1	2	2	1	1	1	1	2	1
16	2	2	2	2	1	1	2	2	1	2	2	1	1	1	1	2	1	2	1
17	2	2	2	1	1	2	2	1	2	2	1	1	1	1	2	1	2	1	2
18	2	2	1	1	2	2	1	2	2	1	1	1	1	2	1	2	1	2	2
19	2	2	1	1	1	1	2	1	2	1	2	2	2	2	1	1	2	2	1
20	2	2	1	2	2	1	1	1	1	2	1	2	1	2	2	2	2	1	1
Groupe	1	2	3									4							

T13. Plans composites centrés

Nombre de facteurs	2	3	4	5	5
Plan factoriel de base	L_4 (complet)	L_8 (complet)	L_{16} (complet)	L_{16} (resV)	L_{32} (complet)
Valeur de α	1,414	1,682	2	2	2,378
Nombre de points au centre	5	6	7	6	10
Nombre d'essais	13	20	31	32	52

Exemple de construction à 2 facteurs

	N°	A	B
Plan factoriel de base	1	− 1	− 1
	2	− 1	1
	3	1	− 1
	4	1	1
4 essais sur les axes	5	− 1,414	0
	6	+ 1,414	0
	7	0	− 1,414
	8	0	+ 1,414
5 essais au centre du domaine	9	0	0
	10	0	0
	11	0	0
	12	0	0
	13	0	0

Chapitre 11

Fiches – Résumés

Étape 1 – Définir : mémo des actions principales à réaliser

Cette étape consiste à définir le problème, les améliorations projetées et les gains attendus. Tout doit être fait pour que les attentes du client soient traduites en termes de qualité ressentie. Dans cette étape, on doit mener également un travail de compréhension visant à connaître le processus et ainsi à mieux cerner les limites du projet.

1. Choix du problème
- Déterminer le problème à résoudre en fonction de l'importance pour le client et du potentiel de gain pour l'entreprise.

2. Formulation du problème
- Formuler le problème après avoir recueilli toutes les informations nécessaires :
- – informations factuelles (retour clients, rebuts…) ;
- – informations chiffrées (en termes de coût, de délai, de qualité).
- Réaliser un QQOQCP, un Est/N'est pas

3. Clients identifiés
- Identifier les clients amont, aval et les clients finaux.
- Identifier parmi tous les paramètres pouvant influer sur le problème les paramètres Y concernant ce qui est critique pour le client.
- Définir les impacts du projet pour le client et l'entreprise.

4. Diagramme CTQ (Critical To Quality)
- Quels sont les besoins du client et pourquoi a-t-il besoin de notre produit ?
- Quelles sont ses exigences ?

- Quels sont les paramètres Y du processus qui sont liés à ce qui est critique pour le client ?
- Quelles sont les spécifications actuelles sur les Y ?

5. *État actuel et état souhaité*

- Un problème apparaît lorsqu'il y a un écart entre un état actuel et un état souhaité.
- Faire apparaître ce que l'on veut modifier et ce que l'on veut conserver.

6. *Cartographie du processus*

- Réaliser la cartographie du processus qui conduit à la satisfaction du client.

7. *Gains mesurables et non mesurables*

- Quels sont les coûts de non-qualité identifiés et liés au problème ?
- Indiquer les gains mesurables importants (exemples : diminution rebuts, coûts, réclamations clients...).
- Quels sont les avantages apportés par la résolution du problème qui ne sont pas mesurables ? (exemples : image auprès du client, fiabilité...).

8. *Plan de communication*

- Identifier les besoins en communication.
- Identifier les moyens les plus adaptés en fonction de la cible.

9. *Planification du projet*

- Identifier les acteurs du projet.
- Réaliser un diagramme de Gantt des différentes étapes.

10. *Charte du projet*

Six Sigma – Charte du projet			
LE PROJET			
Titre du projet			
Description brève du projet			
Objectifs du projet			
Clients (au sens « payent pour cela »)			

LA MESURE			
Indicateur principal du projet			
Valeur initiale		Valeur souhaitée	
Impact financier du projet	Gains	Bénéfice d'exploitation	
		Immobilisations	
		Productivité	
		Image entreprise	
	Coûts	Personnel	
		Autre	

BESOINS CLIENTS

Besoin des clients	Exigences	Caractéristiques mesurables	Spécifications

LE PÉRIMÈTRE

Dans le projet		Hors projet	
Date de début		Date de fin estimée	
Black Belt		*Champion*	

ÉQUIPE

Noms	Tél.	Service	Contribution attendue	Charge	Période

Planification du projet

Semaines													
Définir													
Mesurer													
Analyser													
Améliorer													
Contrôler													
Standardiser													

VALIDATION

Black Belt	*Champion*	*Process Owner*	Direction

Étape 2 – Mesurer : mémo des actions à réaliser

Cette étape consiste à trouver un moyen pour mesurer la(les) caractéristique(s) critique(s) pour les clients, à valider le processus de mesure, et réaliser une campagne de relevés sur le processus afin de déterminer les capabilités et les relations entre les Y et les X.

1. Réaliser une cartographie fine du processus

À cette étape on a besoin d'affiner la cartographie du processus réalisé dans la première étape.

- Détailler la cartographie du processus (avec les connaissances actuelles).
- Quels sont les Y du processus liés à ce qui est critique pour le client ?
- Quels sont les processus de mesure ? Sont-ils continus (7 niveaux minimum) ?
- Quelles sont les spécifications actuelles sur les Y ?
- Quels sont les X a priori ? les paramètres d'entrée, les paramètres de pilotage, les paramètres bruits ?

2. Moyen de mesure et procédure

- Quel(s) moyen(s) de mesure est(sont) utilisé(s) ?
- Quelle est la procédure ?
- Cette procédure est-elle figée ?

3. Capabilité des moyens de mesure R&R et verrouillage du procédé

- Valider s'il y a lieu la liaison entre le moyen de contrôle et la chaîne d'étalonnage.
- Réaliser s'il y a lieu l'étude de linéarité.
- Définir la capabilité du processus en utilisant la méthode R&R (répétabilité et reproductibilité) et conclure :
  – $Cpc < 3$: améliorer le processus de mesure en priorité.
  – $Cpc < 4$: continuer et mener des actions d'amélioration sur le processus de mesure.
  – $Cpc > 4$: continuer.
- Verrouiller le processus de mesure en le figeant par une instruction de contrôle.

4. Réduction de la variabilité, ramasser les fruits au pied de l'arbre

- Analyser les X potentiels (analyse des 5M).
- Faire l'état des lieux des écarts entre les standards et les valeurs actuelles sur les X.
- Réduire les causes de variation en fixant des paramètres.

5. *Observation du processus*

- Organiser un plan de collecte de données
- Mettre en place des cartes d'observation et des feuilles de relevés.
- Enregistrer toutes les informations disponibles sur Y avec ses attributs (X correspondants).
- Valider les spécifications.

6. *Étude capabilité du processus*

- Examen statistique des valeurs mesurées sur Y : moyenne, écart-type, normalité.
- Calcul des indicateurs de capabilités.
- Analyse dans le temps des Y et des X, cartes de contrôle.
- Analyse de la chute des capabilités : problème de processus, de dérive ou de centrage ?

7. *Actualisation des gains et coûts estimés*

Fiches – Résumés

Étape 3 – Analyser : mémo des actions à réaliser

Cette étape consiste à analyser les Y (sorties du processus), les X (variables du processus) et les relations entre les X et les Y afin d'identifier les quelques X responsables en grande partie de la variabilité sur Y.

1. Analyse de Y

- Étude de la normalité.
- Étude des variations temporelles.
- Étude de la chute des capabilités.

2. Analyse des X

- Rédiger le diagramme d'Ishikawa afin de déterminer les facteurs X qui peuvent influer sur les résultats précédents (variation de positions, cycliques, temporelles).
- Faire une observation sur la normalité, les variations temporelles et la chute des capabilités sur les X.

3. Analyse des symptômes

- Faire une liste des symptômes (d'après un jugement technique et l'expérience du groupe).
- Faire des hypothèses sur les causes des variations observées.

4. Analyser les relations entre les Y et les X

- Mettre en évidence graphiquement les relations entre Y et les X (boîte à moustache, multi-vari, graphe des effets...).
- Réaliser les tests statistiques permettant d'apporter la preuve statistique.
- Donner une explication rationnelle pour les effets observés.

5. Hiérarchiser les X

- Mettre en évidence le poids des X pertinents avec Anova ou Regression.
- Focalisation sur les X les plus pertinents.
- Prévoir un éventuel plan d'expériences pour formaliser la « fonction de transfert ».

6. Gains mesurables et gains non mesurables (réactualisation)

À nouveau, une analyse des gains et des coûts doit être faite afin de voir si le gain recherché peut être obtenu.

Étape 4 – Innover : mémo des actions à réaliser

Cette étape consiste à élaborer, mettre à l'essai et implanter des solutions pour corriger les causes fondamentales du problème.

1. Synthèse des étapes précédentes

- Lister les X qui font l'objet d'une interrogation.
- Sélectionner les X qui feront l'objet d'une étude complémentaire dans cette étape.

2. Générer des solutions

- Proposer les améliorations possibles :
– le problème est étudié sous tous les angles ;
– l'encadrement mais aussi les opérateurs des processus amont et aval sont invités à proposer leurs idées.
- Sélectionner les améliorations, évaluer les propositions et sélectionner celles qui semblent efficaces et réalisables à partir des critères :
– **Effet :** cette solution est-elle susceptible de résoudre réellement le problème ?
– **Faisabilité :** est-elle techniquement possible ?
– **Économie :** quel est le coût relatif à son application ?

3. Valider les solutions par une démarche expérimentale

- Établir pour chaque action retenue le processus expérimental qui apportera la preuve statistique (test de comparaison, analyse de la variance, plans d'expériences).
- Réaliser les essais.
- Vérifier que les X principaux sont significatifs statistiquement.
- Choisir le niveau des X pour obtenir le centrage et la réduction de la dispersion.
- Programmer des essais de confirmation.
- Calcul des capabilités après amélioration.

4. Analyser les risques

- Réalisation d'une AMDEC pour valider la solution retenue.

5. Planifier la mise en œuvre de la solution

- Identifier les acteurs.
- Identifier les étapes.

- Faire la planification du changement.

6. *Gains*

- Actualiser les gains mesurables et les gains non mesurables.
- Actualiser les coûts mesurables et les coûts non mesurables.

Étape 5 – Contrôler : mémo des actions à réaliser

Cette étape consiste à vérifier les résultats des actions d'amélioration mises en œuvre au stade précédent, en observant comment les caractéristiques choisies comme indicateurs de résultat ont évolué depuis l'introduction des solutions (mise sous contrôle par le biais d'outil de la qualité type SPC).

Les résultats doivent être chiffrés, comparés aux valeurs cibles et analysés à l'aide des outils de la qualité pour déterminer si les améliorations prévues sont significatives. Il faut également comparer le rapport coûts/avantages et étudier les répercussions.

1. *Bloc diagramme du processus*
- Réaliser un bloc diagramme du processus.
- Indiquer les caractéristiques X critiques à mettre sous contrôle.

2. *Déterminer les tolérances pour les X critiques*
- Valider la cohérence avec les tolérances sur Y :
– faire l'analyse du tolérancement à partir des corrélations constatées ;
– choisir la cible sur les X permettant d'obtenir des tolérances maximales.
- S'assurer que la solution mise en place est robuste par rapport aux bruits.

3. *Liste des paramètres mis sous contrôle*
- Pour chaque caractéristique qui a été mise sous contrôle, indiquer :
– la spécification retenue ;
– le type de suivi qui permet de surveiller la caractéristique.
- Calculer les limites de contrôle.
- Établir les règles de pilotage.

4. *Éliminer les causes d'erreur*
- Mettre en place des systèmes « zéro défaut » là où c'est possible.
- Documenter le poste de travail : procédures, instructions…

5. *Suivi des capabilités processus Cp, Pp, Ppk*
- Faire le suivi des capabilités sur la caractéristique Y.

6. *Gains et coûts*
- Actualiser les gains et coûts mesurables et mesurables.

Étape 6 – Standardiser : mémo des actions à réaliser

Cette étape consiste à verrouiller l'action, c'est-à-dire à permettre le maintien des améliorations et empêcher le retour des erreurs antérieures. Elle permet également de démultiplier les bonnes pratiques identifiées et de clore le projet.

1. *Simplifier la solution*

- Réaliser un audit de poste et identifier :
– les points qui demandent un effort particulier ;
– les écarts entre le nouveau standard et la pratique ;
– les points mal formalisés.

- Faire les transformations pour que le nouveau standard soit appliqué simplement et sans effort.

2. *Pérenniser la solution*

- Revoir les règles qui posent problème.
- Finaliser la documentation du poste.
- Formaliser le nouveau savoir-faire dans une base de connaissance.
- Identifier les « bonnes pratiques », les formaliser, les diffuser.
- Intégrer les processus et méthodes standards dans le développement de nouveaux produits.
- Mettre en place les indicateurs de performance.

3. *Bilan du projet*

- Bilan technique :
– faire la synthèse des améliorations techniques apportées ;
– modification de procédures, de méthodes ;
– amélioration des capabilités ;
– ...

- Bilan financier :
– faire la synthèse des coûts mesurables et non mesurables ;
– faire la synthèse des gains mesurables et non mesurables.

- Bilan humain :
– fonctionnement du groupe de travail ;
– identification des manques en matière de formation, de compétences ;
– ...

- Bilan méthodologique :
  – Si c'était à refaire, adopterions-nous la même démarche ?
  – Qu'avons-nous oublié de faire qu'il ne faudra plus oublier ?
  – En quoi ce projet peut-il enrichir la démarche Six Sigma dans notre société ?

4. *Clore le projet*

- Documenter les éléments de suivi des projets Six Sigma.
- Préparer un document de présentation du projet.
- Diffuser ce document à l'ensemble des *Black Belts*.
- Fêter la fin du projet.

Sites Internet utiles

Logiciels d'analyse statistique

Les calculs de cet ouvrage ont été réalisés avec Minitab®, logiciel d'analyse statistique, et Excel de Microsoft Office :
http://www.minitab.com
http://office.microsoft.com

On peut également consulter :
Statgraphics : http://www.sigmaplus.fr/
Statistica : http://www.statsoft.fr/index.php
SOS Stat : http://educlos.free.fr/sosstat.html
JMP Software : http://www.jmp.com/fr/index.shtml

Des feuilles de calculs statistiques Excel gratuites sont disponibles sur le site du département OGP de l'IUT d'Annecy :
http://web.qlio.univ-savoie.fr/

Didacticiels pour l'enseignement de Six Sigma

SIMDI est une suite de simulateurs de processus industriels destinée à enseigner les outils statistiques tels que les régressions, les analyses de la variance, les plans d'expériences, la MSP, les cartes de contrôle :
http://www.ogp-annecy.com/

Matériel didactique pour l'enseignement des statistiques :
http://www.does.org

Bibliographie

Amghar, A., *Management de projets*, J.C.I. Inc., 2002.

Avrillon, L., Pillet, M., « L'approche Shainin », *Qualité Référence,* n° 17, juillet 2002, pp. 95-100.

Bayle, P., & Co, « Illustration of Six Sigma Assistance on a Design Project », *Quality Engineering*, vol. 13, n° 3, March 2001, pp. 341-348.

Bonnefous, C., Courtois, A., *Indicateurs de performance – Traité IC2*, Hermès Science, 2001.

Bhote, K.R., Shainin, D., *World Class Quality*, Amacom, 1991.

Breyfogle, F.W., *Implementing Six Sigma*, Wiley & Sons, 2nd edition, 2003.

Brun, A., « Critical Success Factors of Six Sigma Implementations in Italian Companies », *International Journal of Production Economics*, 131(1), pp. 158-164, 2011.

Chardonnet, A., Thibaudon, D., *Le Guide PDCA de Deming*, Eyrolles, 2002.

Chauvel, A.M., *Méthodes et Outils pour résoudre un problème*, 4e éd., Dunod, 2006.

Chowdhury, S., *Design for Six Sigma*, Financial Times Management, 2003.

Chowdhury, S., *Vous avez dit Six Sigma ?!*, Dunod, 2002.

Courtois, A., Bonnefous, P., Martin-Bonnefous, C., Pillet, M., *Gestion de Production*, Eyrolles, 5e éd., 2011.

De Mast, J., Lokkerbol, J., « An analysis of the Six Sigma DMAIC Method from the Perspective of Problem Solving », *International Journal of Production Economics*, vol. 139, *Issue 2,* pp. 604-614, 2012.

Duret, D., Pillet, M., *Qualité en Production – De l'ISO 9000 à Six Sigma*, Eyrolles, 3e éd., 2005.

European Commission DGIII Industry, « The European Quality Promotion Policy, Benchmarking Introduction and main principles », *Quality Series*, n° 7, January 1998.

Fuller, Howard T. « Observations about the Success and Evolution of Six Sigma at Seagate » – *Quality Engineering*, vol. 12, n° 3, March 2000, pp. 311-315.

George, M.L., *Lean Six Sigma*, Mc Graw Hill, 2002.

Goh, T.N., « Information Transformation Perspective on Experimental Design in Six Sigma », *Quality Engineering*, vol. 13, n° 3, March 2001, pp. 349-355.

Goh, T.N., « The Role of Statistical Design of Experiments in Six Sigma : Perspectives of a Practitioner », *Quality Engineering*, vol. 14, n° 4, June 2002, pp. 659-671.

Goldstein, M.D., « Six Sigma Program Success Factors », *Six Sigma Forum Magazine*, vol. 1, *Issue 1,* November 2001.

Goupy, J., *Plans d'expériences pour surfaces de réponse*, Dunod, 1999.

Graves, Spencer, « Six Sigma Rolled Throughput Yield », *Quality Engineering*, vol. 14, n° 2, December 2001, pp. 257-266.

Hahn Gerald, J., Doganaksoy, Necip, « The Evolution of Six Sigma », *Quality Engineering*, vol. 12, n° 3, March 2000, pp. 317-326.

Harry, J.H., *The Vision of Six Sigma – Tools and Methods for Breakthrough*, vol. I, II, III, Tri Star Publishing (Phoenix Arizona), 1997.

Harry, J.H., *The Vision of Six Sigma – A Roadmap for Breakthrough*, vol. I, II, Tri Star Publishing (Phoenix Arizona), 1997.

Harry, J.H., *The Vision of Six Sigma – Application Resource*, vol. I, II, II, Tri Star Publishing (Phoenix Arizona), 1997.

Harry, M.J., « Six Sigma : A Breakthrough Strategy for Profitability », *Quality Progress*, vol. 31, n° 5, May 1998, pp. 60-64.

Harry, M., Schroeder, R., *Six Sigma : The Breakthrough Management Strategy Revolutionizing The World's Stop Corporation*, Crown Business, 2006.

Hoerl Roger, W. & Co, « Six Sigma Black Belts : What Do They Need to Know ? And Subsequent Discussions and Response », *Journal of Quality Technology*, vol. 33, n° 4, October 2001, pp. 391-435.

Jabrouni, H., « Exploitation des connaissances issues des processus de retour d'expérience industriels », Thèse de doctorat, Université de Toulouse, 2012.

Kano, N., Seraku, N., Takahashi, F., Tsuji, S., « Attractive Quality and Must-be Quality », *The Journal of the Japanese Society for Quality Control*, April 1984, pp. 39-48.

Katzenbach, J.R., *Teams at the Top : Unleashing the Potential of Both Teams and Individual Leaders*, Harvard Business Press, 1997.

Le Brun, M., Aussedat, F., « Six Sigma et la Supply Chain », *Qualité Référence* n° 20, avril 2003, pp 69-74.

Lucas, J.M., « The Essential Six Sigma », *Quality Progress,* vol. 35, *Issue 1,* January 2002.

Maders, H. P., *Conduire une équipe de projet*, Éditions d'Organisation, 2ᵉ éd., 2000.

Montgomery, D.C., *Introduction to Statistical Quality Control*, Whiley & Sons, 7ᵗʰ edition, 2001.

Parast, M.M. (2011), « The Effect of Six Sigma Projects on Innovation and Firm Performance », *International Journal of Project Management*, 29(1), pp. 45-55.

Petitdemange, C., *Le Management par projet – 80 démarches opérationnelles au choix*, EFE, 1998.

© Groupe Eyrolles

Pillet, M., *Appliquer la maîtrise statistique des procédés (MSP/SPC)*, Eyrolles, 4ᵉ éd., 2005.

Piquet, F., « Sur la route de 6 sigma », *Qualité Référence,* n° 13, juillet 2001, pp. 65-79.

Pluchart, J.-J., *L'Ingénierie de projet créatrice de valeur*, Eyrolles, 2001.

Prax, J.-Y., *Le Guide du Knowledge Management*, Dunod, 2000.

Pujo, P., Pillet, M., *Méthodes du pilotage des systèmes de production*, chap. 6 « Pilotage par la qualité », Hermès, 2002.

Pyzdek, T., Keller, P., *The Six Sigma Handbook*, Mc Graw Hill, 3ʳᵈ ed., 2009.

Raynal, S., *Le Management par projet*, Eyrolles, 2ᵉ éd., 2000.

Sanders, D., Hild Cheryl, R., « Six Sigma on Business Processes : Common Organizational Issues », *Quality Engineering*, vol. 12, n° 4, June 2000, pp. 603-610.

Sanders, D., Hild Cheryl, R., Cooper, T., « Six Sigma On Continuous Processes : How and Why It Differs », *Quality Engineering*, vol. 13, n° 1, September 2000, pp. 1-9.

Sanders, D., Hild Cheryl, R., « Common Myths About Six Sigma », *Quality Engineering*, vol. 13, n° 2, December 2000, pp. 269-276.

Sanders, D., Hild Cheryl, R., « A Discussion of Strategies for Six Sigma Implementation », *Quality Engineering*, vol. 12, n° 3, March 2000, pp. 303-309.

Saporta, G., *Probabilités, Analyse de données et Statistique*, Éditions Technip, 3ᵉ éd., 2011.

Sethi, R., Smith, D.C., Park, C.W., « Cross-functional Product Development Teams, Creativity, and the Innovativeness of New Consumer Products », *Journal of Marketing Research*, pp. 73-85, 2001.

Shiba, S., Graham, A., Walden, D., *A New American TQM : Four Practical Revolutions in Management*, Productivity Press, 1993.

Snyder, F., « The Unfinished Constitution of the European Union : Principles, Processes and Culture » *European Constitutionalism beyond the State*, pp. 55-73, 2003.

Souris, J.-P., « Démarche Six Sigma », *Qualité Référence,* n° 15, 16, 17, 18, 19, janv. 2002, janv. 2003.

Souris, J.-P., « Quelle démarche choisir entre l'ISO 9000, EFQM et Six Sigma ? », *Qualité Référence*, n° 20, avril 2003, pp 65-67.

Souvay, S., *Savoir utiliser la statistique*, Afnor, 2002.

Taguchi, G., *System of Experimental Design*, vol I & II, Kraus, 1987.

Taguchi, G., Elsayed, A., Hsiang, T., *Quality Engineering in Production Systems*, Mc Graw-Hill, 1988.

Index

www.ingramcontent.com/pod-product-compliance
Lightning Source LLC
Chambersburg PA
CBHW080134220326
41598CB00032B/5066